U0896177

CNEY

中国核能年鉴

2013年卷

中国核能行业协会 编

CHINA
NUCLEAR
ENERGY
YEARBOOK

中国原子能出版社

编辑说明

一、《中国核能年鉴》是由中国核能行业协会组织编纂的一份综合性资料年刊，于2009年创刊。创办此刊旨在如实记载我国核能行业各个领域改革发展的历程和情况，力求具有全面、系统、详实、准确、权威的特点。《中国核能年鉴》的出版发行，可以为政府有关部门和各级领导科学决策提供支持，为广大会员单位提供丰富的行业信息资源，也为国内外各界人士了解、认识我国核能行业开启一扇窗口。

二、《中国核能年鉴》2013年卷采用分类编辑法，主体内容分为栏目、分目、条目3个层次，少数条目下设子目。全书除了“编辑说明”、“序”、“《中国核能年鉴》编委会、编辑部组成人员名单”之外，共设特载、核能行业发展、核能骨干企业、行业协会与学会、企业风采、大事记、核能协会活动报道、附录等8个栏目。

三、本卷为《中国核能年鉴》2013年卷。文中记述时间，原则上截至2012年12月31日。年鉴资料均取自政府有关部门、中国核能行业协会和协会会员单位提供的材料。

四、本年鉴开设了企业风采栏目，以广泛展示核能领域企事业单位的成就和风采。

五、由于编辑水平有限，缺点错误在所难免。我们祈盼广大读者的批评指正。《中国核能年鉴》编辑部将坚持中国核能行业协会的宗旨，不断提高年鉴质量，更好地为政府服务，为企业服务，为我国核能事业的发展服务。

本卷年鉴在编辑出版的过程中，得到了广大会员单位和政府有关部门的大力支持。在此，谨表诚挚的谢意。

《中国核能年鉴》2013年卷 编辑部

《中国核能年鉴》2013 年卷

序

2012 年，对于我国核能发展来说是不平凡的一年，“重启”，也许是应该给予这一年的一个标签。

2012 年，国务院先后三次召开常务会议，听取全国民用核设施综合安全检查情况汇报，审议并通过了《核安全与放射性污染防治“十二五”规划及 2020 年远景目标》、《核电安全规划 (2011—2020 年)》和调整后的《核电中长期发展规划 (2011—2020 年)》。因福岛核事故暂停的核电项目，在近 20 个月后，陆续恢复建设——11 月 17 日，福清 4 号、阳江 4 号机组恢复开工建设；12 月 9 日，山东石岛湾高温气冷堆核电站示范工程恢复开工建设。12 月 27 日，田湾核电二期工程浇筑第一罐混凝土，成为日本福岛核事故后，国务院审议核准的第一个新建核电项目。这意味着我国政府在审慎地对核电安全作出正确判断后，在核电建设上迈出新的步伐。截至 2012 年底，我国共有在建核电机组 30 台，装机容量为 3267 万千瓦，在建规模继续保持世界第一。截至 2012 年底，我国大陆投入运行的核电机组共 15 台，总装机容量为 1254 万千瓦。2012 年的核发电量为 983.17 亿千瓦时，同比增长 12.75%，占全国清洁能源发电量的 9.22%，占全国总发电量的 1.97%。

从全球看，福岛核事故并没有影响到核能发展的根本趋势，虽然也有少数几个国家作出了“弃核”的决定，但法国、美国、俄罗斯等核电大国，以及众多发展中国家依然把核电作为保障能源供应的重要选择。国际原子能机构、世界核协会等组织都预测过中长期世界核电的产能增长，分析研究结果证明了核电的不可或缺性。世界核能发展的脚步依然坚定。

趋势不减，行动谨慎，“安全”成为全球核能界所关注的焦点。福岛核事故后，国际原子能机构、欧盟等都在不同范围内实施了核安全行动。我国的核电也是在更加安全的基础上稳妥地发展。

2012 年 10 月 10 日，国家环保部公布了国务院批复的《核安全与放射性污染防治“十二五”规划及2020年远景目标》，以确保核安全、环境安全、公众健康为目标，统筹规划了9项重点任务、5项重点工程、8项保障措施，力争至“十二五”末我国核能与核技术利用安全水平进一步提高，辐射环境安全风险明显降低；到2020年，核电安全保持国际先进水平，核安全与放射性污染防治水平全面提升，辐射环境质量保持良好，为保障我国核能与核技术利用事业安全、健康、可持续发展提供坚实有力的支撑。2012年10月24日，国务院常务会议再次讨论并通过了《核电安全规划(2011—2020年)》和《核电中长期发展规划(2011—2020年)》，对核安全提出了明确要求——“安全是核电的生命线。发展核电，必须按照确保环境安全、公众健康和社会和谐的总体要求，把安全第一的方针落实到核电规划、建设、运行、退役全过程及所有相关产业。要用最先进的成熟技术，持续开展在役在建核电机组安全改造，不断提升我国既有核电机组安全性能。全面加强核电安全管理。要加大核电安全技术装备研发力度，加快建设核电安全标准法规体系，提高核事故应急管理和响应能力。要强化核电安全社会监督和舆论监督。”

此外，我国核能界也在核电装备、核电管理、科技创新、铀资源保障、核能国际合作上作出了积极的努力，并取得了新的进展。

我们可以期待，核能将在发展低碳能源中扮演越来越重要的角色。

中国核能行业协会理事长

张华祝

目录

特载

核能行业发展

核能骨干企业

行业协会与学会

企业风采

大事记

核能协会活动报道

附 录

特　　载

党和国家领导人

对发展我国核能事业的关怀及重要指示

胡锦涛出席在首尔召开的核安全峰会，提出了增进核安全的四点主张

2012 年 3 月，“核安全峰会”在韩国首尔召开，这是福岛核事故后核领域最高级别的国际会议，以加强核材料和核设备安全为主要议题，会议通过了《首尔公报》。

中华人民共和国主席胡锦涛出席会议并发表了题为《深化合作 提高核安全水平》的重要讲话，全面阐述中国在核安全领域的政策主张、所作努力和重要措施。胡锦涛提出了在新形势下增进核安全的四点主张：

第一，坚持科学理性的核安全理念，增强核能发展信心。核能在保障能源安全、应对气候变化等方面具有不可替代的作用。我们应该正视核能安全风险，吸取核事故教训，采取有效措施，增强核能的安全性和可靠性，推动核能的安全、可持续发展。

第二，强化核安全能力建设，承担核安全国家责任。我们应该建立健全核安全法律和监管体系，强化核应急队伍建设，加大研发投入，加强人员培训，为加强核安全提供制度保障，为应对紧急事态提供机制保障，为提高核安全水平提供技术保障，为增强核安全能力提供人力资源保障。

第三，深化国际交流合作，提升全球核安全水平。我们应该推进核安全国际法律文书的普遍性，并使其得到严格遵守和切实履行。要充分发挥国际原子能机构作用，推广核安全标准和规范，分享核安全先进经验和做法。要积极提供核安全援助，重点帮助发展中国家建立和完善核安全基础架构，提高核安全技术水平。

第四，标本兼顾、综合治理，消除核扩散及核恐怖主义根源。我们应该坚持联合国宪章宗旨和原则，坚持互信、互利、平等、协作的新安全观，坚持以和平方式解决热点问题和国际争端，为加强核安全营造有利国际环境。

贾庆林参观第十二届中国国际核工业展览会

2012年4月6日，中共中央政治局常委、全国政协主席贾庆林参观了在京举办的第十二届中国国际核工业展览会。参观期间，在我国具有自主知识产权的三代核电技术ACP1000、多用途模块式小型反应堆、中国实验快堆等核技术创新成果前，贾庆林不时驻足观看，并详细了解有关情况。

贾庆林视察中核四○四有限公司

2012年8月26日，中共中央政治局常委、全国政协主席贾庆林视察中核四○四有限公司。贾庆林详细了解了乏燃料的运输、接收、贮存等环节的工作和乏燃料后处理工程的建设情况。

李长春到国家核电技术有限公司调研

2012年6月8日，中共中央政治局常委李长春来到国家核电技术有限公司，就加强科普知识宣传和企业文化建设、提高自主创新能力等进行调研。

李克强到上海核工程研究设计院视察

2012年2月17日，中共中央政治局常委、国务院副总理李克强到国家核电技术有限公司所属上海核工程研究设计院视察，了解AP1000第三代核电技术引进消化再创新工作情况。

张德江参观第十届重庆高新技术交易会暨第六届中国国际军民两用技术博览会

2012 年 4 月 12 日，以“军民融合·创新发展”为主题的第十届重庆高新技术交易会暨第六届中国国际军民两用技术博览会在重庆隆重开幕。展会期间，中共中央政治局委员、国务院副总理张德江参观中国核建展区并对集团公司提出殷切期望和要求。

王刚到广西防城港核电站调研

2012 年 9 月 5 日，中共中央政治局委员、全国政协副主席王刚一行到广西防城港核电站调研，充分肯定了该项目在福岛核事故后严格按国家要求进行改进的做法，希望项目优质高效建成，为广西及泛北部湾经济区的发展作出贡献。

俞正声视察上海重型机器厂有限公司

2012年4月9日，中共中央政治局委员、上海市委书记俞正声视察上海重型机器厂有限公司，调研核电产业发展情况。

路甬祥视察东方电气（广州）重型机器有限公司

2012年1月31日，全国人大常委会副委员长路甬祥视察了东方电气（广州）重型机器有限公司核岛产品生产现场和重型专用码头。

李兆焯到广西防城港核电站考察

2012 年 4 月 11 日，全国政协副主席李兆焯到广西防城港核电站考察，肯定了防城港核电项目开工以来取得的成绩，希望防城港市委、市政府积极为项目建设营造良好的外部环境，切实解决项目建设中遇到的问题，确保项目顺利进行。

战略与规划

国务院批复《核安全与放射性污染防治“十二五”规划及2020年远景目标》

国务院近期批复了《核安全与放射性污染防治“十二五”规划及2020年远景目标》，现予公布。

国务院原则同意《核安全与放射性污染防治“十二五”规划及2020年远景目标》(以下简称《规划》)，由环境保护部会同有关部门认真组织实施。

国务院指出核安全与放射性污染防治关系经济社会发展全局和人民群众的切身利益，是全民关注的重大问题。做好我国核安全与放射性污染防治工作要按照“安全第一、质量第一”的根本方针，不断健全法规标准和政策措施，加强科技支撑和基础能力建设，强化质量保证，完善监管机制和应急体系，严格安全管理，不断提高我国核安全与放射性污染防治水平，推动核能与核技术利用事业安全、健康、可持续发展。

通过实施《规划》，到2015年，我国核设施、核技术利用装置安全水平进一步提高，辐射环境安全风险将明显降低，基本形成综合配套的事故防御、污染治理、科技创新、应急响应和安全监管能力，保障核安全、环境安全和公众健康；到2020年，核电安全保持国际先进水平，核安全与放射性污染防治水平全面提升，辐射环境质量保持良好。

国务院要求各省(区、市)人民政府和有关部门切实加强组织领导和沟通协调，将《规划》确定的目标要求，纳入年度工作计划，制定具体实施方案，加大投入力度，健全工作机制，落实工作责任。环境保护部要会同有关部门对《规划》实施情况进行检查评估，确保《规划》目标如期实现。

环境保护部

二〇一二年十月十日

核安全与放射性污染防治“十二五”规划及2020年远景目标

环境保护部(国家核安全局)
国家发展改革委
财 政 部
国家能源局
国防科技工业局

前言

核安全事关核能与核技术利用事业发展，事关环境安全，事关公众利益。党中央、国务院历来高度重视核安全与放射性污染防治工作，有关部门和企事业单位认真贯彻落实国家确定的方针政策，我国核能与核技术利用事业多年来保持了良好的安全业绩。日本福岛核事故发生后，国务院立即做出重要部署，明确要求抓紧编制核安全规划。

本规划结合全国核设施综合安全检查和日常持续开展的安全评价结果，深入分析当前核安全工作中存在的薄弱环节，以确保核安全、环境安全、公众健康为目标，坚持“安全第一、质量第一”的根本方针，遵循“预防为主、纵深防御；新老并重、防治结合；依靠科技、持续改进；坚持法治、严格监管；公开透明、协调发展”的基本原则，统筹规划了9项重点任务、5项重点工程、8项保障措施，力争至“十二五”末我国核能与核技术利用安全水平进一步提高，辐射环境安全风险明显降低；到2020年，核电安全保持国际先进水平，核安全与放射性污染防治水平全面提升，辐射环境质量保持良好，为保障我国核能与核技术利用事业安全、健康、可持续发展提供坚实有力的支撑。

一、现状与形势

半个多世纪以来，我国核能与核技术利用事业稳步发展。目前，我国已经形成较为完整的核工业体系，核能在优化能源结构、保障能源安全、促进污染减排和应对气候变化等方面发挥了重要作用；核技术在工业、农业、国防、医疗和科研等领域得到广泛应用，有力地推动了经济社会发展。

核安全是核能与核技术利用事业发展的生命线。我国核能与核技术利用始终坚持“安全第一、质量第一”的根本方针，贯彻纵深防御等安全理念，采取有效措施，保障了核安全。2011年3月日本福岛核事故后，进一步保障核安全与防治放射性污染任务更加艰巨和紧迫，相关工作面临新的形势和挑战。

(一)核安全与放射性污染防治取得积极进展。

1.核安全保障体系渐趋完善。在深入总结国内外经验和教训的基础上，参考国际原子能机构和核能先进国家有关安全标准，我国已基本建立了覆盖各类核设施和核活动的核安全法规标准体系。2003年以来，先后颁布并实施了《中华人民共和国放射性污染防治法》、《放射性同位素与射线装置安全和防护条例》、《民用核安全设备监督管理条例》、《放射性物品运输安全管理条例》和《放射性废物安全管理条例》，制定了一系列部门规章、导则和标准等文件，为保障核安全奠定了良好基础。初步形成了以营运单位、集团公司、行业主管部门和核安全监管部门为主的核安全管理体系，以及由国家、省、营运单位构成的核电厂核事故应急三级管理体系。核安全文化建设不断深入，专业人才队伍配置渐趋齐全，质量保证体系不断完善。核安全监管部门审评和监督能力逐步提高，运行核电厂及周边环境辐射监测网络基本建立。在汶川地震等重特大灾害应急抢险中，我国政府决策果断、行动高效，有效化解了次生自然灾害带来的核安全风险，核安全保障体系发挥了重大作用。

2. 核安全水平不断提高。我国核电厂采用国际通行标准，按照纵深防御的理念进行设计、建造和运行，具有较高的安全水平。截至2011年12月，我国大陆地区运行的15台核电机组安全业绩良好，未发生国际核事件分级表2级及以上事件和事故，气态和液态流出物排放远低于国家标准限值。在建的26台核电机组质量保证体系运转有效，工程建造技术水平与国际保持同步。大型先进压水堆和高温气冷堆核电站科技重大专项工作有序推进。2011年实施的核设施综合安全检查结果表明，我国运行和在建核电机组基本满足我国现行核安全法规和国际原子能机构最新标准的要求，安全和质量是有保障的。

研究堆安全整改活动持续开展，现有研究堆处于安全运行或安全停闭状态。核燃料生产、加工、贮存和后处理设施保持安全运行，未发生过影响环境或公众健康的核临界事故和运输安全事故。核材料管制体系有效。放射源实施全过程管控，辐照装置防卡源专项整治工作取得成效，安全管理水平逐步提高，放射源辐射事故年发生率由上世纪90年代的每万枚6.2起下降至“十一五”期间的每万枚2.5起。核安全设备的设计、制造、安装和无损检验活动全面纳入核安全监管，设备质量和可靠性不断提高。

3. 放射性污染防治稳步推进。近年来，国家不断加大放射性污染防治力度，早期核设施退役和历史遗留放射性废物治理稳步推进。多个微堆及放化实验室的退役已经完成。一批中、低放废物处理设施已建成。2座中、低放废物处置场已投入运行，1座中、低放废物处置场开始建设。完成一批铀矿地质勘探、矿冶设施的退役及环境整治项目，尾矿库垮坝事故风险降低，污染得到控制，环境质量得到改善。废旧放射源得到及时回收，一批老旧辐照装置完成退役。国家废放射源集中贮存库及各省（区、市）放射性废物暂存库基本建成。全国辐射环境质量良好，辐射水平保持在天然本底涨落范围；从业人员平均辐照剂量远低于国家限值。

（二）核安全与放射性污染防治面临挑战。

1. 安全形势不容乐观。我国核电多种堆型、多种技术、多类标准并存的局面给安全管理带来一定难度，运行和在建核电厂预防和缓解严重事故的能力仍需进一步提高。部分研究堆和核燃料循环设施抵御外部事件能力较弱。早期核设施退役进程尚待进一步加快，历史遗留放射性废物需要妥善处置。铀矿冶开发过程中环境问题依然存在。放射源和射线装置量大面广，安全管理任务重。

2. 科技研发需要加强。核安全科学技术研发缺乏总体规划。现有资源分散、人才匮乏、研发能力不足。法规标准的制(修)订缺少科技支撑，基础科学和应用技术研究与国际先进水平总体差距仍然较大，制约了我国核安全水平的进一步提高。

3. 应急体系需要完善。核事故应急管理体系需要进一步完善，核电集团公司在核事故应急工作中的职责需要进一步细化。核电集团公司内部及各核电集团公司之间缺乏有效的应急支援机制，应急资源储备和调配能力不足。地方政府应急指挥、响应、监测和技术支持能力仍需提升。核事故应急预案可实施性仍需提高。

4. 监管能力需要提升。核安全监管能力与核能发展的规模和速度不相适应。核安全监管缺乏独立的分析评价、校核计算和实验验证手段，现场监督执法装备不足。全国辐射环境监测体系尚不完善，监测能力需大力提升。核安全公众宣传和教育力量薄弱，核安全国际合作、信息公开工作有待加强，公众参与机制需要完善。核安全监管人才缺乏，能力建设投入不足。

日本福岛核事故的经验教训十分深刻，要进一步提高对核安全的极端重要性和基本规律的认识，提升核安全文化素养和水平；进一步提高核安全标准要求和设施固有安全平；进一步完善事故应急响应机制，提升应急响应能力；进一步增强营运单位自身的管理、技术能力及资源支撑能力；进一步提升核安全监管部门的独立性、权威性、有效性；进一步加强核安全技术研发，依靠科技创新推动核安全水平持续提高和进步；进一步加强核安全经验和能力的共享；进一步强化公共宣传和信息公开。

二、指导思想、原则和目标

（一）指导思想。

以邓小平理论和“三个代表”重要思想为指导，深入贯彻落实科学发展观，坚持“安全第一、质量第一”的根本方针，以法规标准为准绳，以科技进步为先导，以基础能力为支撑，进一步明确责任、优化机制、严格管理、持续改进、消除隐患，不断提高我国核安全与放射性污染防治水平，确保核安全、环境安全和公众健康，推动核能与核技术利用事业安全、健康、可持续发展。

（二）基本原则。

预防为主，纵深防御。采取所有合理可行的技术和管理手段，确保核设施各种防御措施的有效性和多道屏障的完整性，防止发生核事故，并在一旦发生事故时减轻其后果。

新老并重，防治结合。多还旧账，积极推进早期核设施退役，开展历史遗留放射性污染治理，恢复和改善环境。不欠新账，按照新标准建设各类核设施，从源头防止或减少放射性废物产生，及时处理处置新产生的放射性废物。

依靠科技，持续改进。发挥科技在核安全工作中的支撑和引领作用，注重经验积累和反馈，及时查找和消除安全隐患，不断改进和提升安全水平。

坚持法治，严格监管。完善核安全法规标准体系，与国际先进水平保持一致。贯彻“独立、公开、法治、理性、有效”的监管理念，严格依法开展审评、许可、监督和执法，严厉查处违法违规行为。

公开透明，协调发展。完善公众参与机制，保障公众对核安全相关信息的知情权。加强宣传教育，增强公众对核安全的了解和信心。坚持核安全监管与核能、核技术利用事业同步发展，推动核能与核技术利用事业和社会、环境的协调发展。

（三）规划目标。

总体目标：进一步提高核设施与核技术利用装置安全水平，明显降低辐射环境安全风险，基本形成事故防御、污染治理、科技创新、应急响应和安全监管能力，保障核安全、环境安全和公众健康，辐射环境质量保持良好。

具体目标：

在核设施安全水平提高方面，运行核电机组安全性能指标保持在良好状态，避免发生2级事件，确保不发生3级及以上事件和事故；新建核电机组具备较完善的严重事故预防和缓解措施，每堆年发生严重堆芯损坏事件的概率低于十万分之一，每堆年发生大量放射性物质释放事件的概率低于百万分之一；消除研究堆、核燃料循环设施重大安全隐患，确保运行安全。

在核技术利用装置安全水平提高方面，放射性同位素和射线装置100%落实许可证管理；放射源辐射事故年发生率低于每万枚2.0起；有效控制重特大辐射事故的发生。

在辐射环境安全风险降低方面，基本消除历史遗留中、低放废物的安全风险；基本完成铀矿冶环境综合治理。

在事故防御方面，完成运行和在建核电厂、研究堆、核燃料循环设施的安全改造，提高核设施抵御外部事件、预防和缓解严重事故的能力。

在污染治理方面，建设与核工业发展水平相适应的、先进高效的放射性污染治理和废物处理体系，基本建成与核工业发展配套的中、低放废物处置场。

在科技创新方面，完善核安全与放射性污染防治科技创新平台，培养一批领军人才，突破一批关键技术。

在应急响应方面，强化各级政府和有关单位的应急指挥、应急响应、应急监测、应急技术支持能力建设，形成统一调度的核事故应急工程抢险力量，充实应急物资及装备配置。

在安全监管方面，基本建成国家核与辐射安全监管技术研发基地，构建监管技术支撑平台，初步具备相对独立、较为完整的安全分析评价、校核计算和实验验证能力；建成全国辐射环境监测网络，国家、省级辐射环境监测能力100%达到能力建设标准。

2020年远景目标：运行和在建核设施安全水平持续提高，“十三五”及以后新建核电机组力争实现从设计上实际消除大量放射性物质释放的可能性。全面开展放射性污染治理，早期核设施退役取得明显成效，基本消除历史遗留放射性废物的安全风险，完成高放废物处理处置顶层设计并建成地下实验室。全面建成国家核与辐射安全监管技术研发基地和全国辐射环境监测体系。形成功能齐全、反应灵敏、运转高效的核与辐射事故应急响应体系。到2020年，核电安全保持国际先进水平，核安全与放射性污染防治水平全面提升，辐射环境质量保持良好。

三、重点任务

坚持以提高核能与核技术利用安全水平、加快放射性污染防治为核心，以加强科技研发、提升应急响应和核安全监管能力为依托，全面加强我国核安全与放射性污染防治工作。

（一）强化纵深防御，确保核电厂运行安全。

运行和在建核电厂营运单位根据核设施综合安全检查的评价结论和改进要求，从技术、管理和工程等方面采取切实有效措施，提升预防和缓解事故及严重事故后果的能力。对运行核电厂，开展应对事故及严重事故的安全分析、技术评估和工程改造，并制定完善相应的管理规定和应对预案，开展定期安全审查，加强设备维修维护，深化安全文化培育。

专栏 1　提升运行核电厂安全水平

近期：

1. 逐项排查并完成有关门窗、通风口、电缆贯穿和工艺管道贯穿等的防水封堵。
2. 综合考虑全厂断电工况下满足反应堆堆芯冷却、乏燃料水池冷却、防止反应堆冷却剂泵发生轴封小破口失水事故和保持必要的事故后监测能力的要求，采取设置移动电源、移动泵和增设相匹配的接口等措施。
3. 确保核电厂地震监测记录系统的有效性，提高核电厂抗震响应能力。

2013 年底前：

4. 结合各核电厂可能遭遇水淹情况的评估结果，落实各核电厂防水淹措施；完成秦山核电厂防洪改造工程。
5. 完成沿海核电厂地震、海啸影响的复核、评估及必要的改造。
6. 制定并实施严重事故管理导则。
7. 对在严重事故下用于缓解事故的设备和系统的可用性以及可能发生的氢气爆炸进行评估，并根据评估结果实施相应改进。
8. 开展抗外部事件安全裕量分析评估。
9. 研究制订核电基地多机组同时进入应急状态后的响应方案。

2015 年底前：

10. 开展外部事件概率安全分析。

对在建核电厂，依据我国现行核安全法规和国际原子能机构最新标准，完成设计安全水平再评估，修订建造许可证条件。在建核电厂营运单位在首次装料前落实全部许可证条件要求。全过程、全方位控制核电工程建造质量和安全，落实独立第三方监理，执行核电建造队伍准入制度，提高核电工程建造专业化水平，继续完善核电工程建造质量保证体系，加强调试监管，严格执行事件报告制度和不符合项管理制度。

专栏2　提升在建核电厂安全水平

首次装料前：

1. 结合各核电厂可能遭遇水淹情况的评估，逐项排查并完成管沟、廊道、门窗和贯穿等的防水封堵。

2. 综合考虑全厂断电工况下满足反应堆堆芯冷却、乏燃料水池冷却、防止反应堆冷却剂泵发生轴封小破口失水事故和保持必要的事故后监测能力的要求，采取设置移动电源、移动泵和增设相匹配的接口等措施。

3. 增强乏燃料水池的补水和监测能力。

4. 制定并实施严重事故管理导则。考虑各类事故工况和多堆厂址共因失效工况，分析评估严重事故下重要设备、监测仪表的可用性和可达性。

5. 完善严重事故下安全壳或其他厂房内消氢系统的分析评估，并实施必要的改进。

6. 分析评价双机组布置的核电机组缓解严重事故后果的能力和可靠性。

7. 进一步加强对环境监测布点的合理性和代表性的分析评估，完善严重事故下应急监测方案，确保在各种事故工况下有可用的应急监测手段。

8. 完善应急控制中心功能及可居留性的分析评估，并实施必要的改进。

9. 开展抗外部事件安全裕量分析评估。

10. 加强与气象、海洋部门之间的实时联系，以及与地震部门间的信息交流，进一步完善防灾预案和相关管理程序，提高外部灾害发生时的预警和应对能力。

11. 研究核电基地多机组同时进入应急状态后电厂的应急响应方案，并评估应急指挥能力及应急抢险人员和物资的配备、协调方案。

2015年底前：

12. 从设计、验证和故障分析等方面分析评估安全级数字化控制系统的可靠性，查找薄弱环节并实施相应的改进。

13. 进一步开展二级概率安全分析、外部事件概率安全分析工作。

14. 进一步改进放射性废物处理系统；开展严重事故下废物处理系统的有效性研究。

坚持在确保安全的前提下发展核电，并把握好发展节奏。对于新申请建造许可证的核电项目，按照我国和国际原子能机构最新的核安全法规标准进行选址和设计，采用技术更加成熟和先进的堆型，提高固有安全性。在符合最先进安全指标的核电技术得到充分验证之前，合理控制核电建设规模和速度。通过科学选址和采取更加高效、可靠的工程措施，确保气态和液态流出物在核电机组正常运行和事故情况下对环境和公众均不会造成不可接受的影响。积极发展具有我国自主知识产权的安全性能高的先进核电技术。力争"十三五"及以后新建核电机组从设计上实际消除大量放射性物质释放的可能性。

(二)加强整改，消除研究堆和核燃料循环设施安全隐患。

根据核设施综合安全检查结论和改进要求，对存在安全隐患的研究堆和核燃料循环设施实施安全改进，对于无法满足安全标准的，予以限制运行或逐步关停。

完成研究堆分类名录，明确管理要求，实施分类管理。完善研究堆许可证管理模式和定期安全审查方法。确定研究堆在停闭状态下的安全保障和管理方法。对大型研究堆实施严重事故管理。开展研究堆概率安全分析和老化评估。完成快中子增殖堆等新堆型技术法规和技术审评原则及其下层技术文件的编制。完成部分研究堆内乏燃料组件向集中贮存设施的转移。

专栏3　提升研究堆安全水平

2012年底前：

1. 根据调整后的地震区划图，完成对所涉及研究堆的抗震校核及必要的改造工作，并重新优化其运行管理程序。
2. 为大、中型研究堆增设事故后堆芯监测装置。
3. 评价研究堆构筑物抵御极端外部事件的能力，根据评估结果完成相应的加固工作。

2013年底前：

4. 为研究堆增设可靠电源、移动电源、移动泵、消防车辆和应急水源。

对核燃料循环设施的安全重要构筑物、系统和设备进行分级管理。加强核燃料循环设施工艺和安全研究，不断提高固有安全水平。建立核燃料循环设施运行经验反馈体系，强化核临界安全风险管理。规范和完善早期核设施的安全管理，尽快解决历史遗留问题。根据核电发展的方向、规模与速度，配套开展核燃料循环发展顶层设计，加强"三废"处理等配套设施的建设和运行管理，强化流出物监测和环境监测。

专栏 4　提升核燃料循环设施安全水平

2012 年底前：

1. 按照现行标准对核燃料循环设施老旧厂房进行抗震校核，并根据校核结果进行加固或限期退役。

2. 根据核燃料循环设施厂址特点，建立外部应急支援接口，完善应急预案，提高抵御极端自然灾害的能力。

2015 年底前：

3. 开展核燃料循环设施的应急和“三废”等配套建设，确保其与主工艺建设同步。

4. 制定贫化六氟化铀的处理规划，加强贫化六氟化铀贮存的安全管理，必要时进行稳定化处理。

调查在役放射性物品运输容器的安全状况，完成运输容器安全评价。建设一、二类放射性物品运输的在线实时监控系统。强化放射性物品运输容器制造和运输活动的安全监督。

加强实物保护系统建设，对各核设施实物保护系统实施改进和升级。

(三) 严格安全管理，规范核技术利用。

2012 年底前完成全国核技术利用单位综合安全检查。针对发现的安全隐患，采取有效整改措施。对存在较大安全隐患的高风险核技术利用装置实施强制退役，彻底消除安全隐患。

健全核技术利用辐射安全管理信息系统，完善放射源的全过程动态管理。建立高危险移动放射源跟踪监控体系。对辐照加工、科研、医疗等领域Ⅰ类放射源和Ⅰ类射线装置实施在线监控。全面开展对废旧金属回收熔炼的辐射监测，加强进出境口岸放射性物品安全管理。强化核技术利用单位的辐射环境和个人剂量监测。加强从业人员辐射安全培训。

城市放射性废物库配备放射性物质鉴别、分类、处理等配套设施，完成 3~5 个区域性移动式废旧放射源整备设施的研制和建设。加大闲置、废弃放射源的收贮力度，确保新产生的废旧放射源依法及时送贮，推动已到寿期的Ⅲ类及以上进口放射源返回原出口方。推动废旧放射源的再利用和放射性同位素的循环使用技术研究，倡导并支持废旧放射源回收再利用。

制定和完善核技术利用行业的准入制度，提高核技术利用装置安全水平。鼓励除科研用途外设计活度小于 1.11×10^{16} 贝可 (30 万居里) 的静态辐照装置关停退役或转型升级。

(四) 加强铀矿冶治理，保障环境安全。

“十二五”中期，完成铀矿冶企业尾矿 (渣) 坝的风险评估，建立尾矿 (渣) 坝监测与预警系统，采取必要措施降低垮坝风险，关停不符合安全要求的铀矿冶设施。“十二五”末，完成地浸采场地下水去污恢复技术研究。建设事故废水收集池，避免超标废水直接向环境排放。建立铀矿冶退役治理工程长期监护机制。

对历史遗留铀矿地质勘探设施进行调查与评价，在2020年前完成位于社会和环境敏感地区的铀矿地质勘探设施环境整治工程。继续开展退役矿山的环境治理，在2020年前全部完成2010年前关停的铀矿冶设施的退役治理和环境恢复工作。

贯彻清洁生产和循环经济的理念，加大废水处理技术的科研力度，逐步提高水的重复利用率，降低废水产生量并实施达标排放。“十二五”中期，保证水冶工艺废水的重复利用率达到75%以上。

进一步完善铀矿冶辐射防护体系，降低采冶过程中的职业照射水平，保护工作人员健康。到“十二五”末，铀矿冶行业的职业照射水平管理目标值控制在15毫希沃特/年以内。

进一步开展主要伴生放射性矿的辐射水平调查工作，完善伴生放射性矿监管名录和办法，明确管理要求，制定废物处置的相关环境政策，开展污染防治工作。

（五）加快早期设施退役和废物治理，降低安全风险。

加强对已停运核设施的监管和维护，及时实施已关停或已决定关停核设施的退役，推进早期核活动遗留的放射性污染治理工作。

确保放射性废物的安全贮存，加快放射性废物处理、处置。对全国放射性废物处理处置能力进行统一布局，加强国家放射性废物处置场和区域放射性废物处置场的规划和建设。推动地方政府及核能相关企业加快放射性废物贮存、处理、处置能力建设。以高风险放射性废物治理为重点，加快放射性废液固化处理进程。

在核设施设计中采用先进的废物处理工艺。鼓励营运单位在核设施运行中采用先进的技术和管理手段减少废物产生量。推动核电厂妥善处置现存废物。建立放射性废物治理管理信息系统。推动高放废物地质处置预选区研究。

专栏5　早期核设施退役及放射性废物治理

“十二五”末：

1. 全面推进重点单位的核设施退役活动。
2. 完善中、低放废物处理、处置手段。
3. 完成全国放射性污染现状调查与评价，开展放射性污染治理。
4. 开展核设施退役和放射性废物治理关键技术研究。

至2020年：

5. 已停运的核设施全部安全关闭，早期核设施退役和污染治理取得明显成效。
6. 形成全国中低放固体废物近地表处置场的统一布局。
7. 建成高放废物处置地下实验室。

(六)强化质量保证，提高设备可靠性。

完善核安全设备相关法规要求和管理体系，进一步明确营运单位、工程总承包单位和核安全设备许可证持证单位的安全责任。

强化核安全设备设计、制造、安装和无损检验单位资质管理，提高准入门槛，建立健全持证单位质量评价体系。

加强核安全设备设计验证和鉴定试验的评价和监督，制定核安全设备验证和鉴定的管理制度。加强核安全设备制造过程的管理和监督，完善驻厂监督制度。完善进口核安全设备的注册登记和安检制度，加强对进口核安全设备的监管。强化核安全设备焊工、焊接操作工和无损检验人员等特种工艺人员考核评价活动的监督和人员资格管理。

对在役设备进行有效的老化与寿命管理，确保设备在整个服役期内满足安全要求。建立独立于营运单位和检验单位的无损检验能力验证体系。

(七)推动科技进步，促进安全持续升级。

鼓励企业开展核安全技术创新，加强新技术和新工艺开发和使用，不断提高设施安全水平。支持核安全技术科研单位基础能力建设，充分整合、利用现有科研资源和重大专项渠道，在此基础上建立一批核安全相关技术研发平台。

有针对性地开展核安全技术研发，集中力量突破制约发展的核安全关键技术，提升我国核安全整体水平。积极推进大型压水堆、高温气冷堆和乏燃料后处理重大专项安全技术科学研究和成果应用。重点开展反应堆安全、严重事故的预防与缓解、核电厂厂址安全、核电厂防止和缓解飞行物撞击措施、核安全设备质量可靠性、核燃料循环设施安全、核技术利用安全、放射性物品运输和实物保护、核应急与反恐、辐射环境影响评价及辐射照射控制、放射性废物治理和核设施退役安全等领域的技术研究，加强核与辐射安全管理技术和法规标准研究。

(八)完善应急体系，有效应对突发事件。

根据常备不懈、积极兼容、平战结合原则，完善应急管理体系，建立综合协调、功能齐全、反应灵敏、运转高效的应急准备和响应体系。加强严重事故应急准备和响应的研究，2012 年底前，完成各级各类核事故应急计划(预案)的修订及评估工作，完善应急状态终止后恢复行动的内容，加强演练，突出实战，提高各级各类应急计划(预案)的可实施性。

充实核事故监测、预警、信息、后果评价、决策和指挥能力。加强核应急救援体系建设，建立统一指挥、统一调度的核事故应急响应专业队伍，进一步提高核事故应急响应能力，2012 年底前，完成国家核与辐射事故应急物资及装备配置需求研究，2013 年底前完成相关配备。“十二五”末建成核电机组事故工况下堆芯损伤状况的实时评价专家系统。

合理规范核电厂核事故应急计划区范围。强化地方政府的应急指挥、应急响应、应急监测、应急技术支持能力建设，制定并实施应急能力建设标准，配备必要应急物资及装备，提高地方政府应急水平。明确核电集团公司的应急职责，完善集团公司内部的应急支援制度。建立和完善集团公司应急支援制度。2012 年底前完成企业集团公司层面核应急资源储备和调配能力建设。

针对长时间失去电源以及同一厂址多机组发生事故的工况，重新评估各类核设施场内应急能力，完善应急计划，调整和充实核设施营运单位就地应急响应能力，研究建立核设施“断然处置”的程序，加强场内外应急计划的协调。

(九) 夯实基础能力，提升监管水平。

加强核与辐射安全监管基础能力。建设国家核与辐射安全监管技术研发基地，配备必要的研究手段和技术装备，形成相对独立、较为完整的核与辐射安全分析评价、校核计算和实验验证能力。加强相关基础建设，基本具备开展国际合作、公众宣传和人员培训的能力。强化核与辐射安全现场监督执法能力，配齐必要的检查和执法技术装备。

加强全国辐射监测能力，完善全国辐射环境质量监测、污染源监督性监测及辐射环境应急监测体系，具备全面掌握全国辐射环境质量水平并开展评价的能力，具备应对核事故的辐射环境应急监测能力。

四、重点工程

为实现规划目标，推动核能与核技术利用的技术升级和进步，进一步消除安全隐患，提高核安全水平，计划实施安全改进、污染治理、科技创新、应急保障和监管能力建设等重点工程。为提高重点工程实施效果，环境保护部会同有关部门建立重点项目库，实行动态管理，由各相关部门按职能分工指导各地区分别在年度计划中予以落实。“十二五”期间重点项目投资需求约 798 亿元。各级政府按照事权划分，重点对公益性科研教育设施的核安全改进、应急保障和核安全监管能力建设、环境放射性污染治理、核安全科技研发等方面给予支持。

(一) 核安全改进工程。

通过技术升级、工程改造、运行经验反馈体系建设等项目的实施，开展安全评价，排除安全隐患，持续提高核电厂、研究堆等核设施的固有安全水平和预防与缓解严重事故的能力，提高核技术利用、铀矿冶安全管理水平，保障核与辐射安全。

专栏 6　核能与核技术利用安全改进工程
1. 运行核电厂安全改造项目，主要内容包括持续改进核电厂抵御外部自然灾害、缓解严重事故的能力，进一步提高安全水平。 2. 在建核电厂安全改造项目，主要内容包括核设施防水淹、抗震、消氢等措施及全厂断电工况下的应急措施的安全改进，事故后堆芯状态监测系统优化、升级。乏燃料水池供水能力改造，应急指挥中心等构筑物安全技术改造，严重事故应对技术改造。

3. 研究堆和核燃料循环设施安全改进项目，主要内容包括为大、中型研究堆增设事故后堆芯监测装置。

4. 研究堆和核燃料循环设施实物保护系统改造建设项目，主要内容包括改造研究堆和核燃料循环设施的厂区围栏、出入口控制系统、防入侵探测系统、保安通信及监控管理系统等实物保护系统。

5. 辐射防护改造工程项目，主要内容包括根据辐射防护最优化原则，实施铀矿冶设施、早期研究堆和核燃料循环设施辐射防护最优化改造工程，开展核技术利用装置辐射防护升级改造。

6. 核技术利用安全改造项目，主要内容包括针对核技术利用装置存在的安全隐患，实施安全改造。加强金属熔炼企业辐射监测能力建设。

7. 经验反馈体系建设项目，主要内容包括开展核设施、核技术利用装置的建造、运行经验反馈体系建设。

（二）放射性污染治理工程。

大力推进核设施退役及放射性污染和废物治理，加快铀矿地质勘探与矿冶设施、伴生矿退役治理，积极建设区域放射性废物处置场，实施辐照装置退役及废放射源回收，开展铀矿冶、伴生矿尾矿（渣）坝监测预警系统示范等项目，解决影响环境安全、公众健康的突出问题。

专栏 7　放射性污染治理工程

1. 核设施退役及放射性污染和废物治理项目，主要内容包括历史遗留的核设施退役及放射性污染和废物治理，及其他核设施退役及放射性废物治理等。

2. 区域废物处置场建设项目，主要内容包括建设2—3个区域中低放固体废物处置场。

3. 铀矿地质勘探与矿冶设施、伴生矿退役及污染治理项目，主要内容包括开展铀矿地质勘探与矿冶设施、伴生矿退役、放射性废物治理及放射性污染环境整治等。

4. 铀矿冶、伴生矿尾矿（渣）坝监测预警系统示范项目。

5. 辐照装置退役及废放射源回收项目，主要内容包括开展辐照装置退役及污染治理，收贮闲置、废旧放射源等。

（三）科技研发创新工程。

围绕核能与核技术利用安全、核安全设备质量可靠性、铀矿和伴生矿放射性污染治理、放射性废物处理处置等领域基础科学研究落后、技术保障薄弱的突出问题，全面加强核安全技术研发条件建设，改造或建设一批核安全技术研发中心，提高研发能力。组织开展核安全基础科学研究和关键技术攻关，完成一批重大项目，不断提高核安全科技创新水平。

专栏 8　核安全科技研发创新工程
1. 核安全技术研发能力建设项目，主要内容包括建设核电厂安全设计与分析技术研发中心、核电厂超设计基准事故研发中心、核电厂安全级设备鉴定检验中心、核电厂运行安全与维护技术研发中心、核电厂设备安全与可靠性研发中心、先进燃料元件和核级设备材料研发中心、核设施退役及放射性废物治理工程研发中心。 2. 核安全技术研究项目，主要内容包括开展一批为管理决策服务的基础科学和工程技术研究。开展 10 个方面 119 项关键技术研究，包括 12 项反应堆安全技术研究，7 项核电厂厂址安全技术研究，10 项核安全设备质量可靠性技术研究，10 项核燃料循环设施安全技术研究，7 项核技术利用安全技术研究，8 项放射性物品运输和实物保护技术研究，24 项核应急与反恐技术研究，10 项辐射环境影响评价及辐射照射控制技术研究，19 项放射性废物治理和核设施退役安全技术研究，12 项核与辐射安全管理技术和法规标准基础技术研究；制（修）订约 150 项核安全法律法规文件，完成约 250 项核电相关标准制（修）订。

（四）事故应急保障工程。

通过环境应急监测能力建设等项目的实施，加强核设施风险分析和预测预警能力建设，为应对核与辐射事故提供决策依据和技术支持，同时保证在任何情况下的核与辐射事故应急均有充足、可用的应急物资储备，并能及时、有效供应。

专栏 9　核与辐射事故应急保障工程
1. 核与辐射环境应急监测能力建设项目，主要内容包括开展国家级、省级、地市级以及覆盖我国管辖海域及周边海域的核与辐射事故应急监测能力建设；建立航空应急监测能力。 2. 核与辐射事故应急及事故后果评价能力建设项目，建设核与辐射事故应急技术支持平台，建设完善涵盖核电厂、研究堆、核燃料循环设施、放射源、铀矿冶等应急目标的应急数据体系、提高核与辐射事故预测、后果评价和决策支持能力。加强核设施现场数据监测，提高应急决策、指挥调度能力。建立或完善 6 个区域性和 31 个省级核与辐射安全监控和应急指挥中心。提高反应堆事故工况及堆芯损伤状况的实时评价能力。 3. 完成重点核基地的应急能力建设项目，主要内容包括建设秦山、大亚湾、田湾等重点区域核应急基地。

4. 核应急物资储备和抢险能力建设项目，主要内容包括开展国家、区域、省级的应急物资储备和抢险能力建设；开展核电基地、核设施营运单位的应急物资储备和抢险能力建设。

5. 进出境口岸应对核与辐射事故应急放射性检测能力建设项目，主要内容包括增加口岸放射性检测设备，实验室放射性检测仪器及个人防护用品等。

6. 事故应急医学保障项目，主要内容包括开展应急救治能力建设，形成覆盖全国的核应急救治网络。

7. 世界气象组织和国际原子能机构北京区域环境紧急响应应急能力建设项目，主要内容包括建设一体化的多尺度精细化核应急业务数值模式系统，开展放射性污染物扩散预报以及核事故长期影响评估。

(五) 监管能力建设工程。

以国家核与辐射安全监管技术研发基地建设为重点，构建核与辐射安全监管技术支撑平台，全面加强核与辐射安全审评、监督、监测、教育、国际合作等能力，不断提升我国核与辐射安全监管水平。

专栏 10　核安全监管能力建设工程

1. 国家核与辐射安全监管技术研发基地建设工程。主要内容包括核电厂安全验证能力建设；核安全设备安全性能验证能力建设；核电厂运行安全仿真分析能力建设；放射性废物安全管理及核设施退役安全验证能力建设；辐射环境监测技术能力建设；辐射防护研究能力建设；核与辐射安全监控和应急响应能力建设；核与辐射安全中心综合楼建设；中国核与辐射安全国际联合研究平台建设。

2. 全国辐射环境监测体系能力建设工程。主要内容包括国家、省和地市级三级辐射环境监测体系能力建设；全国辐射环境质量监测国控网点建设；国家重点监管的核与辐射设施监督性监测能力建设；形成全国辐射环境监测信息汇总及发布体系。

3. 核与辐射安全监督站能力建设工程。主要内容包括 6 个地区核与辐射安全监督站基本能力建设，配套必要的业务用房、执法仪器及装备。

4. 省和地市级能力建设工程。

五、保障措施

(一) 健全法规标准，夯实安全基础。

抓紧研究制订原子能法和核安全法，加快制修订核安全行政法规、部门规章和标准，力争到“十二五”末建成比较完整的核与辐射安全法规标准体系。完善核安全监管部门对相关工业标准的认可制度，强化相关工业标准与核安全法规导则的衔接。加强核安全管理和政策研究，适时发布核安全政策。

（二）优化管理机制，提升管控效率。

进一步增强核安全监管部门的独立性、权威性、有效性。明确和强化核行业主管部门、核电行业主管部门的核安全管理责任，加大核行业主管部门对包括科研院校在内的全行业管理力度。完善应急机制，把应急管理与日常监管紧密结合，充分发挥各涉核部门的职能作用和核企业集团公司的专业技术优势，细化涉核企事业单位的主体责任。加强政策引导，形成由国家投入为牵引、企业投入为主体的核安全技术创新机制。加大研究费用的投入力度，纳入国家科技发展管理体系。

行业主管部门将核安全要求作为制定相关产业和行业发展决策的重要依据，确保发展与安全的协调统一。完善核安全监管部门与行业主管部门在制定行业发展战略、规划，项目前期审批和安全监管中的协调机制。建立行业主管部门、核安全监管部门与气象、海洋、地震等部门的自然灾害预警和应急联动机制。

优化核安全国际合作体系，实现国际国内工作的协调统一，进一步加强和深化核安全领域与国际组织的交流与合作。

（三）完善政策制度，弥补薄弱环节。

完善核安全许可证制度，进一步明确核电集团公司、业主公司、专业化公司的核安全责任。完善核燃料循环、核设施退役和放射性废物处理处置的管理制度和政策，制定核设施退役费用和放射性废物处理处置费用的提取和管理办法。建立健全相关准入和执业资格制度，建立民用核设施“三废”处置经费筹措和使用制度，制定民用核设施退役管理办法。研究并制定废旧放射源和核技术利用废物处理处置相关管理办法。研究建立核事故赔偿和核保险相关制度，推动核电集团研究建立核赔偿基金，核设施营运单位购买第三方核责任险。研究建立核技术利用单位责任保险制度。研究建立高危放射源退役保证金制度。落实规划环评制度，依法开展规划环评工作。建立政府、行业组织和企业等各个层面间的经验交流和反馈制度。建立并完善良好核安全实践的激励制度。

（四）培育安全文化，提高责任意识。

建立核安全文化评价体系，开展核安全文化评价活动；强化核能与核技术利用相关企事业单位的安全主体责任；大力培育核安全文化，提高全员责任意识，使各部门和单位的决策层、管理层、执行层都能将确保核安全作为自觉的行动。所有核活动相关单位要建立并有效实施质量保证体系，按照核安全重要性对物项、服务或工艺进行分级管理，使所有影响质量和安全的活动得到有效控制。

（五）加快人才培养，促进均衡流动。

制定满足核能与核技术利用需要的人力资源保障规划，加大人才培养力度。搭建由政府、高校、社会培训机构及用人单位共同参与的人才教育和培训体系，加强培训基础条件建设，实现人才培养集约化、规模化。在核安全相关专业领域开展工程教育专业认证工作，加强高校核安全相关专业建设，进一步密切高校与行业、企业的联系，加快急需专业人才培养。完善注册核安全工程师制度，加强核安全关键岗位人员继续教育和培训工作。完善核安全监督和审评人员资格管理制度和培训体系。完善人才激励和考核评价体系，提高核安全从业人员的薪酬待遇，吸引优秀人才进入核安全监管部门和核行业安全关键岗位，促进人才均衡流动，保证核安全监督、评价和科研的智力资源。

(六)加强国际合作，借鉴先进经验。

密切跟踪国际核安全发展趋势，汲取国外先进的核安全管理和监督经验，促进我国核安全管理水平不断提高。加强合作研究、信息共享、经验反馈、培训交流、同行评估、应急响应与援助等领域的国际合作；加强核安全技术引进与合作开发；积极参与统一的国际核安全标准的研究与制定，参照执行国际原子能机构制定的《核安全行动计划》。积极开展双边、多边和区域核安全交流与合作。积极履行《核安全公约》和《乏燃料管理安全和放射性废物管理安全联合公约》等相关国际公约。

(七)深化公众参与，增强社会信心。

构建公开透明的信息交流平台，增加行业透明度。制定核设施信息公开制度，明确政府部门和营运单位信息发布的范围、责任和程序。提高公众在核设施选址、建造、运行和退役等过程中的参与程度。在基础教育中增加核与辐射安全科普知识。建立长效的核安全教育宣传机制，满足公众对核安全相关信息的需求，增强公众对核能与核技术利用安全的了解和信心。完善核安全突发事件公共关系应对体系，及时权威发布相关信息，释疑解惑，消除不实信息的误导，维护社会稳定。

(八)加大经费投入，落实资金保障。

充分发挥政府导向作用，建立有效的经费保障机制，加大对核安全与放射性污染防治的财政投入，推动规划项目落实。落实好相关税收优惠政策，建立多元化投入机制，积极拓展融资渠道。完善核安全管理的资金管控模式，对涉及核应急、核保险与核赔偿、民用核设施放射性污染防治、公益性核安全基础设施建设等需要政府和企业共同承担的费用，明确规定资金来源、出资方式、审批流程、资金用途，严格审查资金流向，确保资金筹集和使用到位。

六、规划实施与评估

加强协调联动。国务院各有关部门要加强沟通协调，按照职责分工，明确责任主体，完善行业主管部门、核安全监管部门之间的合作协调机制，共同推进规划实施。

落实工作责任。各部门、各级地方政府和相关企事业单位要按照职责分工和规划确定的目标要求，将工作任务纳入到年度工作计划中，制定具体实施方案，把任务逐级分解，做到量化目标、分步实施、严格管理、加强考核。

严格督促检查。国务院有关部门要定期对规划实施情况组织督查，及时研究解决规划实施中出现的问题，总结推广好的经验做法；对规划实施效果进行跟踪评价，重大情况及时向国务院报告。

国务院关于印发“十二五”国家战略性新兴产业发展规划的通知

国发〔2012〕28号

各省、自治区、直辖市人民政府，国务院各部委、各直属机构：

现将《“十二五”国家战略性新兴产业发展规划》印发给你们，请认真贯彻执行。

国务院

2012年7月9日

“十二五”国家战略性新兴产业发展规划（选登）

战略性新兴产业是以重大技术突破和重大发展需求为基础，对经济社会全局和长远发展具有重大引领带动作用，知识技术密集、物质资源消耗少、成长潜力大、综合效益好的产业。根据“十二五”规划纲要和《国务院关于加快培育和发展战略性新兴产业的决定》（国发〔2010〕32号）的部署和要求，为加快培育和发展节能环保、新一代信息技术、生物、高端装备制造、新能源、新材料、新能源汽车等战略性新兴产业，特制定本规划。

一、背景

当今世界新技术、新产业迅猛发展，孕育着新一轮产业革命，新兴产业正在成为引领未来经济社会发展的重要力量，世界主要国家纷纷调整发展战略，大力培育新兴产业，抢占未来经济科技竞争的制高点。

当前，全国上下正按照科学发展观的要求，加快转变经济发展方式，推进中国特色新型工业化进程，推动节能减排，积极应对日趋激烈的国际竞争和气候变化等全球性挑战，促进经济长期平稳较快发展。在此过程中，必须站在战略和全局的高度，科学判断未来需求变化和技术发展趋势，大力培育发展战略性新兴产业，加快形成支撑经济社会可持续发展的支柱性和先导性产业，优化升级产业结构，提高发展质量和效益。

“十二五”时期是我国战略性新兴产业夯实发展基础、提升核心竞争力的关键时期，既面临难得的机遇，也存在严峻挑战。从有利条件看，我国工业化、城镇化快速推进，城乡居民消费结构加速升级，国内市场需求快速增长，为战略性新兴产业发展提供了广阔空间；我国综合国力大幅提升，科技创新能力明显增强，装备制造业、高技术产业和现代服务业迅速成长，为战略性新兴产业发展提供了良好基础；世界多极化、经济全球化不断深入，为战略性新兴产业发展提供了有利的国际环境。同时也要看到，我国战略性新兴产业自主创新发展能力与发达国家相比还存在较大差距，关键核心技术严重缺乏，标准体系不健全；投融资体系、市场环境、体制机制政策等还不能完全适应战略性新兴产业快速发展的要求。必须加强宏观引导和统筹规划，明确发展目标、重点方向和主要任务，采取有力措施，强化政策支持，完善体制机制，促进战略性新兴产业快速健康发展。

二、指导思想、基本原则和发展目标

（一）指导思想。

以邓小平理论和“三个代表”重要思想为指导，深入贯彻落实科学发展观，把握世界新科技革命和产业革命的历史机遇，面向经济社会发展的重大需求，以改革创新为动力，以营造良好的产业发展环境为重点，以企业为主体，以工程为依托，加强规划引导，加大政策扶持，着力提升自主创新能力，加速科技成果产业化，推动战略性新兴产业快速健康发展，抢占经济科技竞争制高点，促进产业结构升级、经济发展方式转变和经济社会可持续发展。

（二）基本原则。

市场主导、政府调控。充分发挥市场配置资源的基础性作用，以市场需求为导向，着力营造良好的市场竞争环境，激发各类市场主体的积极性。针对产业发展的薄弱环节和瓶颈制约，有效发挥政府的规划引导、政策激励和组织协调作用。

创新驱动、开放发展。坚持自主创新，加强原始创新、集成创新和引进消化吸收再创新；加强高素质人才队伍建设，掌握关键核心技术，健全标准体系，加速产业化，增强自主发展能力。充分利用全球创新资源，加强国际交流合作，探索国际合作发展新模式，走开放式创新和国际化发展道路。

重点突破、整体推进。坚持突出科技创新和新兴产业发展方向，选择最有基础、最有条件的重点方向作为切入点和突破口，明确阶段发展目标，集中优势资源，促进重点领域和优势区域率先发展。总体部署产业布局和相关领域发展，统筹规划，分类指导，适时动态调整，促进协调发展。

立足当前、着眼长远。围绕经济社会发展重大需求，着力发展市场潜力大、产业基础好、带动作用强的行业，加快形成支柱产业。着眼提升国民经济长远竞争力，促进可持续发展，对重要前沿性领域及早部署，培育先导产业。

（三）发展目标。

产业创新能力大幅提升。企业重大科技成果集成、转化能力大幅提高，掌握一批具有主导地位的关键核心技术，建成一批具有国际先进水平的创新平台，发明专利质量数量和技术标准水平大幅提升，战略性新兴产业重要骨干企业研发投入占销售收入的比重达到5%以上。一批关键核心技术达到国际先进水平。

创新创业环境更加完善。重点领域和关键环节的改革加快推进，有利于创新战略性新兴产业商业模式、发展新业态的市场准入条件，以及财税激励、投融资机制、技术标准、知识产权保护、人才队伍建设等政策环境显著改善。

国际分工地位稳步提高。涌现一批掌握核心关键技术、拥有自主品牌、开展高层次分工合作的国际化企业，具有自主知识产权的技术、产品和服务的国际市场份额大幅提高，在部分领域成为全球重要的研发制造基地。

引领带动作用显著增强。战略性新兴产业规模年均增长率保持在20%以上，形成一批具有较强自主创新能力和技术引领作用的骨干企业，一批特色鲜明的产业链和产业集聚区。到2015年，战略性新兴产业增加值占国内生产总值比重达到8%左右，对产业结构升级、节能减排、提高人民健康水平、增加就业等的带动作用明显提高。

到2020年，力争使战略性新兴产业成为国民经济和社会发展的重要推动力量，增加值占国内生产总值比重达到15%，部分产业和关键技术跻身国际先进水平，节能环保、新一代信息技术、生物、高端装备制造产业成为国民经济支柱产业，新能源、新材料、新能源汽车产业成为国民经济先导产业。

三、重点发展方向和主要任务

（一）节能环保产业。

强化政策和标准的驱动作用，充分运用现代技术成果，突破能源高效与梯次利用、污染物防治与安全处置、资源回收与循环利用等关键核心技术，大力发展高效节能、先进环保和资源循环利用的新装备和产品；完善约束和激励机制，创新服务模式，优化能源管理、大力推行清洁生产和低碳技术、鼓励绿色消费，加快形成支柱产业，提高资源利用率，促进资源节约型和环境友好型社会建设。

1. 高效节能产业。发展高效节能锅炉窑炉、电机及拖动设备、余热余压利用、高效储能、节能监测和能源计量等节能新技术和装备；鼓励开发和推广应用高效节能电器、高效照明等产品；提高新建建筑节能标准，开展既有建筑节能改造，大力发展绿色建筑，推广绿色建筑材料；加快发展节能交通工具；积极开发和推广用能系统优化技术，促进能源的梯次利用和高效利用；大力推行合同能源管理新业态。

2. 先进环保产业。以解决危害人民群众身体健康的突出环境问题为重点，加大技术创新和集成应用力度，推动水污染防治、大气污染防治、土壤污染防治、重金属污染防治、有毒有害污染物防控、垃圾和危险废物处理处置、减震降噪设备、环境监测仪器设备的开发和产业化；推进高效膜材料及组件、生物环保技术工艺、控制温室气体排放技术及相关新材料和药剂的创新发展，提高环保产业整体技术装备水平和成套能力，提升污染防治水平；大力推进环保服务业发展，促进环境保护设施建设运营专业化、市场化、社会化，探索新型环保服务模式。

3. 资源循环利用产业。大力发展源头减量、资源化、再制造、零排放和产业链接等新技术，推进产业化，提高资源产出率。重点发展共伴生矿产资源、大宗固体废物综合利用，汽车零部件及机电产品再制造、资源再生利用，以先进技术支撑的废旧商品回收体系，餐厨废弃物、农林废弃物、废旧纺织品和废旧塑料制品资源化利用。

(二)新一代信息技术产业。

把握信息技术升级换代和产业融合发展机遇，加快建设宽带、融合、安全、泛在的下一代信息网络，突破超高速光纤与无线通信、物联网、云计算、数字虚拟、先进半导体和新型显示等新一代信息技术，推进信息技术创新、新兴应用拓展和网络建设的互动结合，创新产业组织模式，提高新型装备保障水平，培育新兴服务业态，增强国际竞争能力，带动我国信息产业实现由大到强的转变。“十二五”期间，新一代信息技术产业销售收入年均增长20%以上。

1. 下一代信息网络产业。实施宽带中国工程，加快构建下一代国家信息基础设施，统筹宽带接入、新一代移动通信、下一代互联网、数字电视网络建设；加快新一代信息网络技术开发和自主标准的推广应用，支持适应物联网、云计算和下一代网络架构的信息产品的研制和应用，带动新型网络设备、智能终端产业和新兴信息服务及其商业模式的创新发展；发展宽带无线城市、家庭信息网络，加快信息基础设施向农村和偏远地区延伸覆盖，普及信息应用；强化网络信息安全和应急通信能力建设。

2. 电子核心基础产业。围绕重点整机和战略领域需求，大力提升高性能集成电路产品自主开发能力，突破先进和特色芯片制造工艺技术，先进封装、测试技术以及关键设备、仪器、材料核心技术，加强新一代半导体材料和器件工艺技术研发，培育集成电路产业竞争新优势。积极有序发展大尺寸薄膜晶体管液晶显示(TFT-LCD)、等离子显示(PDP)面板产业，完善产业链。加快推进有机发光二极管(OLED)、三维立体(3D)、激光显示等新一代显示技术研发和产业化。攻克发光二极管(LED)、OLED产业共性关键技术和关键装备、材料，提高LED、OLED照明的经济性。掌握智能传感器和新型电力电子器件及系统的核心技术，提高新兴领域专用设备仪器保障和支撑能力，发展片式化、微型化、绿色化的新型元器件。

3. 高端软件和新兴信息服务产业。加强以网络化操作系统、海量数据处理软件等为代表的基础软件、云计算软件、工业软件、智能终端软件、信息安全软件等关键软件的开发，推动大型信息资源库建设，积极培育云计算服务、电子商务服务等新兴服务业态，促进信息系统集成服务向产业链前后端延伸，推进网络信息服务体系变革转型和信息服务的普及，利用信息技术发展数字内容产业，提升文化创意产业，促进信息化与工业化的深度融合。充分统筹用好国内、国际两个市场，继续扩大软件信息服务出口，积极承接国际服务外包，依托新一代信息产业技术提升我国在国际产业链中的层次和水平。

(三)生物产业。

面向人民健康、农业发展、资源环境保护等重大需求，强化生物资源利用、转基因、生物合成、抗体工程、生物反应器等共性关键技术和工艺装备开发；加强生物安全研究和管理，建设国家基因资源信息库。着力提升生物医药研发能力，开发医药新产品，加快发展生物医学工程技术和产品，大力发展生物育种，推进生物制造规模化发展，加速构建具有国际先进水平的现代生物产业体系，加快海洋生物技术及产品的研发和产业化。“十二五”期间，产业规模年均增速达到20%以上。

1.生物医药产业。提高我国新药创制能力，开发生物技术药物、疫苗和特异性诊断试剂;推进化学创新药研发和产业化，提高通用名药物技术开发和规模化生产水平；继承和创新相结合，发展现代中药；开发先进制药工艺技术与装备，发展新药开发合同研究、健康管理等新业态，推动生物医药产业国际化。

2.生物医学工程产业。整合医产学研优势资源，推进医学与信息、材料等领域新技术的交叉融合，构建生物医学工程技术创新体系，提升新型生物医学工程产品开发能力。研究开发预防、诊断、治疗、康复、卫生应急装备和新型生物医药材料的关键技术与核心部件，形成一批适合大中型医院使用、具有自主知识产权的高端诊疗产品；大力开发高性价比、高可靠性的临床诊断、治疗、康复产品，促进基层医疗卫生机构建设和服务能力提升；发展数字医疗系统、远程医疗系统和家庭监测、社区护理、个人健康维护相关产品等。

3.生物农业产业。围绕保障粮食安全和促进现代农业发展，完善育种科学设施体系，加强生物育种技术研发和产业化，加快高产、优质、多抗、高效动植物新品种培育及应用，推动育繁推一体化的现代育种企业发展，着力提升种业竞争力。积极推进生物兽药及疫苗、生物农药、生物肥料、生物饲料等绿色农用产品研发及产业化，为我国农业发展提供重要支撑。

4.生物制造产业。以培育生物基材料、发展生物化工产业和做强现代发酵产业为重点，大力推进酶工程、发酵工程技术和装备创新。突破非粮原料与纤维素转化关键技术，培育发展生物醇、酸、酯等生物基有机化工原材料，推进生物塑料、生物纤维等生物材料产业化。大力推动绿色生物工艺在化工、制浆、印染、制革等领域关键工艺环节的应用示范，积极推进工程微生物与清洁发酵技术应用，提升大宗发酵新产品的国际竞争力。

（四）高端装备制造产业。

面向我国产业转型升级和战略性新兴产业发展的迫切需求，统筹经济建设和国防建设需要，大力发展现代航空装备、卫星及应用产业，提升先进轨道交通装备发展水平，加快发展海洋工程装备，做大做强智能制造装备，把高端装备制造业培育成为国民经济的支柱产业，促进制造业智能化、精密化、绿色化发展。

1.航空装备产业。统筹航空技术研发、产品研制与产业化、市场开拓及服务提供，加快研制具有市场竞争力的大型客机，推进先进支线飞机系列化产业化发展，适时研发新型支线飞机；大力发展符合市场需求的新型通用飞机和直升机，构建通用航空产业体系；突破航空发动机核心关键技术，加快推进航空发动机产业化；促进航空设备及系统、航空维修和服务业发展；提升航空产业的核心竞争力和专业化发展能力。

2. 卫星及应用产业。紧密围绕经济社会发展的重大需求，与国家科技重大专项相结合，以建立我国自主、安全可靠、长期连续稳定运行的空间基础设施及其信息应用服务体系为核心，加强航天运输系统、应用卫星系统、地面与应用天地一体化系统建设，推进临近空间资源开发，促进卫星在气象、海洋、国土、测绘、农业、林业、水利、交通、城乡建设、环境减灾、广播电视、导航定位等方面的应用，建立健全卫星制造、发射服务、地面设备制造、运营服务产业链。推进极地空间资源开发。

3. 轨道交通装备产业。大力发展技术先进、安全可靠、经济适用、节能环保的轨道交通装备，建立健全研发设计、生产制造、试验验证、运用维护、监测维修和产品标准体系，完善认证认可体系等，提升牵引传动、列车控制、制动等关键系统及装备自主化能力。巩固和扩大国内市场，大力开展国际合作，推动我国轨道交通装备全面达到世界先进水平。

4. 海洋工程装备产业。面向海洋资源特别是海洋油气资源开发的重大需求，大力发展海洋油气开发装备，重点突破海洋深水勘探装备、钻井装备、生产装备、作业和辅助船舶的设计制造核心技术，全面提升自主研发设计、专业化制造、工程总包及设备配套能力，积极推动海洋风能利用工程建设装备、海水淡化和综合利用等装备产业化。促进产业体系化和规模化，增强国际竞争力。

5. 智能制造装备产业。重点发展具有感知、决策、执行等功能的智能专用装备，突破新型传感器与智能仪器仪表、自动控制系统、工业机器人等感知、控制装置及其伺服、执行、传动零部件等核心关键技术，提高成套系统集成能力，推进制造、使用过程的自动化、智能化和绿色化，支撑先进制造、国防、交通、能源、农业、环保与资源综合利用等国民经济重点领域发展和升级。

（五）新能源产业。

加快发展技术成熟、市场竞争力强的核电、风电、太阳能光伏和热利用、页岩气、生物质发电、地热和地温能、沼气等新能源，积极推进技术基本成熟、开发潜力大的新型太阳能光伏和热发电、生物质气化、生物燃料、海洋能等可再生能源技术的产业化，实施新能源集成利用示范重大工程。到 2015 年，新能源占能源消费总量的比例提高到 4.5%，减少二氧化碳年排放量 4 亿吨以上。

1. 核电技术产业。加强核电安全、核燃料后处理和废物处置等技术研究，在确保安全的前提下，开展二代在运核电安全运行技术及延寿技术开发，加快第三代核电技术的消化吸收和再创新，统筹开展第三代核电站建设。实施大型先进压水堆及高温气冷堆核电站科技重大专项，建设示范工程。研发快中子堆等第四代核反应堆和小型堆技术，适时启动示范工程。发展核电装备制造和核燃料产业链。到 2015 年，掌握先进核电技术，提高成套装备制造能力，实现核电发展自主化；核电运行装机达到4000万千瓦，包括三代在内的核电装备制造能力稳定在1000万千瓦以上。到2020年，形成具有国际竞争力的百万千瓦级核电先进技术开发、设计、装备制造能力。

2. 风能产业。加强风电装备研发，增强大型风电机组整机和控制系统设计能力，提高发电机、齿轮箱、叶片以及轴承、变流器等关键零部件开发能力，在风电运行控制、大规模并网、储能技术方面取得重大突破。建设东北、西北、华北北部和沿海地区的八大千万千瓦级风电基地。在内陆山地、河谷、湖泊等风能资源相对丰富的地区，发挥距离电力负荷中心近、电网接入条件好的优势，因地制宜开发中小型风电项目，积极推动海上风电项目建设。

3. 太阳能产业。以提高太阳能电池转化效率、器件使用寿命和降低光伏发电系统成本为目标，大力发展太阳能光伏电池的生产制造新工艺和新装备；积极推动多元化太阳能光伏光热发电技术新设备、新材料的产业化及其商业化发电示范；建立大型并网光伏发电站，推进建筑一体化光伏发电应用，建立具有国际先进水平的太阳能发电产业体系。大规模推广应用高效、多功能太阳能热水器，推动太阳能在供暖、制冷和中高温工业领域的应用。建立促进光伏发电分布式应用的市场环境，推进以太阳能应用为主、综合利用各种可再生能源的新能源城市建设。

4. 生物质能产业。统筹生物质能源发展，有序发展生物质直燃发电，积极推进生物质气化及发电、生物质成型燃料、沼气等分布式生物质能应用。加强下一代生物燃料技术开发，推进纤维素制乙醇、微藻生物柴油产业化。开展重点地区生物质资源详查评价，鼓励利用边际性土地和近海海洋种植能源作物和能源植物。

（六）新材料产业。

大力发展新型功能材料、先进结构材料和复合材料，开展纳米、超导、智能等共性基础材料研究和产业化，提高新材料工艺装备的保障能力；建设产学研结合紧密、具备较强自主创新能力和可持续发展能力的高性能、轻量化、绿色化的新材料产业创新体系和标准体系，发布国家新材料重点产品发展指导目录，建立新材料产业认定和统计体系，引导材料工业结构调整。到2015年，突破一批国家建设急需、引领未来发展的关键共性技术；到2020年，关键新材料自给率明显提高。

1. 新型功能材料产业。大力发展稀土永磁、发光、催化、储氢等高性能稀土功能材料和稀土资源高效综合利用技术。积极发展高纯稀有金属及靶材、原子能级锆材、高端钨钼材料及制品等，加快推进高纯硅材料、新型半导体材料、磁敏材料、高性能膜材料等产业化。着力扩大丁基橡胶、丁腈橡胶、异戊橡胶、氟硅橡胶、乙丙橡胶等特种橡胶及高端热塑性弹性体生产规模，加快开发高端品种和专用助剂。大力发展低辐射镀膜玻璃、光伏超白玻璃、平板显示玻璃、新型陶瓷功能材料、压电材料等无机非金属功能材料。积极发展高纯石墨、人工晶体、超硬材料及制品。

2. 先进结构材料产业。以轻质、高强、大规格为重点，大力发展高强轻型合金，积极开发高性能铝合金，加快镁合金制备及深加工，发展高性能钛合金、大型钛板、带材和焊管等。以保障高端装备制造和重大工程建设为重点，加快发展高品质特殊钢和高温合金材料。加强工程塑料改性及加工应用技术开发，大力发展聚碳酸酯、聚酰胺、聚甲醛和特种环氧树脂等。

3. 高性能复合材料产业。以树脂基复合材料和碳碳复合材料为重点，积极开发新型超大规格、特殊结构材料的一体化制备工艺，推进高性能复合材料低成本化、高端品种产业化和应用技术装备自主化。加快发展高性能纤维并提高规模化制备水平，重点围绕聚丙烯腈基碳纤维及其配套原丝开展技术提升，着力实现千吨级装备稳定运转，积极开展高强、高模等系列碳纤维以及芳纶开发和产业化。着力提高专用助剂和树脂性能，大力开发高比模量、高稳定性和热塑性复合材料品种。积极开发新型陶瓷基、金属基复合材料。加快推广高性能复合材料在航空航天、风电设备、汽车制造、轨道交通等领域的应用。

(七) 新能源汽车产业。

以纯电驱动为新能源汽车发展和汽车工业转型的主要战略取向，当前重点推进纯电动汽车和插电式混合动力汽车产业化，推进新能源汽车及零部件研究试验基地建设，研究开发新能源汽车专用平台，构建产业技术创新联盟，推进相关基础设施建设。重点突破高性能动力电池、电机、电控等关键零部件和材料核心技术，大幅度提高动力电池和电机安全性与可靠性，降低成本；加强电制动等电动功能部件的研发，提高车身结构和材料轻量化技术水平；推进燃料电池汽车的研究开发和示范应用；初步形成较为完善的产业化体系。建立完整的新能源汽车政策框架体系，强化财税、技术、管理、金融政策的引导和支持力度，促进新能源汽车产业快速发展。

四、重大工程

(一) 重大节能技术与装备产业化工程。

围绕应用面广、节能潜力大的高效锅炉窑炉、余热余压利用、热电联产、电机系统和大容量低成本蓄能等领域，实施重大技术装备产业化示范工程；推进高效风机、水泵、变压器、空调机组、内燃机、节能家电等技术装备和产品的发展。到2015年，形成一批以高效燃烧、能源梯级利用、高效蓄能、绿色节能建材、节能监测和能源计量等为重点的节能技术装备与产品制造骨干企业和产业化示范基地，高效节能技术与装备市场占有率提高到30%左右，创新能力和装备开发能力接近国际先进水平。

(二) 重大环保技术装备及产品产业化示范工程。

以烟气脱硫脱硝、机动车尾气高效净化等大气污染治理装备，城镇生活污水脱氮除磷深度处理、新型反硝化反应器等水污染治理成套装备，高效垃圾焚烧和烟气处理、污泥处理处置等固体废物处理装备，重金属、氨氮在线监测等环境监测专用仪器仪表，环境应急监测车、阻截式油水分离及回收设备等环境应急装备为重点，实施一批产业化示范工程。推进重金属污染防治、土壤污染防治技术开发与示范应用，加快高性能膜、脱硝催化剂纳米级二氧化钛载体、高效滤料等污染控制材料的产业化。到2015年，培育一批在行业具有领军作用的环保企业集团及一批“专、精、特、新”的环保配套生产企业，创建10~15个区位优势突出、集中度高的环保技术及装备产业化基地。

（三）重要资源循环利用工程。

实施“城市矿产”示范工程，建设一批“城市矿产”示范基地，提升废钢铁、废有色金属（稀贵金属）、废橡胶、废轮胎、废电池等再生资源利用技术和成套装备产业化水平。实施再制造产业化示范工程，建立一批再制造工程（技术）研究中心，形成若干再制造产业集聚区。实施产业废弃物资源化利用示范工程，推进大宗固体废物、共伴生矿、建筑废弃物的循环利用。加快建立先进技术支撑的废旧商品回收利用体系，建设一批示范城市。加快海水淡化产业发展。到2015年，建成我国重要资源循环利用技术体系，再制造产业初具规模，资源再生加工利用能力达每年2500万吨，煤矸石等大宗固体废弃物综合利用能力达每年4亿吨。

（四）宽带中国工程。

加快推进宽带光纤接入网络建设，推进第三代移动通信(3G)网络全面、深度覆盖，开展TD—LTE规模商用示范；实施下一代互联网商用推广，建立新型网络体系架构及配套技术试验床，形成完备的互联网技术标准，完善网络安全防护体系；全面实施广播电视数字化改造，积极推进三网融合；组织关键技术、装备、智能终端的研发及产业化。到2015年，宽带接入能力显著提高，95%的行政村具备宽带接入能力，相关装备和智能终端达到国际先进水平，全国县级（含）以上城市有线电视实现数字化，80%实现双向化，并基本完成数字地面电视覆盖。

（五）高性能集成电路工程。

围绕重点整机系统应用需求，突破高端通用芯片核心技术，大力支持移动互联、模数混合、信息安全、数字电视、射频识别、传感器等芯片的设计，形成系统方案解决能力。加快先进生产线和特色生产线工艺技术升级和产能扩充，提高先进封装工艺和测试水平。进一步完善产业链，增强关键设备、仪器和材料的开发能力，支持大生产线规模应用。强化国产芯片和软件的集成应用。加快提升国家级集成电路研发公共服务平台的水平和能力。到2015年，集成电路设计业产值国内市场比重由5%提高到15%。

（六）新型平板显示工程。

开展TFT–LCD显示面板关键技术和新工艺开发，实施玻璃基板等关键配套材料和核心生产设备产业化项目。突破PDP高光效技术、高清晰度技术以及超薄技术，完善配套产业链。开展高迁移率TFT驱动基板技术开发，攻克OLED有机成膜、器件封装等关键工艺技术，加强关键材料及设备的国产化配套。开展3D显示、电子纸、激光显示等新技术研发和产业化。到2015年，新型平板显示面板满足国内彩电整机需求量的80%以上，提高关键材料和核心生产设备本地化配套率。

（七）物联网和云计算工程。

构建物联网基础和共性标准体系，突破低成本、低功耗、高可靠性传感器技术，组织新型RFID、智能仪表、微纳器件、核心芯片、软件和智能信息处理等关键技术研发和产业链建设。在典型领域开展基于创新产品和解决方案的物联网示范应用，培育和壮大物联网新兴服务业，加强物联网安全保障能力建设。开展云计算服务创新发展试点示范。整合现有各类计算资源，推动各领域信息共享和业务协同，突破虚拟化、云计算应用支撑平台、云安全、云存储等核心技术，大力加强高性能计算等领域应用软件的开发，推进高性能服务器、海量数据存储、智能终端等设备产业化，加强对云计算基础设施的统筹部署和创新发展，构建云计算标准体系，支持建设一批绿色云计算服务中心、公共云计算服务平台，促进软件即服务(SaaS)、平台即服务(PaaS)、基础设施即服务(IaaS)等业务模式的创新发展。到2015年，初步形成符合国情的应用模式、标准规范和安全可靠的产业体系。

（八）信息惠民工程。

推进普遍服务，完善信息惠民基础条件；建立多层次的国家优质教育资源库和共享服务平台，完善现代远程教育传输网络和服务体系；加强公共安全信息化支撑体系建设，提升公共安全实时监控、预警预报和应急处理能力，提高社会管理信息化水平。推进远程医疗，推广医疗信息管理和居民电子健康档案管理系统；推进标准统一、功能兼容的社会保障卡应用，逐步实现“人手一卡”和“一卡通”；支持一批城市开展电子商务示范城市创建工作，支持应用新信息技术和服务模式，在海铁公水联运、智能电网、安全生产监管、林业生态监测、环境污染监控、食品安全监管、药品药械监管、智能交通、货物快递追踪、危险品管理、城市公共管理等领域开展新型信息服务。加快研发适应三网融合业务要求的数字家庭智能终端和新型消费电子产品，开展数字家庭多业务应用示范。扩大信息服务在城乡及各领域的覆盖和应用。

（九）蛋白类等生物药物和疫苗工程。

建立国家人类基因资源信息库、蛋白质库和生物样本库，重点突破新产品研发和产业化过程中的高效筛选、评价、纯化、大规模细胞培养、制剂技术、质量控制方法等环节的技术瓶颈，加强新型佐剂研究，建设若干研发和产业化技术平台，推进单克隆抗体药物、基因工程蛋白质及多肽药物、多联多价疫苗、治疗型疫苗、人畜共患病疫苗等新产品的研发及产业化，加强疫苗供应体系建设。到2015年，实现30个以上生物医药新品种投放市场，基因工程药物和疫苗创新能力大幅提升，我国防控重大疾病和传染病的能力明显提高。

（十）高性能医学诊疗设备工程。

建设具有国际先进水平的高性能医学影像诊断治疗设备研发与技术集成平台，

突破数字化探测器、高频高压发生器、超声探头、超导磁体等核心部件和关键技术，加快发展数字化 X 射线机、多层螺旋计算机断层扫描 (CT) 机、超导磁共振成像系统 (MRI)、核医学影像设备正电子放射断层造影术 (PET)/CT、数字化彩色超声诊断系统等高性能医学影像设备，加快推进高强度聚焦超声 (HIFU) 等高性能医学治疗设备开发，加速产业化和推进临床应用。到 2015 年，掌握一批拥有自主知识产权的高性能医学影像诊断和治疗设备的核心技术，提高创新产品国内市场占有率。

(十一) 生物育种工程。

围绕国家粮食生产核心区，构建重要动植物基因信息库，重点研发转基因、分子设计、航天育种、胚胎工程等生物育种技术，建设国家级生物育种基地、区域性良繁基地，建立转基因生物安全管理体系，加快培育水稻、玉米、小麦、大豆、棉花、油菜等主要作物以及猪、牛、羊、鸡、鱼等重要畜禽水产新品种并实现产业化。到 2015 年，突破一批分子育种关键技术和装备，具有自主知识产权的主要农作物和畜禽新品种市场占有率明显提高。

(十二) 生物基材料工程。

建设工业微生物菌种与基因信息库，突破微生物菌种设计、生物炼制工艺等关键技术，建立非粮生物质原料种植加工基地，加快工业微生物、生物基工业原料、生物基塑料、生物质纤维、生物溶剂等生物基产品的产业化，加强生物基产品应用示范，构建生物基原材料生产加工与应用产业链，利用生物技术提升传统产业发展水平。到 2015 年，突破一批生物基材料开发和产业化技术，与化石原料相比具有竞争力的一批生物基材料实现规模化生产。

(十三) 航空装备工程。

按照安全、经济、舒适和环保的要求，研制具有国际竞争力的 150 座级 C919 单通道干线飞机。加快科技攻关，发展高可靠性、低成本、数字化支线飞机和通用飞机 (含直升机) 设计与制造技术。推进 ARJ21 支线飞机的规模化生产和系列化发展，支持新舟系列支线飞机改进改型，研制新型支线飞机，发展大中型喷气公务机和新型通用飞机 (含直升机)；拓展支线飞机市场应用，扎实推进通勤航空试点。推动航空发动机、航空设备产业发展及航空维修、支援、租赁等产业配套体系建设。到 2015 年，我国航空装备发展能力大幅提升。

(十四) 空间基础设施工程。

建设时空协调、全天候、全天时的对地观测卫星系统和天地一体的地面配套设施，发展空间环境监测卫星系统；完善我国全球导航定位系统；启动由大容量宽带多媒体卫星、全球移动通信卫星、数据中继卫星等系统组成的空间信息高速公路建设；建设相关地面配套设施。开展先进卫星平台、新型卫星有效载荷、核心部组件、卫星遥感定量化应用等关键技术研发，推进重点行业和领域的卫星系统应用示范，进一步提升卫星对地观测、卫星通信和卫星导航定位应用产业化水平。到 2015 年，形成长期连续稳定运行、系统功能优化的国家空间基础设施骨干架构，大幅提升我国卫星提供经济社会发展需求空间信息的能力。

（十五）先进轨道交通装备及关键部件工程。

建立现代轨道交通装备核心技术、关键零部件及系统的研发、试验验证、标准及知识产权保护体系。开发高寒及城际动车组、交流传动快速机车、30吨轴重机车与货车、新型城轨车辆、大型施工装备、多功能高效率工程及养路机械。研发永磁电传动、磁悬浮、列车制动、牵引控制、安全监测、通信信号等关键技术，研制轮轴轴承、传动齿轮箱、转向架等关键零部件，加强产业化，提升核心部件及系统创新能力。到2015年，形成具有世界先进水平的轨道交通装备发展能力。

（十六）海洋工程装备工程。

突破深水浮式结构物水动力性能、结构设计和强度分析等共性技术，加快发展深海高性能物探船和钻井船、浮式生产储油卸油装置、半潜式平台、水下生产系统、环境探测、观测与监测、深海运载及应急作业等装备及其关键配套设备和系统，建设液化天然气浮式生产储卸装置等新型装备总装制造平台，完善设计建造标准体系。到2015年，国产深海资源探采装备国内市场占有率明显提高，关键设备和系统实现配套，国际市场竞争力得到提升。

（十七）智能制造装备工程。

突破新型传感、高精度运动控制、故障智能诊断等关键技术，大力推进泛在感知自动控制系统、工业机器人、关键零部件等装置的开发和产业化，开展基于机器人的自动化成形与加工装备生产线、自动化仓储与分拣系统以及数字化车间等典型智能装备与系统的集成创新，推进智能制造技术和装备在石油加工、煤炭开采、发电、环保、纺织、冶金、建材、机械加工、食品加工等典型领域中的示范应用。到2015年，具有自主知识产权的智能测控装置及零部件国内市场占有率达到30%，掌握智能制造系统关键核心技术，以传感器、自动控制系统、工业机器人、伺服和执行部件为代表的智能装置实现突破并达到国际先进水平，重大成套装备及生产线系统集成水平大幅提升，基本满足国民经济重点领域和国防建设的需要。

（十八）新能源集成应用工程。

在风电、太阳能、海洋能发电等可再生能源电力开发集中区域，示范建设以智能电网为载体、发输用一体化、可再生能源为主的电力系统；选择可再生能源资源丰富、经济条件较好的城市，在公共建筑、商业设施和工业园区推进太阳能、页岩气、生物质能、地热和地温能等新能源技术的综合应用示范；开展绿色能源和新能源区域应用示范建设，建成完善的县域绿色能源利用体系；在可再生能源丰富和具备多元化利用条件的中小城市及偏远农牧区、海岛等，示范建设分布式光伏发电、风力发电、沼气发电、小水电“多能互补”的新能源微电网系统。推进新能源装备产业化。到2015年，建成世界领先的新能源技术研发和制造基地。

（十九）关键材料升级换代工程。

加快突破气相沉积、等静压、先进熔炼、高效合成等材料先进技术和装备，支持高强铝合金等轻型合金材料、稀有金属材料、装备制造和重大工程需要的高品质特殊钢开发；推进高强高模碳纤维等高性能纤维及其复合材料、全氟离子膜等功能性膜材料、医用材料、先进电池材料、高纯硅等新型半导体材料、纳米绿色印刷材料和技术的产业化；开展高磁感取向硅钢、铁基非晶带材、高饱和磁感铁基纳米晶材料等金属合金材料、无机改性高分子材料、高性能复合材料以及新型绿色节能建材等在电力、交通运输、建筑等领域的应用示范；完善新材料认定及标准体系，建设一批新材料开发、检测、应用、信息等公共服务平台。到2015年，形成新材料持续发展的创新能力，一大批关键新材料的国内保障能力基本满足需求。

（二十）新能源汽车工程。

建设新能源汽车公共测试平台、试验验证和应用综合评价体系，建立产品开发和专利数据库，重点研发动力电池、电机及控制系统等关键核心技术和新产品，加速纯电动、插电式混合动力汽车系列产品产业化，加大公共服务领域示范推广力度，扩大私人购买新能源汽车补贴试点城市范围和规模。推进充电网络体系和设施建设，探索新型商业化运行模式。

五、政策措施

（一）加大财税金融政策扶持。

1. 加大财税政策扶持。在整合现有政策资源、充分利用现有资金渠道的基础上，建立稳定的财政投入增长机制，设立战略性新兴产业发展专项资金，着力支持重大关键技术研发、重大产业创新发展工程、重大创新成果产业化、重大应用示范工程及创新能力建设等。结合税制改革方向和税种特征，针对战略性新兴产业特点，加快研究完善和落实鼓励创新、引导投资和消费的税收支持政策。

2. 强化金融支持。加强金融政策和财政政策的结合，运用风险补偿等措施，鼓励金融机构加大对战略性新兴产业的信贷支持。发展多层次资本市场，拓宽多元化直接融资渠道。大力发展债券市场，扩大公司债、企业债、短期融资券、中期票据、中小企业集合票据等发行规模。进一步完善创业板市场制度，支持符合条件的企业上市融资。推进场外证券交易市场建设，满足处于不同发展阶段创业企业的需求。完善不同层次市场之间的转板机制，逐步实现各层次市场有机衔接。扶持发展创业投资企业，发挥政府新兴产业创业投资资金的引导作用，扩大资金规模，推动设立战略性新兴产业创业投资引导基金，充分运用市场机制，带动社会资金投向处于创业早中期阶段的战略性新兴产业创新型企业。健全投融资担保体系。引导民营企业和民间资本投资战略性新兴产业。

（二）完善技术创新和人才政策。

1. 加强企业技术创新能力建设。构建新兴产业技术创新和支撑服务体系，加大企业技术创新的投入力度，对面向应用、具有明确市场前景的政府科技计划项目，建立由企业牵头组织、高等院校和科研机构共同参与实施的有效机制。依托骨干企业，围绕关键核心技术的研发、系统集成和成果中试转化，支持建设若干具有世界先进水平的工程化平台，发展一批企业主导、产学研用紧密结合的产业技术创新联盟，支持联盟成员构建专利池、制定技术标准等。进一步加强财税政策的引导，激励企业增加研发投入。

2. 加强知识产权体系建设。加强重大发明专利、商标等知识产权的申请、注册和保护，鼓励国内企业申请国外专利。健全知识产权保护相关法律法规，制定适合战略性新兴产业发展的知识产权政策。建立公共专利信息查询和服务平台，为全社会提供知识产权信息服务。针对我国企业在对外贸易投资中遇到的知识产权问题，尽快建立健全预警应急机制、海外维权和争端解决机制。大力推进知识产权的运用，完善知识产权转移交易体系，规范知识产权资产评估，推进知识产权投融资机制建设。

3. 加强技术标准体系建设。制定并实施战略性新兴产业标准发展规划，加快基础通用、强制性、关键共性技术、重要产品标准研制的速度，健全标准体系。建立标准化与科技创新和产业发展协同跟进机制，在重点产品和关键共性技术领域同步实施标准化，支持产学研联合研制重要技术标准并优先采用，加快创新成果转化和产业化步伐。

4. 建设高素质人才队伍。支持企业人才队伍建设。加快完善高校和科研机构科技人员职务发明创造的激励机制。加大力度吸引海外优秀人才来华创新创业，依托“千人计划”和海外高层次创新创业人才基地建设，加快吸引海外高层次人才。加强高校和中等职业学校战略性新兴产业相关学科专业建设，改革创新人才培养模式，建立企校联合培养人才的新机制，促进创新型、应用型和复合型人才的培养。

（三）营造良好的市场环境。

1. 完善市场培育、应用与准入政策。鼓励绿色消费、信息消费、健康消费，促进消费结构升级。加大节能环保、新能源、新能源汽车等市场培育与引导力度，培育发展新业态。加快建立有利于战略性新兴产业发展的相关标准和重要产品技术标准体系，优化市场准入的审批管理程序。

2. 深化国际合作。引导外资投向战略性新兴产业，丰富外商投资方式，拓宽外资投资渠道，不断完善外商投资软环境。继续支持引进先进的核心关键技术和设备。鼓励我国企业和研发机构在境外设立研发机构，参与国际标准制定。扩大企业境外投资自主权，支持有条件的企业开展境外投融资。完善相关出口信贷、保险等政策，支持拥有自主知识产权的技术标准在国外推广应用。支持企业通过境外注册商标、境外收购等方式，培育国际化品牌，开展国际化经营，参与高层次国际合作。国家支持战略性新兴产业发展的政策同等适用于符合条件的外商投资企业。

（四）加快推进重点领域和关键环节改革。

完善相关市场开放机制，深化民间投资准入改革，鼓励各类企业投资战略性新兴产业。推行能效“领跑者”制度，建立健全排污权、节能量和碳排放交易制度，推进环保和资源税费、价格改革；建立生产者责任延伸制，建立资源循环利用产品认证体系和再制造产品标识管理制度；大力推进环境标志产品认证和政府绿色采购制度，积极倡导绿色消费。建立健全推进三网融合的政策和机制，深化电信体制改革，推进有线电视网络整合和运营机构转企改制，按照分业管理的原则探索建立适应三网融合要求的电信、广电监管体制和协调高效的运行机制，完善相关法规标准，推动三网融合高效有序开展。加强生物安全管理，完善药品、医疗器械注册管理、价格管理、集中招标采购、安全评价与监督管理等机制，制定实施有利于绿色生物基产品发展的激励政策。加快制定民用航空工业法律法规，加快推进空域管理体制改革，建立空域灵活使用机制，优化航路航线和飞行繁忙地区空域结构，推进低空空域开放；完善卫星应用数据共享、市场准入等政策法规；支持智能制造装备首台（套）研发创新和产业化，探索首台（套）装备保险机制。实施可再生能源发电配额制，落实可再生能源发电全额保障性收购制度，深化电力体制改革，完善新能源发电补贴机制，建立适应风电、太阳能光伏发电发展的电网运行管理体系；完善生物燃料、能源化利用农林废弃物的激励政策及市场流通机制等。

六、组织实施

（一）加强统筹协调。

有效统筹协调中央、地方和其他社会资源，促进军民融合，突出重点，集中支持本规划明确的重大产业创新发展工程、重大关键技术研发与创新成果产业化、重大应用示范工程、创新能力建设等。加强与科技重大专项的衔接，发挥科技重大专项的引领带动作用。营造公平竞争环境，激发和调动各类市场主体的积极性，引导加大对战略性新兴产业的投入，加快推进战略性新兴产业发展。

（二）加强宏观引导。

优化产业布局，加强对地方发展战略性新兴产业的信息引导和宏观指导，明确不同区域总体功能定位和重点发展方向。各地要结合国家战略性新兴产业发展重点，从当地实际出发，重点发展具有竞争优势的特色新兴产业，避免盲目发展和重复建设。强化行业和企业自律，发挥行业协会在企业投资、经营决策方面的指导、协调和监督作用。加强市场信息预警与引导，定期向社会发布战略性新兴行业产能规模、产能利用率及生产、技术、市场发展动向等信息。

（三）培育发展产业示范基地。

依托现有优势产业集聚区，充分利用现有资源，促进技术、人才、资金等要素向具有技术创新优势的企业和产业集聚，建设一批体制机制健全、市场活力大、产业链完善、辐射带动强、具有国际竞争力的战略性新兴产业示范基地，培育战略性新兴产业增长极。发挥创新资源密集、创新环境良好区域的比较优势，完善创新创业体系，推进先行先试，培育若干全国战略性新兴产业的策源地。

（四）完善规划体系。

根据本规划提出的重点方向和任务，研究制定战略性新兴产业分类及重点产品和服务指导目录，健全统计监测体系。制定实施节能环保、新一代信息技术、生物、高端装备制造、新能源、新材料、新能源汽车产业等专项规划，明确实施内容和实施机制。鼓励相关省（区、市）联合编制区域性发展规划，推进战略性新兴产业差别化、特色化协同发展。各专项规划和地方规划要加强与本规划的衔接。

（五）加强组织实施。

成立由发展改革委、科技部、工业和信息化部、财政部等有关部门参加的战略性新兴产业发展部际协调小组，加强统筹协调和督促落实。协调小组办公室设在发展改革委，承担协调小组的日常工作。根据规划实施的需要，组建由相关部门组成的政策工作组，加强沟通协调，及时制定出台有关政策措施。

有关部门要加强相关战略性新兴产业的统计和监测，加强形势分析，及时发布产业发展信息。发展改革委要会同有关部门加强对规划实施情况的跟踪分析和监督检查，及时开展后评估；要针对规划实施中出现的新情况新问题，适时提出解决办法，重大问题及时向国务院报告。

（文中专栏略）

法律法规

国家电力监管委员会令

第 31 号

《电力安全事故调查程序规定》已经2012年6月5日国家电力监管委员会主席办公会议审议通过，现予公布，自2012年8月1日起施行。

主　席　吴新雄

二〇一二年六月十三日

电力安全事故调查程序规定

第一条　为了规范电力安全事故调查工作，根据《电力安全事故应急处置和调查处理条例》和《生产安全事故报告和调查处理条例》，制定本规定。

第二条　国家电力监管委员会及其派出机构（以下简称电力监管机构）组织调查电力安全事故（以下简称事故），适用本规定。

国务院授权国家电力监管委员会（以下简称电监会）组织调查特别重大事故，国家另有规定的，从其规定。

第三条　事故调查应当按照依法依规、实事求是、科学严谨、注重实效的原则，及时、准确地查清事故原因，查明事故性质和责任，总结事故教训，提出整改措施和处理意见。

第四条　任何单位和个人不得阻挠和干涉对事故的依法调查。

第五条　电力监管机构调查事故，应当及时组织事故调查组。

第六条　下列事故由电监会组织事故调查组：

（一）国务院授权组织调查的特别重大事故；

（二）重大事故；

（三）电监会认为有必要调查的较大事故。

第七条　较大事故、一般事故由事故发生地派出机构组织事故调查组。

较大事故、一般事故跨省（自治区、直辖市）的，由事故发生地电监会区域监管局组织事故调查组；较大事故、一般事故跨区域的，由电监会指定派出机构组织事故调查组。

电监会认为必要的，可以指令派出机构组织事故调查组调查一般事故。

第八条　组织事故调查组应当遵循精简、高效的原则。根据事故的具体情况，事故调查组由电力监管机构、有关地方人民政府、安全生产监督管理部门、负有安全生产监督管理职责的有关部门派人组成。

事故有关人员涉嫌失职、渎职或者涉嫌犯罪的，电力监管机构应当邀请监察机关、公安机关、人民检察院派人参加。

电力监管机构可以聘请有关专家参加事故调查组，协助事故调查。

第九条　事故有关单位、人员涉嫌违

法，电力监管机构依法予以立案的，电力监管机构稽查工作部门应当派人参加事故调查组。

第十条　事故调查组成员应当具有事故调查所需要的知识和专长，与所调查的事故、事故发生单位及其主要负责人、主管人员、有关责任人员没有直接利害关系。

第十一条　事故调查组成员名单和组长建议人选由电力监管机构安全监管部门提出，报电力监管机构负责人批准。

事故调查组组长主持事故调查组的工作。

第十二条　根据事故调查需要，电力监管机构可以重新组织事故调查组或者调整事故调查组成员。

第十三条　事故调查组应当制定事故调查方案。事故调查方案包括事故调查的职责分工、方法步骤、时间安排等内容。

第十四条　事故调查组进行事故调查，应当制作事故调查通知书。事故调查通知书应当向事故发生单位、事故涉及单位出示。

第十五条　事故调查组勘查事故现场，可以采取照相、录像、绘制现场图、采集电子数据、制作现场勘查笔录等方法记录现场情况，提取与事故有关的痕迹、物品等证据材料。事故调查组应当要求事故发生单位移交事故应急处置形成的有关资料、材料。

第十六条　事故调查组可以进入事故发生单位、事故涉及单位的工作场所或者其他有关场所，查阅、复制与事故有关的工作日志、工作票、操作票等文件、资料，对可能被转移、隐匿、销毁的文件、资料予以封存。

第十七条　事故调查组应当根据事故调查需要，对事故发生单位有关人员、应急处置人员等知情人员进行询问。询问应当制作询问笔录。

事故发生单位负责人和有关人员在事故调查期间不得擅离职守，并随时接受事故调查组的询问，如实提供有关情况。

第十八条　事故调查组进行现场勘查、检查或者询问知情人员，调查人员不得少于 2 人。

第十九条　事故调查需要进行技术鉴定的，事故调查组应当委托具有国家规定资质的单位进行。必要时，事故调查组可以直接组织专家进行。技术鉴定所需时间不计入事故调查期限。

第二十条　事故调查组应当收集与事故有关的原始资料、材料。因客观原因不能收集原始资料、材料，或者收集原始资料、材料有困难的，可以收集与原始资料、材料核对无误的复印件、复制品、抄录件、部分样品或者证明该原件、原物的照片、录像等其他证据。

现场勘查笔录、检查笔录、询问笔录和鉴定意见应当由调查人员、勘查现场有关人员、被询问人员和鉴定人签名。

事故调查组应当依照法定程序收集与事故有关的资料、材料，并妥善保存。

第二十一条　事故调查组成员在事故调查工作中应当诚信公正，恪尽职守，遵守纪律，保守秘密。

未经事故调查组组长允许，事故调查

组成员不得擅自发布有关事故的信息。

第二十二条　事故调查组应当查明下列情况：

（一）事故发生单位的基本情况；

（二）事故发生的时间、地点、现场环境、气象等情况，事故发生前电力系统的运行情况；

（三）事故经过、事故应急处置情况，事故现场有关人员的工作内容、作业时间、作业程序、从业资格等情况；

（四）与事故有关的仪表、自动装置、断路器、继电保护装置、故障录波器、调整装置等设备和监控系统、调度自动化系统的记录、动作情况；

（五）事故影响范围，电网减供负荷比例、城市供电用户停电比例、停电持续时间、停止供热持续时间、发电机组停运时间、设施设备损坏等情况；

（六）事故涉及设施设备的规划、设计、选型、制造、加工、采购、施工安装、调试、运行、检修等方面的情况；

（七）电力监管机构认为应当查明的其他情况。

第二十三条　事故调查组应当查明事故发生单位执行国家有关安全生产规定，加强安全生产管理，建立健全安全生产责任制度，完善安全生产条件等情况。

第二十四条　涉及人身伤亡的事故，事故调查组除应查明本规定第二十二条、第二十三条规定的情况外，还应当查明：

（一）人员伤亡数量、人身伤害程度等情况；

（二）伤亡人员的单位、姓名、文化程度、工种等基本情况；

（三）事故发生前伤亡人员的技术水平、安全教育记录、从业资格、健康状况等情况；

（四）事故发生时采取安全防护措施的情况和伤亡人员使用个人防护用品的情况；

（五）电力监管机构认为应当查明的其他情况。

第二十五条　事故调查组应当在查明事故情况的基础上，确定事故发生的直接原因、间接原因和其他原因，判断事故性质并做出责任认定。

第二十六条　事故调查组应当根据现场调查、原因分析、性质判断和责任认定等情况，撰写事故调查报告。

事故调查报告的内容应当符合《电力安全事故应急处置和调查处理条例》的规定，并附具有关证据材料和技术分析报告。

第二十七条　事故调查组成员应当在事故调查报告上签名。事故调查组成员对事故调查报告的内容有不同意见的，应当在事故调查报告中注明。

第二十八条　事故调查报告经电力监管机构负责人办公会议审查同意，事故调查工作即告结束。事故发生地派出机构组织调查的较大事故，事故调查报告应当先经电监会安全监管部门审核。

由事故发生地派出机构组织调查的一般事故和较大事故，事故调查报告应当报电监会安全监管部门备案。

第二十九条　事故调查应当按照《电力安全事故应急处置和调查处理条例》规

定的期限进行。

第三十条　事故调查涉及行政处罚的，应当符合行政处罚案件立案、调查、审查和决定的有关规定。

第三十一条　电力监管机构应当依据事故调查报告，对事故发生单位及其有关人员依法给予行政处罚。

第三十二条　电力监管机构应当依据事故调查报告，制作监管意见书，对有关人员提出给予处分或者其他处理的意见，送达有关单位。有关单位应当依据监管意见书依法处理，并将处理情况报告电力监管机构。

第三十三条　事故调查过程中发现违法行为和安全隐患，电力监管机构有权予以纠正或者要求限期整改。要求限期整改的，电力监管机构应当及时制作整改通知书。

被责令整改的单位应当按照电力监管机构的要求进行整改，并将整改情况以书面形式报电力监管机构。

第三十四条　电力监管机构应当加强监督检查，督促事故发生单位和有关人员落实事故防范和整改措施，必要时进行专项督办。

第三十五条　电力生产或者电网运行过程中发生发电设备或者输变电设备损坏，造成直接经济损失的事故，未影响电力系统安全稳定运行以及电力正常供应的，由电力监管机构依照本规定组织事故调查组对重大事故、较大事故和一般事故进行调查。

第三十六条　未造成供电用户停电的一般事故，电力监管机构委托事故发生单位组织事故调查的，电力监管机构应当制作事故调查委托书，确定事故调查组组长，审查事故调查报告。事故发生单位组织事故调查，参照本规定执行。

第三十七条　本规定自 2012 年 8 月 1 日起施行。

国家核安全局关于印发《福岛核事故后核电厂改进行动通用技术要求（试行）》的通知

（国核安发 [2012]98 号）

各有关单位：

根据《中华人民共和国民用核设施安全监督管理条例》(HAF001) 及其实施细则的有关要求，为汲取日本福岛核事故的经验和教训，进一步提高我国核电厂的安全水平，我局编制了《福岛核事故后核电厂改进行动通用技术要求（试行）》，现予以发布，自发布之日起实施。

二〇一二年六月十二日

福岛核事故后核电厂改进行动通用技术要求（试行）

前　言

福岛核事故后，国家核安全局会同有关部委对运行和在建核电厂开展了核安全检查，检查结果表明：我国核电厂具备一定的严重事故预防和缓解能力，安全风险处于受控状态，安全是有保障的。为了进一步提高我国核电厂的核安全水平，国家核安全局依据检查结果对各核电厂提出了改进要求。为了规范各核电厂共性的改进行动，国家核安全局组织编制了《福岛核事故后核电厂改进行动通用技术要求》(以下简称《通用技术要求》)，作为核电厂后续改进行动的指导性文件。

为推进《通用技术要求》制定工作，由国家核安全局牵头组织，技术支持单位配合，共同成立《通用技术要求》制定工作组，编制了工作大纲，并于 2012 年 2 月上旬启动《通用技术要求》的编制工作，编制过程中，工作组采取了内部研讨、现场调研、分头起草，统一汇总的形式开展编制工作。整个编制过程历时 2 个月，于 3 月底形成征求意见稿，向各核电集团公司、各营运单位、各相关设计院以及各地方监督站征求意见。意见反馈后，工作组进行了认真研究，组织召开沟通交流会，形成了《通用技术要求》。5 月 8 日，召开了《通用技术要求》核安全与环境专家委员会，向委员会专家咨询意见，经再次修改完善后，形成《通用技术要求》。

《通用技术要求》编制目的是规范各核电厂共性的改进行动，解决目前我国核电厂在实施福岛后改进措施过程中所采用技术的统一性问题，尽可能统一和协调各核电厂所采取的安全改进策略深度和广度，解决监管当局和营运单位在安全改进策略上可能的不同认识，在实质上为我国核电厂在福岛核事故后开展改进行动工作提供指导。由于我国核电厂堆型、技术等存在差异，各核电厂是否需要采取相关的改进行动由国家核安全局相关改进管理要求确定。

《通用技术要求》的编制结合了我国核电厂的实际情况，综合考虑福岛核事故后的初步经验反馈，集合了行业内各方的意见，反映了目前国内核能界对于福岛核事故后安全改进的认识水平，是用于指导我国核电厂开展改进工作的综合性文件。但是，福岛核事故经验和教训的总结将是一个长期的过程，随着国际国内对福岛核事故研究的不断进展，认识的不断深入，国家核安全局将会对《通用技术要求》进行修正和完善，以进一步提高核电厂安全水平。

核电厂防洪能力改进技术要求

一、主题内容和适用范围

本文件对福岛后改进行动中核岛设施及厂房防洪能力改进提出技术要求，主要内容包括对核电厂防洪、排洪设施的功能进行排查和评估，并采取适当的防护措施，使核电厂安全重要系统和部件在超设计基准洪水事件条件下最大限度地保持安全功能。

适用范围：运行和在建核电厂。

二、定义及释义

1. 水淹影响因素

对于核安全重要物项进行防洪能力评估的水淹要素包括：天文高潮位、可能最大风暴潮增水、可能最大风暴潮相应的波浪影响、可能最大海啸洪水、海平面升高、江河洪水、溃坝洪水和厂址可能最大降雨等因素。

2. 地下防水淹措施

是指对地下管廊与安全重要厂房贯穿处接口的防水封堵等措施。

3. 地上防水淹措施

是指对与重要厂房相连地下廊道的室外检修口和安装孔、以及可能导致安全重要设备水淹的厂房外地面以上门窗洞、通风口等的防水封堵等措施。

4. 永久性防水封堵

根据开孔的类型和性质，采用水密门、挡水槛、整体浇注加模块封堵或其他防水密封措施对开孔或贯穿件进行的永久性封堵。

5. 临时性防水淹措施

当发生紧急情况时启用的措施(如：沙袋、防水挡板、可移动护墙板等)。

三、功能要求

(一)根据厂址条件对可能引起水淹事件的各项因素进行梳理和排查，复核确认原设计所采用的设计基准洪水位的有效性。运行核电厂在复核中应考虑最新的观测分析数据，考虑建厂以来厂址周边环境变化等因素。

(二)根据厂址条件确定适当的超设计基准水淹场景(如设计基准洪水位情况下，叠加千年一遇降雨)，复核厂区排洪能力、评估厂区积水深度。根据评估结果，采取地上防水淹措施，防止厂区积水不受控制地进入安全重要厂房(如：核岛厂房、重要厂用水泵房、应急柴油发电机厂房、厂址附加柴油发电机厂房等)。

(三)对与安全重要厂房相连接的地下管廊等通道进行全面排查重点考虑水淹可能导致电厂三大安全功能失效的地下管廊和房间，根据实际情况，采取地下防水淹措施。要求通过地下管廊等通道的地下防水淹措施，保证在上述水淹场景下和应急补水能力接入之前，至少有一个余热排出的安全序列可用。

（四）必要时，应开展地下防水淹措施的专项技术研究，待技术成熟后对于贯穿部位实施有效的地下防水淹措施。

（五）地上防水淹措施和地下防水淹措施一般均应采用永久性防水封堵，对于无法采用永久性防水封堵的情况，经过评估，可以采用临时性防水淹措施，并制订合适的程序，指导临时措施的使用。

四、设备

无。

五、存储和布置

（一）防水淹措施应能承受适当的水头高度，地下廊道的封堵建议按照不小于管廊埋置深度加评估所得的厂区积水深度来确定水头高度，应根据水头高度采用适当的封堵材料和封堵技术，保证合适的密封能力，并考虑今后运行中必要的检查措施。

（二）应对防水淹措施实施后带来的其他可能风险进行评估，重点评估地下防水淹措施对电厂运行和安全的影响，并采取相应预防措施。

六、其他

无。

七、参考文献

1. HAF101 核电厂选址安全规定
2. HAF102 核动力厂设计安全规定
3. HAF103 核动力厂运行安全规定
4. HAD101/08 滨河核电厂厂址设计基准洪水的确定
5. HAD101/09 滨海核电厂厂址设计基准洪水的确定
6. GB/T 50294–1999 核电厂总平面及运输设计规范
7. JTJ213–98 海港水文规范
8. GB 50108–2001 地下工程防水技术规范
9. GB 50208–2001 地下防水工程质量验收规范
10. GB 50013–2006 室外给水工程规范
11. GB 50014–2006 室外排水工程规范
12. GB 50015–2003(2009 年版）建筑给水排水设计规范
13. GB 50300–2001 建筑工程施工质量验收统一标准

应急补水及相关设备技术要求

一、主题内容和适用范围

本文件对福岛后改进行动中应急补水及相关设备设置提出技术要求，主要内容包括采用二回路或一回路应急补水、乏燃料水池应急补水等措施带出余热的技术要求，并提出了移动泵、补水管线和水源的技术要求。

适用范围：运行和在建核电厂。

二、定义及释义

1. 应急补水

指在核电厂部分或全部安全系统功能丧失的场景下，通过移动泵和外界动力向二回路和 / 或一回路补水，及向乏燃料水池补水以带出余热的人工干预措施。

2. 多堆厂址

指一个厂址有两个及以上反应堆且各反应堆之间的距离小于 5km 的核电厂厂址。

三、功能要求

（一）二回路应急补水的功能要求

1. 能够长时间的通过二回路“充–排”方式排出堆芯热量，其应急补水流量应能满足停堆 6 小时后堆芯余热排出的需要。

2. 所设置的设备应保证事故后至少 72 小时的运行需求。

3. 需在停堆后 6 小时内完成应急补水措施的所有准备工作，使其处于可用状态。

4. 为了使应急补水措施有效，可考虑二回路可用的卸压手段，保证适当的应急补水流量。

5. 应将二回路应急补水操作纳入严重事故管理导则或相关规程。

（二）一回路应急补水的功能要求

1. 通过移动泵和管线向一回路进行应急补水，其流量应能满足停堆 6 小时后堆芯余热排出的需要。

2. 应考虑一回路机械密封泵轴封水泄漏的补水措施。

3. 所设置的设备应保证事故后至少 72 小时的运行需求。

4. 为了使应急补水措施有效，可考虑一回路可用的卸压手段，保证适当的应急补水流量。

5. 需在停堆后 6 小时内完成应急补水措施的所有准备工作，使其处于可用状态。

6. 应将一回路应急补水操作纳入严重事故管理导则或相关规程。

（三）乏燃料水池应急补水的功能要求

1. 应急补水流量应考虑乏燃料水池最大设计基准热负荷对应的沸腾蒸发损失。

2. 可根据乏燃料水池的液位变化，调节应急补水流量的大小，或者启动和停运应急补水措施；乏燃料水池应急补水应考虑对虹吸的防护。

3. 应能够满足事故后至少 72 小时燃料不裸露。

4. 在乏燃料水池的水位降到乏池燃料组件裸露水位前，需完成应急补水措施的所有准备工作，使乏燃料水池的应急补水可用。

5. 应将乏燃料水池应急补水操作纳入严重事故管理导则或相关规程。

（四）移动泵的设置应考虑同时满足堆芯冷却和乏燃料水池冷却的要求，多堆厂址需考虑配备至少两套设备。与移动泵快速、可靠联接的补水管线设置应满足需要，不对原系统产生不可接受的影响。

（五）应综合评价可用水源，并在相关规程中对水源的利用方式予以指导。

四、设备要求

（一）移动泵制造和功能应满足相应国家标准的要求。

（二）根据应急补水方案分析结果确定移动泵的流量和扬程，配备与其匹配的动力源（自带驱动设备或移动电源等）。

（三）设置的应急补水接口、隔离装置应与接入系统具有相同的安全级别，隔离装置后抗震要求应与接入系统相同。接口的设置应考虑方便人员操作和连接。

（四）应根据应急补水措施的流量和

压力要求，选择相应的管道尺寸和承压能力。

（五）应针对各种应急补水设备，包括移动泵、管线，以及对原有管线的修改部分，制订相应的检查、维修和试验规程。

五、存储和布置

（一）存储移动泵等相关设备的构筑物按厂址所在地区地震基本烈度提高一度进行抗震设计，并按照设计基准地震动sl2（相当的地面加速度）进行校核。

（二）移动泵等相关设备储存应满足在水淹高度高于设计基准洪水位5米时，已采取的防水淹措施不会导致移动泵及相关设备不可用。

（三）建议储存移动泵等相关设备的构筑物设置在安全厂房100米以外，同时考虑交通的可达性。

（四）应急补水管线的布置需考虑管线与安全系统管线接口位置的恰当性，确保不影响原系统的安全功能，又便于工程实施。

六、其他

需考虑下述方面：

（一）为一回路进行应急补水，将稀释一回路或堆芯的硼浓度，可能引起堆芯重返临界的风险。

（二）为乏燃料池进行应急补水，应考虑乏燃料池硼浓度稀释的风险。

（三）需考虑新增应急补水管线开口对构筑物结构性能的影响。

（四）需研究因应急补水可能产生的放射性废水的影响及应对措施。

七、参考文献

1. HAF102 核动力厂设计安全规定

2. U.S.EPRI 先进轻水堆用户要求(Utility Requirements Document,Rev.10)

3. NEI 06–12, B.5.b Phase 2&3 Submittal Guideline. Rev. 2

4. GB 50011–2010 建筑抗震设计规范

5. GB 50223–2008 建筑工程抗震设防分类标准

移动电源及设置的技术要求

一、主题内容和适用范围

本文件对福岛后改进行动中增加的移动式应急电源提出要求，主要内容包括移动式应急电源的功能、设备技术要求及相关运行规程要求。

适用范围：运行和在建核电厂。

二、定义及释义

1. 接口

设备边界与设备实体相接的安装、紧固和连接（机械连接和电气连接）的附属部件。

2. 多堆厂址

指一个厂址有两个及以上反应堆且各反应堆之间的距离小于5km的核电厂厂址。

三、功能要求

（一）在丧失全部交流电源时（包括厂址附加柴油发电机），应通过配置移动式应急电源为实施应急措施提供临时动力，以缓解事故后果，并为恢复厂内外交流电源提供时间窗口。

（二）应对移动电源的负荷进行分析，

这些负荷至少应包括核电厂安全参数的监测和控制，必要的通讯、通风和照明，主泵密封和移动泵(当不采用自带动力的移动泵时)及其他临时设施的负荷需求。多堆厂址应配备至少两套设备，其中至少一套应在满足上述负荷后，考虑一台低压安注泵或一台辅助给水泵的负荷。

(三)移动式应急电源自身所带燃料应保证至少4小时的满功率连续运行，并可通过燃料补充功能实现不少于连续72小时运行的需要。

(四)核电厂运行规程与应急管理规程中应规定移动式应急电源的应急准备、车辆启动和抵达现场的时间要求；明确移动式应急电源的操作规程以及相应的带载顺序。

(五)应定期对移动式应急电源进行维护和带载试验，或离线带载试验，对于连接电缆应定期检查绝缘等状态参数，以保证连接电缆的可靠性；

(六)应定期组织移动式应急电源的应急演习，保证操作人员的熟练操作。

(七)移动式应急电源宜采用移动式柴油发电机组，采用其他移动应急电源应能满足上述功能。

四、设备要求

(一)移动式柴油发电机组技术要求：

1. 设备制造和功能要求应满足相应国家标准。

2. 柴油发电机组应具有低温起动功能，具有报警功能。机组应急启动时，除保障柴油发电机组安全运行的保护外(如超速保护等)，应闭锁其他常规保护。

3. 移动柴油发电机组的连接电缆可通过直连应急母线的方式实现快速敷设和连接；为应急母线接入移动电源所设置的固定电气接口及相关电缆桥架应按抗设计基准地震动sl2设计并满足防水要求，不应影响原有系统的正常运行。

(二)车辆厢体技术要求

柴油发电车的厢体设计应满足《厢式车通用规范》(GJB 79)和《半挂车通用技术条件》(GB/T 23336)的相关要求。

五、存储和布置

(一)存储移动应急电源及相关设备的构筑物按厂址所在地区地震基本烈度提高一度进行抗震设计，并按照设计基准地震动sl2(相当的地面加速度)进行校核。

(二)移动应急电源及相关设备储存应考虑在水淹高度高于设计基准洪水位5米时，已采取的防水淹措施不会导致移动电源及相关设备不可用。

(三)建议储存移动电源及相关设备的构筑物设置在安全厂房100米以外，同时考虑交通的可达性。

(四)移动应急电源的存放处应设置必要的消防措施。

(五)移动应急电源本身的存放宜采取一定的减震措施。

六、其他

对于移动泵自带的动力装置，参照本技术要求的适用部分执行。

七、参考文献

1. HAF102 核动力厂设计安全规定

2. GB/T 2820 往复式内燃机驱动的交流发电机组

3. GB 755 旋转电机定额和性能

4. GB/T 2819–1995 移动电站通用技术条件

5. JB/T 8182–1999 交流移动电站用控制屏通用技术条件

6. GB/T 12786 自动化内燃机电站通用技术条件

7. GJB 79 厢式车通用规范

8. GB/T 23336 半挂车通用技术条件

9. GB 50011–2010 建筑抗震设计规范

10. GB 50223–2008 建筑工程抗震设防分类标准

乏燃料池监测的技术要求

一、主题内容和适用范围

本文件对福岛后改进行动中乏燃料水池监测部分提出技术要求，主要内容包括对监测手段、监测范围、监测仪表和系统可用性的要求。

适用范围：在建和运行压水堆核电厂。

二、定义及释义

1. 乏池监测

通过增设乏燃料水池监测设备和手段，如液位、温度监测，以获取事故后乏燃料水池的必要信息。

2. 关键水位

为满足辐射屏蔽需要、提示操纵员补水或表示乏燃料开始裸露等确定的水位。

三、功能要求

应至少从以下几方面保证监测仪表的可用性：

（一）测量范围

1. 液位测量：测量区间应包括乏燃料开始裸露的水位到满水位，可采用连续测量或间断式测量设备和手段。间断式测量的测点布置应满足必要的关键水位报警和指导操纵员相关补水操作的需要。

2. 温度测量：应能够连续测量乏池的温度。

（二）液位和温度测量应在主控室或其他适当位置设置相关的指示信息，并设置相应的报警。

（三）液位和温度测量应在设计基准地震下保证其功能。

（四）应考虑丧失全部交流电源（包括厂址附加柴油机）供电情况下对液位和温度测量系统的供电。

（五）液位和温度测量应保证在相应环境条件下的设备可用性。

四、设备要求

液位和温度测量设备应为宽范围量程，满足抗震要求。

五、存储和布置

无。

六、其他

无。

七、参考文献

1. HAF102 核动力厂设计安全规定

2. 美国核管会（NRC）《二十一世纪提高反应堆安全性的建议》

氢气监测与控制系统改进的技术要求

一、主题内容和适用范围

本文件对福岛后改进行动中氢气监测与控制系统改进提出技术要求，主要内容包括开展严重事故下安全壳内氢气分布的分析、氢气监测与控制措施有效性的评估，以及氢气监测与控制系统在严重事故情况下的功能和设备要求。

适用范围：运行和在建核电厂。

二、定义及释义

无。

三、功能要求

（一）完善严重事故下安全壳内氢气分析，开展监测与控制措施的分析评估。

1. 对于没有开展严重事故下氢气分析的核电厂，应对氢气源项、氢气行为进行全面分析。

2. 应开展相应的安全壳完整性分析，分析时应考虑燃料活性区包壳金属 100% 与冷却剂反应产生的氢气量。

3. 开展对氢气缓解措施有效性的分析评估。

（二）严重事故工况下氢气监测与控制系统应具备的功能。

1. 严重事故下，应能全程监测安全壳内氢气浓度并设置相应的报警，以便确定核电厂状态和为事故管理期间决策提供尽可能实际的信息。

2. 燃料活性区包壳金属 100% 与冷却剂反应产生的氢气在安全壳内均匀分布时，氢气浓度应小于 10%。

3. 应避免安全壳完整性因局部区域氢气积聚后可能产生的燃烧或爆炸而破坏，同时尽可能减少对严重事故缓解系统或设备功能的影响。

4. 氢气浓度监测和控制措施应纳入严重事故管理导则或相关规程。

四、设备要求

氢气监测与控制系统及其设备和部件在选定的严重事故工况下满足本文件提出的功能要求。

五、存储和布置

（一）氢气监测点的布置应考虑在整个事故工况期间的代表性。

（二）主控室、应急控制中心应能够获得氢气监测数据。

六、其他

无。

七、参考文献

1. HAF102 核动力厂设计安全规定

2. HAD102/11 核电厂防火

3. Nureg–0800 chapter 6 section 6.2.5 Combustible Gas Control In Containment.

4. 10CFR50.44 Combustible Gas Control For Nuclear Power Reactors.

5. RG1.70 Control Of Combustible Gas Concentrations In Containment

应急控制中心可居留性及其功能的技术要求

一、主题内容和适用范围

本文件对福岛核事故后改进行动中应

急控制中心可居留性及其功能提出技术要求。主要内容包括应急控制中心改进的技术要求。

适用范围：在建核电厂，运行核电厂可参考。

二、定义及释义

应急控制中心

根据《核动力厂设计安全规定》，必须设置一个与核电厂控制室相分离的厂内应急控制中心，作为发生应急情况时在此工作的应急人员汇集的场所。必须采取适当措施，在长时间内保护在场的人员，以便防止严重事故对他们的危害。

根据核安全导则 HAD002/01《核动力厂营运单位的应急准备和应急响应》，应急控制中心是核电厂营运单位应急响应的指挥、管理和协调中枢，是应急期间应急响应指挥部的工作场所，应急期间应确保应急人员可以顺利地达到该中心。

三、功能要求

（一）应能获得核电厂重要参数和核电厂内及其外围放射性状况的信息以及气象数据；应急控制中心应具有联络核电厂控制室、辅助控制室及其他重要地点和厂内外应急机构的通信手段，以及实时在线传输核电厂安全重要参数的能力。

（二）除非能证明应急控制中心对所有假设的应急状态都能适用，否则应在不大可能受到影响的合适地点设立一个备用的应急控制中心，其功能基本上应能达到应急控制中心的相关要求。

（三）应急控制中心应考虑满足可居留性和可达性的要求。可居留性的评价不应局限于设计基准事故，对选定的严重事故的影响，可参照国际放射防护委员会第 103 号出版物推荐的参考水平，在设定的持续应急响应期间内（一般为 30 天），工作人员接受的有效剂量不大于 100mSv。

四、设备要求

无。

五、存储和布置

应急控制中心按厂址所在地区地震基本烈度提高一度进行抗震设计，并按照设计基准地震动 sl2（相当的地面加速度）进行校核；应具备抵御设计基准洪水危害的能力，在遭遇超设计基准洪水（假想设计基准洪水位叠加千年一遇降雨）的情况下，可参照《核电厂防洪能力改进技术要求》进行防水封堵。

六、其他

根据上述各项要求，结合项目进展情况，分析存在的差异，提出改进措施。

七、参考文献

1. HAF002 核电厂核事故应急管理条例

2. HAF002/01 核电厂核事故应急管理条例实施细则之一——核电厂营运单位的应急准备和应急响应

3. HAF102 核动力厂设计安全规定

4. HAD002/01 核动力厂营运单位的应急准备和应急响应

5. GB 50011–2010 建筑抗震设计规范

6. GB 50223–2008 建筑工程抗震设防分类标准

7. 国际放射防护委员会第 103 号出版物

辐射环境监测及应急改进的技术要求

一、主题内容和适用范围

本文件对福岛后改进行动中辐射环境监测及应急改进提出技术要求。主要内容包括对核电厂对环境监测布置的合理性和代表性的分析评估，改善严重事故下应急监测方案，在事故工况下提供必要的监测手段，以及制订同一厂址多机组同时进入应急状态后核电厂的应急响应方案和应急人员、物资的配备协调方案的要求。

适用范围：运行和在建核电厂。

二、定义及释义

（一）应急准备

是指针对可能发生的事故，为迅速采取有效地开展应急行动而预先所做的各种准备。核动力厂的应急准备主要包括如下内容：

1. 制定在紧急状况下必须实施的一切行动的计划和执行程序。

2. 建立能有效地实施各项应急职能的组织机构。

3. 准备好应付紧急状况的设施和设备并使之保持有效。

4. 为使应急人员具有完成特定应急任务的基本知识和技能，所进行的培训、演习和练习。

（二）多堆厂址

指一个厂址有两个及以上反应堆且各反应堆之间的距离小于 5km 的核电厂厂址。

（三）自动监测中央站

用于监控和汇集自动监测网络系统中各自动监测子站数据，并可实时传输监测数据到应急控制中心和相关数据应用单位的装置。

三、功能要求

（一）辐射环境监测

1. 应根据特定的外部事件，完善应急监测方案。

2. 核电厂监测设施和监测点位布置应具有合理性和代表性，满足核电厂事故工况下辐射环境应急监测方案规定的设施功能。当极端外部事件导致环境监测设施不可用时，应具备适当的后备宽量程监测手段或及时恢复监测设施可用性的手段，确保为核电厂及其周边环境质量评价提供现场监测数据。

（二）应急改进

1. 考虑到我国多机组厂址机组数量的不同，核电厂目前可依据两台机组同时发生事故工况的情形，研究分析核电厂的应急响应能力，重点分析核电厂应急组织体系、人力、物力、技术措施等方面。

2. 在研究分析的基础上，制订多堆厂址两台机组同时发生事故工况情形下的应急响应方案，实施应急准备工作，做好应急培训和演习，确保两台机组同时进入应急状态情形下核电厂能够有效实施响应行动。

3. 核电厂营运单位应考虑核电企业集团的应急支援能力，并作为重要补充纳入自身的应急准备与响应体系。

四、设备要求

（一）环境实验室的合理设置

1. 环境实验室的设置应避开主导风向的下风向。

2. 环境实验室位于烟羽应急计划区内的核电厂，应在烟羽应急计划区外建立后备环境监测手段，保证有效实施应急监测。

(二)环境辐射水平连续监测站点位设置和传输功能

1. 站址布点：核电厂监测站点应考虑与监督性监测站点互补的原则，保证核电厂周围 16 个方位的陆域原则上都布设至少 1 个自动监测站房。在核电厂烟羽计划应急区范围内，核电厂各堆址主导风向的下风向、居民密集区应适当增加布点；沿海核电厂应具备一定的海域方向监测能力，并对其合理性进行论证。

2. 数据传输功能：应具有备用通信方式，保证各监测站点的监测数据能够实时传送到自动监测中央站；在失去外部电源的情况下，自动监测中央站应能保证较长时间(≥72 小时)内的数据传输。

五、存储和布置

无。

六、其他

无。

七、参考文献

1. 中华人民共和国放射性污染防治法

2. HAF002 核电厂核事故应急管理条例

3. HAF002/01 核电厂核事故应急管理条例实施细则之一——核电厂营运单位的应急准备和应急响应

4. HAF102 核动力厂设计安全规定

5. HAD002/01 核动力厂营运单位的应急准备和应急响应

6. GB 18871–2002 电离辐射防护与辐射源安全基本标准

7. GB 6249–2011 核动力厂环境辐射防护规定

8. GB 12379–90 环境核辐射监测规定

9. GB 11215–1989 核辐射环境质量评价的一般规定

10. GB 8999–88 电离辐射监测质量保证一般规定

11. GB 11216–89 核设施流出物和环境放射性监测质量保证计划的一般要求

12. GB/T 17680–1 核电厂应急计划与准备准则 应急计划区的划分

13. GB/T 17680–10 核电厂应急计划与准备准则 核电厂营运单位应急野外辐射监测、取样与分析准则

14. HJ/T 61–2001 辐射环境监测技术规范

15. EJ/T 1131–2001 核电厂辐射环境监测规定

外部自然灾害应对的技术要求

一、主题内容和适用范围

本文件对福岛后改进行动中外部自然灾害应对提出技术要求，主要内容包括对加强与气象、水文、海洋和地震部门的联系与信息交流，进一步完善防灾预案和相关管理程序，提高外部事件发生时的预警和应对能力的要求。

适用范围：运行和在建核电厂。

二、定义及释义

无。

三、功能要求

（一）建立自然灾害预警体系

核电厂应与气象和海洋等相关部门建立长期稳定的合作关系，构建正规、及时、畅通的联系网络和信息渠道，以确保能够快速、准确、及时地获得气象和海洋预报信息；加强与地震部门的信息沟通，及时获得最新的地震数据用以评估核电厂的抗震能力的适当性。

（二）设立预警分级和厂内预警发布机制

核电厂应根据灾害性事件的破坏力大小和紧急程度将核电厂所需的灾害预警分成若干等级。在收到预警信息后，核电厂应由授权的责任人根据预警等级对可能出现的外部灾害用规定的发布方式及时做出预警发布。

（三）完善极端外部事件的防灾预案

核电厂应根据厂址特征，进一步完善包括地震灾害、气象灾害、洪水灾害等极端外部事件的防灾预案，并明确需从气象、海洋部门获得的预警信息需求。

四、设备要求

无。

五、存储和布置

无。

六、其他

无。

七、参考文献

1. HAF101 核电厂厂址选择安全规定

2. HAF102 核动力厂设计安全规定

3. HAD101/01 核电厂厂址选择中的地震问题

4. HAD101/08 滨河核电厂厂址设计基准洪水的确定

5. HAD101/09 滨海核电厂厂址设计基准洪水的确定

6. HAD101/10 核电厂厂址选择的极端气象事件

7. HAD101/11 核电厂设计基准热带气旋

8. HAD002/01 核动力厂营运单位的应急准备和应急响应

环境保护部办公厅文件

环办[2012]83号

关于印发《国家核技术利用辐射安全管理系统管理规定》的通知

各省、自治区、直辖市环境保护厅(局),环境保护部核与辐射安全中心、环境保护部各核与辐射安全监督站:

为促进核技术利用辐射安全监管工作的信息化、规范化和系统化,进一步提高监管工作效率,使监管工作各环节、各部门紧密衔接,实现对放射源生产、销售、转让、进出口、异地使用和处置等全过程、动态监管,我部组织开发了国家核技术利用辐射安全管理系统(以下简称“管理系统”)。2009年12月该管理系统上线试运行,2010年6月全面投入使用。为进一步规范该系统的使用,保障该管理系统正常有效运行,提高核技术利用辐射安全监管的信息化水平,我部组织编写了《国家核技术利用辐射安全管理系统管理规定》,现印发你们,请认真贯彻执行。

二○一二年五月二十三日

国家核技术利用辐射安全管理系统管理规定

第一章 总 则

第一条 依据《放射性同位素与射线装置安全和防护条例》、《放射性同位素与射线装置安全许可管理办法》、《放射性同位素与射线装置安全和防护管理办法》,环境保护部建立国家核技术利用辐射安全管理系统。为进一步规范该系统的使用,提高核技术利用辐射安全监管的信息化水平,制定本规定。

第二条 国家核技术利用辐射安全管理系统(以下简称管理系统)建立在互联网上,全国联网运行使用,包括国家核技术利用辐射安全监管系统(以下简称监管系统)和全国核技术利用辐射安全申报系统(以下简称申报系统)。

第三条 本规定适用于全国各级环境保护部门、放射性同位素生产单位、国家和各省城市放射性废物库(以下简称废物库)运行单位、辐射工作单位及其他相关单位对管理系统的使用与管理。

第四条 管理系统使用实行“统筹规划、统一标准、分级负责、安全运行、有效监督”的原则。

第五条 管理系统各项业务办理及其操作按照“国家核技术利用辐射安全管理系统使用技术细则”(以下简称使用细则)进行。涉密信息不得进入管理系统。

第二章 系统管理

第六条 环境保护部及各地区核与辐射安全监督站、省级环境保护部门应设立相应的管理机构负责系统的运行使用。地市级环境保护部门、辐射工作单位(含放射性同位素生产单位、废物库运行单位)及其他相关单位应指定专人负责使用和维护系统。

第七条　环境保护部负责管理系统的管理工作，承担以下职责：

（一）制定管理系统的建设规划、技术方案和管理规定等，并监督执行；

（二）组织、指导、监督本级和省级环境保护部门管理系统建设、运行等工作；

（三）组织对省级环境保护部门管理系统使用和管理的检查、指导和考核，制定相应的考核细则和指标；

（四）建立管理系统所需的软硬件和网络条件，确保数据接入网络畅通；

（五）组织向各省开放的管理系统数据接口的开发与测试工作；

（六）收集、整理管理系统使用过程中的意见反馈，组织对管理系统进行维护和升级；

（七）定期组织环境保护部及各地区核与辐射安全监督站、省级环境保护部门、放射性同位素生产单位、废物库运行单位管员管理系统使用的培训工作。

第八条　省级环境保护部门负责本行政区域内管理系统管理工作，承担以下职责：

（一）制定本行政区域内管理系统的运行管理措施，并监督执行；

（二）组织、指导、监督本级及以下环境保护部门管理系统建设、运行等工作；

（三）负责对本行政区域内辐射工作单位使用管理系统的情况进行监督；

（四）负责管辖范围内监管数据的录入、核查、更新工作；

（五）组织本行政区域内下级环境保护部门及辐射工作单位管理系统使用的培训；

（六）收集、整理管理系统使用过程中的意见与建议，定期反馈至环境保护部。

第九条　辐射工作单位负责本单位申报系统使用和管理工作，承担以下职责：

（一）制定本单位申报系统运行管理制度，并具体实施；

（二）负责本单位申报系统使用和安全管理工作；

（三）通过申报系统提交相关文件、办理相关业务；

（四）整理并反馈申报系统使用过程中的意见与建议。

放射性同位素生产单位、废物库运行单位按照权限，进行监管系统相关操作和使用。

第十条　监管系统的使用设国家级系统管理员；地区核与辐射安全监督站、省级环境保护部门、放射性同位素生产单位、废物库运行单位设管理员，管理员应选用责任心强、业务熟悉的人员担任。其他辐射工作单位设专人负责。

第十一条　国家级系统管理员负责设置管理员账号和权限；管理员负责设置本级及以下账号和权限；国家级系统管理员和省级环境保护部门系统管理员按照各自的管理范围负责申报系统注册用户管理。

第十二条　严格、规范账号的使用，禁止账号随意转借，首次登录后应立即更改相关密码，且不得告知无关人员，有关岗位人员调离后，应及时更改相应密码，确保账号使用安全。

第十三条　环境保护部负责其发证单位的辐射安全许可证审批、放射性同位素进出口审批等信息的维护，委托省级发证的单位信息由省级环境保护部门负责维护；地区监督站负责环境保护部发证单位的日常监管数据、工作单位数据、监督执法等信息的维护；省级环境保护部门负责日常监管数据、辖区内辐射工作单位数据、辐射事故等信息维护。

第十四条　环境保护部、省级环境保护部门应明确技术支持单位，具体承担职责范围内管理系统建设、维护和技术服务等工作。

第十五条　省级及以下环境保护部门应将管理系统的负责人、联系人、技术支持单位报上级环境保护部门备案。

第三章　系统使用

第十六条　管理系统使用主要包括以下内容：

（一）辐射工作单位管理；

（二）辐射安全许可证、放射性同位素、射线装置管理等相关业务办理；

（三）监督执法管理；

（四）辐射事故管理。

第十七条　各级环境保护部门登录监管系统进行核技术利用日常管理和业务办理，辐射工作单位通过申报系统进行核技术利用业务申报工作。

第十八条　放射性同位素生产单位、废物库运行单位有关销售、收贮放射性同位素业务须经过监管系统申办。

第十九条　各地区监督站、省级及以下环境保护部门负责及时将监督执法情况录入到监管系统。

第二十条　各级环境保护部门在办理放射性同位素相关审批与备案等手续时须核实、变更数据库相关信息。

第二十一条　监管数据应当符合真实、准确、及时、完整的要求，监管部门每周第一个工作日更新上周的监管数据。

第二十二条　环境保护部、省级环境保护部门发现可疑信息，应及时保存相关数据记录，报告本单位管理系统负责人后，进行核查处理并记录备查。

第二十三条　辐射工作单位按“使用细则”内容进行相关业务申报、信息更新以及打印纸质文件，用于确认和存档等。

第二十四条　管理系统中无辐射工作单位许可证相关信息的，各级环境保护部门不得办理相关业务审批。监管系统中的业务经办结果与申报系统数据联动。

第二十五条　各监管数据只能用于各级环境保护部门对辐射工作单位的监督和管理，经同意后公安、卫生等政府部门可共享该系统有关信息，未经批准，任何人不得擅自对外提供。

第四章　系统维护

第二十六条　环境保护部核与辐射安全中心负责管理系统的运行维护工作，包括以下内容：

（一）定期更新“使用细则”手册；

（二）建立管理系统运行维护和安全记录；

（三）发生突发性事件可能危及数据库和业务系统安全时采取暂停联网、停机检查等应急措施。

第二十七条　各级环境保护部门应采取切实有效措施，做好计算机病毒的防范工作；必要时采取应急措施，保留有关原始记录，并向有关部门报告。

第二十八条　各级环境保护部门应建立管理系统运行情况通报制度，省级环境保护部门于每年 1 月 31 日前以书面形式向环境保护部报告本行政区域内管理系统运行及管理情况。

第五章　附 则

第二十九条　本规定中的监管数据指辐射工作单位开展核技术利用工作相关的单位信息、许可信息、审批备案信息、台账信息、监督执法信息和辐射事故信息等内容。

第三十条　本规定自发布之日起施行。

国家核安全局文件

国核安发 [2012]86 号

关于发布《核动力厂老化管理》等两项核安全导则的通知

各有关单位：

为进一步完善我国核与辐射安全法规体系，提高我国核安全监管水平，我局组织制定了《核动力厂老化管理》(HAD 103/12–2012) 和《研究堆堆芯管理和燃料装卸》(HAD202/ 07–2012) 两项核安全导则，现予以发布，自发布之日起实施。

二〇一二年五月二十三日

核安全导则 HAD 103/12-2012

核动力厂老化管理

(国家核安全局 2012 年 5 月 23 日批准发布)

本导则自 2012 年 5 月 23 日起实施

本导则由国家核安全局负责解释

本导则是指导性文件。在实际工作中可以采用不同于本导则的方法和方案，但必须证明所采用的方法和方案至少具有与本导则相同的安全水平。本导则的附录为参考性文件。

1 引言

1.1 概述

1.1.1《核动力厂设计安全规定》(HAF102) 和《核动力厂运行安全规定》(HAF103) 为核动力厂开展老化管理确定了原则和目标，本导则是对这两个规定有关条款的说明和补充。

1.1.2 核动力厂老化管理用于确保整个运行寿期内核动力厂所需安全功能的可用性，并考虑其随时间和使用过程的变化。这要求既要考虑构筑物、系统和部件实物老化引起的性能劣化，也要考虑构筑物、系统和部件的过时 (相比当前知识、法规和标准、技术) 带来的影响。

1.1.3 构筑物、系统和部件老化的有效管理是核动力厂安全、可靠运行的一个重要因素。核动力厂寿期内的设计、建造、调试、运行 (包括延寿运行和长期停堆) 和退役各阶段都应考虑老化管理。

1.1.4 本导则提供了核动力厂开展老化管理的方法，并确定了核动力厂进行有效老化管理的要素。

1.2 目的

1.2.1 本导则的目的是对核动力厂安全重要构筑物、系统和部件的老化管理提供指导和建议，包括对开展有效老化管理的要素提出建议。

1.2.2 本导则可供营运单位用于制定、实施和改进核动力厂老化管理大纲。

1.3 范围

1.3.1 本导则适用于核动力厂安全重要构筑物、系统和部件老化管理大纲的制定、实施和改进。

1.3.2 本导则主要叙述了安全重要构筑物、系统和部件的实物老化管理和过时管理，也为老化管理在延寿运行方面的应用提出了建议。

2 基本概念

2.1 概述

2.1.1 核动力厂经历着两种与时间相关的变化，包括：

(1) 构筑物、系统和部件的实物老化，这种老化可能会引起物理性能的逐渐劣化；

(2) 构筑物、系统和部件的过时，即构筑物、系统和部件相比当前知识、标准和技术变得过时。

2.1.2 应持续评估实物老化和过时对核动力厂安全的累积效应，并通过定期安全审查或等效的、系统的安全再评价予以评估。

2.2 老化管理的基本概念

2.2.1 为维持核动力厂的安全性，应探测构筑物、系统和部件的老化效应，确定与老化有关的安全裕度的降低，并在核动力厂完整性或功能丧失之前采取纠正行动。

2.2.2 构筑物、系统和部件的实物老化（本导则中被称作“老化”）会增加共因故障的概率，实体屏障和多重部件性能的同时劣化可能会导致纵深防御系统中的一个或多个防护层次的损害。因此，在实施老化管理的构筑物、系统和部件筛选中，不考虑构筑物、系统和部件的多重性和多样性。

2.2.3 有效的老化管理应协调已有的各个大纲，包括维修、在役检查、监督，以及运行、技术支持大纲（包括分析所有老化机理），也包括外部单位相关的大纲（如研究和开发大纲）等。

2.2.4 在构筑物、系统和部件整个使用寿期内进行有效的老化管理，要求采用系统化的老化管理方法协调所有相关的大纲和活动，包括认知、控制、监测以及缓解核动力厂部件或构筑物的老化效应。该方法的一般流程如图 1 所示，这是戴明循环“计划－实施－检查－行动”在构筑物、系统和部件老化管理中的应用。

2.2.5 如图 1 所示，对构筑物或部件老化的认知是开展有效老化管理的关键。老化的认知应基于以下知识：

(1) 设计基准（包括适用的规范和标准）；

(2) 安全功能；

(3) 设计和制造（包括材料、材料性能、具体服役条件、制造中的检查、检验和试验）；

(4) 设备鉴定（适用时）；

(5) 运行和维修历史（包括调试、修理、修改和监督）；

(6) 核动力厂通用运行经验和具体核动力厂特有运行经验；

(7) 相关的研究结果；

(8) 在状态监测、检查和维修中收集的数据以及这些数据的趋势。

2.2.6 图 1 中的“计划”活动是指整合、协调以及修改和构筑物或部件老化管理有关的现有大纲和活动，并在需要时建立新的大纲。

2.2.7 图 1 中的“实施”活动是指通

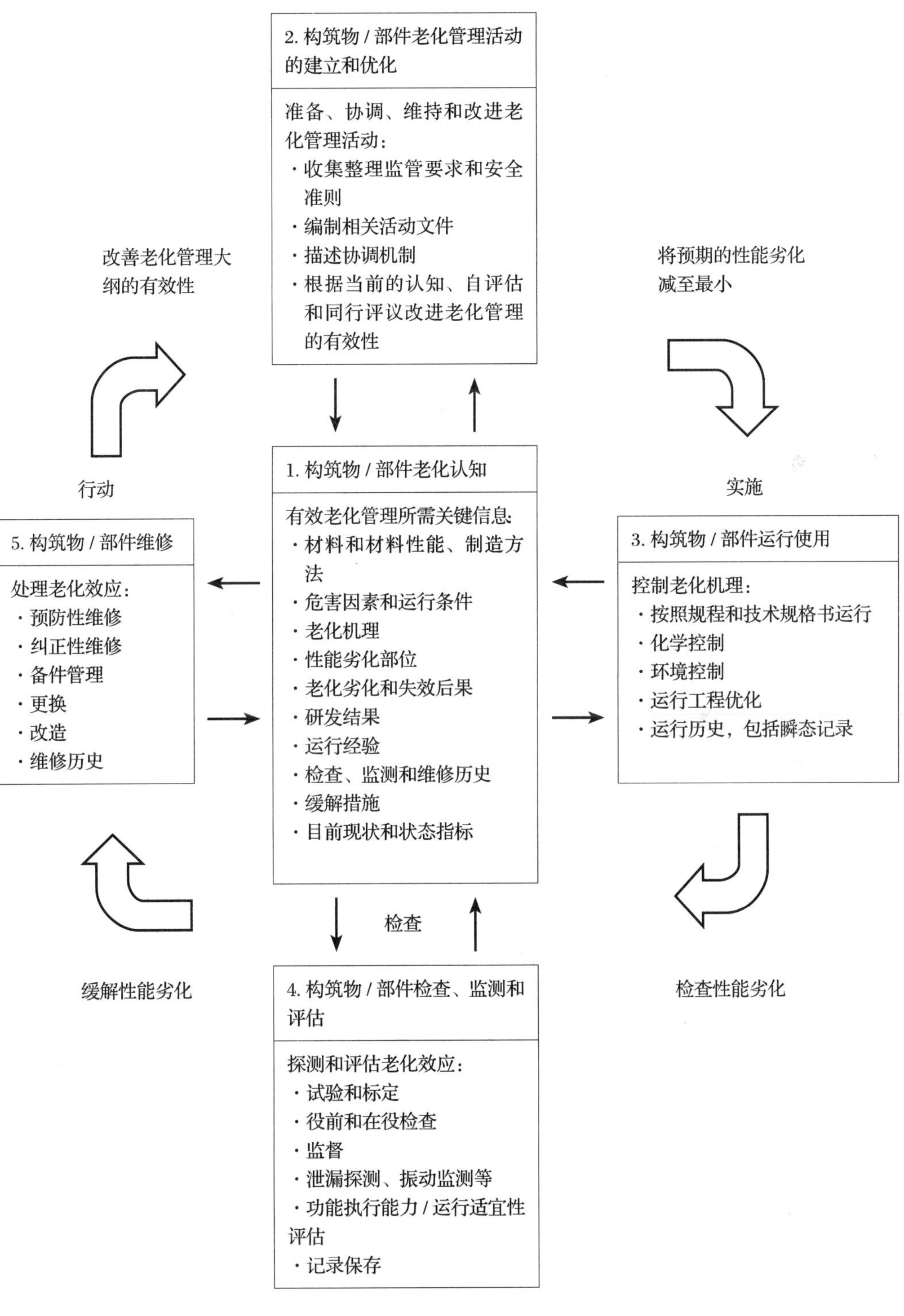

图 1 系统的老化管理方法

过严格按照运行规程和技术规格书运行/使用构筑物或部件，从而使其预期的性能劣化减至最小。

2.2.8 图1中的“检查”活动的目的是通过对构筑物或部件的检查和监测，及时探测和表征其显著的性能劣化，并对所观测到的性能劣化做出评估，以便确定所需纠正行动的类型和时机。

2.2.9 图1中的“行动”活动是指通过适当的维修和设计修改，包括构筑物或部件的修理和更换，及时缓解和纠正部件的性能劣化。

2.2.10 图1的闭环表明，基于相关的运行经验反馈、研发成果以及老化管理自我评估和同行评议的结果，就可以对特定构筑物或部件的老化管理大纲进行持续的改进，以确保解决出现的老化问题。

2.2.11 如图1所示，对老化劣化的研究和管理是基于构筑物或部件层次的。根据安全分析的需要，单个构筑物和/或部件的老化管理大纲也可整合成系统层次的老化管理大纲。

2.3 过时管理的基本概念

2.3.1 如果构筑物、系统和部件的过时没有提前得到确认，也没有采取纠正行动，构筑物、系统和部件的可靠性或可用性就可能降低，核动力厂的安全就可能受到影响。

2.3.2 核动力厂构筑物、系统和部件过时的主要类型如表1所示。

表1 过时的类型

过时领域	表现	后果	管理
知识	法规、标准及技术(有关构筑物、系统和部件)方面的知识没有更新。	错过了核动力厂安全水平提高的机会;降低了延寿运行的能力。	持续更新知识，并改进知识的应用。
法规和标准	硬件和软件偏离现行法规和标准; 设计存在薄弱环节(如在设备鉴定、隔离、多样性、严重事故管理能力方面)。	核动力厂安全水平低于现行法规和标准要求(例如纵深防御存在薄弱环节或堆芯损坏频率高); 降低了延寿运行的能力。	依据现行标准进行系统的再评估(如定期安全审查),并进行适当的改造、修改或升级。
技术	备件和/或技术支持缺乏; 供应商和/或工业界能力不足。	失效率增加和可靠性降低使得核动力厂性能和安全性降低; 降低了延寿运行的能力。	系统地确定构筑物、系统和部件剩余寿命以及可能的过时; 根据预期的使用寿命准备备件，并及时更换零部件; 与供应商签订长期协议; 开发等效的构筑物或部件。

2.3.3 过时管理是提高核动力厂安全水平综合管理方法的一部分，它通过适时改进构筑物、系统和部件的性能及安全管理来实现。

2.4 老化管理在延寿运行的应用

延寿运行是指在充分考虑构筑物、系统和部件的特点以及使用寿命期限的基础上，并经安全评估论证，核动力厂在超过设计规定时间期限的运行。如果营运单位申请核动力厂延寿运行，就应通过包括老化管理审查在内的定期安全审查对核动力厂的安全进行论证，并接受国家核安全监管部门的监管。

3 主动的老化管理策略

3.1 概述

3.1.1 应对核动力厂安全重要构筑物、系统和部件开展主动的（有预见性和有针对性的）老化管理，老化管理应贯穿核动力厂的整个寿期，包括设计、制造、建造、调试、运行（包括延寿运行和长期停堆）和退役等各个阶段。

3.1.2 核动力厂营运单位应证明在核动力厂整个寿期内，对核动力厂有影响的相关老化问题已得到明确识别，并在安全分析报告中得到体现。营运单位在评价供应商（包括经销商、制造商、设计单位）建议的老化管理措施时，应考虑其他核动力厂出现的老化问题。

3.1.3 供应商和核动力厂营运单位在核动力厂整个寿期内的老化管理活动应接受国家核安全监管部门的监管。

3.2 设计

3.2.1 核动力厂营运单位应向国家核安全监管部门证明，在核动力厂设计阶段就已充分考虑核动力厂整个寿期内需关注的老化问题。营运单位应说明其在核动力厂寿期内各个阶段实施有效的老化管理大纲的措施。

3.2.2 在新设施或新构筑物、系统和部件的设计和采购文件中，核动力厂营运单位应明确规定开展老化管理的要求，包括供应商和其他承包商应提供的资料。

3.2.3 在设计阶段就应采取适当的措施或采用某种设计特点，以便于在核动力厂整个寿期内开展有效的老化管理。这些措施还应应用到设备或部件的修改或更换设计中。《核动力厂设计安全规定》(HAF102) 第 5.6 节中对安全重要构筑物、系统和部件老化管理的要求为：“设计中必须为所有安全重要构筑物、系统和部件提供适当的裕度，以便考虑到有关的老化和磨损机理以及与服役期有关的可能的性能劣化，从而保证这些构筑物、系统或部件在其整个设计寿期内能够执行所必需的安全功能的能力。必须考虑到在所有正常运行工况、试验、维修、维修停役、以及在假设始发事件中和其后的核动力厂状态下的老化和磨损效应。必须采取监测、试验、取样和检查措施，以便评价设计阶段预计的老化机理和鉴别在使用中可能发生的预计不到的情况或性能劣化”。

3.2.4 设计中针对老化管理应：

(1) 在设备鉴定大纲中考虑设计基准工况，包括假设始发事件工况；

(2) 确定、评价并考虑非能动和能动构筑物、系统和部件可能的老化机理；在构筑物、系统和部件设计寿期内可能影响其安全功能的老化机理包括热老化、辐照脆化、疲劳、腐蚀、应力腐蚀开裂、蠕变以及磨损；

(3) 评价并考虑相关的经验（包括核动力厂建造、调试、运行和退役阶段的经验）和研究成果；

(4) 考虑采用具有更强抗老化性能的先进材料；

(5) 考虑是否需要材料试验大纲，以监测材料的老化劣化；

(6) 考虑是否需要在线监测来提供预警信息，尤其是在劣化将导致构筑物、系统和部件失效或失效将造成严重安全后果的部位；

(7) 在核动力厂布置和构筑物、系统和部件设计中考虑便于检查、维修，以及检查、试验、监测、维护、修理和更换等工作的可达性，并且使开展这些活动所受职业照射减至最少。

3.2.5 老化管理应是核动力厂总设计要求之一。老化管理应包括以下几个方面:

(1) 老化管理的策略及其执行的先决条件；

(2) 核动力厂可能受到老化影响的所有安全重要构筑物、系统和部件；

(3) 当发现在核动力厂寿期内可能会出现影响部件、设备和系统执行其安全功能的老化或者其他形式性能劣化时，应提供适当的材料监测和取样大纲；

(4) 适当考虑对老化相关运行经验反馈进行分析；

(5) 对不同类型安全重要构筑物、系统和部件（混凝土构筑物、机械部件和设备、仪表、控制和电气设备及电缆等）的老化管理以及监测其性能劣化的措施；

(6) 安全重要构筑物、系统和部件设备鉴定的设计输入，包括正常运行工况和假设始发事件下需要鉴定的设备及设备功能；

(7) 说明维持构筑物、系统和部件所处环境在规定的服役条件内的总原则（通风位置、高温构筑物、系统和部件的隔热、辐射屏蔽、减震、防淹、电缆走向的选择、对稳定电压设施的要求等）。

3.3 制造和建造

3.3.1 核动力厂营运单位应确保供应商已充分考虑了影响老化管理的因素，并向营运单位提供了足够的信息和数据。

3.3.2 核动力厂营运单位应确保:

(1) 将影响老化管理的因素的相关信息提供给构筑物、系统和部件制造商，以使得这些影响因素在构筑物、系统和部件的制造和建造过程中得到适当考虑；

(2) 当前关于老化机理、老化效应、性能劣化以及可能的缓解措施等方面的知识在构筑物、系统和部件的制造和建造过程中已得到考虑；

(3) 对基准数据进行收集并形成文件；

(4) 按设计说明书要求获得并安放特定的老化监测大纲所需的监督试样。

3.4 调试

3.4.1 核动力厂营运单位应建立一个系统的大纲，以测量和记录安全重要构筑物、系统和部件老化管理相关的基准数据，包括核动力厂每个关键部位的实际环境条件的分布情况，以确保与设计的一致性。

3.4.2 应重点关注温度和辐射剂量率热点的识别，以及振动水平的测量。所有可能影响老化劣化的参数都应尽早识别，如果可能，应在调试阶段进行控制并在整个核动力厂寿期内进行跟踪。

3.4.3 核动力厂营运单位应确保收集了所需的基准数据，并确认关键服役条件（如设备鉴定时所使用的）与设计分析一致。

3.5 运行

3.5.1 核动力厂运行过程中应实施一套系统的老化管理方法（见 2.2.4 节），该套老化管理方法将帮助营运单位为选择的每一个构筑物、部件或构筑物和部件的组合制定适当的老化管理大纲。

3.5.2 应考虑下述老化管理大纲的成功经验和影响因素：

(1) 核动力厂营运单位管理层应对系统的老化管理大纲提供支持和资源；

(2) 尽早实施系统化的老化管理大纲；

(3) 应在充分认知和准确预测构筑物或部件老化的基础上采取主动的老化管理方法，而不是在构筑物、系统和部件失效后再被动弥补；

(4) 严格按相关规定使用构筑物、系统和部件，以减缓老化劣化速率；

(5) 对相关工作人员进行充分培训和严格考核；

(6) 使所有相关运行、维修和工程设计人员都了解老化管理的基本概念；

(7) 员工的积极性、所接受的培训和主人翁意识；

(8) 对于给定的工作，应拥有并使用正确的书面程序、工具和材料，以及足够的合格员工；

(9) 对老化敏感的备件和耗材应合理储存，以使储存过程中的性能劣化减至最小，并适当地控制其储存期限；

(10) 采取多专业、多部门参与的团队来处理复杂的老化管理问题；

(11) 有效的内部交流（包括上下级沟通和同事间交流），以及外部交流；

(12) 运行经验反馈（通用的以及特定核动力厂，包括非核工厂的运行经验），以从相关的老化事件中获得经验和教训；

(13) 使用构筑物、系统和部件可靠性和维修历史数据库；

(14) 采用有效、合格的无损检测和老化监测方法以便及早发现因设备的高强度使用而可能产生的缺陷。

3.5.3 核动力厂营运单位应识别并考虑下述主要的老化管理潜在弱点：

(1) 在核动力厂设计和建造过程中对老化的认知和预测不够充分（这是很多核动力厂构筑物或部件发生重大老化劣化事件的根本原因）；

(2) 核动力厂构筑物或部件提前老化（老化劣化比预期早），可能的原因包括其役前和实际服役条件不同于设计或者比设计条件更加恶劣，以及由于设计、制造、安装、调试、运行或维修阶段的错误或疏忽，上述各阶段工作之间缺乏协调和未预见到的老化现象等；

(3) 不恰当地将被动的老化管理(即修理和更换劣化部件)作为构筑物或部件主要的老化管理方式;

(4) 忽视相关的工业运行经验和研究成果;

(5) 核动力厂构筑物或部件承受由外部事件(如地震)造成的未预料到的应力载荷。

3.5.4 在反应堆提升额定功率、进行重大修改或设备更换时,核动力厂营运单位应确定并论证可能的与之相关的工艺条件改变(如流量分布、流速、振动等),这些改变可能会造成某些部件的加速或过早老化和失效。

3.5.5 如果发现新的老化机理(如通过运行经验反馈或研究),核动力厂营运单位应进行适当的老化管理审查。

3.5.6 对于核动力厂安全运行至关重要的主要构筑物、系统和部件,核动力厂营运单位应准备紧急对策或额外维修计划,以便应对由潜在老化机理和效应引起的潜在性能劣化或失效。

3.5.7 对备件或更换部件的可用性,以及备件或耗材的储存期限应进行连续监控。

3.5.8 如果核动力厂备件或耗材会因储存环境(如高温或低温、湿度、化学侵蚀、积尘等)而变得易于老化劣化,则应采取措施确保使其保存在适当的受控环境中。

3.6 退役

应制定适当的方案以确保所需的设备和构筑物、系统和部件(如安全壳系统、冷却设备、升降设备和状态监测设备等)保持其功能和可用性,以满足核动力厂退役活动的需要。

4 运行期间的老化管理

4.1 概述

本节针对核动力厂运行期间开展系统老化管理的方法提出指导和建议,该方法包括以下要素:

(1) 组织机构设置;

(2) 数据收集和记录保存;

(3) 实施老化管理的构筑物、系统和部件筛选;

(4) 老化管理审查;

(5) 状态评估;

(6) 老化管理大纲的编制;

(7) 老化管理大纲的实施;

(8) 老化管理大纲的改进。

以下对上述要素分别予以说明。对于不同于本导则的其他老化管理方法,如果能证明其对老化劣化管理是有效的,也是可接受的。

4.2 组织机构设置

4.2.1 由于老化管理的复杂性,因此需要核动力厂营运单位和外部单位(如技术支持单位、营运者组织以及研发、设计和制造单位)的参与和支持。在老化管理大纲得以实施前,营运单位的高级管理层应确定老化管理大纲的政策和目标,并分配所需的资源(人员、资金、工具和设备,以及外部资源)。

4.2.2 一种典型的老化管理组织机构设置如图 2 所示,包括各参与的单位和部门,以及他们的职责和接口。

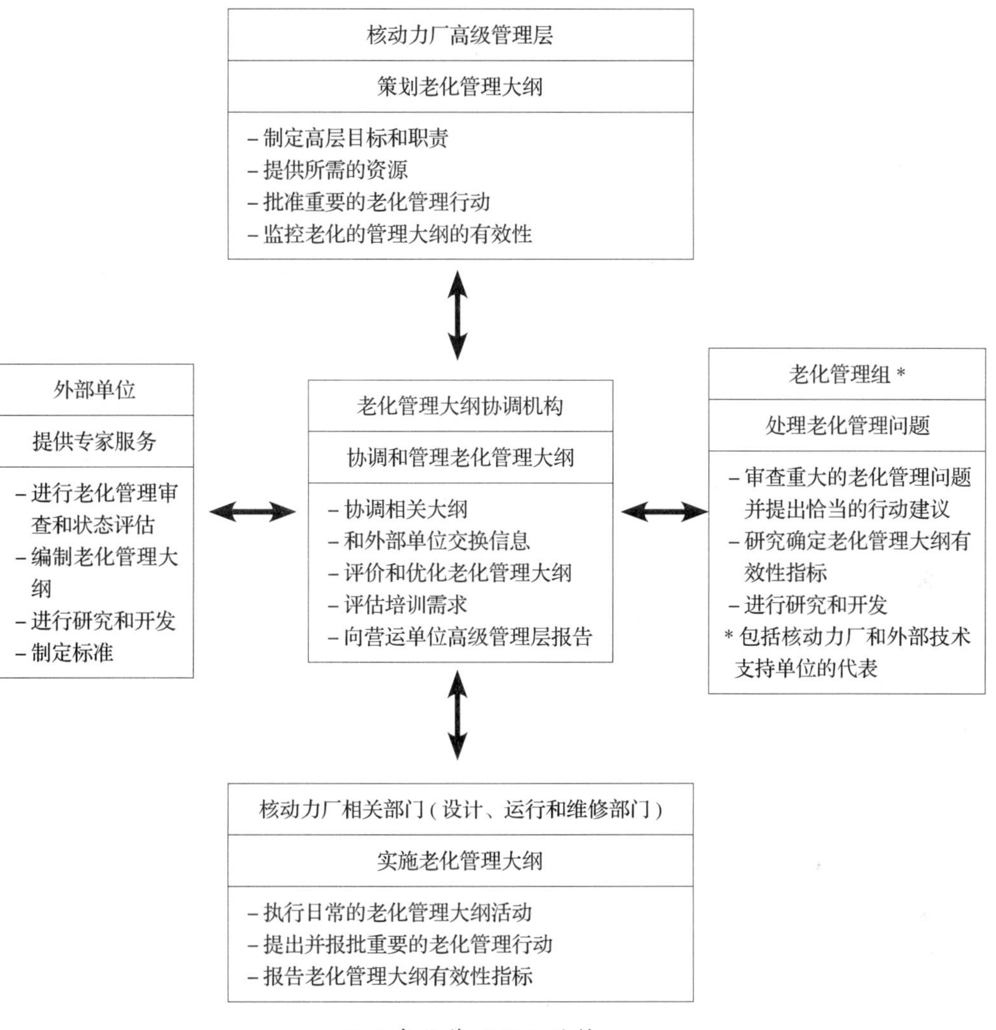

图 2 老化管理组织结构

4.2.3 如图 2 所示，高级管理层应指定一个老化管理大纲的协调机构。该协调机构可以是营运单位的某一部门，如运行部门、维修部门、工程设计部门或者质保部门；也可以是根据任务需要由营运单位不同部门人员联合组成，必要时可包含外部专家；也可以建立一个专门从事老化管理大纲协调工作的部门。

4.2.4 协调机构的职责应包括：

(1) 相关大纲的协调；

(2) 对相关运行经验和研发成果进行系统的监控，并评价这些经验和成果能否应用于本核动力厂；

(3) 指导跨学科老化管理组(包括常设的或专项的)处理复杂的老化问题；

(4) 审查和优化老化管理大纲；

(5) 与外部技术支持单位进行协调；

(6) 确定进一步的培训需要；

(7) 开展定期的老化管理自我评估；

(8) 老化管理大纲相关活动的改进。

4.2.5 解决复杂的老化问题可能需要多个专业学科的合作。根据老化评估的要求，老化管理组的参与人员 (见图 2) 应包括来自运行、维修、工程、设备鉴定、设计以及研发等部门的专家。除老化管理组外，可能还需要外部组织就具体课题提供专家服务，如状态评估、研究、标准制定等。

4.2.6 核动力厂营运单位的不同部门 (如运行部门、维修部门和工程设计部门) 应负责实施核动力厂具体构筑物或部件的老化管理大纲，并负责报告构筑物或部件的性能。这些单个具体构筑物和部件的老化管理大纲既相互关联，又是核动力厂总体老化管理大纲的组成部分。

4.2.7 营运单位应为运行、维修和工程设计部门的相关员工提供构筑物、系统和部件老化方面的培训，以使他们能充分了解老化管理，并有效推动老化管理工作的开展。

4.2.8 营运单位应收集并评价相关核动力厂和其他工业的经验，并使之能应用于老化管理大纲的改进。

4.3 数据收集和记录保存

4.3.1 营运单位应根据老化管理大纲建立相应的数据收集和记录保存系统，以促进老化管理大纲的实施和优化。

4.3.2 该数据收集和记录保存系统应在核动力厂寿期初建立 (理想状况下数据应从建造初期开始收集)，以便为下列活动提供数据信息：

(1) 鉴别和评价由老化效应引起的部件性能劣化、失效和故障；

(2) 确定维修活动 (包括设备的标定、修理、整修和更换等) 的类型和时机；

(3) 优化运行条件和操作，以减轻设备的老化劣化；

(4) 及时识别新的老化效应，避免危及核动力厂的安全，降低核动力厂的运行可靠性和运行寿期。

4.3.3 为了便于从核动力厂的运行、维修和工程设计工作中获得充足、可靠的老化相关数据，记录保存系统设计时应向核动力厂运行、维修和设计等相关部门进行咨询。

4.3.4 数据收集和记录保存系统的数据示例见附录 A。

4.4 构筑物、系统和部件的筛选

4.4.1 一个核动力厂有数目庞大且种类繁杂的构筑物、系统和部件，各构筑物、系统和部件对老化劣化的敏感程度也各不相同，因此没有必要也不可能对所有的构筑物、系统和部件的老化劣化程度进行定性和定量分析。而应采用系统化的方法集中资源重点关注那些对核动力厂安全运行有不利影响且对老化劣化敏感的构筑物、系统和部件，同时还应关注那些虽然本身不具有安全功能，但其失效会妨碍其他构筑物、系统和部件执行安全功能的构筑物、系统和部件。

4.4.2 实施老化管理的构筑物、系统和部件的筛选应以核动力厂的安全为基础，其基本步骤如下：

(1) 根据部件发生故障或失效是否会直接或间接导致安全功能的丧失或受到损害，从所有系统和构筑物清单中鉴别出安全重要的构筑物、系统和部件。

(2) 对每一个安全重要系统和构筑物，根据系统部件和构筑物构件的失效是否会直接或间接导致安全功能的丧失或损失，进一步确定安全重要的系统部件和构筑物构件；

(3) 应从安全重要构筑物构件和系统部件清单中，确定其老化劣化可能会引起部件失效的部分；

(4) 为保障老化管理审查资源的效率，应将筛选出的、对老化劣化敏感的安全重要构筑物构件和系统部件，根据设备类型、材质、服役条件及劣化状况等因素进行分组。如可将服役条件（如温度、压力和水化学）相似的同类部件（阀门、泵和小尺寸管道）分成一组。

4.4.3 构筑物、系统和部件筛选的流程如图 3 所示。具体采用的筛选方法应形成文件并通过审查。

4.4.4 应根据对安全的重要性，考虑采用基于风险的方法（概率安全分析和确定论方法）对所选择的部件进行老化管理的分级和排序。如失效将对堆芯损坏频率具有重要影响的构筑物和部件应具有高的优先等级。采用概率安全评价时，如果多重构筑物或部件经受相同的老化劣化，则应考虑共因失效的可能性。

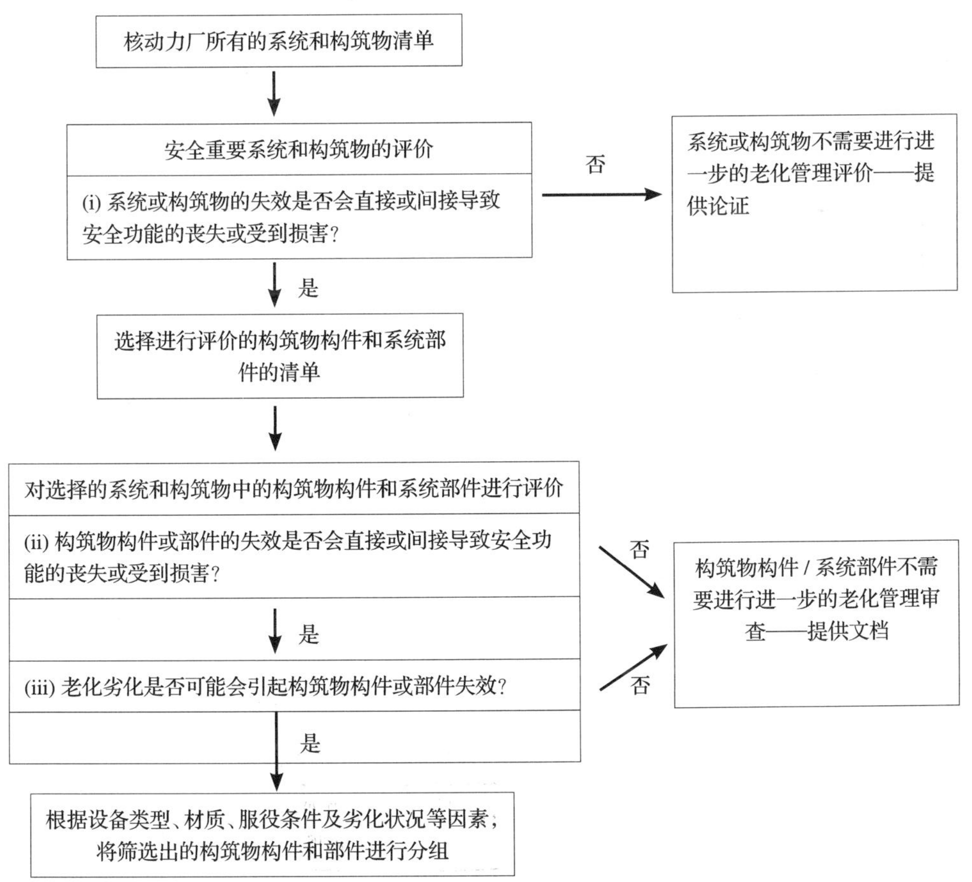

图 3　实施老化管理的构筑物、系统和部件筛选流程图

4.5 老化管理审查

4.5.1 对筛选出的所有构筑物和部件以及构筑物和部件的组合都应进行老化管理审查，以获得以下三个方面的信息和知识：

(1) 老化的认知；

(2) 老化的监测；

(3) 老化效应的缓解。

4.5.2 如果可能，应充分利用目前已有的老化管理相关审查结果（由营运者组织、供应商或技术支持单位完成），以避免重复工作。

4.5.3 图 4 为老化管理审查（包括相关信息和结果文件的审查和评价）流程图。对于某些构筑物或部件，如果相应的老化机理及其影响因素都已得到充分认识，并且已经建立并实施了一个有效的老化管理大纲，也可以不进行老化管理审查。

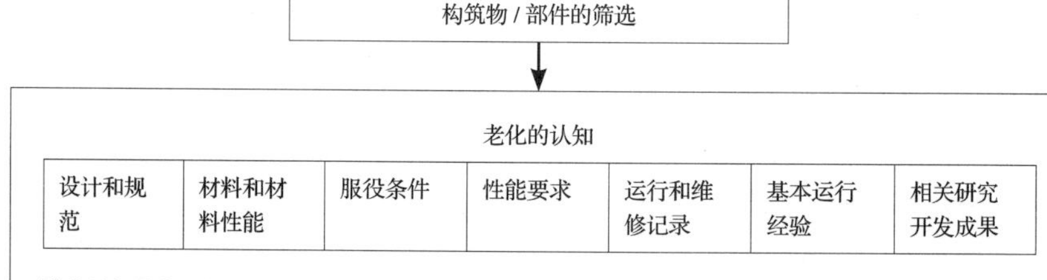

对老化认知的审查包括以下方面，并应形成文件：
- 目前对构筑物/部件老化的认知；
  （老化机理和效应，劣化部位，预测构筑物/部件劣化的所有理论分析/经验模型，认知上的不足之处）
- 构筑物/部件老化评价所需数据清单（包括现有记录在可用性和质量方面的不足之处）。

老化的监测

在考虑相关运行经验和研究结果的基础上对老化监测方法进行评价。

评价的内容包括以下方面，并应形成文件：
- 用于探测、监测构筑物和部件老化劣化并作趋势分析的功能参数及状态指标；
- 现有监测技术的有效性及实用性，以确认其有足够的灵敏度，可靠性和精度监测选定的参数和指标；
- 可识别显著劣化和可预测构筑物/部件未来性能的数据评价技术。

老化效应的缓解

确定用于缓解构筑物/部件老化劣化的现有方法和措施的有效性。

审查的缓解方法和技术如下，并应形成文件：
- 用以控制构筑物/部件老化劣化的维修方法和措施及状态监测（包括整修，零部件和耗材的定期更换）；
- 使构筑物或部件老化劣化速率降到最低的运行条件和操作；
- 用以控制构筑物或部件老化劣化的可能设计变更和部件材料的更换。

老化管理审查报告

构筑物/部件的具体信息：
- 老化的识知；
- 老化的监测；
- 老化效应的缓解。

在核动力厂设计、运行和维修工作中应用老化管理审查结果的建议。

图 4 老化管理审查流程图

4.5.4 老化认知

4.5.4.1 对老化的认知是有效监测和缓解老化效应的基础。为认知某个构筑物或部件的老化劣化，应识别并了解相应的老化机理和老化效应。构筑物或部件的在役检查及试验（包括破坏性试验）能充分增进对老化机理的认识。附录 B 提供了主要的老化劣化机理及敏感部件和材料的例子。

4.5.4.2 对构筑物和部件老化认知的审查应涵盖材料、危害因素、环境、关注的老化机理、老化部位，还包括可用于预测劣化趋势的理论分析模型和经验模型。老化认知审查结果应形成文件。

4.5.5 老化监测

4.5.5.1 应在考虑相关运行经验和研究成果的基础上对现有老化监测方法进行评价，以确定这些方法能在构筑物和部件失效前及时、有效的探测出老化劣化。适用时，设备抽样检查方法应应用于老化劣化征兆探测。

4.5.5.2 为确认其有效性、实用性而对现有监测方法和技术进行的评价应涵盖以下方面：

(1) 用于探测、监测构筑物和部件老化并作趋势分析的功能参数及状态指标；

(2) 现有监测技术的有效性及实用性，以确认其有足够的灵敏度、可靠性和精度监测选定的参数和指标；

(3) 用于确认诸如显著劣化、失效率及其趋势和预测构筑物或部件未来的完整性和功能能力的数据评价技术。

4.5.5.3 老化监测审查结果应形成文件。

4.5.6 老化效应的缓解

4.5.6.1 应在考虑相关运行经验和研究成果的基础上确定现有构筑物或部件老化劣化缓解方法和措施的有效性。

4.5.6.2 应审查以下老化缓解方法和技术以确认其有效性和实用性：

(1) 用以控制构筑物或部件老化劣化的维修方法和措施（包括整修及零部件和耗材的定期更换、预防性维修周期调整等）；

(2) 使构筑物或部件老化劣化速率降到最低的运行条件、操作和试验；

(3) 用以控制构筑物或部件老化劣化的可能的设计变更和部件材料的更换。

4.5.6.3 老化效应缓解审查结果应形成文件。

4.6 老化管理审查报告

4.6.1 老化管理审查的结果应以报告形式形成文件。报告应涵盖老化认知、老化监测和老化效应的缓解。此外，还应就老化管理审查结果在核动力厂运行、维修和设计等工作中的应用提出建议。

4.6.2 实施老化管理审查的方法应形成文件并通过审查。

4.7 状态评估

4.7.1 为了保证老化管理计划的有效性，对筛选后选择的构筑物或部件，或构筑物和部件的组合都应以老化管理审查结果为基础评价其实际状态。

4.7.2 构筑物或部件实际状态的评估应基于以下方面：

(1) 老化管理审查的相关报告；

(2) 构筑物或部件的运行、维修和工

程设计数据，包括相应的验收准则；

(3) 检查和状态评估结果，如有必要且可行，还应包括更新后的检查和状态评估数据。

4.7.3 状态评估结果应以报告形式形成文件，并提供以下信息：

(1) 构筑物或部件当前的性能和状态，包括对任何老化相关失效或材料性能显著劣化迹象的评估；

(2) 如果可行，应对构筑物或部件的未来性能、老化劣化和使用寿命做出预测。

4.8 老化管理大纲的编制

4.8.1 对筛选后选择的每一个构筑物、部件或构筑物和部件的组合都应编制具体的老化管理大纲。老化管理大纲应确定：

(1) 有效和适当的老化管理行动和实践，以便能及时探测并缓解构筑物或部件的老化效应；

(2) 老化管理大纲的有效性指标。

为此，应进行适当的老化评价和状态评估以确定当前实践的有效性，适当时，还应对当前实践的改进提出建议。

4.8.2 为评价老化管理大纲的有效性，营运单位应建立并使用相应的评价指标，如：

(1) 与验收准则相比的材料状态；

(2) 失效和性能劣化相关数据的变化趋势；

(3) 预防性维修和纠正性维修的对比（如人力和费用）；

(4) 失效和性能劣化重复发生的次数；

(5) 与检查大纲的符合性。

4.8.3 核动力厂如果考虑使用现有的老化管理大纲，则应按表 2 所述的内容对现有的大纲进行评价，如果与这些内容不符，则应进行相应的修改。

4.8.4 编制老化管理大纲时可能需要考虑工程设计评价。工程设计评价中应考虑适用的设计基准和监管要求，以及材料特性、服役条件、危害因素、劣化部位及构筑物或部件的老化机理和效应等方面的信息；还需考虑适当的指标以及有关老化的定性或定量分析模型。所有老化管理大纲都应具有表 2 中所列的基本内容。

4.8.5 应为每一个老化管理大纲确定一个汇总表。汇总表应提供一个老化管理大纲的实施总结，并突出那些有利于认知和管理老化的信息，包括材料特性、劣化部位、老化危害因素和环境、老化机理和效应、检查和监测要求及方法、缓解措施、监管要求以及验收准则等。

4.9 老化管理大纲的实施

4.9.1 营运单位负责实施老化管理大纲。

4.9.2 营运单位高级管理层负责批准重要老化管理行动的实施，并负责解决潜在的问题。

4.9.3 老化管理大纲实施时，应定期报告构筑物和部件的性能及老化管理大纲有效性评价指标的状况。

4.9.4 作为老化管理大纲实施的一部分，应收集、记录老化管理的相关数据，以确定老化管理行动的类型和时机。

4.9.5 在设备寿期内，应根据对老化机理认知的最新进展及时对设备的鉴定寿命进行重新评估。在需要延长设备鉴定寿命时，营运单位应负责提供详细的安全论证。

4.10 老化管理大纲的改进

4.10.1 营运单位管理者应根据系统化的老化管理方法（见图1）对老化管理大纲进行评估和改进。

4.10.2 应根据当前知识定期对老化管理大纲的有效性进行评估，并应在适当时进行修订和调整。当前相关知识包括构筑

表2　有效的老化管理大纲的基本内容

基本内容	具体描述
1. 基于老化认知的老化管理大纲的范围	· 需要进行老化管理的构筑物（包括构筑物构件）和部件； · 老化现象（主要的老化机理、敏感部位）的认知 – 构筑物/部件的材料、服役条件、危害因素、劣化部位、老化机理及老化效应； – 构筑物/部件状态指标及验收准则； – 老化现象相关的定量或定性预测模型。
2. 缓解和控制老化劣化的预防性措施	· 预防性行动的确定； · 监测或检查参数的确定； · 需要维持的服役条件（即环境和运行条件），以及用于减缓构筑物或部件潜在劣化的操作方法。
3. 老化效应的探测	· 在构筑物或部件失效前及时探测出老化效应的有效技术（检查、试验和监测方法）。
4. 老化效应的监测和劣化趋势预测	· 监测的状态指标和参数； · 收集有助于构筑物或部件老化评估的数据； · 评估方法（包括数据分析和趋势预测）。
5. 老化效应的缓解	· 能缓解构筑物或部件探测出的老化效应和/或劣化的运行、维护、修理和更换活动。
6. 验收准则	· 用于判断是否需要采取纠正行动的验收准则。
7. 纠正行动	· 当某一部件不满足验收准则时需采取的纠正行动。
8. 运行经验和研发结果反馈	· 确保及时对运行经验和研发结果进行反馈的机制（如果适用），并提供这些反馈已在老化管理大纲中得到充分考虑的客观证明。
9. 质量管理	· 对老化管理大纲实施及所采用行动的文档化管理； · 有助于对老化管理大纲进行评价和改进的指标； · 确保预防性行动充分、适当以及所有纠正行动已经完成且有效的确认（验证）过程； · 应遵循的记录保存方法。

物或部件的运行信息、监督和维修历史、研发成果和通用的运行经验等。

4.10.3 应定期对老化管理大纲的有效性进行审查、检查和评价。营运单位应负责对核动力厂老化管理政策和老化管理大纲进行评价和改进。

4.10.4 应考虑开展老化管理大纲的同行评议，以确定老化管理大纲是否符合行业惯例，并发现有待改进的方面。

4.10.5 应准备充足的研发经费，以便能够及时处理新的老化问题，并不断改进对老化机理和老化成因的认知和预测以及相关监测、缓解方法或实践。应建立一个战略性方法来促进长期的研发计划。

5 过时管理

5.1 应在核动力厂整个运行寿期内对安全重要构筑物、系统和部件的过时进行具有预见性和远见性的主动管理。

5.2 营运单位在核动力厂整个寿期内的过时管理活动应接受国家核安全监管部门的监管。

5.3 营运单位建立的老化管理大纲应涵盖过时管理，包括制定过时管理的政策、目标，确定过时管理的组织机构，分配适当的资源（包括人员和资金），并且对过时管理的各个环节予以监督，以确保实现过时管理的目标。

5.4 建议采用如下组织机构设置实施过时管理：

(1) 参与过时管理的营运单位各部门应分工清晰、责任明确；

(2) 应由具备丰富工程设计、运行和维修经验的专家领导过时管理工作；

(3) 过时管理应由多部门协作实施，参与人员应包括工程设计、技术支 持、维修和采购等方面的人员。

5.5 过时管理应重点关注技术的过时管理。此外，应对标准的过时管理提供指导并进行监控（如通过定期安全审查）。

5.6 应建立与老化管理大纲中过时管理内容相对应的程序，以开展下述工作：

(1) 对过时进行系统的评价；

(2) 处理所有已确定的过时问题；

(3) 持续改进老化管理大纲中有关过时管理的内容。

5.7 应实施技术过时管理程序，以确保提供：

(1) 构筑物、系统和部件维修和更换所需的完整而准确的支持性文件；

(2) 所需的技术支持；

(3) 足够的备品备件。

6 延寿运行的老化管理审查

6.1 为论证核动力厂能延寿运行，营运单位应证明核动力厂的安全符合现行安全标准。

6.2 深入的老化管理审查应确保对用于支持核动力厂延寿运行的老化管理大纲及其实施进行了审查，并证明这些大纲满足表 2 所示老化管理大纲有效性的内容。

6.3 审查过程应包括以下主要步骤：

(1) 采用适当的筛选方法，以确保延寿运行所涉及的安全重要构筑物和部件都将进行评价；

(2) 证明在预期的延寿运行期内每个构筑物和部件的老化效应都将得到持续的鉴别和管理；

(3) 对按有限时间进行安全分析的问题进行再评价，以证明这些安全分析的持续有效性或者老化效应得到有效管理，即证明构筑物或部件预期的功能在整个预期延寿运行期内仍得到保持，并在设计的安全裕量内。

6.4 应确定并实施对核动力厂现有大纲的修改和新大纲的编制。

6.5 构筑物和部件延寿运行的老化管理审查结果应形成文件。

7 与其他技术领域的接口

7.1 概述

本章着重介绍与老化管理密切相关的两个技术领域，即设备鉴定和定期安全审查。核动力厂与老化管理相关的其他大纲与活动（如维修、检查、监测、监督、水化学和运行经验反馈等）已经在上述章节进行了说明。

7.2 设备鉴定

7.2.1 核动力厂设备鉴定大纲给出了一个对所涉安全重要部件进行有效老化管理的范例。设备鉴定大纲通常涵盖了所有执行安全功能的设备或者有助于执行安全功能的设备。

7.2.2 根据设备鉴定大纲，安全重要物项应证明在严酷环境下能够执行其安全功能。通常情况下，假设始发事件后的服役条件与正常运行工况存在显著差异。因此，很难根据设备的正常运行工况、预运行试验和定期监督试验结果确信设备能够在事故后工况下仍能执行其功能。

7.2.3 可以采用由设备鉴定确定的“鉴定寿命”或“鉴定状态”来对设备的老化进行管理。

7.2.4 应通过确保下述方面来证明老化问题已在核动力厂整个预期寿期内得到恰当考虑：

(1) 根据国内外相关的知识和实践，鉴定试验考虑了潜在的老化效应；

(2) 对现场环境状态进行监测，以探测任何与设计值的偏离；

(3) 当发生偏离设计值时或者设备失效频率增加时，应提供修改鉴定寿命的程序；

(4) 提供调整老化试验及其有效期的程序。

7.2.5 设备鉴定所确定的设备鉴定寿命是指如果发生假设始发事件，正常运行期限内的老化劣化不会影响设备执行其功能。在设备鉴定寿命结束前，应更换设备或更新到期的设备部件，或评估后延长设备的鉴定寿命。

7.2.6 设备鉴定所确定的鉴定状态可用一个或多个可测量的状态指标表示，并且已经证明在这些状态指标下，设备能够满足其性能要求。

7.3 定期安全审查

7.3.1 定期安全审查用来审查核动力厂在其运行寿期内的安全性，也是营运单位申请核动力厂延寿运行时需要进行的审查。根据《核动力厂运行安全规定》(HAF103) 的要求，必须在核动力厂整个运行寿期内进行定期安全审查，以保证在考虑了核动力厂老化 (包括实物老化和过时) 和修改的积累效应以及安全标准的变化后，核动力厂许可证发放的依据仍持续有效。

7.3.2 定期安全审查时，营运单位应评价老化对核动力厂安全的影响、老化管理大纲的有效性以及老化管理大纲是否需要改进。

7.3.3 定期安全审查中老化管理审查的目的是确定：

(1) 是否对核动力厂的老化进行着有效的管理，从而保持所要求的安全功能；

(2) 核动力厂后续运行是否具备有效的老化管理大纲。

因此，对于定期安全审查中老化管理的审查，其目标是：

(1) 对每一个安全重要构筑物、系统和部件，所有主要的老化机理都已得到识别；

(2) 相关的老化机理及其效应已得到充分认识；

(3) 核动力厂运行期间，构筑物、系统和部件的老化状况与预期一致；

(4) 具有足够的老化裕量，确保核动力厂在下一次定期安全审查完成前能够安全运行；

(5) 核动力厂后续运行具备有效的老化管理大纲 (涵盖运行、水化学、维修、监督和检查)。

7.3.4 根据定期安全审查中的老化管理审查结果，可能需要改进维修、监督和检查的范围、程序和 / 或频率，并修改运行条件或设计 (包括构筑物和部件设计基准的可能变更)。

附录 A 老化管理数据收集和记录保存系统内容示例

核动力厂老化管理大纲所需数据一般可分为以下三类：

(1) 基准信息：包括核动力厂和 / 或构筑物、系统和部件的设计数据以及部件或构筑物开始服役时的状态；

(2) 核动力厂运行历史数据：包括构筑物、系统和部件层次的服役条件 (包括瞬态数据)、部件和构筑物的可用性试验数据以及失效数据；

(3) 维修历史数据：包括部件和构筑物的状态监测数据和维修数据。老化管理数据收集和记录保存系统的数据示例如下：

(1) 环境鉴定试验记录，包括试验技术要求及结果；

(2) 制造、建造记录，包括制造和检查技术要求、检查结果及偏离；

(3) 役前检查结果，包括检查技术要求及结果，以及超标结论；

(4) 调试试验结果，包括试验技术要求及结果，以及调试期间环境状态的描述；

(5) 水化学调查结果及其变化；

(6) 在役检查结果，包括检查技术要求及结果，以及超标结论；

(7) 定期功能性试验结果及相关结论；

(8) 控制室和电站巡视人员检查结论；

(9) 预防性维修结论；

(10) 纠正性维修结论；

(11) 构筑物、系统和部件老化失效或显著老化劣化数据，包括根本原因分析结果。从有效的老化管理大纲中获取的数据将有助于营运单位有效地管理核动力厂配置，反之亦然。构筑物、系统和部件数据库只是整个综合数据库的一部分。综合数据库包含有运行、配置管理、维修及设计工作中的广泛信息。

附录 B 主要的老化劣化机理以及敏感材料和部件的示例

表 B.1 列举了机械部件、电气部件和设备、土建构筑物潜在老化劣化的一些例子。对特定构筑物或部件的老化劣化应按照第 4 章描述的老化管理审查过程，根据所使用的材质、环境状态和其他条件来确认。

表 B.1 主要的老化劣化机理以及敏感材料和部件

老化机理	敏感区域、材料、部件
机械部件	
辐照脆化	反应堆压力容器束带区、压力容器堆内构件
整体腐蚀、点蚀以及剥蚀（高、低温）	裂缝及隐藏区域、低流速或无流动部件、安注系统、厂用水系统
内表面应力腐蚀开裂（高、低温）	部件焊缝附近（异常化学条件）
外表面应力腐蚀开裂（与氯化物相关，高、低温）	泄漏阀门附近以及近海核动力厂的部件
隙间腐蚀（高、低温）	滞流区、焊缝附近、衬管区、支撑环焊缝
微生物导致的腐蚀（高、低温）	厂用水系统、热交换器、需要进行水压试验的设备、停运设备、地脚螺栓、柴油发电机
腐蚀疲劳（高、低温）	热混合区，特别是碳钢与合金钢
疲劳（高、低温）	旋转设备的支撑，以及大型设备上的接管
焊接相关的裂纹（未焊透、热延展、铁素体损耗、隙缝；高、低温）	同种金属焊接、锻造件与铸造件、低铁素体钢填角焊接、滚焊
混合区裂纹（高、低温）	异种金属焊接、容器与堆焊层的交界、安全端与管嘴连接处、阀门或泵与管道连接处（碳钢或者不锈钢）

续表

老化机理	**敏感区域、材料、部件**
低温敏感性（高温）	不锈钢部件、铸件
机械磨损、微振磨损（高、低温）	旋转设备
咬合与磨损	泵与阀门内的部件
电气、仪表和控制部件	
绝缘层脆化与性能劣化	电缆、电动机线圈、变压器
局部放电	变压器、感应器、中压及高压设备
氧化	继电器与断路器的触点、电器部件的润滑与绝缘材料
形成单晶体	须状结晶及树枝状结晶
金属扩散	电子元器件中的合金及焊缝
土建构筑物	
化学侵蚀引发的混凝土老化，以及预埋件的腐蚀	混凝土构件：墙壁、穹顶、底板、环形主梁、支撑梁、安全壳（适用时）
由于沉降引起应力上升，从而产生裂纹及发生扭曲	所有混凝土构件
由于松弛、收缩、蠕变及高温引发的预应力降低	安全壳预应力钢束
由于冻融过程造成的材料损坏（剥落、裂缝以及散裂）	混凝土构件：墙壁、穹顶、底板、环形主梁、支撑梁、安全壳（适用时）

核安全导则 HAD202/ 07-2012

研究堆堆芯管理和燃料装卸

(2012 年 5 月 23 日国家核安全局批准发布)

本导则自 2012 年 5 月 23 日起实施

本导则由国家核安全局负责解释

本导则是指导性文件。在实际工作中可以采用不同于本导则的方法和方案，但必须证明所采用的方法和方案至少具有与本导则相同的安全水平。

1 引言

1.1 概述

1.1.1 本导则是对《研究堆运行安全规定》(HAF202) 有关内容的说明和补充。

1.1.2 本导则是指导性文件。在实际工作中可以采用不同于本导则的方法和方案，但必须向国家核安全监管部门证明所采用的方法和方案至少具有与本导则同等的安全水平，不会对研究堆厂区人员、公众和环境增加风险。

1.2 目的

1.2.1 本导则的目的是详细说明研究堆堆芯管理和燃料装卸方面的安全要求，提供关于堆芯管理和燃料装卸方面的指导和建议。

1.2.2 在本导则中，堆芯管理是指涉及堆芯燃料组件、堆芯部件管理和反应性控制的有关活动；燃料装卸是指采用手动或自动方式进行的新燃料和已辐照燃料的装卸、贮存和管理。

1.3 范围

1.3.1 本导则适用于对公众具有有限潜在危害的研究堆的堆芯管理和燃料装卸。导则说明了研究堆堆芯管理和燃料装卸工作的安全目标，为满足这些目标应该完成的任务，以及为完成这些任务需要进行的活动。

1.3.2 对于功率水平超过几十兆瓦的研究堆和某些特殊的研究堆（如均匀研究堆或快中子研究堆）可能需要超出本导则范围的其他要求，在某些方面可能需要遵循动力堆的有关安全导则。

1.3.3 由于研究堆的应用是其运行的主要目的，因此本导则也涉及堆芯内和堆芯外实验装置的管理。本导则也考虑在现有堆芯中装入新设计的燃料组件的情况，该考虑对于正在使用低富集度铀 (LEU) 代替高富集度铀 (HEU) 的研究堆是有用的。

1.3.4 本导则有关燃料装卸的内容包括：新燃料组件的接收；燃料组件和其它堆芯部件的贮存和装卸；燃料组件的检查；燃料组件和堆芯部件装入堆芯和从堆芯卸出；已辐照燃料的检查；其他材料手动或通过自动系统的装入和移出；已辐照燃料装运的准备及已辐照燃料运输容器的装载。

1.3.5 本导则有关堆芯管理的内容包括：堆芯分析和计算方法；堆芯运行；堆芯监测；保证燃料的完整性；新燃料的采购和设计修改；换料大纲。

1.3.6 本导则不涉及已辐照燃料组件和堆芯部件的厂外运输要求和安全预防措施，以及厂外的贮存和最终处置。

1.3.7 本导则不考虑燃料衡算和实物保护。

1.3.8 对于功率为几十千瓦的具有较低风险的研究堆和临界装置，可采用详尽程度低于本导则要求的堆芯管理和燃料装卸大纲。低功率反应堆要求为补偿燃耗进行的堆芯调整的频度较低。由于这些反应堆运行时热工限值具有较大的裕度，因而在初始安全分析中允许采用可接受的、具有较宽包络性的燃料装载方案代替具体的堆芯计算。因此，本导则中的某些要求可能不适用于这类反应堆，本导则中的要求应根据其对具体研究堆的适用性进行分类。

2 堆芯管理

2.1 管理目标

2.1.1 堆芯管理的第一个目标是在安全分析和由安全分析导出的运行限值和条件的基础上，充分考虑燃料和反应堆设计所规定的限制，保证安全、可靠、最佳地使用反应堆中的核燃料。堆芯管理的第二个目标是在遵守运行限值和条件的前提下，满足研究堆应用大纲的要求（例如实验对中子注量率的要求）。

2.1.2 尽管堆芯管理的具体细节取决于研究堆的堆型和营运单位，但所有情况下堆芯管理大纲应满足以下目标：

(1) 提供在整个燃料循环周期内有效地执行堆芯管理功能的手段，以保证堆芯参数维持在运行限值和条件内。堆芯管理功能包括：堆芯设计（确定装料和倒换料方案，以提供最佳燃料燃耗和要求的中子注量率）；实验装置的设计和安装；燃料组件采购；反应性确定以及堆芯性能监测。

(2) 确定堆芯运行策略，以便为反应堆应用获得最大的运行灵活性和最佳的燃料利用率，同时保持在规定的运行限值和条件内。

(3) 保证只使用设计上经核准的燃料组件和实验装置。

2.1.3 本安全导则包括以下与堆芯管理有关的具体安全要求：

(1) 采用经过验证的方法和计算机程序，确定燃料、反射层、安全装置（控制棒、排放慢化剂和/或反射层的阀门、可燃毒物等）、实验装置、辐照设施和慢化剂在堆芯的布置。

(2) 根据设计以及运行限值和条件的规定保持相关的堆芯配置参数，以保证在反应堆堆芯应用期间燃料的完整性。

(3) 应对反应堆堆芯进行监测，以保证反应堆在任何时间都按照反应堆设计以及运行限值和条件的规定进行运行；应该评估辐照对堆芯材料、堆芯部件、以及实验和辐照装置安全的影响。

(4) 应该连续监测燃料包壳的完整性（不一定在反应堆中“在线”监测，通常是采用监测一回路冷却剂和堆外废气系统裂变产物放射性活度的间接监测）。一旦探测到燃料破损，应该进行调查，以确认破损的燃料组件，并在必要时从堆芯卸出。

(5) 燃料采购应该基于符合设计及运行限值和条件要求的技术规范。

(6) 应该按照批准的程序装载和卸出燃料组件及其它堆芯部件。

(7) 应该保存并更新所有与燃料和堆芯布置参数相关的基准资料。

2.2 堆芯计算

2.2.1 堆芯工况和特征分析

2.2.1.1 应进行包括堆芯设计在内的全面的反应堆安全分析，并汇编到安全分析报告中。运行限值和条件以这些分析为基础。如果反应堆运行不导致与安全分析不同的堆芯工况，则不需要重新进行详细的安全分析。然而，如果堆芯布置发生变化、使用的燃料类型不一样、燃料组件之间由于燃耗历史而产生差异、放置了其他堆芯部件、或出现偏离安全分析所考虑的其他工况，则应进行更全面的分析，以保证反应堆继续运行在运行限值和条件要求的范围内。

2.2.1.2 应有恰当的方法和技术用于预计反应堆运行期间的行为特征。计算模型、数值方法和核数据都应进行验证、确认和批准。应该考虑计算和测量的不确定性。

2.2.1.3 为了验证与运行限值和条件的符合性，应对稳态和瞬态两种工况根据需要考虑以下堆芯参数：

(1) 反应性随燃料燃耗的变化，以及为维持堆芯反应性所需采取的行动（如改变控制棒位置、添加燃料组件或改变堆芯反射层）。

(2) 各种堆芯布置下控制棒的位置和反应性价值，包括验证停堆裕度，符合运行限值和条件。

(3) 堆内和堆外实验装置和辐照材料的位置和反应性价值。

(4) 在正常运行范围和预期运行事件下温度、功率、压力和空泡的局部和总反应性系数。

(5) 堆芯部件和燃料内的中子注量率和功率分布及其受控制棒移动的影响。

(6) 燃料温度和慢化剂温度，冷却剂的流量、压降、温度、密度和热工裕量。

(7) 每个燃料组件中的燃耗水平。

(8) 控制棒和堆芯实验对中子注量率探测器的阴影效应。

(9) 其它需要考虑的相关参数。

2.2.1.4 应该适当考虑原设计中没有考虑的堆芯内或堆芯附近的实验和辐照装置对反应堆性能的影响。应该对这些设施的故障对反应堆的影响进行安全分析。也应该考虑反应堆的变更对实验或辐照大纲的影响。HAD202/03《研究堆的应用和修改》全面说明了实验装置安全分析的相关问题。

2.2.1.5 应该预计反应堆运行期间由于裂变产物生成、燃料燃耗和换料，以及控制棒移动导致的堆芯反应性变化和相关的效应，并与测量的数据进行比较。应该确认任何时候都有足够的控制能力保证反应堆在所有正常运行工况、预期运行事件和设计基准事故下能安全停堆并维持停堆状态。

2.2.1.6 应适当分析反应堆运行期间对安全有重要意义的下列各项：

(1) 因辐照效应产生的控制棒反应性价值的变化。

(2) 辐照效应及控制棒和实验装置阴影效应对中子注量率探测器的影响（尤其是灵敏度的变化）。

(3) 反应堆启动时，中子源强度和中子探测器的灵敏度及位置的合适性，尤其是经过长期停堆后再启动时(此时已辐照的燃料和光中子可能不能形成足够强度的中子源)。

2.2.1.7 如果基于堆芯计算的预计值与堆芯性能参数的测量值相差很大(即其差值大于计算和测量不确定性导致的差值)，反应堆应置于安全状态(如有必要可实施停堆)。应该审查计算和测量，以确定差异的原因。在做出反应堆继续运行决定时，应采用基于堆芯重要参数(如堆芯临界质量、控制棒价值、过剩反应性、停堆裕度)测量值的保守方法。在确认该差异的原因后应采取必要的纠正措施。

2.2.2 堆芯计算方法

2.2.2.1 营运单位应保证其管理要求覆盖用于堆芯管理的计算方法和工具。

2.2.2.2 管理要求应用来保证用于堆内燃料管理和实验管理的输入值及计算工具和方法已经过必要的确认、基准例题验算、改进和更新。对于重要堆芯管理计算应要求对计算结果进行独立验证(最好由不同的人员用不同的工具和方法进行)。应特别关注用于处理如加深燃耗、新材料、设计修改、新实验装置和功率增加等事项的计算方法的鉴定。

2.2.2.3 应审查和评价所有堆芯计算软件和数据的修改对其预计堆芯性能参数能力的影响。在修改实施之前应该进行验证和进行功能性试验(例如和基准程序的预计结果进行比较)，并且应该得到相关部门的认可。应建立有效的质量保证体系，以保证相关的计算机程序和数据库的完整性和可靠性。

2.2.2.4 营运单位应保证实施堆芯计算的人员符合资质要求，并经过适当的培训。

2.3 堆芯运行

2.3.1 为保证反应堆堆芯安全运行，应预先制定一个详细的堆芯运行和实验应用大纲。反应堆应用大纲和燃料利用的最优化，以及堆芯运行和反应堆应用的灵活性都不应损害安全。堆芯运行大纲应包括(但不限于)以下程序和工程实践：

(1) 在反应堆启动前应保证所有启动前程序的要求都得到满足，功能试验均已完成，并且所有要求的文件和/或程序均是现行有效的。

(2) 在反应堆首次启动和必要时在以后的启动期间，应通过相关的临界测量和停堆裕度测量、低功率物理试验、包括实验装置反应性效应在内的堆芯物理测量、以及功率提升试验，保证堆芯参数符合设计要求，并满足运行限值和条件的规定。

(3) 应制定并实施针对所有堆内燃料组件，以及针对实验管理和反应性管理职能的监督大纲。

2.3.2 为保证堆芯安全运行，应适当考虑以下特性和条件：

(1) 新燃料与设计规格书的一致性；

(2) 燃料装载方案；

(3) 反应性停堆裕度；

(4) 最大过剩反应性；

(5) 反应性引入和移出速率；

(6) 反应性系数以及实验装置和辐照材料的反应性价值；

(7) 控制棒特性，包括插入和抽出速度与设计规格书的一致性；

(8) 控制系统和保护系统的特性；

(9) 中子注量率分布，包括实验和辐照材料对其的影响；

(10) 燃料中和实验装置中的传热、冷却剂流量和热工裕量；

(11) 各种运行工况和事故工况下堆芯热量的排出；

(12) 冷却剂化学、慢化剂化学和慢化剂状态；

(13) 辐照、热应力和裂变密度限值下造成的老化效应；

(14) 一回路冷却剂和废气系统中裂变产物的放射性活度；

(15) 实验装置故障的放射性影响。

2.3.3 反应堆启动、功率运行、停堆和换料的运行规程应包括满足运行限值和条件的预防和限制措施，以保证堆芯的安全运行。这些运行规程应适当考虑以下方面：

(1) 确定运行人员所用的仪表及其标定和评价方法，以便在如运行限值和条件所反映的、与设计要求和安全分析相一致的范围内监测相关的反应堆参数；

(2) 启动前核查，包括燃料装载方案和实验装置状况；

(3) 为避免燃料或堆芯损坏的安全系统整定值，其中要考虑因燃料燃耗或换料引起的堆芯状况的变化；

(4) 每个燃料组件（尤其是换料前）的运行历史；

(5) 要记录的与预计堆芯情况进行比较的参数；

(6) 一回路冷却剂和慢化剂化学参数的限值；

(7) 一回路冷却剂流量和通过堆芯压降、功率提升速率、裂变率和功率密度、以及注量率的限值；

(8) 达到限值时需要采取的行动；

(9) 控制棒故障时需要采取的行动；

(10) 确定燃料破损和实验装置故障的准则，以及探测到破损或故障时需要采取的行动。

2.4 堆芯监测

2.4.1 应制定堆芯监测大纲，以保证对堆芯参数进行监测、趋势分析和评价，确定这些参数是否可以接受，实际堆芯性能是否和堆芯设计要求及运行限值和条件相符；保证以合理一致的方式记录和保留关键运行参数值；并保证能探测异常的情况。堆芯监测大纲基于可直接测量的参数，也基于从可测量参数的值分析得到的不可测量参数的值。如果实验或辐照设施处于或邻近堆芯，则堆芯监测大纲应考虑这些设施的状况及其对堆芯参数的影响，以及为表征适当状态组合所需的附加测量。

2.4.2 应该监测堆芯状况并与预计状况比较，以确定堆芯状况是否符合设计并满足运行限值和条件的规定。如果堆芯状况与预计状况不符，则应采取适当行动将反应堆维持在安全状态。堆芯监测和试验的结果也应该用于审查和更新换料大纲及优化堆芯性能。需要连续或以适当时间间隔监测、作趋势分析和评价的参数应适当包括（但不限于）以下方面：

(1) 控制棒(或其他反应性控制装置)和区域中子吸收体的可运行性、位置和布置方式;

(2) 反应性随控制棒位置或慢化剂液位的变化;

(3) 反应堆紧急停堆触发到紧急停堆完成时间(如慢化剂和/或反射层排放时间,吸收体插入时间);

(4) 一回路冷却剂可用性(如反应堆水位);

(5) 冷却剂的压力、流量和温升,以及根据需要,一回路和二回路冷却剂的出口和入口温度;

(6) 慢化剂温度和质量流量;

(7) 燃料温度以及必要时的堆芯部件温度;

(8) 以下计算值:

a. 堆芯输出的热功率;

b. 燃料和堆芯部件温度(如果没有测量);

c. 局部中子注量率峰值因子(功率峰值因子);

d. 慢化剂和堆芯部件的释热;

e. 热工限值裕量。

(9) 一回路冷却剂和废气系统中的活度值(包括裂变产物活度);

(10) 慢化剂和一回路冷却剂的物理和化学参数,如 pH 值、电导率、固体不溶物和杂质含量,以及辐射分解产物浓度。

2.4.3 应特别注意在启动和停堆后对堆芯状况的评估,以保证:

(1) 反应性和控制棒配置与预计相符;

(2) 冷却剂流量在规定的限值内;

(3) 反应堆容器(箱、池)、堆芯结构部件和实验装置性能正常;

(4) 冷却剂和堆芯部件温度符合预计值。

2.4.4 应设置冗余且独立布置的、用于监测堆芯相关参数的仪表,以便:

(1) 从源量程到满功率量程的所有功率水平上有足够的量程重叠;

(2) 对所有运行状态,必要时对事故工况均有合适的灵敏度、量程范围和标定;

(3) 便于运行人员评价堆芯性能和评估异常状态;

(4) 对总的反应性变化给出最高的灵敏度,并把局部中子注量率变化的影响减至最小。

2.4.5 应测量并为操纵员适当显示以下参数,如冷却剂温度、压力、流量以及中子注量率或反应堆功率等参数。有时因换料和燃料燃耗造成的堆芯参数的变化可能要求改变报警值和安全系统整定值。在降功率运行或停堆状态,应考虑调报警或触发安全系统动作的整定值以维持适当的安全裕量。

2.4.6 许多情况下,影响燃料性能的参数是不能直接测量的。这时,它们可以通过对可测量到的参数(如中子注量率、温度、压力和流量等)进行分析得到。这些分析所得的值用来作为建立运行限值和条件的基本输入,但是,专门供操纵员使用的参数值应是在控制室可得到的仪表指示值或导出的显示值。

2.4.7 为评估所测堆芯参数并建立其

与不能直接测得的安全重要的其他参数(如燃料芯块、包壳的内部温度，控制棒内压和实验温度)的关联性，应建立评估方法和验收准则。应该评估堆芯材料、堆芯部件、实验和辐照设施的影响和安全重要性。评估结果和相互关联性必须以书面文件记录，并且这些结果应作为保证遵守运行限值和条件以及必要时采取恰当的纠正行动的依据。

2.4.8 与化学控制和纯净度相关的参数值由在线测量获得或由定期对冷却剂、慢化剂或覆盖气体的取样分析获得。应定期向运行人员通报这些分析结果。为避免超出这些参数的规定值，应向运行人员提供在这些参数趋近预定限值时要采取行动的指令。

2.5 保证燃料的完整性

2.5.1 营运单位应保证燃料组件正确设计，并按照设计技术要求进行制造。

2.5.2 在燃料组件首次装入或再次装入堆芯前，应按照已制定的验收准则对组件进行检查，以保证不将已破损的燃料组件装入堆芯。

2.5.3 为早期探测可能导致堆芯不安全状况的燃料性能劣化，应要求按运行限值和条件对燃料进行监督，该监督通过监督和在役检查大纲予以实施。监督活动应是整个监督大纲的一部分，并应包括监测、核对、标定、试验和检查。以下与堆芯管理和燃料装卸特别相关的项目应包含在监督大纲中：

(1) 保护和控制系统(可运行性、触发时间和反应性变化率)；

(2) 包括堆芯部件冷却的堆芯冷却系统(冷却剂的流量、压力、温度、放射性活度和化学性质)；

(3) 燃料组件和堆芯部件装卸系统；

(4) 燃料组件和其他堆芯部件性能劣化，例如尺寸变化、弯曲、腐蚀和磨损。

2.5.4 为确认反应堆燃料包壳的完整性，应对其实施连续的监测。在没有强迫循环系统的开式或池式反应堆中，通过监测气载裂变产物活度就可监测燃料包壳的完整性。对于堆芯置于容器中(如压力容器)的反应堆，燃料包壳的完整性可以通过探测冷却剂中或冷却剂排出气体中的裂变产物活度予以监测。在某些情况下，也采用置于冷却剂流中的缓发中子探测器。应建立适当的方法来识别气载放射性活度或冷却剂放射性活度的异常变化，并进行数据分析，以确定：

(1) 燃料缺陷的性质和严重性；

(2) 燃料缺陷可能的根本原因；

(3) 建议采取的行动。

2.5.5 应在反应堆启动后的运行初期确定裂变产物的放射性活度水平，以便提供基准本底水平。该本底水平是由游离的可裂变材料(即制造过程中，在燃料包壳外表面形成的可裂变材料沾污)引起的，其放射性活度非常低，往往难以测出。

2.5.6 燃料破损的迹象之一是裂变产物的放射性活度超过正常值。应用在线仪表监测和/或定期取样，监测冷却剂中裂变产物活度。可通过对特定的裂变产物核素进行研究来了解该破损的性质。

2.5.7 如果怀疑某个燃料组件破损，

则应对该破损组件进行确认，并在重新恢复反应堆正常运行前从堆中将其卸出。如果有必要，反应堆也可进行有限制条件的运行，以查找破损燃料组件和调查破损的原因。特殊情况下，可能需要进行热室检验。

2.5.8 为保证对破损燃料组件采取正确纠正措施，应制定处理燃料破损事件的程序，它应包括以下要素：

(1) 对怀疑破损的燃料组件进行调查的行动水平；

(2) 确定破损燃料组件并将其退出运行的措施；

(3) 确定燃料组件破损原因的方法；

(4) 针对燃料组件破损原因的补救方法；

(5) 燃料组件检查；

(6) 审查本次燃料组件破损的经验教训，以防止以后再因相同的原因造成燃料破损。

2.6 新燃料采购和设计修改

2.6.1 批准的新燃料组件采购程序应符合营运单位质保大纲中的总的采购方针。该程序应包括以下要求：

(1) 确认正在使用的是现行的、经批准的技术规范和图纸；

(2) 确认采购订单规定了营运单位在燃料制造单位进行的检查；

(3) 完成可裂变材料申请的所有表格；

(4) 规定在燃料组件和其他堆芯部件制造中较小不符合项的解决措施。

2.6.2 如果要将新设计的或经设计修改的燃料组件（如低富集铀组件代替高富集铀组件）装入堆芯，营运单位应保证已进行了必要的安全分析。在多于一种类型燃料组件的堆芯运行前，营运单位应进行附加的安全分析，以保证新设计的或经修改燃料组件与原来已有的燃料组件相兼容，并保证堆芯设计者已获得了所有相关信息。进行的安全分析应形成文件，并反映到更新的安全分析报告中。新燃料组件的详细信息应反映在运行限值和条件和其它安全相关文件中。

2.6.3 应考虑对燃料鉴定大纲实施期间进行的包括功率快速变化分析（通过试验或分析手段进行）、反应性引发事故试验和冷却剂丧失事故试验的实验和研究发展计划进行反馈，以证明新设计的燃料在正常和事故工况下的行为。

2.6.4 营运单位应负责保证对新设计的或经设计修改的燃料组件进行所有必要的安全评估，且新燃料组件满足设计准则要求。应为新的或经过修改的换料燃料准备适当的许可证审查文件。该文件应包括（但不限于）以下方面：

(1) 燃料组件设计的信息和输入数据，以预计和监测堆芯行为；

(2) 用于建立监测热工裕量的计算关系式的分析和试验结果；

(3) 验证机械、热工水力和中子物理学限值与设计的一致性；

(4) 安全分析，包括瞬态分析。

2.6.5 为评定新设计的或经设计修改的燃料组件在后续的换料中预期工况下的表现，应采用一个应用试验燃料组件的大纲，在大纲中应考虑到所有可利用的运行经验。该大纲应包括：

(1) 试验装卸新燃料的管理程序、工具和设备；

(2) 监测新燃料的性能，包括腐蚀效应；

(3) 获得对使用多于一种燃料类型堆芯的实际运行经验。

2.6.6 当考虑新供应商时，营运单位应保证新供应商有能力满足燃料组件的质量要求。特别是对于新供应商制造工艺的所有差异和燃料组件参数的所有变更都应进行分析，而不论这些差异和变更是否包含在他们的技术规范中。对每个燃料组件有关的供应商文件进行监查可能是证明供应的燃料组件满足设计要求的一个合适的方法。

2.7 换料过程

2.7.1 应按照相关要求提供燃料装卸和贮存设施。

2.7.2 应通过采用经批准的运行规程严格控制所有燃料组件的移动和堆芯的变动。在这些变动过程中，应监测堆芯的完整性和反应性，以防止堆芯部件损坏和意外临界。变动过程中的燃料装载布置的反应性应该不大于运行限值和条件中考虑和批准的最大反应性装载方案，对此，在反应堆调试期间应予以验证。应有方法核查燃料组件移动不会相互冲突，必要时应能对实际燃料组件移动进行反向操作。

2.7.3 换料大纲应包括详细的堆芯装载方案以及堆芯部件和实验设施进出反应堆的移动顺序表。

2.7.4 在编制一个能提供足够反应性以补偿燃料燃耗和裂变产物累积的换料大纲时，从初始装料开始的整个反应堆寿期中，都必须满足安全目标，安全目标应包括：

(1) 保持中子注量率分布和其他堆芯参数（如燃耗和过剩反应性）在相应的运行限值和条件内；

(2) 满足停堆裕度的要求。

2.7.5 在制定和实施换料大纲时应适当考虑以下方面：

(1) 燃料燃耗（包括裂变密度）和相应的结构上和金相上的限制；

(2) 与中子注量率分布有关的冷却剂温度和燃料包壳温度、流量分布和吸收体的布置；

(3) 换料程序中和换料后的功率提升时规定的控制点，在控制点进行另外的燃料组件装卸或进一步提升功率前，应该完成规定的核查、试验和验证（如临界）；

(4) 使用模拟组件进行操作练习，以验证装卸料规程是正确的，并且是可以实际操作的，同时也可使预计执行装换料任务的人员熟悉操作过程；

(5) 保证燃料元件的机械性能能经受反应堆堆芯条件和换料操作，尤其是倒换和复用已辐照的燃料元件；

(6) 对某些特定燃料组件可能需增加限制的特殊考虑，如燃耗的限制；

(7) 因移走破损燃料组件和插入新燃料组件引起的变化（如局部温度变化和反应性变化）；

(8) 未辐照燃料和已辐照燃料在堆芯的布置，需要考虑反应性要求、燃料的富集度和裂变产物的累积；

(9) 燃料组件最受限制的取向（当其旋转取向和轴向取向没有规定或限制时）和由实验和辐照大纲得到的最大的反应性状况。

(10) 控制棒内中子吸收体的消耗和可燃毒物的消耗；

(11) 单根控制棒处于完全提出位置且不能动作时的最大反应性价值；

(12) 实际堆芯运行参数与基于计算的预计值的偏差。

2.7.6 反应堆换料后恢复功率运行以前，应对堆芯状态进行评价，以确认在整个运行循环中满足运行限值和条件及停堆裕度的要求。应按照一定的频度，通过试验来确认停堆能力。

2.7.7 装料后应进行核查（包括独立验证）以保证堆芯是正确装载的。另外，每次装料后在启动前或启动期间应做物理试验，以验证堆芯的布置和性能参数以及在整个运行范围内控制棒反应性价值。试验应适当包括（但不限于）以下内容：

(1) 抽出和插入每组控制棒以核查其可运行性；

(2) 安全系统的设定和控制棒落棒时间的测量；

(3) 控制棒、实验和辐照装置的反应性价值测量；

(4) 证明在最大价值的控制棒（束）处于完全抽出位置时和可移动的实验和辐照装置在其最大反应性状态时堆芯仍满足停堆裕量的规定；

(5) 按照计划的控制棒提棒顺序，进行预计的临界棒位与实测的临界棒位的比较；

(6) 利用堆芯内临时或永久性安装的探测器测量堆芯中子注量率分布；

(7) 中子注量率分布和功率分布的实测值和计算值的比较。

3 新燃料的装卸和贮存

3.1 新燃料的管理

3.1.1 新燃料装卸大纲的安全目标是防止意外临界和防止在运输、贮存或操作时对核燃料的损坏。应保护核燃料以防止任何损坏，尤其是预期会影响其在堆芯内性能的损坏（如由此造成冷却剂流动受限制）。

3.1.2 新燃料装卸大纲的基本要素应包括对燃料组件的接收、转运、检查和贮存。大纲应依据管理控制程序并结合工程经验编制，以达到以下目的：

(1) 描述贮存新燃料组件的实体边界，以实施核材料管制和限制临界配置；

(2) 满足管理要求，并对新燃料组件的检查（包括对破损燃料的紧急行动）提供技术指导。

3.1.3 燃料装卸规程应特别强调将燃料组件在装卸过程产生的机械应力减至最少、防止燃料包壳划伤或遭受其他损伤、避免受会引起包壳完整性降级的物质污染以及保证防止盗窃和破坏的实物保护等的必要性。

3.1.4 在燃料组件的人工或自动装卸时，为减少对燃料造成损害的可能性，只应使用为燃料装卸而专门设计的设备。从事燃料装卸的人员应经过正式培训并获得相应资质，且应在授权人员的监督下工作。所有与新燃料装卸相关的活动都应依照批准的程序进行。

3.1.5 应对怀疑已在装卸或贮存时受损的燃料组件进行检查，如有必要，并应按所制定的与受损燃料组件相关的规程处理。

3.1.6 人工装卸燃料时，人员应穿上合适的防护服以防止受到污染，同时也防止对燃料包壳的损坏或污染。

3.1.7 如果在厂区的厂房之间运送燃料，应使用适当的有标签的容器和包装以防止燃料组件受到污染和损坏。所有燃料组件运输的路径应保持尽可能短和简单。应限制燃料组件运输期间的车辆交通。

3.1.8 装卸和贮存新燃料组件的区域应保持在适当的环境条件下（湿度、温度和清洁环境）并随时处于受控状态，以排除化学污染和外来异物影响。

3.1.9 新燃料组件的装卸和贮存区域应予以保卫，防止未经许可的人员进入和未经许可的燃料移动。贮存区域不应处于通往其他操作区域的路径上。

3.1.10 为防止重载荷意外坠落危及贮存的燃料组件，不应在贮存的燃料组件（在燃料格架、贮存罐或起重设备内的）上方移动重载荷。任何豁免应证明其正当性。

3.1.11 应在首次使用时标定和定期标定用于检测燃料组件结构尺寸的设备。应定期（或至少应在换料前）检查和维修燃料装卸设备和相关系统。

3.1.12 人工或自动的燃料装卸设备应设计成保证装卸过程中出现问题时能容易地将燃料组件放置在安全位置。

3.1.13 应按照为减少人员所受辐照而专门批准的规程来装卸辐射水平较高的新燃料组件（例如含有经后处理过的物质的燃料）。

3.2 新燃料的接收

3.2.1 在燃料组件接收前，营运单位应做好安排以保证有指派的专人（通常是保卫负责人或反应堆负责人）负责现场的燃料管理控制，并保证只有授权人员才可以进入燃料贮存区。

3.2.2 燃料组件的接收、拆包和检查工作应由经过培训的、有资格的人员担任，并应按照已制定的验收准则和批准的破损燃料识别规程在指定的燃料装卸区域内进行。应有新燃料组件的检查程序来检查燃料组件的外观及运输过程中的任何损伤。对燃料组件的检查应包括检查供货商最后检查后可能受到运输和装卸影响的指定参数（如尺寸大小）。应验证燃料组件的识别码并检查相关文件以核实所接收的燃料正是所订购的并符合要求的物项。

3.2.3 如果要把新设计的燃料移进现场，则应对识别破损燃料的规程进行审查。应有评定破损燃料的验收准则。检查人员接受的任何破损燃料均应进行记录。拒收的燃料组件应依照质量保证条款按不符合项处理。应对任何破损的根本原因进行调查并采取纠正措施防止其重复发生。

3.2.4 应检查运输容器以验证其有恰当标识且无损坏。运输容器的贮存安排和识别应避免不必要的挪动。

3.2.5 检查应既不损坏燃料组件也不引入任何异物。检查人员应识别并安排按批准的程序除去已出现在燃料组件上的异物。

3.2.6 如果在检查后新燃料组件需要修复，燃料供应商则应参与所要求的修复或修改。应采取技术及行政管理上的预防措施以保证：只有指定的燃料组件被修复，修复工作是按照批准的程序（如有关燃料元件的位置、富集度和可燃毒物量）进行的，并且不出现临界状况。这种修复应通告国家核安全监管部门。

3.3 新燃料的贮存

3.3.1 在任何新燃料组件送到现场前，现场应配备有相应的接收、贮存和装卸设施以接纳运送来的全部燃料。如果装运来的是新设计的燃料组件、燃料的富集度有变化或贮存区需要重新设置，那么就应重新评价原安全分析报告中的临界分析的有效性。

3.3.2 应有足够的规定的贮存位置来保证燃料组件的完整性并防止其受到损坏。

3.3.3 应采取实体的或行政管理的措施来保证燃料组件仅在经认可的地方进行装卸和贮存，以防止发生临界。

3.3.4 干式新燃料贮存区域内应没有需运行人员定期检查的设备、阀门或管道。

3.3.5 对于使用固定式固体中子吸收体的贮存系统，应实施监督程序，以保证贮存系统安装了吸收体并且吸收体能保持其有效性。

3.3.6 当燃料组件贮存在密封运输容器外时，通风系统应防止粉尘或其他空气中的微粒物进入新燃料贮存区域。

3.3.7 干式新燃料贮存区域的排水系统应保持足够畅通，以便有效地排出可能的进水，避免贮存区域形成可能会引起意外临界的水淹。

3.3.8 应采取措施防止贮存区域内可燃物的累积，以使燃料贮存区的火灾风险减至最低。用于发生涉及燃料组件的火灾时的消防细则及消防设施应可用。人员应经过火灾响应培训并准备就绪。应有批准的规程来控制慢化材料或氧化剂（如水）或稀释的中子吸收介质（如硼水）进入新燃料贮存区域，以保证即使应用灭火材料也能一直维持次临界。

3.3.9 应规定新燃料贮存区域为只进行燃料装卸的物项控制区。

3.3.10 辐射防护大纲的相关部分应在首个燃料组件交付到燃料贮存区域之前生效。

4 换料大纲的实施

4.1 准备

4.1.1 应通过批准的换料程序来实施2.7 所述的换料大纲。换料程序应详细规定要执行的操作顺序。换料程序应规定要从贮存区域取出的燃料和堆芯部件的类型、它们的运输路线和它们在堆芯中将要放置的位置。换料程序还应规定：哪个燃料需要倒换或卸出；其在堆芯中的初始位置；其在堆芯或贮存区域的新位置；燃料组件和其他组件(如控制棒)的卸装顺序；以及每个阶段要执行的核查。应有经授权人员对关键的换料装卸操作进行验证并签字确认。如果堆芯只倒料不装新料，应采取特殊预防措施以确保燃料组件和其他堆芯部件能返回它们的正确位置。

4.1.2 应在书面规程中规定组装新燃料并准备将其用于反应堆的必要步骤，只有经过批准的燃料才能装入反应堆堆芯。应独立检查确认堆芯燃料组件安装正确。所有燃料装卸和维修的规程应保证没有异物引入反应堆。

4.1.3 换料过程中所需的所有堆芯监测设备在换料准备阶段已调试完毕并可用；在燃料装卸人员和主控室人员之间应始终有可靠的双向通信可用。

4.2 燃料和堆芯部件装入反应堆

4.2.1 当燃料组件移出贮存区时，应依据批准的换料大纲进行鉴别和核对。应作出安排(例如由不直接参加装料的人员进行独立核查)以保证将燃料组件装入堆芯指定位置并正确就位(对于有些堆，还包括规定的方位)。应在换料大纲中规定停堆换料期间将要进行的任何次临界状态核查。

4.2.2 反应堆首次装料时，由于燃料和堆芯部件未受过辐照，其装载规程可以较简单，但仍应遵守本章上述的换料规程和质量保证要求。应在正式装料前，对所有燃料装卸工具和设备，无论是手动的还是自动的，进行调试试验和使用前检查。应核实规程并采用模拟组件或试验燃料组件培训装料人员。应遵守批准的程序以确保反应堆运行前工具和异物已从堆芯附近移走。应能清楚地区别模拟组件或试验燃料组件，即使其是在堆芯内时也如此。

4.2.3 根据质量保证的要求，作为换料规程中的一部分，应检查和核对与燃料组件相关的和/或邻近的堆芯部件(例如测量仪表、冷却剂流量分配孔板、阻力塞、控制棒、中子吸收体和固定的实验装置或辐照设施)。装料计划中未包括的任何中子源组件和堆芯部件必须经审批方可装入堆芯。

4.2.4 应制定规程以控制任何堆芯部件进出堆芯。如有可能，应结合核对以保证燃料组件的正确就位。

4.2.5 当要装入大量燃料或要向停堆状态的反应堆中装入燃料组件或堆芯部件(控制棒、中子吸收体、实验或辐照装置等)时，应监测次临界度，以防止停堆裕量意外减小或反应堆意外临界。在堆芯装载时应进行停堆裕量的验证试验。

4.3 燃料和堆芯部件的卸出

4.3.1 应按照批准的换料大纲卸出燃料组件或堆芯部件。在换料大纲的所有步骤中应确保燃料组件和堆芯部件得到充分冷却。

4.3.2 燃料组件或堆芯部件每移到一个新的位置，应按照换料程序对它们的标识进行核对。应记录发现的错误(不论是最初装料时还是再次装料时)，且应由合适的人员进行审查，以确保错误得到纠正。

4.3.3 为辐射防护目的，应在规程中规定装卸卸出的燃料、堆芯部件和材料以及拆卸操作时应采取的防护措施。应有明确的管理要求规定只使用合适的指定区域存放（即使是暂时地）辐照过的或受污染的物项，以避免污染的扩散或不适当辐照的风险。

4.3.4 如果怀疑卸出的燃料组件和堆芯部件有任何损伤时，就应在贮存前对其进行检查。发现燃料组件或堆芯部件的损伤时，可能要求对邻近的部件进行检查。任何修理都应基于经验证的技术并按照批准的程序并参考燃料组件制造厂的技术进行。

4.3.5 应隔离已确认破损的燃料，防止其随后被无意中使用，并应以适当的方式来处理，以便在随后运出现场时减少对贮存设备的污染并使之符合相应的运输要求。任何怀疑破损的燃料应按照破损燃料对待，直到有彻底的检查表明其完好无损。

4.3.6 贮存格架应保持在规定的公差内，以保证燃料组件不变形。

4.4 燃料和堆芯部件装卸时的预防措施

4.4.1 燃料组件和堆芯部件装卸的实施程序中应包括必要的预防措施以保证安全。应考虑诸如反应性、部件完整性、散热以及包括屏蔽在内的辐射防护等方面。在燃料组件及其他堆芯部件装卸中需要考虑的问题有：

(1) 临界事故，如由错误操作反应性控制装置所引起的临界事故；

(2) 由部件撞击或坠落造成燃料组件的实体损伤；

(3) 由于缺乏适当的冷却而造成燃料组件损伤；

(4) 燃料组件的变形、膨胀或弯曲；

(5) 装卸过程中卸出的部件或材料的放射性对人员造成的照射。

4.4.2 对反应堆燃料和堆芯部件装卸的考虑，不同的反应堆类型、燃料组件设计、功率密度和运行历史会有明显不同。典型的考虑可包括：

(1) 辐射防护控制和监督的建立；

(2) 具有合适的工具和设备（必要时包括辅助目视装置），并保证其可用性；

(3) 燃料组件装卸期间包容体或安全壳的完整性；

(4) 通风系统的可运行性；

(5) 电源的可靠性；

(6) 启动区段中子注量率探测器以及相关报警的可运行性；

(7) 控制棒应插入堆芯并使其不可动作；

(8) 规定的从停堆到开始移动燃料组件和堆芯部件之间的最短时间；

(9) 运行和检查所需安全仪表的技术要求；

(10) 适当的冷却和应急冷却能力；

(11) 实施适当的程序防止异物进入堆芯；

(12) 防止堆芯上方任何不必要的载荷移动的措施；

(13) 主控室和装料区之间畅通的通信联络；

(14) 授权的清理人员；

(15) 燃料和堆芯部件已正确装载并合适地定位或固定在堆芯格架上的最终核查；

(16) 用于燃料装卸事故的事故规程和应急规程的制订。

5 已辐照燃料的装卸和贮存

5.1 总目标

已在反应堆中使用过的燃料组件具有高放射性并且含有滞留在燃料组件中的裂变产物。与已辐照燃料组件装卸和贮存相关的安全目标是:

(1) 保证始终处于次临界;

(2) 防止燃料组件损伤;

(3) 保持不使燃料包壳完整性降级的环境;

(4) 保证足够的余热排出能力;

(5) 保证在已辐照燃料装卸和贮存过程中,向环境释放的放射性物质保持在规定的限值内,且人员受到的放射性辐照保持在合理可行尽量低的水平。

5.2 已辐照燃料的装卸

5.2.1 为了保证燃料组件的完整性和保持次临界状态,应在经批准的设施内由胜任的工作人员采用经验证合格的工具和设备来装卸、贮存和检查已辐照燃料。

5.2.2 所有已辐照燃料的移动、装卸、贮存和检查均需按照批准的程序进行。关键操作应由授权人员验证并签字确认。用于移动已辐照燃料组件的设备都应是合格的并应在使用前进行试验。必要时,应对已辐照燃料核素存量和衰变热进行计算。

5.2.3 应控制污染的扩散,以保证有一个安全运行环境和防止放射性物质不可接受的释放。为此,应采用专门的设备和规程处置受损或泄漏的燃料。应准备好经设计批准存放泄漏燃料组件的可密封容器。

5.2.4 必要时,应对所有可能放置已辐照燃料的区域提供屏蔽,以使工作人员所受来自裂变产物和活化材料的直接辐照量保持合理可行尽量低。

5.2.5 已辐照燃料组件或燃料装卸工具的装卸和贮存区域应予以保卫,防止未经许可的人员进入或未经许可的燃料移动。预期要在已辐照燃料区域内装卸或贮存的堆芯部件应按批准的程序以安全的方式处理。

5.2.6 应制定适当的规程以应对已辐照燃料装卸和贮存中的预期运行事件和设计基准事故。这些规程应覆盖设施内发生的事件(意外临界、失去冷却、载荷坠落、内部火灾和水淹、操作人员错误和安全相关系统失效)和设施外发生的事件(地震事件、极端气象条件、丧失厂外电源或保安相关事件)。

5.3 已辐照燃料的贮存

5.3.1 应有足够的场所来贮存已辐照燃料。应采用批准的规程保证已辐照燃料组件按照已评价的布置方式贮存。燃料贮存分析应考虑寿期内使用的所有燃料类型及贮存设施中燃料组件的最大反应性价值。

5.3.2 特别应保证符合已批准的布置方式,并且如有必要,应保证符合对贮存设施中设置中子吸收体的各种要求。设置的中子吸收体可以是固定的吸收体(如碳化硼铝板),或是贮存池水中的溶解中子吸收体。应有监督程序来保证用于燃料贮存单元的任何中子吸收体的完整性。应执行相应的管理程序以保证次临界。

5.3.3 如果已辐照燃料的余热水平较高，应保证可靠地带走这些余热，以防止可能导致放射性物质释放的燃料组件的不可接受的劣化。应保证池水温度及其变化速率都维持在可接受的限值内，并且池水的补充能力足以补偿蒸发。应控制冷却介质的成分，以防止已辐照燃料在所有假定工况下燃料包壳的劣化。对于干式贮存设施，应保证不存在冷却介质流动的阻塞或扰动。如果通过自然循环或强迫循环排出余热，则应保证采暖、通风和空调系统有足够的可靠性。

5.3.4 对于水下贮存，池水的化学和物理特性应符合运行限值和条件，如：

(1) 保持合适的 pH 值及其他适用的化学和物理条件(如卤素离子浓度、电导率)，以避免池中燃料、堆芯部件和构件的腐蚀;

(2) 在采用含硼水的情况下，保持池水温度高于规定最低值，以避免溶解硼的结晶；

(3) 限制水的蒸发和水中的放射性，以减少水池区域的污染和辐射水平；

(4) 保持水的透明度(去除杂质和悬浮颗粒)并提供充足的水下照明，以便在池水中装卸燃料；

(5) 在用溶解中子吸收体作为临界控制的池水中防止溶解中子吸收体稀释。

5.3.5 为避免损坏贮存水池中贮存的燃料组件，非经逐项安全分析和批准，应禁止重物在燃料贮存区上方移动(如使用起重机或类似装置)。所有起重操作应限制在最小所需高度以安全完成装卸。应定期检查起重装置(如起重机)以保证其正常运转。

5.3.6 为达到辐射防护和保安目的，应对已辐照燃料贮存区域实行出入口控制。只允许受过相应培训并得到授权的人员才能进入，并且所有操作应按照批准的书面程序进行。应提供连续监控人员出入的手段。

5.3.7 为限制辐照，对水池贮存应采取如下的预防措施：

(1) 水池水位应维持在规定的水位之间，并应监测水池的泄漏、检查水位报警的有效性；

(2) 应对辐射监测仪进行可用性检查和标定，以保证当辐射水平达到报警设定值时会给出报警；

(3) 通过使用批准的程序和工具来保证燃料不被提升至太靠近水面，以此来限制水面的辐射水平；

(4) 通风系统应运转正常，以保证气载污染物维持在运行限值和条件范围内；

(5) 应在水池贮存区域、主控室之间提供足够的联络手段；

(6) 应实施培训、适当的监督及工作控制程序(工作许可证)；

(7) 应保留个人的剂量历史记录和医疗记录。

5.3.8 对于干式贮存或在除水以外的其他液体中贮存，应制定适当的安全规程。

5.3.9 对于有些反应堆，为安全起见有必要保留足够的贮存容量，以在任何指定时间可以容纳整个反应堆的燃料和控制棒。

5.3.10 应采取措施从贮存的已辐照燃料组件中排除异物。应有批准的程序来控制某些物料如松动部件或水中看不见的透明材料的使用。

5.3.11 应制定处理损坏的或泄漏的燃料组件的计划，并为此作出适当的贮存安排，如：

(1) 将损坏的或泄漏的组件与其他已辐照燃料分开存放；

(2) 提供容器 (同时提供其存放空间) 以容纳严重受损的组件及其碎片，并保证充分的冷却；

(3) 提供容器以贮存来自破损燃料实验的、具有放射性和 / 或污染的设备和 / 或部件，以便长期贮存或转运出厂址。

5.4 已辐照燃料的检查

5.4.1 应制定已辐照燃料组件的检查程序，以跟踪和预测燃料组件的性能。这对重新使用卸载的燃料组件尤其重要。检查结果对于保证最终装运的燃料组件的完整性、调查泄漏燃料组件的根本原因以及为燃料组件供应商提供经验反馈方面也同样重要。该程序的内容可包括：

(1) 在堆芯期间和作为已辐照燃料贮存期间要跟踪的及要定期检查的燃料组件的选择 (还可考虑某些组件的辐照后检查)；

(2) 应用考验组件考验新燃料组件的设计及燃料燃耗的增加，以及在热室中对该燃料进行结构性能研究的跟踪计划；

(3) 与组件供应商达成经验反馈和信息交流的协议。

5.4.2 应在适当的地方用专门的设备和程序来进行检查，检查结果应予以记录并与制定的验收准则进行比较。

6 堆芯部件的装卸和贮存

6.1 在装卸和贮存未经辐照的堆芯部件时应考虑防止损伤、保证清洁度和防止放射性沾污。为此，应关注堆芯部件装卸工具的设计。

6.2 应有足够的指定贮存位置来贮存堆芯部件，尤其是辐照过的堆芯部件，以及使用过的贮存容器或运输容器等其他物项。

6.3 所有新的堆芯部件在放入堆内前，应目视检查其有无实体损伤，并进行尺寸及功能核查，以保证其预期功能。

6.4 应恰当标识每一个堆芯部件并保存其在堆芯的位置、在堆芯内的方位、在堆外的贮存位置及其他相关信息的记录，从而可了解该组件的辐照历史。

6.5 堆芯部件在反应堆运行期间将会具有高放射性。对于已辐照堆芯部件，应考虑以下措施：

(1) 已辐照堆芯部件应只贮存在专门指定的贮存区域内的特定位置；

(2) 应提供足够的冷却；

(3) 应限制接近并提供辐射防护屏蔽；

(4) 贮存介质应与堆芯部件的材料相容；

(5) 要重新利用的或因其他原因要回收的部件应可接近；

(6) 如有必要对已辐照部件进行检查，应提供安全联锁并采取其他相应措施来保护操作人员免受辐照；

(7) 如有需要，应提供将已辐照部件移送进合适运输容器的手段。

6.6 应为装卸工具以及堆芯解体和观测所需工具和设备的贮存和使用提供合适空间，但不应减少规定的堆芯部件的贮存容量。

6.7 应清楚地识别反应堆现场的所有中子源，并应有控制这些源的管理程序。这些中子源均需恰当地屏蔽和处理。在接收装有中子源的运输容器后应进行污染检查。装有中子源的运输容器应根据核安全监管要求进行清楚地标识。

6.8 必要时，应制定堆芯部件的监督和维修大纲。监督大纲应要求对返回堆芯继续服役的部件和卸下的部件的实体变化（包括弯曲、肿胀、腐蚀、磨损和蠕变）进行检查，以确认其在服役期间有无明显的劣化。维修大纲应包括防止异物引入堆芯的程序。

7 已辐照燃料装运的准备

7.1 营运单位应制定已辐照燃料组件装运准备的管理要求。

7.2 只有在获得燃料装运批准书并核实燃料型号、辐照历史、送达目的地及装卸过程中所用的控制规程后，方可从贮存设施中移出燃料。

7.3 燃料装运的准备包括切割无燃料的端部，以使切割后的燃料组件适合运输容器或减少运出后进一步处理的非燃料材料的数量。这些工作应按照已批准程序来执行，包括适当培训、工作人员监督以及辐射防护监督和控制。

7.4 运输容器应根据要装入的燃料进行选择。应考虑燃料类型、元件数量和裂变材料含量以确保临界安全，考虑燃耗、辐照史和冷却时间以确保放射性水平和衰变热水平均保持在该容器规定的限值内。运输容器应经国家核安全监管部门批准。如果容器需要特殊的可拆卸式中子吸收体或类似装置，则应制定相应规程以确保这些装置在燃料组件装入容器之前就已经就位。运输容器也要根据相应运输管理要求做好标记，并应清楚地标上放射性符号及其他所需的识别标记。

7.5 应制定已辐照燃料运输容器准备运出厂区的规程。应遵守这些规程以确保该运输容器被适当地的装载、关闭和密封及有足够的冷却能力，并确保辐射及污染水平满足相应的运输要求。也可要求提供其他用于容器准备的已批准规程（如真空干燥规程，其中规定干燥时间、干燥温度及排气均应被监控）。另外，还应遵守批准的规程以确保装卸该运输容器所必需的设备可用并经过功能测试、具有经验证的可靠性。应制定规程，采用要求批准的核对清单及重要控制点会签等方法，确保燃料组件已被合适地装入运输容器。规程应包括编写适当的记录和运输文件。

7.6 装有运输容器的运输车辆离开厂区前，应按照运输要求，检查容器的固定、表面污染和辐射强度以及车辆的危险告示。

7.7 应假定曾经用过的容器带有放射性物质，在进入厂区时必须检查其污染程度和辐射强度。如果其污染程度或辐射强度超过规定值，应进行调查以查明原因并确定纠正措施。

7.8 在打开曾经用过而又推测是空的容器之前，应核实辐射报警监测仪处于工作状态并应采取适当的措施（如水下打开）以防止留于容器内的强放射源造成人员的事故照射。

7.9 关于放射性物质安全运输的详细指导可参见有关的法规。

8 管理和组织方面

8.1 营运单位负责研究堆设施的全面安全，反应堆负责人则承担研究堆安全运行的直接责任。大部分研究堆单位反应堆负责人同时承担堆芯管理和燃料装卸的直接责任，在某些情况下，分析小组可完成堆芯管理的某些任务（如设计、安全分析或性能预测）。在所有情况下，反应堆负责人应对反应堆现场的堆芯管理和燃料装卸活动的运行方面承担直接责任。

8.2 营运单位负责在参与堆芯管理和燃料装卸活动的工作人员之间建立明确的授权和联系渠道、准备和管理实施程序、必要的人员培训和再培训及开发和培育良好的核安全文化。

8.3 应按照批准的规程实施所有堆芯管理和燃料装卸活动并按规程规定以书面文件记录。规程和记录应满足质量保证大纲的要求。

8.4 营运单位应确定完成任务所必需的关键能力，如临界分析和瞬态分析的能力，以及进行堆芯计算的专业技术知识。对低功率研究堆，如果燃料组件和堆芯部件的设计和应用没有显著变化，反应堆供应商在初始安全分析或设计报告中建立的包络和裕量可为反应堆整个寿期提供足够指导。对高功率研究堆，指派专家或专家组提供足够的分析能力是必要的。营运单位应确保建立并保持必要的能力以达到所要求的安全水平。如果任务被外包出去，营运单位（包括反应堆负责人）应有足够的关于所做工作的知识以判断其技术的有效性，并应知道在何处可以得到必要的建议和帮助。

8.5 营运单位应确保有批准的程序来控制堆芯管理和燃料装卸中与安全相关的各个方面，包括：

(1) 燃料组件和堆芯部件的接收、贮存、装卸、检查和处置；

(2) 燃料和堆芯部件的位置、相关的剂量率、物理状态和处置的记录；

(3) 满足堆芯管理要求的堆芯监测；

(4) 获得如 2.4.2 描述的堆芯数据的试验（适用时）；

(5) 当堆芯参数超出规定的正常运行限值和条件时反应堆操纵员所采取的行动，以及为防止超出运行限值和条件所采取的纠正行动；

(6) 对堆芯性能和部件及规程的重要修改方案的独立审查；

(7) 报告和调查异常事件，包括根本

原因分析。

8.6 应用经验反馈可以提高安全运行水平。应记录从与燃料有关的运行经验中获得的安全相关信息，并与供应商、其他研究堆操纵员和核安全监管部门进行交流。

9 文件记录

9.1 为了研究堆的安全运行，营运单位应有关于燃料、堆芯参数和部件，以及燃料和堆芯部件的装卸设备等方面的足够信息。这类信息应包括设计、制造、安装及安全分析结果的详细情况。应评价并保存在调试中和随后的运行中得到的信息。

9.2 该基准资料信息在随后的运行中应通过综合记录系统（覆盖堆芯管理和燃料及堆芯部件装卸活动）得到扩充。该记录系统应设计成能够为现场正确装卸燃料和堆芯部件提供足够的信息，以及为在整个研究堆运行寿期中对燃料性能和安全相关活动进行详细分析提供足够的信息。

9.3 典型的堆芯管理和燃料及堆芯部件装卸的重要记录应包括（但不限于）以下内容：

(1) 堆芯和堆芯部件的设计基准、材料性能和尺寸；

(2) 设施运行记录；

(3) 燃料组件和堆芯部件安装、调试试验数据及特殊运行试验记录；

(4) 堆芯运行历史（如每小时温度、流量等参数的记录）；

(5) 功率水平及功率运行时间；

(6) 启动时的后备反应性和临界配置；

(7) 堆芯中子注量率测量值；

(8) 换料模式和计划；

(9) 每个燃料组件和堆芯部件在厂区期间的位置；

(10) 每个燃料组件的燃耗历史；

(11) 燃料组件和堆芯部件破损的数据；

(12) 燃料组件和堆芯部件检查结果；

(13) 装卸燃料组件和堆芯部件的设备的状态、维修历史、修改及试验结果；

(14) 冷却剂和慢化剂的装量、化学品质及杂质含量；

(15) 与堆芯管理有关的记录（如规程、计算方法和计算程序的描述）；

(16) 堆芯参数、功率和中子注量率分布、同位素变化以及其他重要燃料组件性能数据的计算机计算结果；

(17) 试验结果及其与理论计算的比较和计算方法的确认。

名词解释

堆芯部件

除了燃料组件外的反应堆堆芯的组成部分，用以支撑堆芯结构，或者是为堆芯监测、流量控制或其他技术目的而插入堆芯的工具、设备或其他物项都被视为堆芯组成部分。具体的堆芯部件包括诸如反应性控制装置、中子源、模拟燃料、反射层、燃料通道测量仪表和节流板以及实验装置等物项。

均匀研究堆

采用的燃料为溶液形式裂变材料的研究堆。

国家能源局　国家核安全局文件

国能科技（2012)226 号

国家能源局　国家核安全局关于印发与核安全相关的能源行业核电标准管理和认可实施暂行办法的通知

各有关单位：

为推进实施核安全相关的能源行业核电标准，加强核电标准化管理和核安全相关的能源行业核电标准认可工作，现将《与核安全相关的能源行业核电标准管理和认可实施暂行办法》印发你们，请遵照执行。

二〇一二年七月二十五日

与核安全相关的能源行业核电标准管理和认可实施暂行办法

第一条 为推进实施与核安全相关的能源行业核电标准，保证核电安全，根据《民用核设施安全监督管理条例》、《民用核安全设备监督管理条例》等有关规定，制定本办法。

第二条 能源行业核电标准制修订过程遵守《能源领域行业标准化管理办法》及实施细则、《能源行业核电标准化技术委员会章程》的规定，其中与核安全相关的能源行业核电标准的认可遵循本办法。

第三条 与核安全相关的能源行业核电标准经过国家核安全局审查认可后，在前言中增加“本标准已经国家核安全局审查认可”，并加挂 HAD 编号。

第四条 国家核安全局委派专家参与能源行业核电标准项目立项论证。国家能源局下达能源行业核电标准计划前，由国家核安全局确认需要认可的与核安全相关的能源行业核电标准项目。

第五条 国家能源局下达能源行业核电标准计划，标出需要认可的与核安全相关的能源行业核电标准项目，并抄送国家核安全局。

第六条 与核安全相关的能源行业核电标准起草过程中应充分注意与国家相关核安全法律法规的协调性，对于其中的重大问题应充分讨论，协商一致。

第七条 与核安全相关的能源行业核电标准起草阶段应充分征求意见，征求意见单位应具备广泛代表性。

第八条 与核安全相关的能源行业核电标准审查采用会议审查的形式。标准审查会专家由国家能源局能源行业核电标准化技术委员会委员、国家核安全局核安全专家委员会委员、相关单位的代表及专家组成。审查通过的与核安全相关的能源行业核电标准报国家能源局批准。

第九条 国家能源局发布与核安全相关的能源行业核电标准前，将标准报批稿送国家核安全局认可，国家核安全局认可通过的，提供 HAD 编号，由国家能源局发布。

第十条 本办法发布前已经下达计划的能源行业核电标准起草过程中应当征

求国家核安全局意见。国家核安全局确认是否属于与核安全相关的能源行业核电标准。属于与核安全相关的能源行业核电标准的项目审查后按第九条执行。

第十一条 本办法发布前国家能源局已经发布的能源行业核电标准由国家核安全局审查认可后成为与核安全相关的能源行业核电标准。

第十二条 国家核安全局定期发布与核安全相关的能源行业核电标准目录用于指导核电厂选址、设计、建造、运行、退役以及核安全审评和监督。

第十三条 国家能源局能源行业核电标准化技术委员会秘书处负责与核安全相关的能源行业核电标准管理的技术支持，环境保护部核与辐射安全中心负责与核安全相关的能源行业核电标准认可的技术支持。

第十四条 经国家核安全局认可后的与核安全相关的能源行业核电标准，全文对社会公开。

第十五条 本办法由国家能源局和国家核安全局负责解释，自发布之日起执行。

国家能源局文件

国能电力(2012)306号

国家能源局关于印发电力工程质量监督体系调整方案的通知

各省(区、市)发展改革委、能源局，中国电力企业联合会，国家电网公司、中国南方电网有限责任公司、中国华能集团公司、中国大唐集团公司、中国华电集团公司、中国国电集团公司、中国电力投资集团公司、中国长江三峡集团公司、中国核工业集团公司、中国广东核电集团有限公司、中国国际工程咨询公司、中国电力建设集团有限公司、中国能源建设集团有限公司：

为加强电力工程质量监督管理，促进电力工业健康发展，我局制定了《电力工程质量监督体系调整方案》。现印发你们，请遵照执行。

二〇一二年九月十五日

电力工程质量监督体系调整方案

工程质量监督是我国工程建设质量管理的一项基本制度，也是政府部门实施行业管理的重要手段。为进一步理顺电力工程质量监督管理体系，根据国务院《建设工程质量管理条例》有关规定，特制定本方案。

一、工作原则

电力工程质量监督工作应坚持“独立、规范、公正、公开”的原则，健全规章制度，规范工作流程，完善检测手段，严格控制质量关口，认真开展监督检查等工作。

二、工作范围

主要开展火电、核电和输变电等电力项目(水电和可再生能源除外)具体工程的质量监督工作。

三、工作机构

设立电力工程质量监督管理委员会，负责重大事项的议事决策。管理委员会下设办公室作为具体办事机构。具体方案另行制定。

电力工程质量监督机构实行“总站—中心站—项目站”三级管理体系。总站设在中国电力企业联合会；各中心站由总站统一规划，相应机构可挂靠在规模以上电力企业；各项目站应符合规定条件，按省区或专业设置。

四、工作职责

管理委员会：负责审议电力工程质量监督规章制度、机构设置、年度工作计划和经费收支等重大事项。

总站：编制《电力工程质量监督工作规定》和《电力工程质量监督检查工作大

纲》等规章制度，研究提出三级管理体系具体方案，考核下级机构的工作，认定工程质量检测机构，负责工程质量监督人员的培训、考核和资格认证，统计工程质量信息，参与解决重大工程质量纠纷、重大质量事故调查处理，以及工程竣工验收，完成国家能源局委托的其他任务。

中心站：根据总站委托，负责重大电力工程的质量监督，考核所辖范围内各项目站的工作，按规定向总站报送工程质量信息资料，完成总站交办的其他任务。

项目站：执行工程项目的质量监督检查工作，协调解决一般性工程质量争端，参与质量事故的调查处理，完成总站和中心站交办的其他工作。

五、工作规则

（一）对国家核准（审批）的电力建设项目，按照项目核准（审批）文件和工程建设管理规定，同步开展质量监督工作。各级电力工程质量监督机构、项目法人和有关责任单位要切实履行各自职责，确保电力工程建设质量。

（二）未经国家核准（审批）的电力工程项目，各级工程质量监督机构不得受理其质量监督申请。未通过电力工程质量监督机构监督检查的电力工程，不得投入运行。

（三）严格电力工程质量监督与企业内部质量管理和工程监理工作界限，依法界定相关责任和义务。

（四）电力工程质量监督要充分发挥专家和第三方检测机构作用。不得将工程质量监督职责委托给建设项目业主或设计施工单位。

（五）各级工程质量监督机构开展电力工程质量监督检查工作时，应接受工程项目所在省（自治区、直辖市）能源主管部门的监督和指导。

六、工作经费

电力工程质量监督检测工作经费通过申请财政预算内资金解决。在预算内资金落实前，可暂由质量监督机构与项目单位签订技术服务合同，收取技术服务费。技术服务费在工程概算中列支。

七、其他

电力工程质量监督组织管理体系调整过程中，原体系下各级质量监督站已经承担的质量监督任务，可继续履行至工程项目竣工投产。

自本方案颁布实施之日起，所有新开工电力工程项目均应按照新的工作体系和规则开展质量监督工作。

专题报告

关于全国民用核设施综合安全检查情况的报告

环境保护部（国家核安全局）
国家能源局　中国地震局

日本福岛第一核电厂核事故发生后，国务院常务会议立即部署对全国核设施开展综合安全检查。环境保护部（国家核安全局）、国家发展改革委、国家能源局和中国地震局坚决贯彻落实国务院要求，共同组织实施了运行和在建核电厂的检查工作；环境保护部（国家核安全局）组织实施了民用研究堆与核燃料循环设施的检查工作。

一、我国民用核设施现状

（一）运行核电厂

我国目前共有 15 台运行核电机组，分别为位于浙江秦山核电基地的秦山核电厂 1 台 30 万千瓦级压水堆型机组、秦山第二核电厂 4 台在参照大亚湾核电厂基础上由我国自行设计建造的 60 万千瓦级压水堆型机组、秦山第三核电厂 2 台从加拿大引进的 70 万千瓦级重水堆型机组；位于广东大亚湾核电基地的大亚湾核电厂 2 台从法国引进的百万千瓦级压水堆型机组、岭澳核电厂 4 台在大亚湾核电厂基础上改进的机组；江苏田湾核电厂 2 台从俄罗斯引进的百万千瓦级压水堆型机组。

（二）在建核电厂

我国目前在建的核电机组共 26 台，包括在浙江三门和山东海阳建设的 4 台从美国西屋公司引进的百万千瓦级非能动压水堆型机组 (AP1000)；在广东台山建设的 2 台从法国引进的 170 万千瓦级压水堆型机组(EPR)；在辽宁红沿河、浙江方家山、福建宁德和福清、广东阳江和广西防城港建设的 18 台在岭澳 3、4 号机组基础上进一步改进的自主设计百万千瓦级压水堆型机组；在海南昌江建设的 2 台以秦山第二核电厂 3、4 号机组为参考的 60 万千瓦级压水堆型机组。

（三）民用研究堆和临界装置

我国民用研究堆和临界装置共 18 座。其中，中国原子能科学研究院拥有 8 座，分别为重水反应堆、游泳池式反应堆、原型微型反应堆、中国实验快堆和 4 座临界装置；同厂址还有 1 台北京凯百特科技有限公司拥有的医院中子照射器；中国核动力研究设计院拥有 5 座，分别为高通量工程试验堆、中国脉冲堆、岷江试验堆和 2 座临界装置；清华大学拥有 3 座，分别为屏蔽试验堆、低温核供热试验堆和高温气冷实验堆；深圳大学拥有 1 座微型反应堆。

（四）民用核燃料循环设施

我国民用核燃料循环设施共 9 座。其中，铀浓缩方面有中核集团陕西铀浓缩有限公司 2 座铀离心分离设施，中核集团兰州铀浓缩有限公司 1 座铀离心分离设施；核燃料元件制造方面有中核集团建中核燃料元件有限公司 4 条核燃料元件生产线，中核集团北方核燃料元件有限公司 2 条核燃料生产线等。

我国各民用核设施清单见表一。

二、检查基本情况及总体结论

本次综合安全检查历时 9 个多月。检查范围包括 15 台运行核电机组、26 台在建核电机组、18 座民用研究堆和临界装置、9 座民用核燃料循环设施以及尚未开展主体工程施工的福清核电厂 4 号机组、阳江核电厂 4 号机组和山东石岛湾模块化高温气冷堆核电厂示范机组。检查内容主要涉及厂址选址过程中所评估的外部事件的适当性、核设施防洪预案和防洪能力评估、核设施抗震预案和现场抗震能力评估、多种极端自然事件叠加事故的预防和环境保护措施、全厂断电事故的分析评估及应急预案、严重事故预防和缓解措施及其可靠性评估、环境监测体系和应急体系有效性等 11 个方面。

检查主要通过方案评估、文件审查、各核设施安全自查、技术交流、现场勘察、查阅文件记录和结果评估等方式开展，总体结论如下：

我国核电事业起步较晚，在核电厂设计、建造和运行方面较好地吸收了国际成熟经验，具备一定的后发优势。核电行业主管部门始终将确保安全作为核电行业管理工作的首要原则。1984 年国家核安全局成立，参照国际原子能机构的有关安全标准，制订了比较完备的、与国际接轨的核安全法规标准体系，对民用核设施实施了独立的安全审评和监督。我国运行核电机组安全业绩良好，迄今未发生国际核事件分级 (INES)2 级及其以上的运行事件。运行核电厂基本满足我国现行核安全法规和国际原子能机构最新标准的要求，具备完备的应对设计基准事故的能力，也具备一定的严重事故预防和缓解能力，安全风险处于受控状态，运行核电厂的安全是有保障的。

我国在建核电厂中的自主设计核电机组在引进、消化、吸收国外成熟技术的基础上，通过汲取国内外 30 多年的运行经验和安全研究成果，持续进行改进和优化，相比国际同类机组，具有较高的安全水平。AP1000 和 EPR 型等核电机组是 20 世纪 90 年代以后国际上开发的新一代核电机组，从设计阶段就比较充分地考虑了严重事故的预防和缓解，设计安全水平进一步提高。我国在建核电厂基本满足我国现行核安全法规和国际原子能机构最新标准的要求，在选址、设计、制造、建设、安装和调试等各环节均实施了有效管理，质量保证体系运转正常，工程建造满足设计要求，总体质量受控。

中国实验快堆、医院中子照射装置、低温核供热反应堆和高温气冷实验堆等反应堆，自建设开始就一直处于国家核安全局的有效监管之下，满足我国现行核安全法规要求。在国家核安全局成立前建造的老旧反应堆和临界装置都进行了追溯性安全审评并开展了定期安全审查。根据审查结果，加大了对老旧研究堆和临界装置整改力度，安全水平明显提高，安全是有保障的。

所有民用核燃料循环设施自开始建设都一直处于国家核安全局的有效监管之下，满足我国现行核安全法规要求。我国民用核燃料循环设施风险受控，安全是有保障的。

上述民用核设施在选址中对地震、洪水等外部事件进行了充分论证，发生类似福岛核事故的极端自然事件的可能性极小。

核设施流出物监测和辐射环境监测结果表明，各核设施的流出物排放远低于国家规定的标准限值，核设施周边的辐射环境水平始终保持在天然本底涨落范围以内。

但是，本次检查中也发现了一些可能影响我国民用核设施建造质量和运行安全的问题，需认真对待，尽快解决。

三、发现的主要问题

根据我国现行核安全法规和国际原子能机构最新标准，并借鉴日本福岛核事故经验教训，通过综合安全检查，发现主要问题如下：

(1) 严重事故的预防和缓解问题

目前，大亚湾核电厂和秦山第三核电厂已在对超设计基准事件全面评估基础上制定和实施了严重事故管理导则，但秦山核电厂尚未制订严重事故管理导则，秦山第二核电厂、岭澳核电厂、田湾核电厂仅具有可以应对某些特定严重事故的规程。

(2) 秦山核电厂的设计基准洪水位问题

秦山核电厂于 1983 年开工建设，厂址标高定为 5 米，采用设置防洪堤的方式应对极端情况（最大风暴潮叠加最大天文潮）下可能出现的水淹问题。在国家核安全局开展追溯性安全审评后，该厂按照 9.51 米的设计基准洪水位，加高防洪堤，同时在堤顶设置挡浪墙，总标高达到 9.7 ~ 9.9 米。根据杭州湾目前的围垦状况，以及今后 20 年的围垦规划可能引起的岸形和水深变化等因素评估，围垦规划完成后，厂址的设计基准洪水位为 10.01 米。根据这一新的结论，该厂的现有防洪措施将难以应对此极端情况。

(3) 海啸对我国核电厂的影响问题

海啸一直是我国核电厂厂址选择的评价因素之一。日本福岛核事故发生之前，基于我国附近海域可能发生的地震参数、海底构造等条件，学术界的主流共识是我国沿海地震海啸的威胁很小，对我国沿海核电厂的洪水威胁主要来自于风暴潮。为了充分汲取日本福岛核事故经验教训，此次综合安全检查对此问题进行了再次评估，以更保守的方法针对可能对我国核电厂产生地震海啸威胁的马尼拉海沟和琉球海沟重新进行了评价。初步评价结果表明，可能产生地震海啸威胁的主要来源是马尼拉海沟，保守假设马尼拉海沟可能发生的最大地震为 8.8 级，其引发的海啸影响对象是广东沿岸的核电厂，大亚湾核电厂附近海域最大海啸离岸高度约为 2.7 米。针对这一海啸评估结果，有关单位对位于广东沿岸的各核电厂抗海啸能力进行了初步复核，结论是增水高度较小，影响可控，目前正在开展更为深入的海啸分析和论证。

(4) 高通量工程试验堆抗震问题

高通量工程试验堆建于 20 世纪 70 年代，抗震设计标准偏低。虽然根据追溯性安全审评和定期安全审查的要求，多次进行了抗震校核和改造，提高了抗震能力，但近期该堆所在区域的地震区划烈度水平又有所提高，需按照新的抗震要求进行重新评估，必要时加以改进，进一步提高其安全裕度。

四、改进要求及落实情况

(一) 改进要求

为进一步提高我国核电厂及其他民用核设施的安全水平，针对检查中发现的问题，确定了如下改进要求：

(1) 汲取福岛核事故经验教训，为满足核电厂全厂断电工况下反应堆堆芯冷却、乏燃料水池冷却和保持必要的事故后监测能力，采取设置移动电源、移动泵和增设匹配接口等措施。

(2) 密切跟踪国内外对日本福岛核事故的研究和评估，进一步完善核电厂严重事故管理导则，评估和改善用于缓解严重事故的设备和系统的可用性与可靠性。对氢气爆炸的可能性进行评估，根据评估的结果，对核电厂的消氢设施进行必要的改进。

(3) 逐项排查有关门窗、通风口、电缆贯穿和工艺管道贯穿等在超设计基准洪水位情况下的防水淹能力，并实施必要的封堵。

(4) 秦山核电厂通过加高海堤、增设挡浪墙、增设安全厂房防水淹和排水措施等方式实施防洪改造。防洪改造完成前，在遇到天文高潮、同时有台风正面登陆条件下，将机组后撤到冷停堆状态。

(5) 各核电厂开展外部事件概率安全分析，包括地震概率安全分析和抗震裕量评估工作；大亚湾核电厂对地震海啸风险进行深入评价，并完成必要的改进工作。

(6) 加强对核电厂地震监测、记录仪器和仪表的维护和管理，确保监测记录系统的有效性; 改进相应的操纵员震后行动，提高核电厂的抗震响应能力。

(7) 改进和完善核电厂严重事故情况下的环境监测能力和应急控制中心的功能；制订核电基地多机组同时进入应急状态后核电厂的响应方案；评估应急指挥能力、应急抢险人员和物资的配备、协调方案。

(8) 中国核工业集团公司、中国广东核电集团公司等企业进一步提升集团公司应急能力，纳入国家核应急抢险与处置能力管理范畴。通过有效的协调和组织，实现全国或区域范围内应急资源和能力的共享。

(9) 针对核事故的特点，完善各核设施的信息发布程序，加强核设施信息的发布，增进公众对核设施安全状况的了解。

(10) 跟踪和研究国际核安全法规和标准的发展动态，及时修订我国相关核安全法规和标准，保持与国际先进水平同步，促进我国民用核设施安全水平持续提高。

(11) 加强核电厂周围规划限制区的管理，协调地方政府严格控制规划限制区内人口机械增长。在经过评估和征得国家发展改革委、国家能源局和国家核安全局同意之前，不得在规划限制区内批准新建、扩建大型企事业单位和居民生活区。

(12) 中国原子能科学研究院和中国核动力研究设计院应针对各研究堆的实际需要，增设必要的可靠电源和事故后监测设备；制订多堆同时进入应急状态的应对措施；在厂区范围内增设必要的移动电源、移动泵、消防车辆及应急水源。

(13) 中国核动力研究设计院应配备应对山体滑坡、道路堵塞等自然灾害的应急抢险设备，提高应急状态下的抢险能力；建设进入厂址的备用通道，提高应急状态下的道路通行能力；改进和完善应急控制中心，提高应急环境监测能力；完成高通量工程试验堆的抗震校核和改造工作。

(14) 加快推进中国原子能科学研究院、中国核动力研究设计院和清华大学的乏燃料外运和放射性废物处理处置工作。

(15) 按照现行的抗震标准对民用核燃料循环设施的老旧厂房开展抗震校核，并根据校核结果进行加固或限期退役。

(16) 根据各民用核燃料循环设施的厂址特点，建立外部应急支援接口，完善应急预案，提高抵御极端自然灾害的能力。

(二) 改进要求落实情况

环境保护部(国家核安全局)、国家能源局和中国地震局根据各项安全改进的重要性和可行性，制定短、中、长期计划，要求和督促各民用核设施按期完成相应改进工作。目前，各项安全改进措施按时间进度要求有序推进，并取得了阶段性成效。

(1) 运行核电厂已完成各项短期安全改进项目，包括实施防水封堵，增设移动应急电源和移动泵，提高核电厂抗震响应能力等。中期和长期安全改进项目的落实总体上满足时间节点要求，包括核电厂防洪改造、深入评价厂址地震和海啸风险、完善严重事故预防与缓解措施、提高应急能力、加强信息公开和开展外部事件概率安全分析等。

(2) 26 台在建核电机组正在按计划实施在首次装料前需要完成的相关安全改进项目，未完成的将不允许首次装料运行。在“十二五”期间需要完成的改进项目也在积极推进。

(3) 各研究堆可靠电源、移动电源、应急泵、消防车辆、应急水源以及事故后监测设备、多堆同时进入应急状态的应对措施、乏燃料外运等安全改进要求落实工作总体进展顺利。高通量工程试验堆的抗震校核和改造已接近完成。

(4) 民用核燃料循环设施的短期安全改进要求中，老旧厂房抗震校核和加固、应急预案完善等已取得积极进展。所有安全改进项目正按计划实施。

具体核安全改进措施落实情况见表二。

同时，各核设施营运单位还在加强全员核安全文化培育、强化运行管理、健全质量保证体系等方面做了大量工作。

环境保护部(国家核安全局)将会同有关部门对检查过程中发现问题的改进落实情况进一步加大督促检查力度，强化对核设施的现场监督，确保各项改进措施得到落实。

表一：我国核设施一览表

1. 核电厂

运行核电厂名称		堆型	额定功率 MW(e)	开工日期	投运日期
秦山核电厂		PWR	320	1985-03-20	1991
大亚湾核电厂	1 号机组 2 号机组	PWR	2×984	1987-08-07 1988-04-07	1994 1994
秦山第二核电厂	1 号机组 2 号机组 3 号机组 4 号机组	PWR	4×650	1996-06-02 1997-04-01 2006-04-28 2007-01-28	2002 2004 2010 2011
岭澳核电厂	1 号机组 2 号机组 3 号机组 4 号机组	PWR	2×990 2×1080	1997-05-15 1997-11-28 2005-12-15 2006-06-15	2002 2003 2010 2011
秦山第三核电厂	1 号机组 2 号机组	PHWR	2×728	1998-06-08 1998-09-25	2002 2003
田湾核电厂	1 号机组 2 号机组	PWR	2×1060	1999-10-20 2000-09-20	2007 2007
在建核电厂名称		**堆型**	**额定功率 MW(e)**	**开工日期**	**计划商运日期**
红沿河核电厂	1 号机组 2 号机组 3 号机组 4 号机组	PWR	4×1080	2007-08-18 2008-03-28 2009-03-07 2009-08-15	2012 2013 2013 2014
宁德核电厂	1 号机组 2 号机组 3 号机组 4 号机组	PWR	4×1080	2008-02-18 2008-11-12 2010-01-08 2010-09-29	2012 2013 2014 2014
福清核电厂	1 号机组 2 号机组 3 号机组 4 号机组	PWR	4×1080	2008-11-21 2009-06-17 2010-12-31 （未开工）	2013 2014 2015 –
阳江核电厂	1 号机组 2 号机组 3 号机组 4 号机组	PWR	4×1080	2008-12-16 2009-06-04 2010-11-15 （未开工）	2013 2013 2015 –
秦山核电厂扩建 项目（方家山核电工程）	1 号机组 2 号机组	PWR	2×1080	2008-12-26 2009-07-17	2013 2014
三门核电厂	1 号机组 2 号机组	PWR	2×1250	2009-03-29 2009-12-15	2013 2014
海阳核电厂	1 号机组 2 号机组	PWR	2×1250	2009-09-24 2010-06-20	2014 2015
台山核电厂	1 号机组 2 号机组	PWR	2×1750	2009-11-18 2010-04-15	2013 2013
防城港核电厂	1 号机组 2 号机组	PWR	2×1080	2010-07-30 2010-12-28	2015 2015
昌江核电厂	1 号机组 2 号机组	PWR	2×650	2010-04-25 2010-11-21	2014 2015
山东石岛湾核电厂（高温气冷堆核电站示范工程）	–	HTR-PM	200	（未开工）	–

2. 研究堆

研究堆名称	设计功率	营运单位
重水反应堆	10MW	中国原子能科学研究院
游泳池式反应堆	3.5MW	中国原子能科学研究院
原型微型反应堆	27kW	中国原子能科学研究院
原型微堆零功率装置	–	中国原子能科学研究院
氢化锆临界装置	–	中国原子能科学研究院
快中子临界装置	–	中国原子能科学研究院
铀溶液临界装置	–	中国原子能科学研究院
中国实验快堆	65MW	中国原子能科学研究院
屏蔽实验堆	1MW	清华大学
低温核供热试验堆	5MW	清华大学
高温气冷实验堆	10MW	清华大学
高通量工程试验堆	125MW	中国核动力研究设计院
高通量工程试验堆临界装置	–	中国核动力研究设计院
中国脉冲反应堆	1MW	中国核动力研究设计院
岷江试验堆	5MW	中国核动力研究设计院
临界装置	–	中国核动力研究设计院
深圳微型反应堆	30kW	深圳大学
医院中子照射器	30kW	北京凯佰特科技有限公司

3. 核燃料循环设施

核燃料循环设施名称	营运单位
中核建中核燃料元件有限公司核电燃料元件生产线	中核建中核燃料元件有限公司
中核建中核燃料元件有限公司核电燃料元件生产线扩产工程	中核建中核燃料元件有限公司
含钆核燃料元件生产线	中核建中核燃料元件有限公司
田湾核电厂燃料组件生产线	中核建中核燃料元件有限公司
压水堆核燃料生产线	中核北方核燃料元件有限公司
重水堆核燃料生产线	中核北方核燃料元件有限公司
铀离心分离设施	中核陕西铀浓缩有限公司
离心工程	中核陕西铀浓缩有限公司
铀离心分离设施一期	中核兰州铀浓缩有限公司

表二：核安全改进措施落实情况表

1. 运行核电厂安全改进要求落实情况（一）

	序号	改进要求	秦山核电基地	大亚湾核电基地	田湾核电基地
短期（二〇一一年底）	1	排查和实施防水封堵	已完成有关门窗、通风口、电缆贯穿和工艺管道贯穿等的排查和防水封堵。	已完成有关门窗、通风口、电缆贯穿和工艺管道贯穿等的排查和防水封堵。	已完成有关门窗、通风口、电缆贯穿和工艺管道贯穿等的排查和防水封堵。
	2	增设移动电源、移动泵等设施	已与电网公司达成协议，共用移动电源。 已增设消防水泵车。	已购置移动柴油发电机和移动泵。	已与电网公司达成协议，共用移动电源。 已增设消防水泵车。
	3	确保核电厂地震监测记录系统的有效性，提高核电厂抗震响应能力	已完善地震监测设备的维护测试规程，加强相关工作；升版了地震响应规程。	已完善地震监测设备的维护测试规程，加强相关工作；升版了地震响应规程。	已完善地震监测设备的维护测试规程，加强相关工作；升版了地震响应规程。
中期（二〇一三年底）	4	核电厂防洪改造	秦山核电厂已完成越浪量计算，正根据分析结果优化防洪改造方案和开展施工设计。	已完成岭吓水库拆除。	不需要改造。
	5	对地震和海啸风险进行深入评价；开展抗外部事件安全裕量分析评估	已针对地震、洪水、失去全部外电源等外部事件下的安全裕量完成初步评估。	初步评价显示马尼拉海沟发生特大地震引发海啸到达大亚湾基地的增水高度较小，影响可控。已针对地震、洪水、失去全部外电源等外部事件下的安全裕量完成初步评估。	已针对地震、洪水、失去全部外电源等外部事件下的安全裕量完成初步评估。
	6	完善核电厂严重事故管理导则，必要时改进消氢设施	秦山第三核电厂已开发完成严重事故管理导则，其他核电厂正按计划开发。 秦山第二核电厂3、4号机组的消氢系统满足要求，其他各机组正按计划开展消氢系统的评估和改进方案设计工作。	大亚湾基地各电厂已开发完成严重事故管理导则。 岭澳核电厂3、4号机组的消氢系统满足要求，其他各机组正按计划开展消氢系统的评估和改进方案设计工作。	田湾核电厂正按计划开发严重事故管理导则。 田湾核电厂的消氢系统满足要求。
	7	提高核事故应急响应能力	秦山基地新的核事故应急体系已经正式运作，正在开展应急方案及资源配备的优化工作。	已编制完成应急救援体系方案。 正在研究多堆同时进入应急状态的响应方案。	正在研究多堆同时进入应急状态的响应方案。
中期（二〇一三年底）	8	加强公众宣传和信息公开	各核电厂已完善信息发布管理程序，同时积极开展核知识的宣传和普及工作。	各核电厂已完善信息发布管理程序，同时积极开展核知识的宣传和普及工作。	各核电厂已完善信息发布管理程序，同时积极开展核知识的宣传和普及工作。
长期（二〇一五年底）	9	开展外部事件概率安全分析	已制定工作计划，并已完成国内外情况调研，正在开展分析工作。	已制定工作计划，并已完成国内外情况调研，正按照计划开展分析工作。	已制定工作计划，并已完成国内外情况调研，正按照计划开展分析工作。

2. 在建核电厂安全改进要求落实情况（一）

	序号	改进要求	自主建设的二代加改进型核电厂（红沿河等）	引进的欧洲 EPR 核电厂（台山）	引进的美国 AP1000 核电厂（三门和海阳）
首次装料前	1	排查和实施防水封堵	各核电厂排查了核岛厂房门窗、管沟、廊道和贯穿件，完成了相关分析论证。今年将装料的红沿河和宁德核电厂正在实施防水封堵施工，其他核电厂制定了施工方案。	已完成相关排查和防水封堵工作。	经排查，不需要进行改进。
	2	增设移动电源和移动泵等设施	各核电厂都已完成分析论证工作。今年将装料的红沿河和宁德核电厂正在进行设备安装。	正在开展分析论证和设计工作。装料前完成设备采购和配置。	正在开展分析论证和设计工作。装料前完成设备采购和配置。
	3	完善应急控制中心功能及可居留性的分析评估	已完善应急控制中心功能及可居留性方案。对已建成的设施采取加固措施；对于尚未建成的应急控制中心在分析基础上，采取适当的设计方案，提高抗震能力。	正在对外部事件进行分析论证，根据分析结果完善设计方案，提高应急控制中心的抗震能力。	正在对外部事件进行分析论证，根据分析结果完善设计方案，提高应急控制中心的抗震能力。
	4	对地震和海啸风险进行深入评价；开展抗外部事件安全裕量分析评估	广东沿海核电厂已完成海啸风险初步评价。正按照计划开展抗地震、洪水、全厂失电等外部事件安全裕量分析评估。	已完成海啸风险初步评价和抗震安全裕量分析评估。 正按照计划开展抗洪水、全厂失电等外部事件安全裕量分析评估。	已完成抗震安全裕量分析评估。 正按照计划开展抗洪水、全厂失电等外部事件安全裕量分析评估。
	5	完善核电厂严重事故管理导则，必要时改造消氢设施	制订了全范围严重事故管理导则的计划，已完成功率工况导则的制订。针对消氢设施，已完成方案设计和仪表选型，正在进行设备鉴定试验。	制订了全范围严重事故管理导则的计划，装料前完成导则制订。 消氢设施不需要进行改进。	正进行全范围严重事故管理导则的开发。 针对消氢设施，正在进行分析评估以确定是否需要进行设计改进。
	6	提高核事故应急响应能力	各核电厂正在制订多机组同时进入应急状态后的应急响应方案，优化应急资源配置。 已完成环境监测布点并完善了应急监测方案，红沿河和宁德核电厂已完成施工设计，正在进行设备采购；其他核电厂正在进行分析论证和方案审查。	正在制订核电厂应急响应方案。 环境监测改进已完成施工设计，正在进行设备采购。	正在制订核电厂应急响应方案。
	7	加强公众宣传和信息公开	已制订核电厂信息发布管理程序，同时积极开展核知识的宣传和普及工作。	已制订核电厂信息发布管理程序，同时积极开展核知识的宣传和普及工作。	已制订核电厂信息发布管理程序，同时积极开展核知识的宣传和普及工作。
	8	完善防灾预案和管理程序以提高外部灾害发生时预警和应对能力	已制订防灾预案和管理程序，与气象、海洋、地震部门建立了外部灾害等信息及时通报机制。	已制订防灾预案和管理程序，与气象、海洋、地震部门建立了外部灾害等信息及时通报机制。	已制订防灾预案和管理程序，与气象、海洋、地震部门建立了外部灾害等信息及时通报机制。
长期（二〇一五年底）	9	开展二级概率安全分析和外部事件概率安全分析	确定了进行二级概率安全分析和外部事件概率安全分析的研究计划。2013 年初可以完成初步分析报告。	2012 年 6 月将完成二级概率安全分析报告。	已完成一、二、三级内部事件和外部事件概率安全分析报告；2013 年提交全范围概率安全分析报告。

3. 民用研究堆安全改进要求落实情况

	序号	改进要求	原子能院	核动力院	清华大学
短期（二〇一二年底）	1	完成高通量工程试验堆的抗震校核和改造工作	无此要求。	抗震校核已完成，改造工作正在进行，6月底前完成。	无此要求。
	2	增设必要的可靠电源和事故后监测设备	已完成项目批复，年底完成。	已完成项目批复，年底完成。	正在开展分析论证和设计工作。
中期（二〇一三年底）	3	在厂区范围内增设必要的移动电源、移动泵、消防车辆及应急水源	项目建议书已批复，2013年年底完成。	项目建议书已批复，2013年年底完成。	无此要求。
	4	研究多堆同时进入应急状态的应对措施	正在制订多堆同时进入应急状态的应对措施。	正在制订多堆同时进入应急状态的应对措施。	正在制订多堆同时进入应急状态的应对措施。
长期（二〇一五年底）	5	中国核动力研究设计院配备应对山体滑坡、道路堵塞等自然灾害的应急抢险设备，提高应急状态下的抢险能力；建设进入厂址的备用通道，提高应急状态下的道路通行能力；完成对所属厂址的实物保护系统升级改造，增强设施的实物保护能力；建立满足要求的应急控制中心，提高应急环境监测能力	无此要求。	正在制订应对山体滑坡、道路堵塞等自然灾害的应急抢险方案和备用通道建设方案。 实物保护系统、应急控制中心建设立项已批复。 环境监测建设方案可研报告已上报。	无此要求。
	6	加快推进乏燃料外运和放射性废物处理处置工作	正在研究制订相关计划。	正在研究制订相关计划。	正在研究制订相关计划。

4. 民用核燃料循环设施安全改进要求落实情况

	序号	改进要求	中核建中核燃料元件有限公司	中核北方核燃料元件有限公司	中核陕西铀浓缩有限公司	中核兰州铀浓缩有限公司
短期（二〇一二年底）	1	老旧厂房抗震校核	正开展化工回收、芯块制备、组件制造车间等抗震校核。	正开展废物库房、天然蒸发池等抗震校核。	现有厂房均符合抗震标准，无老旧厂房。	正开展液化倒料车间、容器清洗车间等抗震校核，其余厂房均准备新建。
	2	完善应急预案	应急预案正在审查中，近期可批准。	应急预案正在升版中，预计年内可批复。	应急预案修订完成，已得到批复。	应急预案修订完成，已得到批复。
长期（二〇一五年底）	3	贫化六氟化铀安全贮存	无此要求。	无此要求。	正制订处理规划，加强安全贮存管理，必要时进行稳定化处理。	正制订处理规划，加强安全贮存管理，必要时进行稳定化处理。

核能行业发展

核能行业综述

2012年，对我国核能行业来说是不平凡的一年。面对日本福岛核事故后我国核能行业面临的新形势，国务院先后召开了三次常务会议，听取全国民用核设施综合安全检查情况汇报，审议并通过了《核安全与放射性污染防治“十二五”规划及2020年远景目标》、《核电安全规划(2011—2020年)》和调整后的《核电中长期发展规划(2011—2020年)》。在“安全高效发展核电”方针的指引下，我国核电企业认真实施在役、在建机组安全改进，核电工程项目恢复正常建设，核能行业各领域工作稳步推进，取得了一系列新的重要进展，为优化我国能源结构、减少温室气体排放、促进经济社会发展作出了新的贡献。

在役核电机组安全稳定运行，取得良好业绩。2012年4月秦山核电二期扩建工程全面建成投产；截至2012年底，我国大陆投入运行的核电机组为15台，总装机容量为1254万千瓦。2012年核发电量达983.17亿千瓦时，同比增长12.75%，占全国清洁能源发电量的9.22%，占全国总发电量的1.97%。一年来，各运行核电厂坚持“安全第一、质量第一”的方针，加强运行安全监督，构筑核安全文化屏障，推行标准化管理和考核，优化核电厂大修管理，着力提升设备可靠性，强化核电厂运行经验反馈，确保了各机组安全稳定运行。2012年15台机组的平均负荷因子达到89.9%，没有发生国际核事件分级表界定的1级和1级以上运行事件，职业人员个人剂量和集体剂量均在较低水平，核电厂放射性流出物排放指标远低于国家标准限值，按世界核电运营者协会(WANO)规定的性能指标对照，在全球400余台运行机组中，我国在役核电机组总体处于中等偏上水平。

核电建设稳步有序推进，在建规模世界第一。2012年10月24日，国务院常务会议对核电作出了稳妥恢复正常建设的部署。11月17日，福清4号、阳江4号机组开工建设；12月9日，山东石岛湾高温气冷堆核电站示范工程开工建设；12月27日，田湾核电二期工程浇筑第一罐混凝土，成为日本福岛核事故后，国务院审议核准的第一个新建核电项目。到2012年底，我国在建核电机组30台，3267万千瓦，2012年完成工程建设投资778亿元，同比增长1.8%，在建规模继续保持世界第一。其中，核电自主化依托项目世界首批4台AP1000机组建设在攻坚克难中保持较好前行态势，台山EPR项目建设稳步推进。2013年将新增核电装机容量335万千瓦。

积极应对市场变化，核电装备国产化取得新进展。一年来，以东方电气、上海电气、哈电集团、中国一重、中国二重等为代表的核电装备制造企业，积极应对日本福岛核事故带来的不利影响，加大技术改进和研发力度，核安全文化和质量保障体系不断完善，产品质量稳定性不断提高，研发水平和制造能力进一步提升，较好地满足了在建核电工程建设的需要。AP1000大型锻件、关键泵阀和仪表国产化工作取得了新进展。

推进核电项目管理创新，核电建设能力国际领先。在核电规模化建设的形势下，各核电工程公司积极推进核电工程建设国产化和自主化，设计及设计管理、采购及设备监造、施工管理、调试启动四大能力不断提升，具备了较强的工程总承包能力。建设安装企业积极适应核电群堆建设与多项目管理要求，培养和造就了一支经验丰富、能打硬仗、国际领先的核电建设队伍。在建核电工程项目质量、进度和投资等得到较好控制。

加强铀资源勘查开发，提高核燃料保障能力。铀矿地质勘查取得突出成果，内蒙古大营地区发现国内最大规模的可地浸砂岩型铀矿床，跻身世界级大矿行列。目前我国北方已查明10个万吨级大铀矿，伊犁、吐哈等六大盆地的大型、超大型铀资源基地得到发展，重点项目成效突出。国产离心机成功实现工业化应用，标志着我国在离心铀浓缩领域取得了重大突破。AP1000燃料元件生产线土建工程全面完成，400吨燃料元件扩建项目顺利推进，高温气冷堆核电站示范工程燃料元件生产线奠基。铀资源、核燃料保障能力进一步加强。

大力推进科技创新，高度重视核专业人才培养。核能领域国家重大科技专项《大型先进压水堆和高温气冷堆核电站》研发和示范工程建设进展良好。CAP1400已完成初步设计，工程验证试验和关键设备研制取得阶段性成果。高温气冷堆核电站示范工程项目——山东石岛湾核电站正式开工建设。与此同时，具有自主知识产权的ACP1000、ACPR1000+核电研发取得重要进展，中国实验快堆通过国家验收，中国先进研究堆实现满功率运行；北方砂岩型铀矿中性浸出技术获得突破，核燃料元件关键材料N36特征化组件实现入堆考验；核能领域研发平台建设不断取得新的进展，取得了一批新的成果。

为适应核电发展的新形势，核专业人才教育培训工作稳步发展。高等学校核专业建设得到加强，教学质量不断提高。在职培训进一步制度化、规范化，校企合作、产学研结合，成为人才培养的重要途径。

核能国际合作进一步深化，海外开发取得重大成果。2012年3月，国家主席胡锦涛在首尔核安全峰会上提出了增进核安全的四项主张。我国与国际原子能机构的合作不断深化，与美国、法国、俄罗斯等国在核能领域的合作进一步加强。中俄两国签署了田湾核电二期3、4号机组合作项目政府间协议。中法两国发表了重申中法民用核能合作伙伴关系的全面性和可持续性的新闻公报。中核集团尼日尔阿泽里克铀矿首批铀产品启运回国。中广核集团成功收购世界第三大铀矿——纳米比亚湖山铀矿。

核行业管理进一步加强，促进了核能行业稳步有序发展。一年来，有关政府部门大力加强核能行业管理工作。根据国务院的统一部署，由环境保护部(国家核安全局)、国家能源局、中国地震局联合组织的全国民用核设施综合安全检查圆满结束，针对检查中发现的问题，提出了明确的改进要求，目前这些改进要求已经逐一得到落实。《核安全与放射性污染防治“十二五”规划及2020年远景目标》、《核电安全规划(2011—2020年)》和调整后的《核电中长期发展规划(2011—2020年)》经国务院审议通过。《核工业发展“十二五”规划》、《国家核应急“十二五”规划》等先后发布。《放射性废物安全管理条例》自2012年3月1日起施行，《原子能法》、《核电管理条例》等立法工作继续推进。

2012年，我国核能行业在克服福岛核事故带来的不利影响中稳步前行，各领域都取得了新的成绩。党的十八大提出了全面建成小康社会的宏伟目标，推进低碳发展、建设美丽中国的号召深入人心，而雾霾天气的频繁出现更引发了广大公众对清洁能源的期盼，安全高效发展核电正成为社会的共识，也受到党和国家领导人的高度关注，我国核电发展面临良好机遇。

从世界看，在经历了日本福岛核事故沉重打击后，核电正在逐步走上复苏之路。美国、俄罗斯、法国以及欧盟先后公布了核电安全评估报告，确认了核电的安全性，明确并实施了加强核安全的一系列措施，在停建新核电机组30多年后，美国两台新核电机组开工建设，英国一座新的核电站建设规划获得批准，韩国、俄罗斯和阿联酋分别启动了新核电机组的建设，日本核电的重启也已提上议事日程。尽管德国、瑞士等国出台了逐步放弃核电的政策，但国际能源机构发布的2012版《世界能源展望》报告预测，全球2035年核发电量将较2010年增长60%左右。可以预期，作为安全可靠、技术成熟的清洁能源，核电在世界未来的低碳能源中将继续扮演重要角色。

核 电

发展现状

2012年，我国核电站的安全运行业绩良好，运行水平不断提高，主要运行业绩指标好于世界均值；未发生国际核事件分级1级及1级以上的运行事件；工作人员所受到的辐照剂量低于国家规定的限值，放射性废物排放总量及个人剂量水平均低于国家限值，没有发生影响环境与公众健康的事件。

截至2012年底，我国大陆共有15台商业运行核电机组，装机容量为1254万千瓦，核电年发电量983.17亿千瓦时，同比增长12.75%；上网电量926.14亿千瓦时，同比增长12.66%；核电约占全国发电装机总容量的1.1%，占全国总发电量的1.97%。2012年，核电对节能减排贡献显著。与燃煤发电相比，核电相当于少燃烧标准煤3205.13万吨，减少排放二氧化碳9375.02万吨、二氧化硫53.25万吨、氮氧化物23.61万吨。

截至2012年底，我国在建核电机组共30台，装机容量为3267万千瓦。世界在建核电机组共66台，总装机容量6547.9万千瓦；我国在建核电机组数占世界45.5%，在建核电装机容量占世界49.9%，是在建核电规模最大的国家。

（我国台湾省核电厂数据暂缺）

一、2012年我国发电量统计

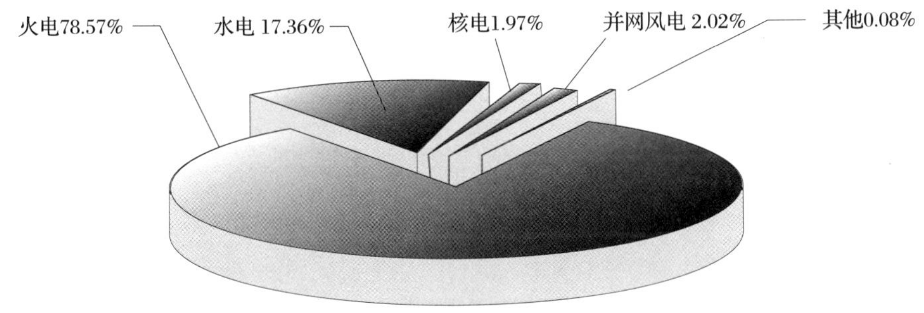

（注：数据来自中电联发布《2012全国电力工业运行简况》）

二、2003—2012年我国核电机组数量统计

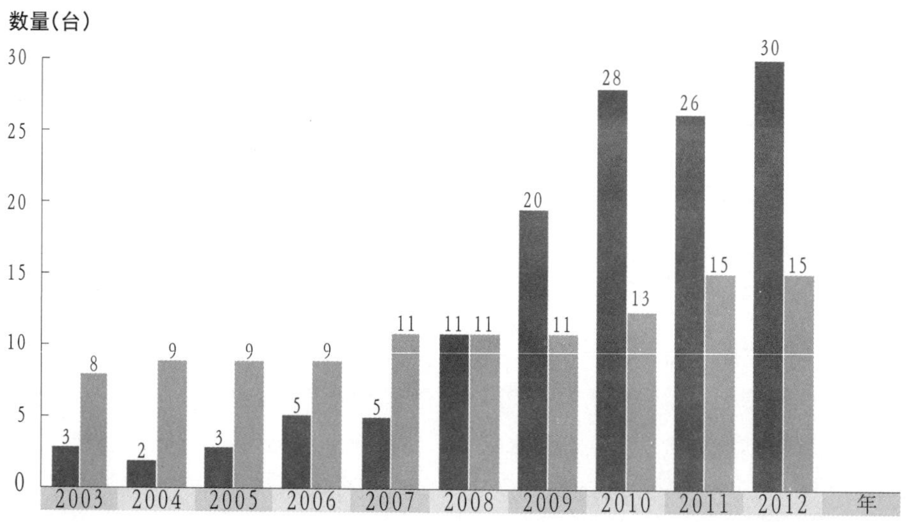

三、2003—2012年我国核电装机容量统计

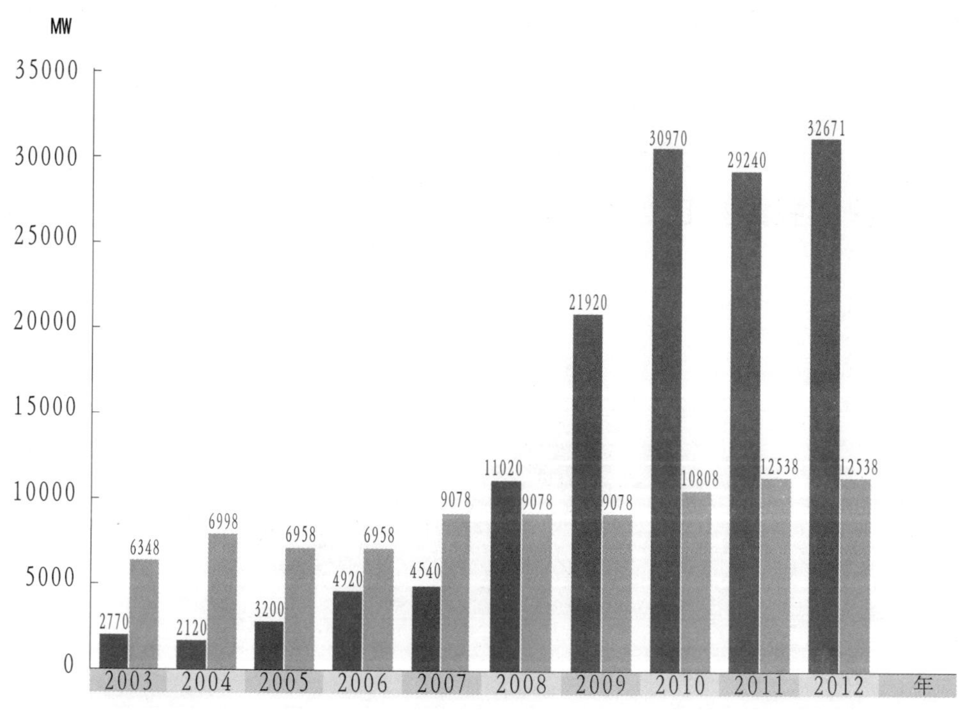

四、2012年我国大陆运行、在建核电厂分布图

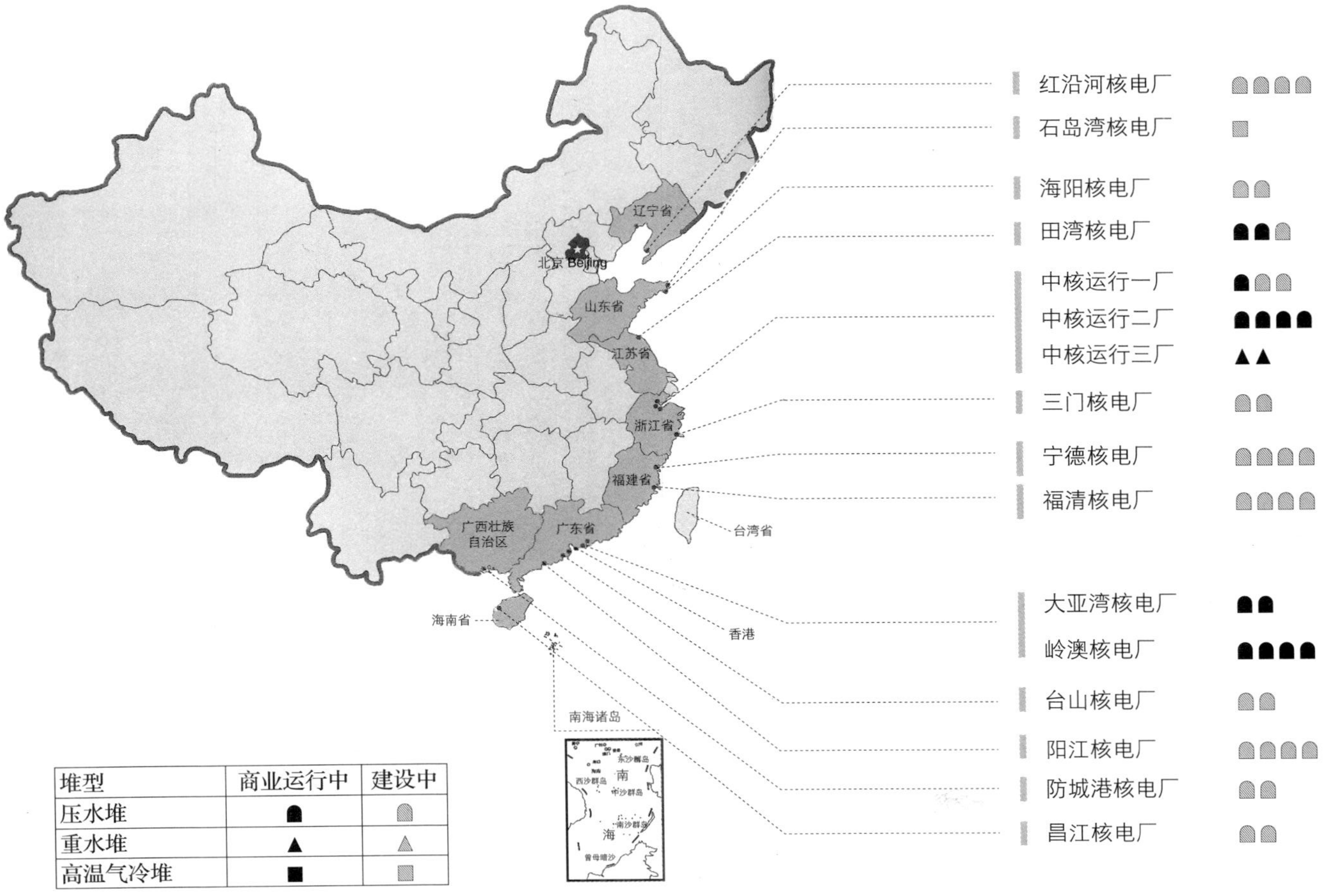

红沿河核电厂

石岛湾核电厂

海阳核电厂

田湾核电厂

中核运行一厂

中核运行二厂

中核运行三厂

三门核电厂

宁德核电厂

福清核电厂

大亚湾核电厂

岭澳核电厂

台山核电厂

阳江核电厂

防城港核电厂

昌江核电厂

堆型	商业运行中	建设中
压水堆	●	○
重水堆	▲	△
高温气冷堆	■	□

五、2012年我国核电厂名录

状态	核电厂名称		堆型	额定功率（兆瓦）	开工日期	首次并网日期	商业运行日期
运行中	中核运行一厂		压水堆	310	1985.03.20	1991.12.15	1994.04.01
	大亚湾核电厂	1号机组 2号机组	压水堆	2×983.8	1987.08.07 1988.04.07	1993.08.31 1994.02.07	1994.02.01 1994.05.06
	中核运行二厂	1号机组 2号机组 3号机组 4号机组	压水堆	4×650	1996.06.02 1997.04.01 2006.04.28 2007.01.28	2002.02.06 2004.03.11 2010.08.01 2011.11.25	2002.04.15 2004.05.03 2010.10.05 2012.04.08
	岭澳核电厂	1号机组 2号机组 3号机组 4号机组	压水堆	2×990.3 2×1080	1997.05.15 1997.11.28 2005.12.15 2006.06.15	2002.02.26 2002.09.14 2010.07.15 2011.05.03	2002.05.28 2003.01.08 2010.09.20 2011.08.07
	中核运行三厂	1号机组 2号机组	重水堆	2×700	1998.06.08 1998.09.25	2002.11.19 2003.06.12	2002.12.31 2003.07.24
	田湾核电厂	1号机组 2号机组	压水堆	2×1060	1999.10.20 2000.09.20	2006.05.12 2007.05.14	2007.05.17 2007.08.16
合计		15台		12538.2			
建造中	红沿河核电厂	1号机组 2号机组 3号机组 4号机组	压水堆	4×1080	2007.08.18 2008.03.28 2009.03.07 2009.08.15		
	宁德核电厂	1号机组 2号机组 3号机组 4号机组	压水堆	4×1080	2008.02.18 2008.11.12 2010.01.08 2010.09.29	2012.12.28	
	福清核电厂	1号机组 2号机组 3号机组 4号机组	压水堆	4×1080	2008.11.21 2009.06.17 2010.12.31 2012.11.17		
	阳江核电厂	1号机组 2号机组 3号机组 4号机组	压水堆	4×1080	2008.12.16 2009.06.04 2010.11.15 2012.11.17		
	秦山核电厂扩建项目（方家山核电工程）	1号机组 2号机组	压水堆	2×1080	2008.12.26 2009.07.17		
	三门核电厂	1号机组 2号机组	压水堆	2×1250	2009.03.29 2009.12.15		
	海阳核电厂	1号机组 2号机组	压水堆	2×1250	2009.09.24 2010.06.20		
	台山核电厂	1号机组 2号机组	压水堆	2×1750	2009.11.18 2010.04.15		
	海南昌江核电厂	1号机组 2号机组	压水堆	2×650	2010.04.25 2010.11.21		
	防城港核电厂	1号机组 2号机组	压水堆	2×1080	2010.07.30 2010.12.28		
	石岛湾核电厂	示范工程	高温气冷堆	211	2012.12.09		
	田湾核电厂	3号机组	压水堆	1060	2012.12.27		
合计		30台		32671			
已核准未开工项目	阳江核电厂	5号机组 6号机组					
	田湾核电厂	4号机组					
合计		3台					
同意开展前期工作项目	海阳核电厂	3号机组 4号机组					
	田湾核电厂	5号机组 6号机组					
	辽宁徐大堡核电厂	1号机组 2号机组					
	陆丰核电厂	1号机组 2号机组					
	红沿河核电厂二期	5号机组 6号机组					
	福清核电厂	5号机组 6号机组					
	三门核电厂	3号机组 4号机组					
合计		14台					

六、2012年世界在建核电信息

(一)2012年世界在建核电一览表(取自IAEA数据)

国家	机组数	装机容量(万千瓦)
中　国	30	3267
阿根廷	1	69.2
阿联酋	1	134.5
巴　西	1	124.5
法　国	1	160
芬　兰	1	160
美　国	1	116.5
巴基斯坦	2	63
日　本	2	265
斯洛文尼亚	2	88
乌克兰	2	190
韩　国	4	498
印　度	7	482.4
俄罗斯	11	929.7
合　计	66	6547.9

注：我国台湾在建机组2台，总装机容量260万千瓦。

(二)2012年中国在建核电厂装机容量占世界比率(取自IAEA数据)

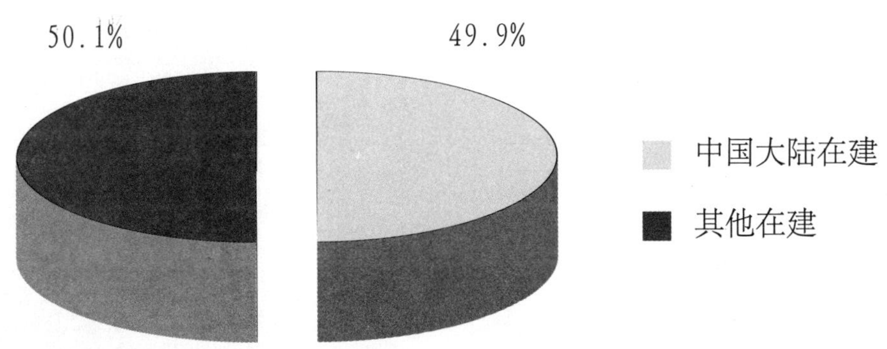

在役核电机组运行情况

2012 年，我国运行核电机组通过不断建立健全管理机制，提高风险分析的能力，使运行核电机组继续保持良好的安全运行记录。本年度未发生国际核事件分级 1 级及 1 级以上的运行事件。核电厂运行期间，职业照射剂量水平、放射性流出物的排放均远低于国家限值；环境监测表明，核电厂的运行对周围环境没有带来不良影响。

一、发电量和上网电量

2012 年，我国 15 台运行核电机组全年完成发电量 983.17 亿千瓦时，上网电量 926.14 亿千瓦时，较 2011 年发电量增加 12.75%，上网电量增加 12.66%。

1. 2003—2012 年我国核电发电量和上网电量统计

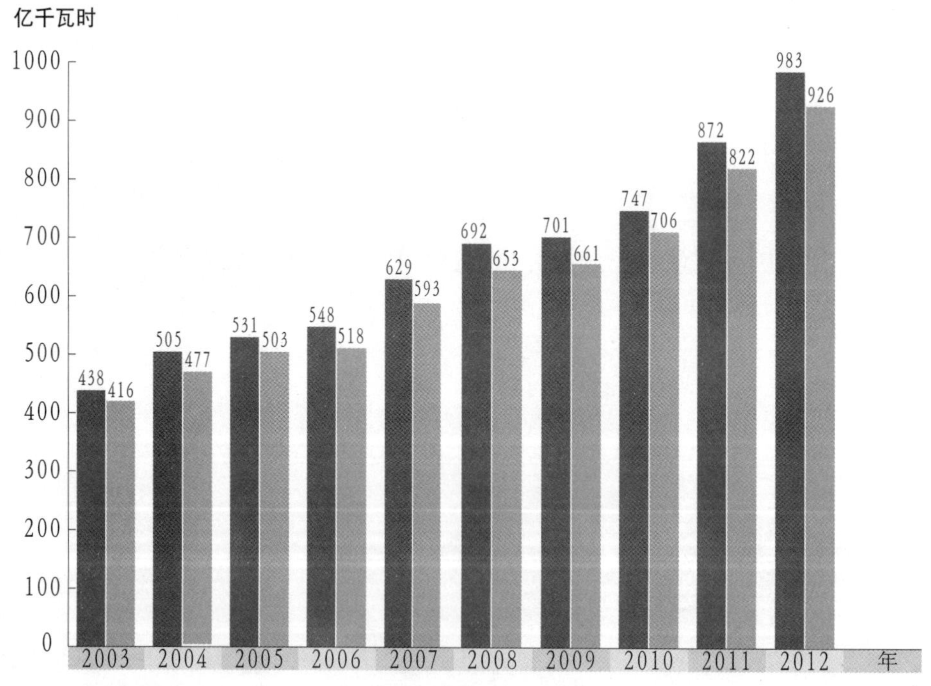

2. 2003—2012 年我国各运行核电厂发电量和上网电量

核电厂名称	项目(单位)	发电量(亿千瓦时)	上网电量(亿千瓦时)
中核运行一厂	2003	24.09	22.67
	2004	27.17	25.65
	2005	23.55	21.95
	2006	24.83	23.10
	2007	22.17	20.63
	2008	26.24	24.31
	2009	23.62	21.95
	2010	23.24	21.69
	2011	24.98	23.33
	2012	28.44	26.59
大亚湾核电厂	2003	150.03	143.84
	2004	139.00	133.11
	2005	154.51	148.47
	2006	155.15	148.58
	2007	154.41	147.75
	2008	160.81	154.30
	2009	163.74	156.62
	2010	157.04	150.15
	2011	160.18	153.36
	2012	159.30	152.51
中核运行二厂	2003(1 号机组)	46.17	43.27
	2004	87.37	81.06
	2005	101.32	94.66
	2006	82.85	77.29
	2007	89.05	83.20
	2008	99.58	93.13
	2009	99.41	92.86
	2010(含 3 号机组)	119.41	112.36
	2011(含 4 号机组)	146.03	136.81
	2012	201.62	188.96
岭澳核电厂	2003	138.93	133.10
	2004	145.81	140.01
	2005	150.25	144.37
	2006	156.99	150.62
	2007	147.40	141.23
	2008	152.44	146.20
	2009	154.67	148.25
	2010(含 3 号机组)	176.59	169.55
	2011(含 4 号机组)	265.09	251.53
	2012	315.13	298.63
中核运行三厂	2003	78.84	72.74
	2004	105.34	97.64
	2005	101.24	93.87
	2006	114.58	106.16
	2007	115.41	106.96
	2008	112.38	104.12
	2009	117.23	108.53
	2010	114.12	105.57
	2011	115.01	106.53
	2012	116.27	107.55
田湾核电厂	2006(1 号机组)	14.06	12.34
	2007	100.18	92.85
	2008	140.75	131.19
	2009	142.67	132.81
	2010	157.02	146.71
	2011	160.72	150.16
	2012	162.41	151.9

3. 2003—2012 年我国核发电量和上网电量趋势图

我国核发电量和上网电量

亿千瓦时

1000
900
800
700
600
500
400
300
200

2003 2004 2005 2006 2007 2008 2009 2010 2011 2012 年

发电量
上网电量

二、机组能力因子和负荷因子

2003—2012 年机组能力因子和负荷因子

核电厂名称 \ 项目 / 年份		机组能力因子 (%)										机组负荷因子 (%)									
		2003	2004	2005	2006	2007	2008	2009	2010	2011	2012	2003	2004	2005	2006	2007	2008	2009	2010	2011	2012
中核运行一厂		89.15	99.81	87.02	91.84	82.22	95.55	87.43	83.35	88.04	99.94	88.74	99.78	86.72	91.44	81.62	96.36	86.98	83.99	89.11	101.19
大亚湾核电厂	1号机组	90.13	87.77	99.95	80.32	91.20	99.79	91.23	89.08	99.98	83.64	89.57	87.24	99.80	80.31	90.85	99.61	90.20	88.90	99.67	83.86
	2号机组	84.79	73.91	79.76	99.88	88.80	86.25	99.99	92.80	86.56	99.97	84.48	73.57	79.44	99.68	88.29	86.44	99.76	93.29	86.17	100.45
中核运行二厂	1号机组	79.69	80.18	90.57	55.24	64.12	85.35	82.66	91.70	73.71	85.24	81.15	82.22	92.76	55.20	65.69	87.41	84.46	93.45	75.17	84.66
	2号机组	/	/	82.82	88.78	88.30	85.21	88.21	86.64	90.95	79.68	/	/	85.19	90.30	90.70	87.00	90.12	88.71	93.27	81.05
	3号机组	/	/	/	/	/	/	/	/	81.60	90.10	/	/	/	/	/	/	/	/	83.12	90.65
	4号机组	/	/	/	/	/	/	/	/	/	95.81	/	/	/	/	/	/	/	/	/	96.77
岭澳核电厂	1号机组	80.68	88.54	83.10	90.08	83.16	92.11	90.38	93.71	91.39	93.59	76.83	87.76	82.69	89.16	82.65	90.72	89.05	92.93	91.05	91.87
	2号机组	90.44	80.43	91.22	92.44	87.73	85.24	91.09	91.12	94.05	91.25	85.00	79.92	90.56	91.86	87.31	84.57	89.30	90.52	93.12	89.70
	3号机组	/	/	/	/	/	/	/	98.60	72.06	88.45	/	/	/	/	/	/	/	98.75	71.14	86.30
	4号机组	/	/	/	/	/	/	/	/	99.58	80.60	/	/	/	/	/	/	/	/	98.78	78.52
中核运行三厂	1号机组	90.38	76.16	82.34	96.34	86.42	91.21	91.93	89.73	92.53	96.26	90.21	77.28	84.05	98.18	88.35	93.52	93.88	91.92	94.87	97.43
	2号机组	87.67	92.85	79.61	86.73	97.55	87.32	95.37	92.07	91.02	90.46	90.42	94.03	81.05	88.68	99.87	89.43	97.30	94.19	92.69	91.67
田湾核电厂	1号机组	/	/	/	/	/	70.97	74.12	87.02	86.55	86.78	/	/	/	/	/	74.76	77.84	86.92	86.16	86.72
	2号机组	/	/	/	/	/	81.20	80.70	82.28	87.05	87.77	/	/	/	/	/	85.47	85.02	82.18	86.92	87.71

三、非计划自动紧急停堆情况

2012 年，我国已投入商业运行的 15 台机组中有 14 台机组实现了全年无非计划自动紧急停堆情况的良好业绩。

2003—2012 年运行核电机组非计划自动紧急停堆次数统计

核电厂名称 \ 年份		2003	2004	2005	2006	2007	2008	2009	2010	2011	2012
中核运行一厂		0	0	2	0	0	1	1	1	0	0
大亚湾核电厂	1 号机组	0	0	0	0	0	0	0	0	0	0
	2 号机组	0	1	0	0	2	1	0	0	0	0
中核运行二厂	1 号机组	1	1	0	1	0	0	0	0	1	0
	2 号机组	/	1	0	0	0	1	0	1	0	0
	3 号机组	/	/	/	/	/	/	/	0	0	2
	4 号机组	/	/	/	/	/	/	/	/	0	0
岭澳核电厂	1 号机组	0	1	1	0	0	0	0	0	0	0
	2 号机组	0	0	1	1	1	0	0	0	0	0
	3 号机组	/	/	/	/	/	/	/	0	0	0
	4 号机组	/	/	/	/	/	/	/	/	0	0
中核运行三厂	1 号机组	3	0	0	0	0	0	0	0	0	0
	2 号机组	0	0	1	0	0	0	0	0	0	0
田湾核电厂	1 号机组	/	/	/	/	1	1	2	0	0	0
	2 号机组	/	/	/	/	1	0	0	0	0	0
合 计		4	4	5	2	5	4	3	2	1	2

四、职业照射

国家标准《电离辐射防护与辐射源安全基本标准》(GB18871-2002) 中规定了工作人员职业照射的剂量限值：连续5年的年平均有效剂量不超过20mSv；任何一年中的有效剂量不超过50mSv。2003年至2012年，我国已投入商业运行核电厂工作人员所受到的照射剂量均低于国家标准规定的限值。

2003—2012年核电厂工作人员职业照射情况

核电厂名称	年份	年人均有效剂量 mSv	年度最大个人剂量 mSv	年度集体有效剂量 人·Sv	归一化集体有效剂量 人·mSv/GWh
中核运行一厂	2003	0.710	10.370	0.798	0.310
	2004	0.110	3.530	0.064	0.024
	2005	0.694	10.300	0.932	0.396
	2006	0.400	8.050	0.538	0.217
	2007	0.650	8.450	0.997	0.450
	2008	0.153	3.577	0.149	0.057
	2009	0.336	4.257	0.453	0.192
	2010	0.265	4.814	0.401	0.172
	2011	0.282	5.106	0.421	0.017
	2012	0.041	3.681	0.038	0.013
大亚湾核电厂	2003	0.704	8.098	1.848	0.123
	2004	0.674	12.140	1.817	0.310
	2005	0.486	8.146	1.307	0.085
	2006	0.436	5.921	1.205	0.078
	2007	0.378	9.476	1.053	0.068
	2008	0.305	5.988	0.826	0.051
	2009	0.283	5.194	0.715	0.044
	2010	0.343	10.843	0.946	0.060
	2011	0.327	8.434	0.993	0.062
	2012	0.413	8.116	1.235	0.078
中核运行二厂	2003	0.158	4.242	0.316	0.069
	2004	0.353	5.443	0.590	0.068
	2005	0.362	7.210	0.738	0.073
	2006	0.335	6.318	0.713	0.086
	2007	0.347	8.164	0.785	0.088
	2008	0.300	4.881	0.588	0.059
	2009	0.345	7.899	0.710	0.071
	2010	0.218	4.940	0.440	0.042
	2011	0.330	11.707	1.217	0.083
	2012	0.428	9.389	1.229	0.061
岭澳核电厂	2003	0.620	11.331	1.530	0.110
	2004	0.417	8.050	1.006	0.069
	2005	0.433	8.910	1.088	0.072
	2006	0.284	7.155	0.722	0.046
	2007	0.456	8.533	1.231	0.083
	2008	0.599	12.169	1.772	0.116
	2009	0.495	10.586	1.531	0.099
	2010	0.346	10.490	0.957	0.076
	2011	0.419	8.326	1.392	0.087
	2012	0.297	6.059	0.947	0.060
中核运行三厂	2003	0.185	3.274	0.171	0.019
	2004	0.369	8.015	0.810	0.077
	2005	0.594	9.350	1.368	0.135
	2006	0.272	5.990	0.519	0.045
	2007	0.277	5.900	0.572	0.0495
	2008	0.364	9.102	0.788	0.0701
	2009	0.327	6.415	0.748	0.064
	2010	0.329	5.430	0.727	0.064
	2011	0.361	14.637	0.832	0.072
	2012	0.316	8.661	0.689	0.059
田湾核电厂	2007	0.136	2.693	0.327	0.0326
	2008	0.209	3.460	0.557	0.0396
	2009	0.244	3.200	0.548	0.0384
	2010	0.174	2.16	0.426	0.0271
	2011	0.224	3.788	0.604	0.0376
	2012	0.345	4.232	1.014	0.0624
岭澳核电厂二期	2011	0.208	5.665	0.747	0.071
	2012	0.286	6.644	0.929	0.059

五、放射性排出流的排放和环境监测

按照国家环境保护法规和环境辐射监测标准，依据管理部门批准的排放限值，我国核电厂对放射性排出流的排放进行了严格控制，对核电厂周围环境进行了有效监测。2012 年环境监测结果表明，各运行核电厂运行期间放射性排出流的排放量均远低于国家标准限值。

2012 年核电厂放射性排出流的排放量及占国家规定年限值百分比的统计

核电厂名称		中核运行一厂		大亚湾核电厂		中核运行二厂		岭澳核电厂		中核运行三厂		田湾核电厂		岭澳核电厂二期	
项目		年累计排放量 (Bq)	占国家标准规定排放年限值的百分比	年累计排放量 (Bq)	占国家标准规定排放年限值的百分比	年累计排放量 (Bq)	占国家标准规定排放年限值的百分比	年累计排放量 (Bq)	占国家标准规定排放年限值的百分比	年累计排放量 (Bq)	占国家标准规定排放年限值的百分比	年累计排放量 (Bq)	占国家标准规定排放年限值的百分比	年累计排放量 (Bq)	占国家标准规定排放年限值的百分比
气态排出流	惰性气体	1.52E+12	2.468%	1.23E+12	0.127%	7.56E+11	0.29%	1.06E+12	0.109%	2.96E+12	2.00%	3.20E+12	0.386%	2.04E+12	0.210%
	卤素	1.29E+07	0.19%	9.42E−06	0.028%	7.27E+06	0.41%	8.49E+06	0.025%	1.08E+06	0.20%	3.52E+07	0.141%	1.14E+07	0.033%
	气溶胶	1.22E+07	11.51%	6.61E−06	0.174%	4.70E+06	0.11%	3.23E+06	0.085%	3.55E+06	7.30%	1.50E+07	0.10%	4.67E+06	0.123%
液态排出流	氚	1.59E+12	23.87%	4.58E−13	20.35%	5.43E+13	49.40%	5.59E+13	24.86%	3.05E+13	6.05%	2.66E+13	53.274%	3.11E+13	13.84%
	其余核素	1.37E+08	1.32%	2.18E+08	0.052%	1.77E+09	3.14%	1.48E+08	0.035%	2.29E+09	4.28%	9.39E+08	0.375%	2.22E+08	0.053%

六、运行事件

2012 年，我国已投入商业运行的核电厂共发生了 13 起国际核事件分级 0 级运行事件，没有发生 1 级及 1 级以上的运行事件。

2003—2012 年核电机组运行事件数量统计

INES 级别 / 核电厂名称		0 级运行事件										1 级运行事件									
		2003	2004	2005	2006	2007	2008	2009	2010	2011	2012	2003	2004	2005	2006	2007	2008	2009	2010	2011	2012
中核运行一厂		3	3	5	2	3	3	1	3	0	0	0	1	0	0	1	0	0	0	0	0
大亚湾核电厂	1 号机组	5	3	2	1	0	0	2	1	0	1	0	0	0	1	1	0	0	1	0	0
	2 号机组	6	5	1	0	1	1	0	1	0	0	0	2	1	0	2	0	0	0	0	0
中核运行二厂	1 号机组	6	4	0	1	0	2	1	0	1	0	0	0	0	0	0	0	0	0	0	0
	2 号机组	/	3	0	0	0	3	0	1	0	0	/	1	0	0	0	0	0	0	0	0
	3 号机组	/	/	/	/	/	/	/	6	2	3	/	/	/	/	/	/	/	1	0	0
	4 号机组	/	/	/	/	/	/	/	/	3	0	/	/	/	/	/	/	/	/	0	0
岭澳核电厂	1 号机组	6	1	3	0	2	1	1	0	1	0	1	0	1	0	0	0	0	0	0	0
	2 号机组	3	4	1	1	3	1	0	1	0	1	2	0	0	1	1	0	0	0	0	0
	3 号机组	/	/	/	/	/	/	/	15	2	2	/	/	/	/	/	/	/	0	0	0
	4 号机组	/	/	/	/	/	/	/	/	7	2	/	/	/	/	/	/	/	/	0	0
中核运行三厂	1 号机组	11	9	4	1	2	1	0	1	2	1	0	0	0	0	0	0	0	0	0	0
	2 号机组	10	5	4	1	0	3	0	1	2	1	0	0	1	1	0	0	0	1	0	0
田湾核电厂	1 号机组	/	/	2	7	4	1	3	1	1	1	/	/	/	/	1	0	0	0	0	0
	2 号机组	/	/	/	/	1	1	1	1	0	1	/	/	/	/	0	0	0	0	0	0
合计		50	37	22	14	16	17	9	32	21	13	3	4	3	3	6	0	0	3	0	0

注：数据来源 CINNO 网事件报告数据库；含调试期间运行事件。

七、机组大修

2012 年，我国商业运行的核电机组按计划共进行了 11 台•次换料大修。

2012 年商业运行核电机组大修情况

核电厂名称	机组号	工 期
中核运行一厂		未安排大修
大亚湾核电厂	1 号机组	2012.04.08—2012.06.02 55.53 天
	2 号机组	未安排大修
中核运行二厂	1 号机组	2012.03.10—2012.04.30 51.71 天
	2 号机组	2012.05.18—2012.06.26 39.71 天
	3 号机组	2012.10.30—2012.12.01 32.67 天
	4 号机组	未安排大修
岭澳核电厂	1 号机组	2012.01.21—2012.02.10 20.79 天
	2 号机组	2012.12.12—2012.12.30 18.38 天
	3 号机组	2012.08.01—2012.09.06 35.93 天
	4 号机组	2012.05.10—2012.07.17 68.13 天
中核运行三厂	1 号机组	未安排大修
	2 号机组	2012.12.01—2012.12.30 29.40 天
田湾核电厂	1 号机组	2012.02.12—2012.03.30 47.90 天
	2 号机组	2012.04.24—2012.06.07 44.24 天

注：中核运行三厂 1 号机组第 106 次大修，跨越 2011 年与 2012 年两个年份，本次不做统计。

八、2012 年运行核电机组 WANO 性能指标

与 WANO 公布的全世界核电厂 2012 年度 WANO 11 类 14 项中值、先进值数据相比，中核运行一厂有 13 项达到或超过中值水平，其中 12 项达到先进水平。大亚湾核电厂 1 号机组有 11 项达到或超过中值水平，其中 8 项达到先进水平；2 号机组有 13 项达到或超过中值水平，其中 12 项达到先进水平。中核运行二厂 1 号机组有 12 项达到或超过中值水平，其中 11 项达到先进水平；2 号机组有 9 项达到或超过中值水平，其中 8 项达到先进水平；3 号机组有 10 项达到或超过中值水平，其中 7 项达到先进水平；4 号机组有 11 项达到或超过中值水平，其中 10 项达到先进水平。岭澳核电厂 1 号机组有 12 项达到或超过中值水平，其中 11 项达到先进水平；2 号机组有 13 项达到或超过中值水平，其中 11 项达到先进水平；3 号机组有 12 项达到或超过中值水平，其中 8 项达到先进水平；4 号机组有 9 项达到或超过中值水平，其中 8 项达到先进水平。中核运行三厂 1 号机组有 13 项达到或超过中值水平，其中 10 项达到先进水平；2 号机组有 13 项达到或超过中值水平，其中 10 项达到先进水平。田湾核电厂 1 号机组有 14 项达到或超过中值水平，其中 12 项达到先进水平；2 号机组有 14 项达到或超过中值水平，其中 12 项达到先进水平。

1.2012 年我国核电机组单项 WANO 性能指标统计

性能指标 \ 机组		中核运行一厂	大亚湾核电厂		中核运行二厂				岭澳核电厂				中核运行三厂		田湾核电厂		WANO 中值	WANO 先进值
			1 号机组	2 号机组	1 号机组	2 号机组	3 号机组	4 号机组	1 号机组	2 号机组	3 号机组	4 号机组	1 号机组	2 号机组	1 号机组	2 号机组		
机组能力因子 (%)		99.94	83.94	99.97	85.24	79.68	90.10	95.81	93.59	91.25	88.45	80.60	96.26	90.46	86.78	87.77	86.75	92.53
非计划能力损失因子 (%)		0.02	1.35	0.00	0.00	8.96	0.44	0.04	0.01	0.00	0.98	0.01	0.33	0.02	0.00	0.00	1.99	0.37
强迫损失率 (%)		0.02	0.14	0.00	0.00	10.10	0.49	0.04	0.01	0.00	1.10	0.02	0.34	0.03	0.00	0.00	1.10	0.09
电网相关损失率 (%)		0.27	0.00	0.00	0.00	0.00	0.00	0.00	0.04	0.04	0.01	0.01	0.00	0.00	0.00	0.00	0.00	0.00
临界 7000 小时非计划自动停堆次数		0.00	0.00	0.00	0.00	0.00	1.74	0.00	0.00	0.00	0.00	0.00	0.00	0.00	0.00	0.00	0.00	0.00
临界 7000 小时非计划停堆次数		0.00	0.00	0.00	0.00	0.00	1.74	0.00	0.00	0.00	0.00	0.00	0.00	0.00	0.00	0.00	0.00	0.00
安全系统性能	高压安注	0.0000	0.0000	0.0000	0.0000	0.0000	0.0000	0.0005	0.0000	0.0000	0.0000	0.0000	0.0000	0.0000	0.0000	0.0000	0.0002	0.0000
	辅助给水	0.0000	0.0000	0.0000	0.0000	0.0003	0.0004	0.0001	0.0004	0.0000	0.0000	0.0005	0.0000	0.0000	0.0000	0.0000	0.0002	0.0000
	应急交流电	0.0002	0.0002		0.0003		0.0047		0.0000		0.0000		0.0005		0.0000		0.0007	0.0000
燃料可靠性 (Bq/g)		0.037	0.037	0.037	0.037	0.037	0.037	0.037	0.037	0.037	0.037	0.238	0.037	0.037	0.037	0.037	0.569	0.037
化学性能		1.00	1.00	1.00	1.00	1.00	1.00	1.26	1.00	1.00	1.01	1.21	1.00	1.00	1.00	1.00	1.00	1.00
累计集体剂量 (人 · Sv)		0.0381	1.1606	0.0745	0.5306	0.5306	0.0841	0.0841	0.4677	0.4791	0.2839	0.6449	0.2334	0.4558	0.5068	0.5068	0.5069	0.2300
电厂员工工业安全事故率		0.00	0.119		0.00		0.00		0.00		0.00		0.09		0.00		0.00	0.00
承包商工业安全事故率		0.00	0.00		0.00		0.00		0.00		0.00		0.00		0.00		0.00	0.00

注：□表示该指标没有达到 WANO 中值，□表示该指标介于 WANO 中值、先进值之间，■表示该指标达到 WANO 先进值。单项指标中值、先进值，为 2012 年第 1 季度至 2012 年第 4 季度年度值，根据 2013 年 4 月 8 日 WANO 网站数据库查询得到。

2.2005—2012 年我国核电机组 WANO 指标综合指数统计

序号	机组综合指数	中核运行一厂	大亚湾核电厂		中核运行二厂				岭澳核电厂				中核运行三厂		田湾核电厂	
			1号机组	2号机组	1号机组	2号机组	3号机组	4号机组	1号机组	2号机组	3号机组	4号机组	1号机组	2号机组	1号机组	2号机组
1	2005	95.16	96.66	83.82	85.52	78.83	/	/	87.94	91.88	/	/	79.87	85.30	/	/
2	2006	90.24	90.03	89.50	70.89	90.14	/	/	93.24	96.29	/	/	95.74	88.96	/	/
3	2007	90.99	100	96.60	68.28	95.41	/	/	93.28	91.88	/	/	98.17	99.47	/	/
4	2008	96.11	100	83.23	85.00	93.45	/	/	92.04	80.81	/	/	96.02	99.47	62.04	80.71
5	2009	94.52	98.70	93.48	90.01	93.39	/	/	94.46	92.26	/	/	99.46	99.17	72.26	86.19
6	2010	86.67	100	100	93.97	94.29	/	/	98.47	98.89	/	/	98.54	100	80.97	86.87
7	2011	92.14	100	96.67	87.50	96.00	79.92	/	98.52	100	N/A	/	98.87	99.42	93.45	90.94
8	2012	100	93.45	98.17	84.25	83.09	87.96	N/A	98.95	100	75.70	N/A	99.70	98.42	93.34	93.95

注：使用 WANO 推荐的综合指数第四种方法计算，计算中考虑了大亚湾机组 18 个月换料期。N/A 表示不满足计算指标方法 4 的要求。

在建核电项目进展情况

2012年，红沿河核电厂1~4号机组，宁德核电厂1~4号机组，福清核电厂1~4号机组，阳江核电厂1~4号机组，秦山核电厂扩建项目1、2号机组，三门核电厂1、2号机组，海阳核电厂1、2号机组，台山核电厂1、2号机组，昌江核电厂1、2号机组，防城港核电厂1、2号机组，石岛湾核电厂示范工程，田湾核电厂3号机组等在建工程项目进展顺利，完成了年度任务目标。

一、红沿河核电厂1~4号机组

一、基本情况	
业主单位	辽宁红沿河核电有限公司
主要股东	中国广东核电集团公司、中电投核电公司、大连市建设投资公司
厂址	辽宁省瓦房店市红沿河镇东岗村
机组堆型	CPR1000
设计电功率	1118.79 MW
开工日期	1号机组:2007年08月18日
	2号机组:2008年03月28日
	3号机组:2009年03月07日
	4号机组:2009年08月15日
计划完工日期	1号机组:2012年12月15日
	2号机组:2013年08月15日
	3号机组:2014年04月15日
	4号机组:2014年10月15日
二、建设亮点	
1号机组热试创中广核集团最短工期。热试前在人员、文件方面做好充分准备，做好热试电源保障，开展集中消缺，实施技术改进和新工艺。热试期间未发生机组状态后撤或重大设备质量事件。与宁德核电建立热反馈机制，认真组织落实，确保热试期间无重发事件。1号机组热试的圆满完成，优化和改进了热试顺序，在中广核集团范围内具有示范意义。	

红沿河核电厂 1~4 号机组里程碑完成情况

序号	里程碑	完成时间（1 号机组）	完成时间（2 号机组）	完成时间（3 号机组）	完成时间（4 号机组）
1	颁发建造许可证	2007	2007	2009	2009
2	核岛 (NI) 第一罐混凝土	2007	2008	2009	2009
3	常规岛 (CI) 第一罐混凝土	2008	2008	2009	2009
4	泵站 (PX) 第一罐混凝土	2008	2008	2009	2009
5	BOP 安装开始	2008	2008	2010	2010
6	核岛 (NI) 安装开始	2009	2010	2010	2011
7	穹顶吊装	2009	2010	2011	2011
8	反应堆厂房 (RX) 环吊可用	2010	2010	2011	2012
9	常规岛 (CI) 安装开始	2009	2010	2011	2012
10	反应堆压力容器 (RPV) 到货	2010	2011	2012	
11	汽轮机首台低压缸到货	2010	2011	2011	2012
12	发电机到货	2011	2011	2012	
13	泵站进水	2011	2011	2012	
14	500kV 可用	2011	2011		
15	冷试 (CFT) 开始	2011			
16	热试 (HFT) 开始	2012			
17	核燃料组件运到现场	2012			
18	取得装料许可证	2012			
19	装料开始	2012			
20	首次临界				

二、宁德核电厂 1~4 号机组

一、基本情况	
业主单位	福建宁德核电有限公司
主要股东	广东核电投资有限公司、大唐国际发电股份有限公司、福建省能源集团有限责任公司
厂址	福建省宁德市辖福鼎市太姥山镇备湾村
机组堆型	CPR1000
设计电功率	1089MW
开工日期	1 号机组：2008 年 02 月 18 日
	2 号机组：2008 年 11 月 12 日
	3 号机组：2010 年 01 月 08 日
	4 号机组：2010 年 09 月 29 日
计划完工日期	1 号机组：2012 年 12 月 31 日
	2 号机组：2013 年 08 月 31 日
	3 号机组：2014 年 09 月 30 日
	4 号机组：2015 年 05 月 31 日
二、建设亮点	
宁德核电厂2012年面临1号机组热试、装料、并网等重要节点，2、3、4号机组土建、安装、调试同步推进的局面，对工程建设质量、安全、进度等管控都是全新的挑战。2012 年公司努力克服设备国产化比例大、福岛核事故后项目新增核安全改进项等重重困难，成为福岛核事故后全球在建新项目中首个完成 PF 改进项实施，首个实现装料、临界、并网的核电项目，也成为中广核集团 CPR1000 技术方案走出大亚湾，首个成功摘下“并网”实果、发出第一度“核电”的项目。	

宁德核电厂 1~4 号机组里程碑完成情况

序号	里程碑	完成时间（1 号机组）	完成时间（2 号机组）	完成时间（3 号机组）	完成时间（4 号机组）
1	核岛主设备供应合同或协议签订	2007	2007	2009	2009
2	TG 供应合同或协议签订	2007	2007	2008	2008
3	DCS 供应合同或协议签订	2007	2007	2009	2009
4	颁发建造许可证	2008	2008	2010	2010
5	核岛第一罐混凝土	2008	2008	2010	2010
6	常规岛第一罐混凝土	2008	2009	2010	2011
7	泵房第一罐混凝土	2008	2008	2010	2010
8	BOP 安装开始 (GB)	2009	2009	2010	2010
9	核岛安装开始	2009	×	2011	×
10	核岛穹顶吊装	2009	2011	2011	2012
11	常规岛安装开始	2010	×	2012	×
12	核岛环吊可用	2010	2010	2012	2012
13	首个单系统 (SDA) 调试开始	2010	2010	×	×
14	核岛 RPV 到货	2010	2011		
15	常规岛首台低压缸到货	2010	2011	2012	
16	常规岛发电机到货	2010		2012	
17	泵站进水	2011	×		×
18	500kv 可用	2011	2011		
19	冷试开始	2011			
20	热试开始	2012			
21	核燃料组件到货	2012			
22	颁发装料许可证	2012			
23	装料开始	2012			
24	首次并网	2012			
25	具备商业运行条件				

注：× 为该机组没有此项里程碑。

三、福清核电厂 1~4 号机组

一、基本情况	
业主单位	福建福清核电有限公司
主要股东	中国核能电力股份有限公司、华电福新能源股份有限公司、福建省投资开发集团有限责任公司
厂址	福建省福州市福清市三山镇前薛村
机组堆型	M310
设计电功率	1087MW
开工日期	1 号机组 : 2008 年 11 月 21 日
	2 号机组 : 2009 年 06 月 17 日
	3 号机组 : 2010 年 12 月 31 日
	4 号机组：2012 年 11 月 17 日
计划完工日期	1 号机组 : 2014 年 07 月 31 日
	2 号机组 : 2015 年 01 月 15 日
	3 号机组 : 2015 年 08 月 31 日
	4 号机组：2017 年 03 月 16 日
二、建设亮点	

福清核电工程整体进展稳健、有序，质量、安全、进度、投资处于受控状态。

1 号机组调试工作逐步展开，泵房进水、电气厂房送冷风、汽轮机扣缸、核回路冲洗等关键节点顺利实现。核岛一回路主设备已全部安装就位，主管道焊接已完成，堆内构件等正在安装。

2 号机组正处于安装高峰。核岛压力容器、3 台蒸汽发生器、稳压器陆续安装就位，主管道焊接开始。常规岛主行车可用，发电机定子就位，凝汽器正在安装。

3 号机组于 2012 年 10 月 9 日反应堆厂房穹顶吊装完成，核岛进入安装阶段。

4 号机组于 2012 年 11 月 17 日正式开工建设。

福清核电厂 1~4 号机组里程碑完成情况

序号	里程碑	完成时间（1 号机组）	完成时间（2 号机组）	完成时间（3 号机组）	完成时间（4 号机组）
1	核岛主设备采购招投标启动	2007	×	2009	×
2	项目核准	2008	×	2010	×
3	可研报告上报	2008	×	×	×
4	PSAR 上报	2008	×	×	×
5	总承包合同签订	2008	×	×	×
6	初步设计完成	2008	×	×	×
7	颁发建造许可证	2008	×	2010	×
8	核岛第一罐混凝土	2008	2009	2010	2012
9	常规岛第一罐混凝土	2009	2009	2011	×
10	泵房第一罐混凝土	2009	×	2011	×
11	BOP 安装开始	2010	×	×	×
12	核岛安装开始	2010	2011	2012	
13	穹顶吊装	2010	2011	2012	
14	常规岛安装开始	2011	2012	×	
15	70 t 龙门吊可用	2011	2012	×	
16	环吊可用	2011	2012		
17	380 t 龙门吊可用	2011	2012	×	
18	常规岛主行车可用	×	×		
19	反应堆厂房压力容器安装开始	2011	2012		
20	主管道开始焊接	2011	2012	×	
21	1 号蒸汽发生器就位	2011	2012	×	
22	220kV 倒送电	2011	×		
23	发电机定子就位	2011	2012	×	
24	FSAR 上报	2011	×	×	
25	1 号主泵泵壳就位	2011	2013	×	
26	汽轮机安装开始	2012	×		
27	主管道焊接完成	2012	×		
28	泵房进水	2012			
29	主控室可用	2012			
30	500 kV 主变可用	×			
31	冷试开始				

注：× 为该机组没有此项里程碑。

四、阳江核电厂 1~4 号机组

一、基本情况	
业主单位	阳江核电有限公司
主要股东	中国广东核电集团有限公司、广东核电投资有限公司、广东省粤电集团有限公司、中广核一期投资基金有限公司
厂址	广东省阳江市东平镇沙环村
机组堆型	CPR1000
设计电功率	1086MW
开工日期	1 号机组：2008 年 12 月 16 日
	2 号机组：2009 年 06 月 04 日
	3 号机组：2010 年 11 月 15 日
	4 号机组：2012 年 11 月 17 日
计划完工日期	1 号机组：2013 年 12 月 31 日
	2 号机组：2014 年 10 月 15 日
	3 号机组：2015 年 9 月 30 日
	4 号机组：2017 年 3 月 15 日
二、建设亮点	
阳江核电厂 3 号机组实现 19 个月穹顶吊装的目标，开创了 CPR1000 机型批量建设以来的最短工期目标。阳江 3、4 号机组采用 CPR1000+ 技术路线，3 号机组首次应用了堆腔注水、钢衬里模块化以及其他多项重大设计改进。 2012 年 10 月 24 日，阳江项目对 4 号机组筏基钢筋养护情况进行了评估和处理；11 月 2 日 NNSA 对 4 号机组进行了 FCD 前核安全检查；11 月 17 日，4 号机组实现 FCD。 阳江核电厂 1 号机组开展冷热试进度优化，首次在冷试前完成安全壳强度与密封性能试验 (CTT)。通过提前安排 PMC 干态与水下试验、KCS 调试与改造升版并行、开盖冷试分阶段实施等办法，全力以赴推进 CTT 准备的主线工作，12 月 16 日 1 号机顺利完成 CTT。	

阳江核电厂 1~4 号机组里程碑完成情况

序号	里程碑	完成时间（1 号机组）	完成时间（2 号机组）	完成时间（3 号机组）	完成时间（4 号机组）
1	核岛第一罐混凝土	2008	2009	2010	2012
2	常规岛第一罐混凝土	2009	2009	2010	2011
3	核岛安装开始	2010	2011	2012	
4	核岛穹顶吊装	2010	2011	2012	
5	常规岛安装开始	2011	2011	2012	
6	核岛环吊可用	2011	2011	2012	
7	汽轮机首台低压缸模块到货	2011	2012	2013	
8	发电机到货	2011	2012		
9	泵站进水	2011	2012		
10	RPV 与 SG 全部到货	2011	2012		
11	核岛主回路冷试开始	2013			
12	核岛主回路热试开始				

五、秦山核电厂扩建项目 1 / 2 号机组

<table>
<tr><th colspan="2">一、基本情况</th></tr>
<tr><td>业主单位</td><td>秦山核电有限公司</td></tr>
<tr><td>主要股东</td><td>中国核能电力股份有限公司</td></tr>
<tr><td>厂址</td><td>浙江海盐秦山</td></tr>
<tr><td>机组堆型</td><td>M310</td></tr>
<tr><td>设计电功率</td><td>1080MW</td></tr>
<tr><td rowspan="2">开工日期</td><td>1 号机组：2008 年 12 月 26 日</td></tr>
<tr><td>2 号机组：2009 年 07 月 17 日</td></tr>
<tr><td rowspan="2">计划完工日期</td><td>1 号机组：2013 年 12 月 31 日</td></tr>
<tr><td>2 号机组：2014 年 10 月 28 日</td></tr>
<tr><th colspan="2">二、建设亮点</th></tr>
<tr><td colspan="2">该工程是秦山核电基地最后一批核电机组，是中核集团所属首批采用 EPC 工程总承包的管理项目之一，主设备的国产化率较高，采用了 DCS 的数字化控制系统，项目管理难度大，进度控制压力大。质量、安全处于总体受控状态，截至目前未发生重大及以上安全、质量事件。</td></tr>
</table>

秦山核电厂扩建项目 1、2 号机组里程碑完成情况

序号	里程碑	完成时间 (1 号机组)	完成时间 (2 号机组)
1	“四通一平”开始	2007	2007
2	提交建造许可证申请(包括 PSAR 等)	2008	2008
3	核岛负挖开始	2008	2008
4	项目核准	2008	2008
5	核岛防水层施工开始	2008	2009
6	颁发建造许可证	2008	2008
7	核岛第一罐混凝土	2008	2009
8	常规岛第一罐混凝土	2009	2010
9	泵房第一罐混凝土	2009	2009
10	安全壳穹顶吊装	2010	2011
11	汽轮机厂房吊车可用	2011	2012
12	反应堆压力容器到货	2012	2012
13	凝汽器到货	2011	2012
14	发电机到货	2012	2012
15	反应堆厂房环吊可用	2011	2012
16	压力容器安装	2012	2013
17	辅助电源可用	2011	2013
18	提交首次装料申请	2012	
19	500kV 主变可用	2013	
20	冷态试验开始		

六、三门核电厂 1/2 号机组

一、基本情况	
业主单位	三门核电有限公司
主要股东	中国核能电力股份有限公司、浙江浙能电力股份有限公司、中电投核电有限公司、中国华电集团公司、中核投资有限公司
厂址	浙江省三门县
机组堆型	AP1000
设计电功率	1250MW
开工日期	1 号机组：2009 年 03 月 29 日
	2 号机组：2009 年 12 月 15 日
计划完工日期	1 号机组：2013 年 11 月 30 日
	2 号机组：2014 年 09 月 30 日
二、建设亮点	
作为全球首台 AP1000 机组，三门核电 1 号机组面临来自项目管理模式复杂、首堆设计滞后等各方面的困难，项目进度滞后幅度较大。2012 年是三门核电一期工程 1 号机组由土建阶段转入安装施工阶段的至关重要的一年。2011 年 7 月开始，公司尝试业主主动向前、主动协调，取得了较好的效果。2012 年至今，强力介入，坚持“一切以工程建设为中心”，公司上下齐心，努力消减因设计、设备、项目管理模式和施工能力所带来的各种挑战，逐步强化了业主对项目的整体控制力。各参建单位工作热情逐步提升，积极响应业主提出的号召，努力兑现承诺，形成合力，项目取得了实质性进展。在业主的积极努力和主动协调下，2012 年，1 号机组现场施工进度出现了明显的好转。在 2012 年下半年短短几个月的时间里，成功实现了蒸汽发生器、稳压器、主管道、一体化顶盖、环吊等主要设备的陆续引入就位。	

三门核电厂 1、2 号机组里程碑完成情况

序号	里程碑	完成时间 (1 号机组)	完成时间 (2 号机组)
1	框架性合同签订	2007	2007
2	钢衬建造合同授权	2008	2008
3	主合同签订	2007	2007
4	主合同生效	2007	2007
5	授权开工日	2007	2007
6	初步安全分析报告提交给业主	2008	2008
7	核岛开始负挖	2008	2008
8	模块预制厂	2008	2008
9	颁发建造许可证	2009	2009
10	大吊车可用	2009	2009
11	核岛第一罐混凝土	2009	2009
12	CA20 模块就位	2009	2010
13	CV 底封头就位	2009	2010
14	常规岛第一罐混凝土	2009	2010
15	CA01 模块就位	2010	2010
16	CV1 号环就位	2010	2010
17	CV2 号环就位	2010	2011
18	CV3 号环就位	2010	2011
19	汽轮机厂房吊车可用	2011	2012
20	反应堆压力容器到货	2011	
21	汽轮机区域开始安装	2011	2012
22	凝汽器到货	2011	
23	发电机到货	2011	
24	蒸汽发生器到货	2012	
25	汽轮机到货	2012	
26	CV 顶封头就位		
27	厂用电母线送电	2012	
28	核岛环吊可用		
29	除盐水可用	2012	2012
30	仪控用压缩空气可用		
31	最终安全分析报告	2012	
32	反应堆冷却泵到货		
33	操作员模拟机可用	2012	
34	反应堆冷却系统移交		

七、海阳核电厂 1 / 2 号机组

一、基本情况	
业主单位	山东核电有限公司
主要股东	中电投核电有限公司、山东省国际信托有限公司、烟台蓝天投资控股有限公司、中国国电集团公司、中国核能电力股份有限公司、华能核电开发有限公司
厂址	山东省海阳市大辛家
机组堆型	AP1000
设计电功率	1250 MW
开工日期	1 号机组 : 2009 年 09 月 24 日
	2 号机组 : 2010 年 06 月 20 日
计划完工日期	1 号机组 : 2014 年 05 月 31 日
	2 号机组 : 2015 年 03 月 31 日
二、建设亮点	

海阳核电厂 1 号机组 SGA 作为世界首台发运的 AP1000 蒸汽发生器，2012 年 7 月 13 日到货，SGB 12 月 11 日到货。公司积极协调厂家克服蒸汽发生器临时支撑国内首次制造、设计存在变更等因素，2012 年 11 月 16 日，首台蒸汽发生器临时安装支撑运抵现场。积极推动厂家克服设计变更较多、制造困难大等问题，并帮助厂家协调解决进口部件到货问题，环吊工厂验收试验于 2012 年 12 月 12 日完成。积极应对堆内构件生产厂家能力不足及生产过程中出现的不符合项，2012 年 12 月 9 日实现发运。积极应对 135' 平台施工中出现的大量的材料替代、精密安装、焊接质量等困难，135' 平台 2012 年 12 月 13 日提前计划 2 天完成浇注。

海阳核电厂 1、2 号机组里程碑完成情况

序号	里程碑	完成时间（1 号机组）	完成时间（2 号机组）
1	ATP 授权开工	2007	2007
2	颁发建造许可证	2009	2009
3	最终安全分析报告提交	2012	2012
4	开始核岛负挖	2008	2008
5	核岛第一罐混凝土	2009	2010
6	CI 第一罐混凝土	2010	2010
7	CA20 模块就位	2010	2010
8	安全壳底封头就位	2010	2010
9	压力容器交付至现场	2011	
10	安全壳顶封头就位	2013	
11	电站设施母线受电	2012	
12	主控室可用		
13	开始冷试		

八、台山核电厂 1 / 2 号机组

<table>
<tr><td colspan="2">一、基本情况</td></tr>
<tr><td>业主单位</td><td>台山核电合营有限公司</td></tr>
<tr><td>主要股东</td><td>中国广东核电集团有限公司、广东核电投资有限公司、台山核电产业投资有限公司、法国电力国际公司</td></tr>
<tr><td>厂址</td><td>广东省台山市赤溪镇</td></tr>
<tr><td>机组堆型</td><td>EPR</td></tr>
<tr><td>设计电功率</td><td>1750MW</td></tr>
<tr><td rowspan="2">开工日期</td><td>1 号机组 : 2009 年 11 月 18 日</td></tr>
<tr><td>2 号机组 : 2010 年 04 月 15 日</td></tr>
<tr><td rowspan="2">计划完工日期</td><td>1 号机组 : 2014 年 12 月 31 日</td></tr>
<tr><td>2 号机组 : 2015 年 9 月 30 日</td></tr>
<tr><td colspan="2">二、建设亮点</td></tr>
<tr><td colspan="2">2012 年，2 号穹顶吊装的成功，标志着 2 号机组核岛从土建施工阶段全面转向设备安装阶段。1 号主回路管道焊接的顺利完成，为完成后续主系统安装、建设 EPR 首堆工程的目标奠定了坚实基础。除盐水生产系统 0SDA 正式出水且水质合格，标志着台山调试工作由准备阶段逐步向现场实施过渡。1 号反应堆及其相接周边厂房结构全部封顶，为不锈钢水池施工及安装施工创造了有利条件，为 2013 年实现 NCC 目标奠定了基础。2 号常规岛主行车可用，为后续 2 号 CI 设备安装创造了有利条件，同时标志着 2 号常规岛安装工作进入全面攻坚阶段。</td></tr>
</table>

台山核电厂 1、2 号机组里程碑完成情况

序号	里程碑	完成时间 (1 号机组)	完成时间 (2 号机组)
1	核岛设计采购合同签订	2007	2007
2	TG 供应合同签订	2008	2008
3	颁发建造许可证	2009	2009
4	核岛第一罐混凝土	2009	2010
5	常规岛第一罐混凝土	2009	2010
6	HPX 第一罐混凝土	2009	2009
7	汽轮机基座开始施工	2010	2010
8	NI 安装开始 (HL* 管道)	2010	2011
9	穹顶吊装	2011	2012
10	除盐水生产系统调试开始	2011	2011
11	主行车可用	2011	2012
12	环吊可用	2011	未完成
13	汽轮机 LP1 模块到货	2011	
14	RPV 到货	2011	
15	发电机定子到货	2012	未完成
16	1 号海底隧道完工	2012	
17	泵站进水		

九、昌江核电厂 1/2 号机组

一、基本情况	
业主单位	海南核电有限公司
主要股东	中国核能电力股份有限公司、中国华能集团公司、 华能国际电力股份有限公司
厂址	海南省昌江县海尾镇塘兴村
机组堆型	CNP600
设计电功率	650MW
开工日期	1 号机组：2010 年 04 月 25 日
	2 号机组：2010 年 11 月 21 日
计划完工日期	1 号机组：2015 年 02 月 25 日
	2 号机组：2015 年 10 月 25 日
二、建设亮点	

2012 年，工程建设取得新进展，四大控制总体受控。

核岛土建施工基本完成，1 号机组核岛和公用电气厂房土建主体结构全部实现封顶；2 号机组反应堆厂房穹顶于 9 月 25 日顺利吊装，安全壳筒身砼结构全部完成；常规岛厂房主体框架结构完成，屋面已全部封闭；倒送电子项基本完成土建、设备安装和电缆敷设工作，满足二级进度计划要求；自主调试的淡水厂投用。现场办公生活条件逐步好转，厂前区 BX 楼投用，倒班公寓实现入住，服务区员工食堂开业，其他员工服务设施陆续投用。

创建设备采购联合协作新机制。选派骨干人员直接参与设备采购和监造，合力强化设备采购管理。设备采购订货基本完成。1 号机组主管道、蒸汽发生器、稳压器、主泵泵壳、发电机定子和 2 号机组环吊等重要设备顺利验收或交货，1 号机组两台蒸汽发生器吊装就位。

强化投资执行的准确率，按工程实际进度支付投资，全年完成投资 41.56 亿元，为年度投资计划的 105%，累计完成固定资产投资 106.53 亿元，占项目总投资 226 亿元的 47%。执行概算经过多轮审查、调整，完成初稿编制。

调试生产准备工作有序推进。调试生产准备组织机构完成调整，细化和明确了生产处室职责，理顺工作流程。项目调试部成立，首批调试人员进驻现场办公，淡水厂、除盐水厂、辅助电源、化学实验室等子项调试工作逐步启动。生产准备 7 个里程碑节点全部完成。

优化精益管理体系。推进全面预算管理和成本精益化管理。开展合同清理工作，梳理经济合同的签订和执行情况，实行费用标准化和定额管理，不断强化内部经济事项的规范管理。加强人工成本控制，有效降低管理性费用支出，全年管理性费用预算控制在年度目标内，较好实现集团关于人均管理性费用下降 5% 的要求。

昌江核电厂 1、2 号机组里程碑完成情况

序号	里程碑	完成时间（1 号机组）	完成时间（2 号机组）
1	核岛第一罐混凝土	2010	2010
2	常规岛第一罐混凝土	2010	2011
3	泵房第一罐混凝土	2010	×
4	核岛安装开始	2011	2012
5	穹顶吊装	2011	2012
6	环吊可用	2012	
7	常规岛安装开始	2012	
8	压力容器就位		
9	汽轮机安装开始		

注：× 为该机组没有此项里程碑。

十、防城港核电厂 1 / 2 号机组

一、基本情况	
业主单位	广西防城港核电有限公司
主要股东	中国广东核电集团有限公司、广西投资集团有限公司
厂址	广西壮族自治区防城港市光坡镇红沙澫
机组堆型	CPR1000
设计电功率	1086MW
开工日期	1 号机组：2010 年 07 月 30 日
	2 号机组：2010 年 12 月 28 日
计划完工日期	1 号机组：2015 年 06 月 30 日
	2 号机组：2016 年 02 月 28 日
二、建设亮点	

2012 年是防城港核电项目一期工程建设的关键一年，工程由土建阶段全面转入安装阶段。项目紧密围绕“一个标杆，两个穹顶，三大安装”中心工作，积极推进项目建设，安质环标杆评估达到了安全五级、质量六级，实现了“两个穹顶”吊装，“三大安装”稳步推进，调试良好开局，项目建设总体可控。年内七项一级里程碑按时或提前完成，防城港核电一期工程总体进度正常。主体工程土建 H 点检查一次合格率 97.87%，安装 H 点检查一次合格率 99.81%；主体工程土建焊接 RT 一次合格率 97.93%，安装焊接 RT 一次合格率 97.38%；未发生较大 (2 级) 和重大 (3 级) 质量事件，质量状况和趋势良好。

防城港核电厂1、2号机组里程碑完成情况

序号	里程碑	完成时间(1号机组)	完成时间(2号机组)
1	场平工程开工	2009	2009
2	核岛负挖工程开工	2009	×
3	RPV、SG合同签订	2009	2009
4	常规岛第一罐混凝土	2010	2011
5	核岛第一罐混凝土	2010	2010
6	DCS合同签订	2010	2010
7	泵站第一罐混凝土	2011	×
8	BOP安装开始	2011	2011
9	核岛安装开始	2012	×
10	安全壳穹顶吊装	2012	2012
11	常规岛安装开始	2012	×
12	首个单系统(SDA)调试开始	2012	×
13	反应堆厂房环吊可用	2012	×
14	汽轮机首个LP模块到货	2012	×
15	发电机定子到货	2013	×
16	RPV和SG全部到货		

注：×为该机组没有此项里程碑。

十一、石岛湾核电厂示范工程

一、基本情况	
业主单位	华能山东石岛湾核电有限公司
主要股东	中国华能集团公司、中国核工业建设集团公司、清华控股有限公司
厂址	山东省荣成市石岛管理区
机组堆型	高温气冷堆
设计电功率	211MW
开工日期	2012 年 12 月 09 日
计划完工日期	2017 年 11 月 09 日
二、建设亮点	
模块式高温气冷堆核电站具有固有安全性，保证反应堆在任何事故下，不借助能动的安全系统，不会发生堆芯熔化和放射性大量释放的严重后果。石岛湾示范工程机组是世界首台具备第四代核能系统安全特性的商用核电机组。2012 年 12 月 9 日，高温气冷堆核电站示范工程核岛底板 1m 层混凝土开始浇筑，12 月 21 日，核岛底板 1m 层混凝土浇筑圆满完成。	

石岛湾核电厂里程碑完成情况

序号	里程碑	完成时间
1	核岛第一罐混凝土	2012
2	反应堆厂房 ±0.00m 板施工完成	
3	常规岛第一罐混凝土	
4	大件运输码头可用	
5	反应堆厂房 +28.05m 板施工完成	
6	核岛大件设备到货	
7	反应堆厂房具备大件吊装条件	
8	核岛大件设备吊装完成	
9	反应堆厂房封顶	

注：× 为该机组没有此项里程碑。

十二、田湾核电厂 3 / 4 号机组

一、基本情况	
业主单位	江苏核电有限公司
主要股东	中国核能电力股份有限公司、上海禾曦能源投资有限公司、江苏省国信资产管理集团有限公司
厂址	江苏省连云港市连云区田湾
机组堆型	WWER
设计电功率	1126MW
开工日期	3 号机组：2012 年 12 月 27 日
计划完工日期	3 号机组：2018 年 2 月 27 日 4 号机组：2018 年 12 月 27 日
二、建设亮点	
3、4 号机组工程在已完成场坪的规划厂址上，充分利用田湾核电站现有的有利条件，扩建两台百万千瓦级压水堆核电机组。3、4 号机组工程的参考电站是田湾核电站 1、2 号机组，1、2 号机组是从俄罗斯引进的压水堆核电机型，采用 WWER1000 工程技术方案。整个电站的设计分为三大部分：核岛、常规岛和电站配套设施。核岛由俄罗斯负责设计，中方负责常规岛和 BOP 的设计。根据 1、2 号机组工程俄供设备的技术特点、质量状况及核电站运行中所处地位，在 3、4 号机组工程中采取关键设备进口、部分设备国内制造的原则。3、4 号机组工程的土建施工和设备安装工作采用中方自主化施工和安装。 通过总结田湾核电站 1、2 号机组的建设情况，借鉴国内其他核电站的建设和运行经验，田湾核电站 3、4 号机组工程将在设计采购、工程建造、自主化等方面进行优化调整，其安全性、可靠性和经济性将得到进一步的提高。	

田湾核电厂 3、4 号机组里程碑完成情况

序号	里程碑	完成时间（3 号机组）	完成时间（4 号机组）
1	颁发建造许可证	2012	
2	核岛第一罐混凝土	2012	
3	常规岛第一罐混凝土		

核燃料循环

发展现状

铀矿地质勘查取得突出成果，内蒙古大营地区发现国内最大规模的可地浸砂岩型铀矿床，跻身世界级大矿行列。目前我国北方已查明10个万吨级大铀矿，伊犁、吐哈等六大盆地的大型、超大型铀资源基地得到发展，重点项目成效突出。国产离心机成功实现工业化应用，标志着我国在离心铀浓缩领域取得了重大突破。AP1000燃料元件生产线土建工程全面完成，400吨燃料元件扩建项目顺利推进，高温气冷堆核电站示范工程燃料元件生产线奠基。铀资源、核燃料保障能力进一步加强。我国核级锆材国产化、自主化工作已取得突破性进展。

铀矿勘查与采冶

一、中国核工业集团公司

（一）创新大基地管理模式，优化产业布局

按照探采一体、优化布局、强化协同的思路，中国核工业集团公司启动区域化整合协同，着力彻底改变计划经济体制下形成的布局结构，加快产能布局重心向北方砂岩地区转移，建设内蒙、新疆、江西、广东大基地，形成铀资源勘查开发的新机制新模式，真正实现探采一体、地矿一体。成立了内蒙古、江西、广东大基地指挥部，区域性的内部协同机制初步形成，正朝组建区域化矿业公司方向迈进。

（二）推进战略合作，资源掌控取得显著成绩

中核集团深入贯彻“开放、包容、合作、共赢”的经营理念，签订12份合作协议。与中央地勘基金、中石油、中石化、神华集团和属地化队伍的合作取得重要突破。钱家店、纳岭沟地区合作开发全面启动；柴登地区合作勘查达成共识。与6个省的核工业地质局达成多个矿床合作意向，居隆庵项目进入建设实施阶段，四川合资公司正在组建。新增铀探矿权22个。

（三）统筹资源配置，北方大矿开发迈出重要步伐

按照“四个落实”的原则，中核集团加强了勘查、矿权、工艺、项目建设的合理部署、协同联动，加大了巴彦乌拉、蒙其古尔等地区的资源预评价。在资源扩大、试验选点、钻孔施工等方面紧密衔接，加快了内蒙古前期开发进程。伊犁、吐哈、鄂尔多斯、二连、巴音戈壁和松辽等六大盆地大型超大型铀资源基地得到发展。伊犁铀矿资源综合利用示范基地建设顺利通过财政部组织的年度评估。

（四）推进科技创新，关键领域取得新的突破

2012年，中核集团实施科研项目142

项，科研经费突破2亿元。加强顶层设计，形成未来10年地矿产业技术发展的清晰路径，提炼出15项重点技术领域、57项关键技术和275个拟开展科技攻关项目。

科技创新成效显著。北方大基地开发科技攻关取得突破，蒙其古尔、巴彦乌拉、纳岭沟现场试验进展顺利；9项专利技术在通辽铀业公司应用，无污染，成本低，达到国际先进水平；核工业北京地质研究院地浸型砂岩快速评价技术及应用研究被评为国家科技进步二等奖。初步集成了一套千米垂幅内的热液型铀矿攻深找盲技术体系，为南方老矿床探深扩围和接替资源开发利用夯实了勘查技术保障。

二、中广核铀业发展有限公司

2012年5月，中广核铀业发展有限公司联合中非发展基金成功收购纳米比亚湖山铀矿。湖山铀矿总资源量排名全球第三，达产后年产量有望超过6500吨U_3O_8，将跻身全球第二大铀矿。2012年11月8日，湖山铀矿EPCM合同正式签署，矿山建设准备工作启动。

2012年9月19日，中广核铀业发展有限公司萨瓦甫齐铀矿获得国土资源部颁发的《矿产资源勘查许可证》。萨瓦甫齐铀矿探矿权的成功流转，成为国内铀矿探矿权流转的首例，为铀矿业权商业化流转起到了良好示范作用。

2012年10月19日，首批产自澳大利亚的天然铀产品运抵上海洋山港，并顺利交付到转化厂进行后续加工。该单天然铀的顺利交付，标志着中国广核集团在澳大利亚天然铀供应渠道正式建立。

核燃料及锆材生产

一、中国核燃料总公司

2012年，中国核燃料总公司在体制机制优化、产供销一体化、人财物集中管控、科技创新等方面开展了一系列工作，取得了初步成效。

(一)体制机制进一步优化

1. 中国核燃料总公司正式注册成立。经中核集团批准，9月25日正式完成“中国核燃料总公司”的登记注册。

2. 非主业调整持续推进，研究提出了下一步非核民品调整总体方案。

(二)产供销运一体化迈出实质步伐

1. 统谈分签，市场营销取得积极进展。中核集团继组织与中广核集团签订中长期合同之后，12月12日联合原子能公司与中国核电及各核电厂签订2013—2020年核燃料长期供应合同，为产业持续发展提供了坚强支撑。

2. 统筹协调安排燃料组件生产任务。核燃料公司分别与中核集团、中广核集团电厂业主召开燃料组件供应恳谈会，明确了中核控股核电各电厂2020年前燃料组件的生产分工及供应安排。

3. 主动应变，核燃料组件首次实现全公路运输，确保了红沿河、宁德两个核电站的首炉燃料组件按期运抵现场，满足了合同要求。

(三)科技创新取得阶段性重大突破

充分发挥项目总指挥和项目总设计师的作用,确保了两个重大专项的顺利实施。

历经长期的艰苦攻关,中核集团研制的铀浓缩离心机,在兰州成功实现工业化应用。这标志着我国具备了核燃料生产的自主化工业能力,完全掌握了离心法铀浓缩技术,对保障我国核电可持续发展有着重大战略意义。铀浓缩离心机技术是核燃料生产的关键技术,是衡量一个国家核技术水平的重要标志。

2012 年,中国核燃料总公司成员单位共获得国防科技一等奖 1 项、中核集团公司一等奖 3 项;全年获授权专利 81 项,申报 158 项。

二、国核宝钛锆业股份公司

核级锆材是制造核燃料元件不可或缺的关键材料,主要用于制造燃料棒的包壳管、定位格架、导向管等。我国以前所使用的核级锆材全部依赖进口,没有形成完整的核级锆材产业体系,也没有自主知识产权的锆合金品牌。

国核宝钛锆业股份公司(以下简称国核锆业)以实现中国核级锆材国产化与自主化为宗旨,在 2012 年取得了历史性突破,主要表现在:

(一)公司建成了涵盖核级海绵锆制造、锆合金熔炼、返回料回收处理、坯料制造、板带材制造、管棒材制造及国家能源核级锆材研发中心在内的我国完整的核级锆材产业体系,并投入运行。

(二)公司在对自有技术深化、优化的同时,通过对引进技术的消化、吸收、再创新,全面掌握了 ZIRLO 锆合金、E110 锆合金、Zr-4 合金等产品的加工制造技术,形成了完备的技术、检测、质保体系。新建生产线已在为有关电站提供国产化的核级锆材。

(三)以公司及研发中心为平台,承担国家自主知识产权新锆合金研制任务(国家大型先进压水堆重大专项子课题),正在按计划推进,已确认出性能优异的两种合金在进行堆外应用性能试验及辐照小组件设计。与此同时,与中广核集团利用已有研制成果进行新锆合金研制,开展了工程化试验研究。

以国核锆业为代表的我国核级锆材国产化、自主化工作已取得突破性进展。核级锆材的发展将为我国核能发展提供保障。

核能科研

国家重大科技专项

一、大型先进压水堆核电站

CAP1400关键试验和软件课题总体进展顺利。蒸汽发生器汽水分离试验、水分配试验、金属层传热特性试验、PCS水膜试验等单项试验取得关键数据。ACME、PCS、IVR试验课题已全面进入台架安装和调试阶段。完成COSINE软件包的6个核心程序的单元测试和5个软件验证试验的总体技术方案。

CAP1400设计和审查工作取得重大突破。在完成设计院和集团公司两级审查和整改后，国家能源局已启动CAP1400初步设计审查。目前已完成系统、设备、施工、技经、电仪等5个专业组的审查。启动了CAP1400施工图设计，目前已完成全部设计工作量的40%。

CAP1400关键设备研制取得阶段性成果。完成了屏蔽电机主泵比例模型试验的两次回路试验。完成了反应堆保护系统和控制系统平台原理样机的集成测试，并开展了工程样机的研发工作。完成了CAP1400反应堆压力容器、蒸汽发生器、钢制安全壳等设备研制课题的关键节点目标。国内第一批核级海绵锆试制成功。

重大专项课题验收工作取得突破。完成了锻造主管道制造技术研究等5个AP1000设备研制课题的预验收。

CAP1700预研工作有序推进。完成了CAP1700开发路线图；开展CAP1700市场与经济性研究，并取得了初步结论。

大型先进压水堆核电站重大专项研发和示范工程前期工作协同推进。截至2012年底共有66项课题获得国家批准，研发进度和经费管理总体符合计划要求。

二、高温气冷堆核电站示范工程

工程设计及技术研发方面：工程研发实验室、大型氦气工程实验回路于2012年5月顺利建成；高温气冷堆技术研发工作有序推进，高温气冷堆退役技术方案研究、技术工程化研究等关键技术研发工作已完成，其余技术研发工作按计划顺利推进。

核燃料供应方面：辐照燃料元件已于2012年9月完成加工并装入荷兰PETTEN高通量堆，开始为期两年的辐照试验；由中核北方核燃料元件有限公司负责建设的燃料元件生产线建设前的环评、安评、职业健康、施工图及其他前期准备工作已全部完成，具备开工建设条件。示范工程核燃料的完整供应链已全面落实，各项工作满足工程计划的总体要求。

设备制造及研发验证方面：控制棒驱动机构、吸收球停堆系统、燃料装卸系统等已完成试验样机调试，试验验证工作有序进行；反应堆压力容器相关焊接、热处理、变形控制等关键技术研发工作完成，马鞍形焊缝自动焊接实验已开始；蒸汽发生器传热单位结构成型、管管焊接工艺优化、管板胀焊等试验工作按计划进行，已得出部分试验结论；金属堆内构件对接焊接、吊运翻转工艺研究按期完成，主氦风机工程样机制造及装配试验顺利完成。

2012 年，由中国核工业建设集团公司承担的 11 个大型先进压水堆和高温气冷堆重大专项课题按计划顺利开展，预算执行率和进度计划完成情况全面达标，保障了 AP1000 核电自主化依托项目和高温气冷堆核电站示范工程的建设进度。

2012 年 11 月，“高温气冷堆的概率安全分析技术研究”正式通过国家能源局验收，成为第一个结题验收的核电重大专项课题。该课题通过科研攻关，明确了高温气冷堆的概率安全目标，形成了高温气冷堆概率安全分析的技术路线，定位了高温气冷堆适用的始发事件，形成了被动/非能动安全系统的可靠性分析方法，获得了高温气冷堆适用的可靠性数据。国家核安全局依据该课题成果发布了《高温气冷堆核电站安全审评原则》，正式应用于高温气冷堆示范工程。

核能科研开发成果

一、中国核工业集团公司

1. 强化统筹和顶层设计，启动实施“龙腾 2020”科技创新计划。

2012 年 12 月，中核集团成功组织召开第二次科技工作会。会议进一步深入贯彻全国科技创新大会精神和党中央、国务院《关于深化科技体制改革、加快国家创新体系建设的意见》，解放思想、开拓思路，发布了《中国核工业集团公司关于进一步加快推进科技创新的若干措施》，启动实施了“龙腾 2020”科技创新计划，全面营造了科技创新氛围，为实现集团公司又好又快安全发展指明了方向。

“龙腾计划”由“龙腾 2020”科技创新示范工程和“龙腾 2020”科技创新核心技术提升计划构成，包括示范工程类项目 8 项和核心技术提升类项目 12 项。

2. 重点科研项目进展顺利，核心竞争力进一步增强。

2012 年，中核集团重点科技专项和优先发展技术在研 34 项，年度投入 5.9 亿元；核能开发在研 37 项，年度投入 3.4 亿元；国防基础、技术基础在研 59 项，年度投入 6000 万元；能源局核电安全项目在研 5 项，年度投入 2.7 亿元(国拨 50%)；国家科技部“863”计划、“973”计划、ITER 配套项目在研 20 项，年度投入 1.1 亿元。

ACP1000 三代核电型号开发完成定型设计和初步安全分析报告。

模块式多用途小型压水堆技术完成初步设计(标准设计)和初步安全分析报告的编制，为差异化发展奠定基础。

压水堆燃料元件设计制造技术完成 500 公斤级 N36 锆合金及包壳管制备技术研究，关键材料 N36 特征化组件实现入堆考验；自主化 CF3 燃料组件设计取得突破，定位格架设计通过临界热流密度试验验证。MOX 燃料元件完成单棒和组件设计，具备芯块制造条件。

铀矿大基地勘查采冶技术突破相山科学深钻关键技术，成功开启铀矿深部钻探第一钻；部分采冶工艺研究提前完成，并用于产能建设。

燃料元件运输容器设计制造技术实现新燃料运输容器批量制造；完成乏燃料容器比例模型试验容器力学计算工作。

国家高技术研究发展计划（“863”计划）重大项目中国实验快堆工程顺利通过国家科技部组织的专家验收，标志着我国核能三步走战略（压水堆—快堆—聚变堆）当中的第二步取得重大进展。

2012 年中核集团获得国家科技进步二等奖 3 项；国防科技奖 37 项，其中一等奖 2 项；全军科技奖 2 项，其中一等奖 1 项；核能行业协会科技奖 25 项，其中一等奖 2 项；能源科技奖 12 项，其中一等奖 1 项。评选出集团公司科技奖 119 项，其中一等奖 9 项。专利申请快速增长，2012 年申请 1156 件，同比增长 55%。

3. 创新平台体系建设取得成效。

中核集团科技创新体系建设继续推进，积极争取国家级科研平台建设；同时，突出内部研发机构建设以实现资源整合，突出外部联合研发机构建设以实现广泛合作。江苏核电有限公司获批建设“国家国际科技合作基地”、“中俄核电联合技术研究中心”；中核集团“快堆”、“反应堆”、“燃料元件”三个能源研发中心按照能源局的要求，积极推进创新体系建设，加强对外交流，取得显著成绩；中核集团 5 个国防科技重点实验室全面加强关键技术工作，科技创新取得新的成绩。反应堆燃料及材料实验室迎来成立 20 周年。多年来，该实验室在化学工程、粉末冶金、材料物理、无损检测、辐照效应等专业领域开展了一系列的基础和应用基础研究，为研制新型燃料元件奠定了坚实的技术基础，有力地推动了我国核燃料及材料科学技术的进步和发展。

面向未来发展，围绕军用核技术、核动力技术、核燃料循环技术、核应用技术等领域，中核集团在工程化应用、关键技术攻关、应用基础研究三个层面构建研发支撑平台，批准设立了 12 个工程技术研究中心和 20 个重点实验室，初步实现功能整合与资源优化配置，做到了在核产业链的每个环节都有科技支撑，有效促进了科研开发。

二、中国核工业建设集团公司

1. 在 2012 年 11 月 20 日公布的中国核能行业协会科学技术奖评选结果中，中国核建 6 项科技成果获奖。中国核工业二三建设有限公司参与完成的“核电站主管道安装窄间隙自动焊工程技术研发”项目获得一等奖。这项成果打破了国外技术垄断，填补了我国核电站主管道自动焊领域的空白，并已成功应用于宁德和福清核电站工程建设，对工程的质量、进度、投资控制起到了重大作用。中国核工业中原建设有限公司和北京中核华辉科技发展有限公司共同完成的“核电站建造与管理技术及信息化研究”项目，中国核工业华兴建设有限公司申报的“负温环境下核电站混凝土施工技术”、“EPR核电站牺牲混凝土技术开发与应用”、“核电站筏基大体积混凝土延迟钙矾石反应研究及应用”项目，核工业工程研究设计有限公司申报的“百万千瓦级压水堆核电站三维详细设计技术”项目等获得三等奖。这些项目凝聚了中国核建在核电建造工程管理、施工技术、现场设计等领域的技术创新成果，并已广泛应用于在建的二代改进型核电站和EPR核电站建设中，取得了良好的经济效益和社会效益。

2. 中国核建组织成员单位积极参与行业标准体系建设。2012年获批主编国家能源行业核电标准11项，参编5项；中核二二、中核二三、中核华兴等单位获准参编核电厂建设工程预算定额。

3. 2012年度中国核建知识产权创造数量和质量大幅提升。获得专利授权80项，其中发明专利12项；获得国家版权局计算机软件著作权登记11项；新申请专利141项，其中发明专利40项。

4. 中国核建大力推动科技成果转化。继主管道窄间隙自动焊焊接技术在宁德、福清核电工程项目中应用推广后，核岛不锈钢水池覆面安装自动焊技术，经过工艺验证成功应用推广到红沿河等核电工程项目中。该项技术采用自动钨极氩弧焊替代手工焊，使不锈钢水池覆面焊接一次合格率提高到近100%，工效提高超过2倍，对保障核电工程质量、控制投资成本具有重要意义。

5.2012年中国核建大力推进信息化顶层设计工作，编制了《中国核建信息化建设实施建议方案》，持续开展中国核建“一个平台、四大系统”(网络平台，经营管理信息系统、综合项目管理信息系统、核电项目管理信息系统和工程设计集成系统)建设工作。中国核建内部虚拟广域网已完成总部内网、互联网、视频会议专网“三网合一”建设方案编制工作，人力资源管理系统一期工程、核电项目管理系统一期工程、产权登记管理系统正式投入运行，中国核建基本实现了财务核算信息、资金信息、薪资福利信息、核电项目信息、产权登记信息的统一管理。成员单位信息化能力进一步提升，多项目管理信息化初见成效，中核能源开发的核电工程管理信息化平台，正式投入到高温气冷堆示范工程建设过程中，基本实现了示范工程设计管理、采购管理、项目管理信息化。

三、中国广核集团有限公司

(一)概述

中广核集团建立以中科华技术研究院、中广核工程有限公司、中广核运营公司、苏州热工研究院等为核心的技术研发单位，科技创新定位逐步从支撑产业发展调整为引领产业发展，高起点“引进、消化、吸收、再创新”，为我国核电技术自主化作出了重要贡献。通过实施科技创新战略，以“十二五”科技规划为指引，实施“科技战略专项、尖峰计划”，形成了一批核心科研成果，如核电站数字化仪控系统、严重事故模拟和全范围原理模拟机、18 个月换料、主管道自动焊、控制棒驱动机构、换料机、地坑过滤器、核反应堆专用机器人等重大研发成果已在工程生产中得到应用，为中广核集团核电运营业绩、工程建设业绩创优提供支撑；形成了 CPR1000 自主核电品牌，具备了集约化、专业化、规模化设计、建设和运营 CPR1000 核电站的能力；积极参与三代核电技术 EPR 和 AP1000 的引进消化吸收和再创新工作的同时，对照国际最新安全标准，借鉴国际核电领域的最新经验反馈，自筹资金 18 亿元，自主开发三代核电 ACPRl000 和 ACPR1000+。截至 2012 年 12 月 31 日，中广核集团累计申请专利 940 项（其中发明专利 540 项），累计获得授权专利 420 项（其中发明专利 132 项）。科技投入从 2008 年的 5.2 亿元增加到 2012 年的 13.4 亿元，占主营业务收入的 4%，高于国资委对“十二五”期间央企科技投入比重要求(2.5%)。

在为企业发展提供坚实支持的同时，中广核集团积极努力为国家科技创新作贡献，承建国家能源核电工程建设技术研发中心、国家能源核电站核级设备研发中心、国家能源先进核燃料元件研发中心等国家级研发中心（到 2012 年底已完成投资 19.1 亿元），打造“综合热工水力与安全实验室”，建成具备百万千瓦级先进核电站实验研究的重要研发平台。这些中心与平台坚持走开放性科技战略，积极打造政产学研用协同创新平台，除集团内项目，这些中心还承担国家“973”计划、“863”计划以及科技支撑计划等大量国家科技计划项目，致力解决制约行业发展的技术瓶颈，在我国能源科技发展中发挥了重要作用。

（二）核能科研进展及开发成果

1. 为确保中广核集团承接的国家级重点科研项目的研发目标、质量和进度满足国家部委的要求，确保集团领导充分掌握项目建设信息，协调项目建设有关事项，推动解决项目建设中存在的重大问题，2012 年中广核集团成立了“国家重大科研项目领导小组”，组织协调国家级重点科研项目中存在的问题。

2. 2012 年中广核集团新增获批国家级科研项目 17 项，项目总经费约 12.28 亿元，其中国拨经费 2.95 亿元，自筹经费 9.33 亿元，自筹比例达到 76%。已获批承研国家能源局 5 项核电安全技术研究项目（中国二代加核电厂抗震能力提升及超设计基准抗震裕量分析研究、超设计基准事故缓解设备和系统研发、核电厂严重事故仿真平台与氢气控制装置研发、多种外部灾害叠加情况下危害分析及应对措施、严重事故应急救援机器人研制）和 3 项战略新兴产业项目（核电建设管理技术研究与创新平台建设项目、先进核燃料元件大型综合热工水力试验装置建设项目、中广核青海太阳能热发电试验基地一期项目），科技部 3 项“863”计划课题（压水堆核电站长寿期安全运行关键技术、压水堆核电站安全级冷却链改进研究、槽式集热系统试验平台建设项目）和 1 项国际热核聚变实验堆计划专项课题。

3. 在标准与知识产权建设方面。2012年完成行业标准编制任务46项(已提交报批稿或已发布),其中主编38项,在编标准任务265项。知识产权共完成申请842件,授权349件(发明94件),著作权登记394件。2012年新申请专利170件(发明申请86件、实用新型83件、外观设计1件),完成专利授权123件(发明授权56件、实用新型63件、外观设计4件),完成软件版权登记32件。

(三)政产学研合作

2012年,积极推动中广核集团与政府机构、科研机构、高等院校及相关企业开展科技合作与交流。先后与上海市、山东省东营市等地方政府签订相关战略合作协议,集团相关成员公司与中科院、中国电力科学研究院等知名科研机构在新能源、材料、电力传输等领域开展了合作研究,与清华大学、厦门大学、华北电力大学、上海交通大学、浙江大学等在联合建设实验室、国家项目联合申报、合作开展科研项目等方面开展了深入的合作交流;与沈鼓集团、上海电气、东方电气、四川瑞迪等企业在核级设备研发、主设备制造、试验平台建设等方面的合作取得了丰硕的成果。

(四)国家能源研发中心

为进一步加强中广核集团承担的国家级研发中心管理工作,集团对承建的5个国家级研发中心进行了中期检查,及时跟踪研发中心建设进展及存在的问题。

1. 国家能源核电工程建设技术研发中心下设6个专业实验室的建设已按计划进行,包括人因工程实验室、调试技术研究实验室、自动焊实验室、金属实验室、数字化仪控综合验证实验室、数字化核电工程虚拟仿真实验室与协作平台。

2. 国家能源核电站核级设备研发中心核级设备湿热试验和杂质试验台项目已经完成LOCA鉴定试验室、杂质鉴定试验室的建设工作;核电站安全壳内不可接近设备研发和试验中心(一期)的研发中心大楼土建全部完工并完成验收;核电站安全壳内不可接近设备研发和试验中心(二期)已完成项目方案的评审;后续将继续推进研发项目的成果转化,推进不可接近二期项目的建设工作。

3. 国家能源先进核燃料元件研发中心在试验装置研制方面,已经完成燃料组件水力学实验装置的建设工作;燃料组件相容性实验装置已基本完成建设工作;燃料组件热工水力综合实验装置正在建设中,预计2013年竣工。在科研课题研究方面,已经完成燃料组件上管座、下管座、板弹簧和防屑滤网的设计和试验件加工;完成导向管和格架的设计和试验件外协加工的技术交底,正在进行商务谈判;完成燃料棒和模拟燃料组件整体设计;完成上管座、下管座、板弹簧力学试验;即将开展上管座、下管座压降试验。

4. 国家能源核电站寿命评价与管理技术研发中心已建设完成在役检查冷实验大厅,新增实验室建筑面积3500平方米;在苏州工业园新规划实验室面积约1000平方米,包括流体加速腐蚀实验室、焊接实验室和喷涂实验室等，目前已完成场地改造。

5. 国家能源核电站数字化仪控系统研发中心已建设完成核安全级数字化仪控系统研发、验证平台、电站计算机系统研发，后续将根据国家能源局的计划安排做好研发中心的验收工作。

四、中国电力投资集团公司

中电投核电技术中心（北京）有限公司作为中电投集团核电专业技术服务机构，是集团核事故应急支持中心、核电技术管理和技术决策支持平台，也是集团核电经验反馈和信息共享平台，负责开展核电项目前期、工程建设、生产运行等不同阶段的核电技术研究、开发、支持和应用工作。

中电投核电技术中心自成立以来已聚集起一支高水平的科研人才队伍，形成良好的工作环境和工作氛围，承担了国家能源局、国家核安全局、中电投集团多个核电科研项目，开展了当前国际国内前沿核电技术的研究，正在为中电投集团多个核电项目提供技术服务与技术支持。2012年，中电投核电技术中心承担了国家重大专项子课题项目之一的《核电站 Living-PSA 和在线风险检测与管理技术研究》。

五、国家核电技术有限公司

1. 核能领域研发（实验）中心。

国家核电技术有限公司共有 11 个省部级以上的技术中心及重点实验室获得资质认证。2012 年国家核电技术公司技术中心被国家发改委等五部委批准为“国家认定企业技术中心”。国家核电 9 家生产经营型所属单位（上海核工院、国核院、山东院、国核工程、国核设备、国核锆业、国核自仪、国核运行、上海成套院）已设立技术（研究）中心 15 个。这些技术中心结合本单位实际业务，围绕重大专项开展科技攻关，正在成为公司科技创新的重要力量。

2. AP1000 三代核电自主化研发。

为了保障 AP1000 核电自主化依托项目建设，并为三代核电自主化发展和批量化建设打好基础，尽快实现设备国产化，全面提升中国核电装备制造企业能力，国家核电技术公司与核电企业、装备制造企业通力合作、共同努力，以“全面推进、重点突破”为原则，积极推进引进技术的消化吸收，支持自主攻关，借助依托项目建造，积极稳妥地推进 AP1000 三代核电关键设备的国产化，为 AP/CAP 系列机组的规模化、批量化建设奠定坚实的基础。

核电工程设计、建设与管理

发展现状

在核电规模化建设的形势下，各核电工程公司积极推进核电工程建设国产化和自主化，设计及设计管理、采购及设备监造、施工管理、调试启动四大能力不断提升，具备了较强的工程总承包能力。建设安装企业积极适应核电群堆建设与多项目管理要求，培养和造就了一支经验丰富、能打硬仗、国际领先的核电建设队伍。在建核电工程项目质量、进度和投资等得到较好控制。不断推进核电项目管理创新，核电建设能力处于国际领先水平。

核电工程设计与管理

一、中国核工业集团公司

中国核电工程有限公司按照中国核工业集团公司“集团化运作、专业化经营”的部署，以“2020 年成为国际一流的综合性工程公司”为发展目标，着力推进工程管理的规范化、标准化和精益化，提升核电工程设计、建设管理水平。截至 2012 年底，工程公司已成立 6 个核电项目部，开工建设的总承包机组达到 7 台，各总承包项目进展情况良好，安全、质量、进度、费用处于受控状态，核电建设管理模式得到持续优化与完善，确保了项目重大节点的实现。

1. 核电领域

中国核电工程有限公司承担福清核电 (1–6 号机组)、秦山核电扩建项目 (方家山核电)、海南昌江核电、田湾扩建核电项目 (3–6 号机组)、湖南桃花江核电、辽宁徐大堡核电等工程总承包工作。

福清、方家山 1、2 号机组克服主泵、DCS 延误，主要设备拖期等严重困难，从设备采购、建安及调试管理等方面采取措施，优化工期，确保了电气厂房送冷风、泵房进水、核回路冲洗、汽轮机扣缸、500kV 倒送电等节点按计划实现。福清 3 号机组 2012 年 10 月 9 日完成穹顶吊装，4 号机组已于 11 月 17 日实现 FCD。福清 5、6 号机组 9 月 1 日实现 ATP 工程零点，完成项目组织机构设置，现场具备负挖条件，7 个采购包已启动，DCS 等主设备已发标。海南昌江 1 号机组已于 2011 年 12 月底提前实现穹顶吊装，2 号机组按计划要求于 2012 年 9 月 25 日实现穹顶吊装，实现 YA 除盐水可用等里程碑节点。田湾 3 号机组核岛 2012 年 12 月 27 日实现 FCD。徐大堡核电项目现场已具备五通一平条件。

核电设计领域，中核集团具有自主知识产权的第三代核电 ACP 系列型号研发取得积极进展，ACP1000 进入工程总体设计阶段；AP1000 技术转让分许可协议正式签署，工程公司已接收第一批 AP1000 技转资料，依托工程项目的消化吸收工作正在全面展开。

ACP1000研发解决了科研和设计分工问题，完成了与安审中心的联合研究内容，初步安全分析报告通过专家咨询评估并提交核安全局。AP1000技术消化吸收工作已完成第一批任务包的资料审查和技术复现工作，第二批任务包分许可协议已正式签署。技术消化吸收工作通过集团阶段成果评估。ACP100项目完成了初可研报告、两评报告，基本完成业主委托的各项前期工作。二代改进型机组积极落实福岛事故后国家核安全局的14项改进要求，其中10项已通过核安全局审查；1项完成对话，满足装料要求；3项已确定计划并付诸实施。快堆项目完成了商务合同签订，为框架合同谈判做好了准备，完成了四通一平、厂前区规划方案设计。

2. 核电相关领域

中国核电工程有限公司2012年开展后处理重大科技专项、退役与三废治理科研项目33项，完成科研项目5项，阶段性完成项目28项。

大型核燃料后处理厂科研重大专项11项课题整体进展基本顺利。其中设计支撑技术研究取得重要研究成果，关键设备研制课题已取得实质性进展，部分课题关键技术取得突破。200吨/年乏燃料后处理厂建设项目完成项目选址工作、项目建议书和“两评”报告初版。新燃料运输容器首批100台产品实现交付，成为集团科技重点专项第一个实现产业化项目。

中国核电工程有限公司完成集团公司核燃料元件工程等规划任务3项、核燃料元件及配套设施工程咨询设计和工程总承包任务50余项。

核燃料芯块先进烧结系统研制项目完成关键部件主体加工制造和耐火隔热材料的衬砌。核燃料元件生产线关键工艺装备“200吨级干法铀转化装置”研制成功、实现了我国陶瓷二氧化铀粉末转化技术由湿法向干法改进的重大突破，项目顺利通过了国防科工局的验收。

二、中国广核集团有限公司

1. ACPR1000+是中广核集团拥有自主知识产权的三代核电堆型，中广核确保投入，在科研设计、试验研究、关键设备、燃料组件、软件研发、知识产权等方面齐头并进。2012年，ACPR1000+概念设计已全部完成，初步设计完成20%，通过国家核安全局、中国核能行业协会的评审，获得“总体达到三代核电技术水平”、“可作为我国后续核电发展的技术选择之一”的评价，国际评审进入实质性阶段。

2. ACPR1000是中广核集团准三代核电堆型，中广核结合福岛核事故经验反馈，在CPR1000+基础上提出31项重大技术改进方案，形成了具有三代主要技术特征的ACPR1000技术方案。2012年，ACPR1000获得中国核能行业协会“安全水平显著提高”、“可作为近期新建核电机组选择的技术方案”的评价，为依托项目开工创造了有利条件。

3. CPR1000是中广核集团成熟的自主品牌二代加核电堆型，2012年，中广核集团持续开展福岛改进项的补充分析及专项研究，并向 CPR1000 在建项目移交研究成果，进一步提高 CPR1000 在建项目的安全性。

4.EPR 方面，中广核集团依托台山核电站一期项目，全力确保联合设计工作的正常开展，同时依托台山二期项目对 EPR 技术进行消化吸收，并逐步迈向自主设计。

5.AP1000 方面，中广核集团积极开展 AP1000 消化吸收工作，2012 年获得 20 个技转包的指定用户资格；开展 AP1000 模拟设计，完成顶层设计文件、设计准则、全厂规划和总平面图设计，基本完成 AP1000 模拟设计初步设计阶段总体设计工作。

三、国家核电技术有限公司

三代核电自主化依托项目全球首批 4 台 AP1000 机组建设总体进展顺利，工程已不存在颠覆性问题。AP1000 主泵成功完成全部试验，首台主泵运抵三门现场。两个 1 号机组主设备基本到场，三门 1 号机组主系统安装进展顺利。首台机组计划于 2014 年并网发电。

借助依托项目建造，积极稳妥地推进 AP1000 三代核电关键设备的国产化。经过 5 年多时间，国内核电装备制造企业在硬件条件、制造技术和管理能力上都得到了很大提升，不仅在超大型锻件和关键设备制造上取得突破，而且在部分特殊设备和材料领域填补了国内空白。为依托项目制造的稳压器、安注箱、堆芯补水箱、主管道、CV 等设备已实现供货，正在制造中的压力容器、蒸汽发生器等设备总体进度可控，主泵国产化工作有序推进，依托项目 4 套钢制安全壳的主体制造全部结束，核级锆材生产线全线贯通，设备国产化工作取得了丰硕成果。

与美国洛克希德·马丁公司联合开发、共享知识产权的新一代反应堆保护系统 NuPAC 平台正在接受美国核管会评审。自主化核电软件 COSINE 软件基本完成物理和热工核心软件系统的代码编写和调试阶段的测试。

CAP1400 示范工程前期准备工作稳步推进。完成了示范工程“两评”报告和初步安全分析报告的编制，并配合国家核安全局完成了初步安全分析报告评审方案。优化示范工程 FCD 前进度和二级进度计划。厂址保护有效实施，生产准备工作按计划推进。

具有自主知识产权的 CAP1400 核电站初步设计正在接受国家审查，施工设计完成 32%。与美国洛克希德·马丁公司联合开发、共享知识产权的新一代反应堆保护系统 NuPAC 平台正在接受美国核管会评审。CAP1400 示范工程前期准备工作继续推进，压力容器、蒸汽发生器、主泵及汽轮发电机组 (T/G) 等长周期设备的采购合同正式签订。

核电工程的建筑与安装

一、基本情况

中国核建承担的核电站核岛工程机组数量共达31台。其中新开工建设4台，实现穹顶吊装7台，完成冷试1台，完成热试2台，投入商运1台。在建核电工程进展顺利，重大节点基本提前实现，安全、质量全面处于受控状态。三门核电、海阳核电的AP1000施工总承包管理工作不断完善与提升。以主管道窄间隙自动焊技术为代表的具有自主知识产权的技术，在红沿河、宁德、福清、方家山、三门、台山等项目得到了良好的应用。同时，中国核建加快了标准体系建设步伐，推进中国核建范围内的经验反馈与共享，不断缩小各成员单位之间的差距。

中国电力投资集团公司也积极稳妥地做好核电工程的各项建设工作。山东海阳核电一期工程全年顺利完成了1号机组发电机到货、2号机组安全壳4环就位、1号机组两台蒸汽发生器交付现场、2号机组CI安装开始、1号机组稳压器就位、除盐水可用、1号机组倒送电、1号核岛主管道安装开始等17个年度重要里程碑节点；1号机组土建工作完成约70%，已经进入主系统安装阶段，主管道开始安装。1号机组常规岛主要设备全部交付，常规岛汽轮机厂房屋面封闭完成，常规岛安装工作全面展开。2号机组土建工作完成约50%，安装工作在逐步展开。红沿河核电一期工程继续稳步推进，1号机组完成了核岛主回路热试、核燃料组件运抵现场、颁发装料批准书、装料等四个一级里程碑。2号机组进入核岛主回路冷试准备阶段。3号机组将进入主设备安装阶段。4号机组土建施工已完成80%以上，安装工作已逐步介入。彭泽核电项目主要进行厂址保护工作，启动AP1000核电工程建设标准化管理体系建设工作。

二、2012年度核电工程已完成的重大节点

（一）7台核电机组顺利实现穹顶吊装

1. 防城港核电站1号机组：4月13日实现穹顶吊装；

2. 宁德核电站4号机组：5月5日实现穹顶吊装；

3. 阳江核电站3号机组：6月9日实现穹顶吊装；

4. 台山核电站2号机组：9月12日实现穹顶吊装；

5. 昌江核电站2号机组：9月25日实现穹顶吊装；

6. 福清核电站3号机组：10月9日实现穹顶吊装；

7. 防城港核电站2号机组：12月26日实现穹顶吊装。

（二）1台核电机组实现冷试

宁德核电站1号机组于2月14日冷试结束（该机组于12月28日首次并网成功）。

（三）2台核电机组实现热试

1. 宁德核电站1号机组：5月1日—

6月14日热试；

2. 红沿河核电站1号机组：6月3日—7月4日热试。

(四)1台核电机组实现商运

秦山核电二期4号机组：4月8日投入商运。

(五)4台核电机组顺利开工建设

1. 福清核电站4号机组：11月17日开工；

2. 阳江核电站4号机组：11月17日开工；

3. 山东石岛湾高温气冷堆核电站示范工程：12月9日开工；

4. 田湾核电站3号机组：12月27日开工建设。

核设备制造

发展现状

一年来，以哈电集团、东方电气、上海电气、中国一重和中国二重等为代表的核电装备制造企业，积极应对日本福岛核事故带来的不利影响，加大技术改进和研发力度，核安全文化和质量保障体系不断完善，产品质量稳定性不断提高，研发水平和制造能力进一步提升，较好地满足了在建核电工程建设的需要。AP1000大型锻件、关键泵阀和仪表国产化工作取得了新进展。

以核电工程建设为依托，我国核电装备国产化取得新突破。通过引进消化吸收技术、自主创新和大规模技术改造，建成了具有国际先进水平的核电装备制造基地，掌握了核岛和常规岛关键设备设计、制造核心技术，初步建立了核安全文化和质量保证体系，产品质量稳定性逐步提高；二代改进型压水堆核电站设备国产化能力达80%以上，已经具备每年生产10~12套核电关键设备的能力。通过消化吸收AP1000三代核电关键设备制造技术、合作生产和开展科技攻关，三代核电设备制造国产化取得重要进展。

设备自主化研制生产情况

一、哈尔滨电气集团公司

哈电集团是我国最大的发电设备、舰船动力装置、电力驱动设备研究制造基地和成套设备出口的国有重要骨干企业集团之一。哈电集团拥有2个国家级工程（技术）中心、1个国家重点实验室、2个院士工作站、4个博士后工作站。基本形成了以各主机厂设计（工艺）部门为核心的“产品制造技术”层，以国家级工程（技术）研究中心等为核心的“研究开发”层，以院士（博士后）工作站与高校（科研院所）协作为载体的“上游技术”层的技术创新体系，关键装备和制造技术能力达到国际先进水平。主要研制生产的核电设备有：

1. 咸宁蒸汽发生器项目是国内第一台自主化设计的AP1000核电项目。管板组件顺利通过开工先决条件检查，蒸汽发生器实现开工，这标志着哈电集团AP1000蒸汽发生器产品进入批量生产阶段。

2. 三门2号机组蒸汽发生器是首台国产化AP1000蒸汽发生器。A管板深孔加工工作的圆满完成，标志着哈电集团在AP1000核电装备国产化道路上又迈出了关键的一步，实现了我国核岛主设备关键制造技术的重大突破。B管板在保证钻孔质量的前提下，钻孔时间在原有基础上缩短了9天，为设备的按时交货争取了时间。

3. 哈电集团首次承制三门2号机组非能动余排设备。现已顺利完成水压试验，完成设备制造。

4. 在海阳1号机组堆芯补水箱顺利交货的有利条件下，哈电集团再接再厉，科学组织并严密监督哈电重装公司的项目管理工作，确保海阳2号机组堆芯补水箱项目在保证制造质量的同时缩短制造周期，满足业主的交货要求。海阳2号机组堆芯补水箱已完成水压试验。

5. 石岛湾高温气冷堆蒸发器项目是国家科技重大专项，由清华大学自主研发设计。哈电集团积极组织各专业专家共同寻求解决方案，现已解决了大部分工艺难题，推动了项目进展，为项目顺利进行奠定了坚实的基础。

6. 三门核电项目1号机组常规岛主设备已经全部完工发货，为实现我国AP1000三代核电自主化和批量化制造奠定了坚实基础。其中，1号机组发电机定子冷却水系统集装和密封油系统集装控制系统通过业主及国外核电技术专家验收，标志着电机公司首台AP1000发电机辅机产品制造成功，开我国核电控制设备国产化制造之先河。

7. 山东海阳核电1号机组TG包主设备均发运完毕，标志着我国首批三代AP1000核电自主化依托项目1号机组的常规岛主设备全部制造完工，也标志着哈电集团百万千瓦级核电常规岛主设备的设计、生产制造全面步入正轨。

8. 海南昌江核电项目1号机组主设备进展顺利，大部分产品即将发货。2号机组铸锻件等长周期设备均已到厂并陆续进行加工。项目整体进度满足现场要求。

9. 田湾3、4号机组TG项目于2012年2月召开项目启动会。高低加、除氧器供货合同正式签订。设计评审会顺利召开，哈电股份汽轮发电机组设计方案获得认可。汽轮机低压转子锻件、发电机转子、汽轮机高压缸、MSR换热管束、凝汽器管板等长周期关键材料已完成采购。

10. 签订国核重大专项示范工程屏蔽主泵合同。该类型核主泵是目前世界最大功率的屏蔽电机泵。哈电集团已成为中国自主三代核电CAP1400先进压水堆型设备国产化的关键设备供货厂家之一。

二、东方电气股份有限公司

2012年，东方电气在核电市场营销、项目执行及机组投运方面均取得重大进展：东方电气签订大型先进压水堆CAP1400示范工程的汽轮发电机组研制供货合同；世界单机容量最大的台山核电厂1750MW级核能发电机在东方电气顺利通过型式试验；由东方电气提供核岛及常规岛主设备的宁德1号机组于2012年12月28日一次并网成功。

2012年产出1台压力容器、8台蒸汽发生器、5台稳压器、2台余排、3台安注箱、2台硼注箱、3台汽轮机、6台发电机、7台汽水分离再热器等核电设备，同时AP1000和EPR产品全面进入制造、交付阶段，东方电气成为同时批量化生产二代加和两种三代机组成套设备的企业。

（一）核设备制造能力、业绩

1. 东方汽轮机有限公司

东方汽轮机是我国研究、设计、制造大型电站设备的高新技术国有企业，是全国机械工业100强企业和三大汽轮机制造基地之一，主要制造核电核岛控制棒驱动机构及常规岛汽轮机。

东方汽轮机具备年产4—6台套控制棒驱动机构(CRDM)能力,红沿河5号机组CRDM在制中。

东方汽轮机具备年产8台套百万千瓦级核能汽轮机生产能力，目前在制的项目有红沿河、宁德、方家山、福清、台山、CAP1400大型先进压水堆示范项目等核电项目。

2. 东方电机有限公司

东方电机是国内发电设备制造大型骨干企业之一,主要研制核电常规岛发电机。

东方电机具备年产8台套百万千瓦级核能汽轮发电机及20台套以上主泵电机的生产能力，目前产品覆盖二代加、AP1000、CAP1400、ACP1000以及EPR机型。

3. 东方锅炉股份有限公司

东方锅炉是我国大型发电设备制造和出口基地之一，主要制造核电核岛反应堆压力容器、蒸汽发生器、稳压器、硼注箱、安注箱、重型支撑以及常规岛汽水分离再热器等设备。

东方锅炉具备年产6套CPR1000稳压器、安注箱、硼注箱及各类支撑；2~3套核岛容器及换热器(130A容器包)；4套AP1000稳压器、堆芯补水箱、安注箱、各类重型支撑、堆顶包及空气罐包等核岛重要设备；6~8套机组常规岛辅机高加、低加、除氧器、STR系统设备及各种二回路管道和联箱；4~6套反应堆压力容器(RPV)外围设备不锈钢类产品的生产能力；6~8套核电常规岛蒸汽联箱的生产能力。目前产品覆盖二代加、AP1000机型。

4. 东方电气(广州)重型机器有限公司

东方重机是我国大型核电设备国产化的专业制造基地，是东方电气股份有限公司的出海口基地,主要生产核电核岛主设备(反应堆压力容器、蒸汽发生器、稳压器、余热排出热交换器)及常规岛汽水分离再热器。

东方重机具备年产4套百万千瓦级核岛主设备及6~8套常规岛汽水分离再热器的生产能力。在制核电项目有红沿河、宁德、方家山、福清、台山、CAP1400国核示范项目等核电项目。

5. 东方阿海珐核泵有限责任公司

东方阿海珐是东方电气股份有限公司与法国阿海珐集团(AREVA GROUP)下属的热蒙股份有限公司(JSPM)共同出资，为实现核反应堆冷却剂泵本地化而组建的合资公司,主要从事百万千瓦级压水堆核电站反应堆冷却剂泵及其驱动电机的设计、制造、检测、试验、销售及售后服务业务，并向核电站提供备品、备件。

东方阿海珐具备年产15台核电主泵以及20套轴密封的生产能力,已先后向岭澳核电站、红沿河核电站、宁德核电站、阳江核电站提供了27台套主泵。由东方阿海珐提供主泵的岭澳二期4号机组顺利投入商业运行，东方阿海珐也成为国内首家具有主泵核电站运行业绩的公司。

6. 东方电气(武汉)核设备有限公司(简称东方武核)

东方武核于2008年12月31日完成

改制及工商登记注册，于2010年取得民用核安全机械设备制造许可证，主要制造核电站反应堆堆内构件等设备。

东方武核具备年产百万千瓦级核电站用堆内构件4~6台(套)、压力容器800吨、“专项工程”堆内构件、再生式热交换器、非再生式热交换器和非能动余热排出冷凝器等设备1.5台(套)的生产能力，首个核电订单广西防城港核电厂一期工程两台机组用堆内构件项目于2011年3月开工制造。

(二)核能科研项目进展情况

1. 国家重大科技专项——大型先进压水堆

(1) 核岛部分

东方电气与上海核工程研究设计院签订了《CAP1400蒸汽发生器研制课题联合协议》，并在上海核工程研究设计院牵头组织下开展课题申报工作，2012年5月课题申报书和预算书通过了国家核电技术公司组织的专家论证审查。

(2) 常规岛部分

东方电气参加了国家重大专项常规岛关键设备自主设计和制造课题的研究，承担了“CAP1400半速饱和蒸汽汽轮机研制”、“CAP1400半速汽轮发电机研制”等共20个专题的研究工作，2012年8月17日课题启动。

2. 2012年8月14日，上海核工程研究设计院与东方汽轮机有限公司签署了CAP1000堆型控制棒驱动机构样机研制协议。12月6日，中科华核电技术有限公司与东方汽轮机有限公司签署了控制棒驱动机构科研及产业化合作框架协议。

三、上海电气(集团)总公司

上海电气核电产业涵盖核岛的压力容器、蒸汽发生器、稳压器、堆内构件、控制棒驱动机构、主泵到核二三级容器和装卸料机，常规岛的汽轮机、汽轮发电机等关键设备以及大型铸锻件、仪控仪表和主要辅机等设备制造和供货。

在已投运的核电站中，包括秦山一期、巴基斯坦恰希玛一期和二期、秦山二期、秦山二期扩建、清华高温气冷堆、大亚湾、岭澳一期、岭澳二期、宁德、红沿河等，正安全可靠地运行着上海电气提供的这些核电关键和配套设备；在在建的核电工程中，包括昌江项目以及宁德、红沿河、阳江、方家山、福清等二代加核电项目，三门、海阳等三代AP1000项目和台山三代EPR项目以及高温气冷堆示范工程等，上海电气正在承制或交付这些核电关键和配套设备。上海电气的核电产品覆盖了国内所有的核电站。

临港基地是上海电气新建的特大、特重、超限的装备制造基地。临港基地一期工程于2008年投产，并于当年出产蒸汽发生器等一批重型设备。二期扩能于2009年7月正式启动，并已基本完成，使上海电气的核电关键设备的制造满足年产10套堆内构件和控制棒驱动机构、6套压力容器和蒸汽发生器、12台核电主泵、50台/套核二三级泵、6套常规岛半速汽轮发电机机组的能力。

为满足包括三代技术在内的百万千瓦级核电主设备向超大、超重、高技术发展的大型铸锻件需求，上海电气完成了核级大型铸锻件能力的改造，从而有能力提供最大铸锻件钢锭600吨、最大铸件450吨、最大锻件350吨，实现年产1000MW级核岛容器类重型设备（压力容器、蒸发器、稳压器和主管道）的配套锻件6套和1000MW反应堆堆内构件锻件25套的目标。

适用于整个组织和所有雇员的核电质量保证体系在上海电气涉核企业中严格实施，以确保所有活动符合相关的和具体的质量保证监管要求，而这将通过程序性的纪律和遵守国际和国内公认的质量标准予以保证。上海电气正在通过持续改进质量管理体系的有效性，以致力于集团核电产业发展目标的实现。

四、中国第一重型机械集团公司

（一）核设备制造和产出能力

中国一重核电设备的主要制造单位——大连核电石化事业部，现有11跨厂房，分南北两个厂区，作业面积达12万多平方米，最大起重能力为1200吨，拥有3000吨自备码头，拥有国内最大的10m×10m×24m热处理炉及探伤室。

中国一重大连核电生产基地现有5m×10m、3m×8m数控龙门铣床各两台，ϕ16m、ϕ5.5m数控立车，ϕ260mm、ϕ210mm、ϕ200mm、ϕ160mm，ϕ225mm、ϕ250mm数控铣镗床等，这些设备均可用于核反应堆压力容器的机械加工。数控BTA管板钻床、梅花拉床、ϕ6.3m数控双柱立车、10m×10m×10m清洁室、管束管板自动焊接等设备可用于蒸汽发生器的制造。新增2台350吨电动双梁桥式起重机。1台ϕ1.65m×10m/50t卧式车床、1台1300mm金属带锯床等。通过不间断的技术改造，中国一重核电铸锻件生产能力和技术水平得到不断提升。同时，按照“高起点、高标准、系统性”的原则，先后规划并实施了研发中心建设、核电基地建设等重大技术改造项目。目前，铸锻钢基地具备年产钢水50万吨、锻件24万吨、铸钢件6万吨的制造能力，同时具备一次提供钢水900吨、最大钢锭750吨、最大铸钢件500吨、最大锻件450吨的极端制造能力。全面推行生产过程信息化管理系统，实现了信息化、自动化、专业化的有效融合，具备了年产10套1000MW级核电大型铸锻件的制造能力，推动了我国核电装备大型铸锻件的产业化进程。另外，为满足核电装备材料的基础数据测定、分析、实验及试制需要，还建设了三个理化检测中心和多个实验室及平台，实验室配备了先进的检测仪器、分析系统和实验手段，为核电装备的研发创造了良好条件。

目前，中国一重核反应堆压力容器的制造已经达到80%国产化的目标，具备了年产5台套百万千瓦级核岛一回路主设备、10套核岛一回路设备及5套常规岛设备所需大型铸锻件的能力，成为全球举足轻重的核电装备供应商之一。

（二）核设备科研项目进展情况

1.600 吨级超大型钢锭的研制。

实现锻件超大型化的关键是能否研制出超大型钢锭，而超大型钢锭的制造难度极大。本项目实施前，600 吨级钢锭只有日本制钢所可以制造，导致超大型锻件依赖进口而受制于人。不攻克 600 吨级超大型钢锭的制造技术难题，就无法解决我国能源、冶金等涉及国民经济命脉和国家安全的重大技术装备国产化难题，影响国家重大工程建设。

超大型钢锭制造特点是多个精炼包钢水依次通过中间包浇注到真空室里的钢锭模内。在浇注过程中，防止钢渣进入钢锭模、避免钢水二次氧化、中间包水口等耐火材料能经受超过 1500℃钢水长时间冲刷等是超大型钢锭制造成败的关键。由于多包、长时间浇注，使得超大型钢锭的制造与大中型钢锭相比发生了质的变化。钢锭越大，偏析、缩孔等缺陷越严重。此外，随着锻件向超大型化方向发展，要求钢水更加纯净，给冶炼提出了更高的要求。中国一重以第三代核电 AP1000 常规岛整锻汽轮机低压转子为攻关目标，通过大量的试验研究，发明了带有挡渣堰的真空铸锭用中间包，有效地防止了钢渣进入钢锭模；开发了真空铸锭用中间包塞棒、水口等优质耐火材料及应用技术，满足了高温下长时间冲刷的要求；发明了超大型钢锭二次浇注技术，极大地减少了二次缩孔及宏观偏析；开发了长水口保护浇注，避免了钢水的二次氧化。通过与日本制钢所的同级钢锭解剖结果对比，所研制的超大型钢锭碳偏析的控制及纯净度超过它的指标。

600 吨级超大型钢锭研制成果获得 2012 年黑龙江省科技进步特等奖。此项成果已获授权专利 7 项（发明专利 4 项），已批量应用于电力、冶金等重大装备所需超大型锻件的制造。截至 2012 年底，共生产出 36 只超大型钢锭。

2. 核岛铸锻件的研制。

(1) 开发了低硅控铝钢制造技术。

大型先进压水堆核电超大型锻件对力学性能和无损检测要求极为严格，而锻件的质量又主要取决于钢锭的冶金质量。在大型先进压水堆核电超大型锻件研制初期，采用传统冶炼方法制造出的锻件合格率较低，其中为韩国斗山重工株式会社生产的三门核电站 1 号机组反应堆压力壳整体顶盖因探伤而报废。为了获得高纯净的钢锭，中国一重开发了“低硅控铝钢制造技术”。

由于冶炼期间采用低硅冶炼技术（即真空碳脱氧），使得钢水中脱氧主要依靠碳、氧反应来进行，脱氧产物不污染钢水，同时一氧化碳气泡排出时也带动了夹杂物的进一步排除，因此钢水比传统冶炼方法更加纯净。此外，由于钢锭硅含量减低，缩小了凝固区间范围，明显改善了钢锭凝固过程中的 A 偏析。

钢中酸溶铝含量对保证核电锻件获得细小的晶粒度十分重要，“低硅控铝钢制造技术”在实现钢水良好脱氧的同时，将铝作为合金元素加入，确保了精炼钢水中酸溶铝含量，并采用了长水口保护浇注技术，防止浇注过程中钢水的二次氧化。

由此，实现了大型钢锭宏观偏析小、夹杂物含量低、锻件晶粒度细小的目标，极大提高了实心锻件的合格率。采用“低硅控铝钢制造技术”生产的反应堆压力壳整体顶盖、水室封头等几十个实心锻件超声波检验均无超标缺陷，CAP1400蒸汽发生器管板锻件超声波检验未发现 $\geqslant \phi 2.5$mm 的缺陷。

(2) 开发了双端不对称同步压下变截面筒体类锻件的成形技术。

以第三代核电反应堆压力容器接管段和蒸汽发生器锥形筒体为例，国外采用“覆盖式”方法制造，这种成形方法最大的缺点是锻件形状与零件形状存在较大差异，由于零件形状是由机械加工保证的，所以锻件的纤维流线不连续，影响零件的质量与使用寿命。

反应堆压力容器接管段锻造的最大难度是内外法兰同步锻出。目前，日本制钢所只能锻造出外法兰，而韩国斗山重工株式会社则只能采用更大钢锭进行“覆盖式”锻造，先锻造出厚壁筒体，然后加工出内外法兰。中国一重发明了内外法兰同步锻造接管段。

蒸汽发生器锥形筒体锻造的最大难度是两端直段与锥段同步变形。目前，韩国斗山重工株式会社采用的是“覆盖式”成形方法，而日本制钢所采用近似仿形锻造的成形方法，先锻出整体锥段，然后再将锥段的两端压成直段，属于不同步变形，两端直段的锻比与中间锥段不一致。中国一重研制出锻造纤维连续且各部位均匀变形的蒸汽发生器锥形筒体。

(3) 开发了带接管一体化大型封头锻件旋转仿形整体制造技术。

随着大型先进压水堆核电设计理念与技术的不断创新与进步，带接管的一体化大型封头锻件被首次推向市场。先进的一体化设计、近乎苛刻的技术要求以及高昂的采购价格，使其一经问世即成为大型核电高端锻件供需市场上炙手可热的新宠。作为综合实力最强有力的证明，其制造技术亦成为世界一流制造企业新工艺研发的最前沿。

带接管一体化大型封头锻件旋转仿形整体制造技术是目前世界上制造此类锻件最先进的成形方法，主要表现在以下几方面。一是与“覆盖式”相比，仿形法不仅节约材料、降低成本、缩短制造周期，而且减小了锻件的有效截面，有利于气体含量的降低。二是仿形整体制造，保证了锻件纤维流线连续，无断头纤维，提高了锻件使用寿命。三是模具内成形，使锻件承受压应力，既改善了锻件受力状态，又使得锻件各部位变形充分且均匀，保证了锻件内部组织致密，提高了产品无损检测与力学性能检验的一次合格率。四是旋转锻造，降低了锻件成形力，保证了锻件形状及尺寸。

(4) 开发了减少难变形区全压应力高致密特厚大型管板胎模锻造技术。

自由锻造的大型管板“鼓肚”余量和加工量大，同时在锻造过程中由于坯料尺寸大造成锻件锻透性差，另外在锻件采用局部旋转锻造过程中，近心部区域由于反复局部镦粗变形，导致局部区域非金属夹杂物由体积变形成为层片状，超声波检测显示缺陷当量成倍增加而较容易超标。为了解决这些问题，中国一重进一步研究开发了特厚大型管板胎模锻造技术。

(5) 开发了带管嘴封头类锻件及管嘴部位全流线成形技术。

中国一重采用全流线成形技术生产的封头类锻件具有保留连续金属流线、管嘴锻比大以及节约材料等优点。

带管嘴整体锻件全流线成形中存在金属流动控制、空间定位、金属组织控制等技术难点，在专项研究中形成了板坯设计、模具设计、非对称球体空间定位机构设计和局部加热等专有技术。

2012 年 12 月，大型先进压水堆核岛主设备超大型锻件由中国机械工业联合会组织了国内权威专家鉴定，鉴定结论为：拥有自主知识产权，达到国际领先水平。

3. 常规岛整锻转子锻件的研制。

(1) 基础研究。

在 600 吨级超大型钢锭研究的基础上，中国一重又分别进行了下列两项锻造技术研究。

①几种拔长方法的对比研究分析，选择合理的钢锭压实的拔长方法。

②材料热锻性能及晶粒演化研究。

(2) 开发了 AP1000 稳压器下封头小直径管嘴内孔冲形技术。

(3)CAP1400 反应堆压力容器锻件实现了最大限度的一体化。

①经与上海核工程研究设计院协商，将 CAP1400 反应堆压力容器整体顶盖与 Quick loc 管制成一体化锻件，不仅可以提高产品质量，还可以形成设计及制造的自主知识产权。

②经与上海核工程研究设计院协商，将 CAP1400 反应堆压力容器过渡段及下封头制成一体化锻件，不仅可以减少在役检测，还可以形成设计及制造的自主知识产权。

五、中国第二重型机械集团公司

(一) 设备制造能力及产出

2012 年，中国二重坚持“核为大、核优先、核严格、核发展”的工作方针，集中力量加强以 AP1000 三代核电为重点的核电产品研发，把第三代核电铸锻件研发作为企业技术开发和创新的重点，特别是围绕 AP1000 核电锻件的国产化研究，从冶炼、锻造成形、热处理、机械加工等方面，做了大量的基础研究工作，取得了突破性研究成果，形成了多项具有二重知识产权和诀窍的专有技术。中国二重已经具备了 AP1000 核岛全部锻件和部分关键核级设备的制造能力，并持续技术创新，强化关键核心技术研发和攻关，研制出示范工程主管道、压力容器支撑及预埋件。

中国二重坚持以国家产业政策为指导，以市场需求为导向，围绕国家新能源战略，以低碳经济和绿色经济为突破口，加快产品结构调整，先后投资数十亿元进行了一系列技术装备升级换代，为提升极限制造能力，满足核电安全性要求，开展技术装备设计、制造水平技改，使钢锭生产能力从 300 吨级提高到 600 吨级，一次浇注钢水量从400吨提高到900吨，设备数控化率提高到近30%，形成了一批具有自主知识产权的专有或专利技术，为核电产品国产化提供了有力保证。

中国二重承制的AP1000核电项目合同共计有10余项，合同范围包含了堆芯补水箱、稳压器、蒸汽发生器和反应堆压力容器全套锻件以及多套主管道、堆芯补水箱成台设备。全年共实现59件/套核电锻件的产出。世界首套AP1000核电主管道发往安装现场，反应堆压力容器重型支撑陆续完工交付用户，蒸汽发生器锻件满足技术要求实现交货。

(二)产品研制情况

2012年，中国二重以大型核电锻件和设备国产化为目标，先后承担国家级、省级以及企业课题近百项，并对基础性、共性技术难题进行了深入研究。根据第三代核电AP1000蒸汽发生器锻件强度、韧性要求高的特点，开展SA508-3钢材特性研究、细化晶粒热处理研究、复杂锻件防变形措施研究和热处理工艺优化；根据AP1000主管道化学成分和晶粒度要求，开展316LN不锈钢材料特性研究、晶粒细化技术研究、大直径小弯曲半径管道弯曲成型工艺研究。

参与的国家科技重大专项如下表所示：

项目名称	计划名称
SG管板(双真空)	大型先进压水堆核电站专项
SG水室封头整体锻造	大型先进压水堆核电站专项
AP1000主管道真空冶炼技术研究	大型先进压水堆核电站专项
100万千瓦常规岛发电机转子研制	大型先进压水堆核电站专项
第三代核电关键大型锻件研制	四川省重大技术装备创新研制项目
AP1000蒸汽发生器大型筒体锻件的研制	四川省重大技术装备创新研制项目
百万千瓦级核电大型成套铸锻件研发及产业化	四川省战略性新兴产品计划项目

二重自主研制的二代改进型核电大锻件被认定为首批“国家自主创新产品”，通过自主创新，在超低碳控氮奥氏体不锈钢冶炼、大型不锈钢锻件的锻造、大直径小弯曲半径管道弯曲成形、大直径不锈钢管道热处理以及大型不锈钢复杂管件机械加工等方面的技术突破，保证了三门1号机组和海阳1号机组AP1000主管道的研制成功，为AP1000依托项目的建设创造了有利条件。

二重开展AP1000压力容器锻件、蒸汽发生器锻件、稳压器锻件及补水箱锻件的研制，独立自主地研究和掌握核电大型锻件制造关键技术，解决超大型锻件制造的瓶颈问题，加快了AP1000核电机组自主建设步伐，提高了重大技术装备和产品自主市场占有率，并具备批量提供产品的能力。先后完成AP1000蒸汽发生器管板、锥形筒体、椭圆封头和反应堆压力容器一体化接管段的制造，完成高温气冷堆蒸汽发生器锻件的制造。加强核电压力容器、稳压器、堆芯补水箱、重型支撑等成台套产品的研发，先后完成AP1000自主化依托项目三门、海阳1号机组重型支撑等关键设备的研制。

2012 年初，集团公司将堆芯补水箱制造作为第三代核电成台设备制造的突破口进行攻关，在公司各级领导及项目组人员的不懈努力下完成了模拟件的制作，并通过专家评审。

核安全监管和核事故应急

核安全监管

2012年，在役核设施安全运行，在建核设施质量得到有效控制。运行核电厂、研究堆、核燃料循环设施、放射性废物贮存和处理处置设施以及放射性物品运输活动均未发生二级及二级以上的安全事件或事故，运行和在建核设施的事件、不符合项得到了及时处理。

2012年，全国辐射环境质量总体保持良好。环境电离辐射水平保持稳定，核设施、核技术利用项目周围环境电离辐射水平总体未见明显变化。

一、能力建设

加强辐射监测能力建设，完成了全国100个自动监测站的最终验收，完成了“应对日本核电事故辐射环境应急能力建设项目”采购，签订了“2011年减排资金重点省市核与辐射应急监测调度平台及快速响应能力建设项目”合同，并启动2012年该项目前期工作。

加快国家核与辐射安全监管技术研发基地建设。基地建设项目的《环境影响评价报告表》和《建设规划》获环境保护部批准；共建“核与辐射安全国际技术合作中心”建议书已提交国际原子能机构(IAEA)并取得共识；基地《建设规划》(含总图)通过专家评审并取得发改委认可；向发改委报送了3个单体项目的建议书；与房山区政府签署了《基地落地协议》，明确了获取土地使用权的主体。

二、强化监管

2012年，国家核安全局在《全国民用核设施综合安全检查报告》和《核安全与放射性污染防治“十二五”规划及2020年远景目标》的基础上，细化安全改进要求和措施，并对运行核电厂、在建核电厂和研究堆分步实施的安全改进进行评价和监督检查。

加强运行核电厂监管，完善监管程序，制订并改进运行经验反馈体系和方法，推广应用核电厂安全性能指标体系。15台运行机组保持良好的安全状态，2台调试机组调试顺利；共发生21起运行事件，均为国际核事件分级(INES)0级事件，未产生任何放射性影响。

加强在建核电厂安装、调试阶段的核安全监管。加强在建核电厂首次装料批准申请的审评监督和新建核电厂安全许可证申请的审评监督。完成对石岛湾高温气冷堆示范工程和田湾3、4号机组建造许可证的审评。完成了宁德和红沿河1号机组首次装料批准的审评，并发放许可证。全国30台在建核电机组的建造质量处于受控状态；共发生22起建造事件，均得到了妥善处理。

2012年国家核安全局监管的研究堆和临界装置共19座，全年共发生运行事件 9 起，均为国际核事件分级 (INES)0 级事件，未产生任何放射性影响。

严格对核燃料循环设施和放射性物品运输进行监管，落实综合检查要求，督促企业整改。

加大退役和放射性废物治理力度，做好《放射性废物安全管理条例》配套规章制定和宣贯。推动和促进“三院两厂”的核设施退役与放射性废物治理总体规划的落实。完成飞凤山处置场建造阶段环评和许可证审查，批复飞凤山处置场建造阶段环评报告书，颁发建造许可证。

发布《国家核技术利用辐射安全管理系统》管理办法，实现了网上办理所有辐射安全许可证和放射性同位素进出口的审批。接报辐射事故 4 起，其中较大事故 1 起为放射源落井事故；一般事故 3 起，全部为放射源丢失，涉及放射源 3 枚，找回 1 枚，未发生人员受照伤亡或环境污染事件。

继续加强核安全设备监管，积极推动民用核安全设备取证工作，加大重大不符合项审评监督力度，建立核安全设备经验反馈体系。

三、全国核技术利用、铀矿冶和放射性物品运输的辐射安全综合检查

环境保护部 (国家核安全局) 组织动员了各省、市、自治区环保厅 (局)、地区核与辐射安全监督站和各级环保系统辐射监管人员，完成对全国 59000 余家核技术利用单位、9 家铀矿冶企业 35 个矿点、14 家主要放射性物品运输单位的运输活动和运输容器的辐射安全综合检查，彻查安全隐患，强化监管，提升我国核技术利用、铀矿冶和放射性物品运输辐射安全与管理水平。

通过此次专项行动，最终核实了全国现有核技术利用单位有 59659 家，其中涉源单位 11841 家，在用放射源 99020 枚；射线装置单位 47613 家，射线装置 118794 台；基本杜绝了放射源和射线装置无证运行的历史；对于放射源和射线装置的各项整改措施基本落实到位；进一步摸清了废旧金属回收冶炼企业辐射监测的基本情况。基本摸清了“八矿一厂”共 35 个矿点正在生产或建设的铀矿冶设施存在的辐射环境安全隐患，对整改要求的跟踪落实取得了明显成效，提升了企业辐射环境安全管理水平。进一步摸清和掌握放射性物品运输现状，排查了安全隐患，针对发现的问题和不足，提出了改进措施和意见，进一步规范了放射性物品运输管理，提高了运输安全水平。

四、政策、规划、法规和标准

《核安全与放射性污染防治“十二五”规划及 2020 年远景目标》和《关于全国民用核设施综合安全检查情况的报告》，经国务院两次召开常务会审议，于 2012 年 5 月 31 日获得原则通过，并于 2012 年 9 月 6 日获得国务院批准。根据国务院要求，组织向社会公布两个报告征求意见，

汇总了社会各界对核能及核安全的态度，并向国务院作了客观汇报；组织规划宣贯，编制落实规划实施的分工方案。

继续完善法规体系。组织对历年法规项目进行了清理统计并建立数据库，编制了《核与辐射安全法规体系现状和制修订进展》报告，进行核与辐射安全法规汇编，将于2013年出版。召开4次法规标准审查会，审查法规标准41项；发布了《核动力厂老化管理》和《研究堆堆芯管理和燃料装卸》2个导则，另有《放射性固体废物贮存与处置许可管理办法》等1个规章、4个导则和1个技术文件在报批中；召开2次法规研讨会，针对IAEA福岛核事故后核安全法规改进行动，形成了《我国就77个专题对IAEA的建议报告》及《福岛事故后我国核动力厂安全法规制修订行动计划》。

2012年，核与辐射安全法规标准审查专家委员会召开4次会议，审查核与辐射安全法规标准共计40项。

五、核材料管制和核设施实物保护

2012年，国家核安全局依据《放射性污染防治法》、《民用核设施安全监督管理条例》、《核材料管制条例》等相关核安全法规，依法履行对我国核设施核材料管制和实物保护监督管理、技术审评、核材料许可证核准等工作职责，持续加强相关法规标准导则的制修订工作。

1. 核材料许可证核准。2012年，先后对辽宁红沿河核电有限公司、福建宁德核电有限公司、浙江三门核电有限公司、广东阳江核电有限公司、中广核铀业发展有限公司的核材料许可证申请文件，国家原子能机构核材料管制办公室的评审意见进行了技术审核和现场检查，完成核准程序。

2. 核设施实物保护审评和监督。2012年，组织开展了对秦山第一核电厂核设施实物保护系统有效性评估工作。完成了红沿河核电站1、2号机组，宁德核电站1、2号机组，福清核电站1、2号机组，阳江核电站1、2号机组，三门核电站1、2号机组FSAR阶段实物保护审评，完成了田湾核电站3、4号机组PSAR实物保护审评，完成了秦山二期3、4号机组装料批准书联合持证实物保护审评。完成了中核兰州铀浓缩有限公司四期项目初步安全分析报告实物保护审评，完成了中核北方核燃料元件有限公司AP1000生产线初步安全分析报告实物保护审评和压水堆生产线修订FSAR实物保护审评，完成了中核建中核燃料元件有限公司200 tU/a试验线科研安全分析报告实物保护审评和TVS-2M燃料组件生产线FSAR实物保护审评，完成了中核陕西铀浓缩有限公司北区扩建（一期）项目最终安全分析报告实物保护审评。组织开展了秦山第二核电厂、田湾核电厂实物保护系统升级改造审评。完成了核安全导则《核设施实物保护视频监控系统》（报批稿），并按程序报批印发。启动核安全导则《核设施实物保护（试行）》修订工作。编制完成《民用核材料许可证核准程序》内部工作程序。

六、民用核安全设备监管

1. 行政审批。2012 年，全年受理并立项审查的民用核安全设备许可证申请单位共 47 家，未受理或审查不合格的许可证申请单位 6 家。审查批准了 53 家单位的许可证申请，其中新取证单位 24 家，换证单位 23 家，扩证单位 6 家。同时完成了持证单位活动场所和技术能力等方面变更申请的技术审查。截止到 2012 年底，国内持有民用核安全设备设计、制造、安装和无损检验许可证的单位共计 176 家，其中核安全机械设备持证单位 127 家、核安全电气设备持证单位 40 家、无损检验单位 4 家、安装单位 13 家（其中有持多证的单位）。

2012 年，全年受理并立项审查的进口民用核安全设备注册登记申请单位共 33 家，审查批准了 56 家单位的注册登记申请，未受理或暂停审查的注册登记申请单位 2 家。截至 2012 年底，持有民用核安全设备设计、制造和无损检验注册登记确认书的单位共计 193 家，其中综合类注册登记单位 6 家、机械设备注册登记单位 134 家、电气设备注册登记单位 49 家、无损检验注册登记单位 4 家。

2. 进口设备安全检验。2012 年，依法开展了进口民用核安全设备的安全检验工作。口岸报检方面，共审查了 621 批次进口设备口岸报检文件，其中机械 500 批次、电气 121 批次，审查放行 612 批次、退回 8 批次；开箱检查方面，共收到开箱报检文件 277 批次，其中机械 233 批次、电气 44 批次，审查放行 261 批次、退回 8 批次。

3. 监督检查。2012 年，依据监督检查大纲和工作计划，共对 60 个国内和 2 个境外的重点单位实施了综合性检查，对 10 个制造单位进行了专项检查，对 815 次关键工序（其中 369 个为现场见证点）实施了检查点检查，对福清项目 1、2 号机组，阳江项目 1、2 号机组和方家山项目 1、2 号机组进行了能力验证。并且在现有 6 个国内驻厂监督办公室和美国驻厂监督办公室的基础上，在俄罗斯增设了驻厂监督办公室，长期派驻监督人员实施日常监督。

对监督检查中发现的问题及时提出了整改要求，对影响核安全的重大不符合项组织专家进行了审评和专项检查。总体上，2012 年度民用核安全设备的设计、制造、安装和无损检验活动的质量基本处于受控状态。

七、辐射环境监测及管理

1. 辐射环境监测。构建先进、完善的辐射环境监测体系。开展全国辐射环境监测工作的顶层设计，组织编制《“十二五”全国辐射环境监测体系建设工作方案》，统筹“十二五”期间辐射环境监测各项工作，谋划辐射环境监测中长期发展战略，确定发展目标及发展重点。

创新辐射监测人员培训机制。组织编制《全国辐射环境监测“十二五”及中长期培训纲要》，拟分层次、分类别地开展辐射环境监测人员培训，使培训常态化的、多元化。

加强辐射环境监测管理工作，完善辐射环境监测方案。国家辐射环境监测国控网络运行正常，圆满完成各项监测任务；组织编制各类辐射环境质量和国家重点监管核与辐射设施监督性监测报告；组织编制辐射环境监测信息公开方案，并在该方案基础上编制《中国辐射环境质量年报(2011)》(试行)；启动对核电厂流出物和环境监测的数据审核工作；总结日本福岛核事故对我国辐射环境影响的监测经验，结合我国辐射环境监测能力现状，对现行全国辐射环境监测方案进行优化，组织制定《2013年全国辐射环境监测方案》，为全国辐射环境监测信息全面公开奠定基础。

指导和规范核电厂辐射环境监督性监测系统建设。联合国家能源局发布《核电厂辐射环境现场监督性监测系统建设规范(试行)》并集中开展宣贯。海南昌江、福建福清、广西防城港、广东阳江、广东台山核电厂辐射环境现场监督性监测系统选址现场勘查论证；完成辽宁红沿河、福建宁德核电厂辐射环境现场监督性监测系统建设方案审评和批复；完成辽宁红沿河核电厂辐射环境现场监督性监测系统预验收。

推进辐射监测能力建设。2012年11月，全国新建的100个辐射环境自动监测站建设项目通过整体验收，投入正式运行。自动站实现辐射剂量率实时连续监测、气溶胶快速采样、早期预警等功能。新建自动站覆盖100个城市，提升了全国辐射环境质量监测能力和应急监测能力。完成“应对日本核电事故辐射环境应急能力建设项目”采购。开展“2011年减排资金重点省市核与辐射应急监测调度平台及快速响应能力建设项目”建设，启动2012年该项目工作。

继续开展对省级辐射环境监测机构的能力评估。完成4省(区)辐射监测机构的实地核查。至此，已有14个省(区、市)的省级辐射监测机构通过评估。

2. 环境电离辐射。我国环境γ辐射空气吸收剂量率，气溶胶、沉降物总α和总β活度浓度，空气中氚活度浓度均为正常环境水平。长江、黄河、珠江、松花江、淮河、海河、辽河等七大水系以及浙闽片河流、西南与西北诸河、重点湖(库)人工放射性核素活度浓度与历年相比未见明显变化，天然放射性核素活度浓度与1983—1990年全国环境天然放射性水平调查结果处于同一水平。12个集中式饮用水源地总α和总β活度浓度均低于《生活饮用水卫生标准》(GB 5749-2006)规定的限值。近岸海域人工放射性核素锶-90和铯-137活度浓度均低于《海水水质标准》(GB3097-1997)规定的限值。土壤中人工放射性核素活度浓度与历年相比未见明显变化，天然放射性核素活度浓度与1983—1990年全国环境天然放射性水平调查结果处于同一水平。

运行核电厂周围环境电离辐射：秦山核电基地各核电厂、大亚湾/岭澳核电厂、田湾核电站外围各辐射环境自动监测站实时连续γ辐射空气吸收剂量率

(未扣除宇宙射线响应值)年均值分别为101.1nGy/h、124.8nGy/h 和 100.1nGy/h，在当地的天然本底水平涨落范围内。秦山核电基地周围关键居民点空气、降水、地表水及部分生物样品中氚活度浓度，大亚湾/岭澳核电厂和田湾核电站排放口附近海域海水氚活度浓度与核电站运行前本底值相比有所升高，但对公众造成的辐射剂量远低于国家规定的剂量限值。核电厂外围各种环境介质中除氚外其余放射性核素活度浓度与历年相比未见明显变化。

其他反应堆周围环境电离辐射：中国原子能科学研究院、清华大学核能与新能源技术研究院、中国核动力研究设计院、陕西省西北核技术研究所等研究设施外围环境 γ 辐射空气吸收剂量率，气溶胶、沉降物、地表水、地下水、土壤和生物样品中放射性核素活度浓度与历年相比未见明显变化；饮用地下水总 α 和总 β 活度浓度低于《生活饮用水卫生标准》规定的限值。

核燃料循环设施和废物处置设施周围环境电离辐射：兰州铀浓缩有限公司、陕西铀浓缩有限公司、包头核燃料元件厂、中核建中核燃料元件公司、中核四〇四有限公司等核燃料循环设施及西北低中放废物处置场、北龙低中放废物处置场外围环境 γ 辐射空气吸收剂量率为正常环境水平，环境介质中也未监测到由上述企业生产、加工、贮存、处理、运输等活动引起的放射性核素活度浓度升高。

铀矿冶及伴生放射性矿周围环境电离辐射：铀矿冶设施周围环境空气中氡活度浓度，气溶胶、沉降物总 α 和总 β 活度浓度，生物样品中放射性核素铀和镭-226活度浓度未见异常。白云鄂博矿等部分伴生放射性矿的开采、冶炼、加工活动对企业周围局部环境产生了一定程度影响。

3. 环境电磁辐射。我国环境电磁辐射水平与历年相比未见明显变化，均远低于《电磁辐射防护规定》(GB8702-88)中有关公众照射参考导出限值。开展监测的移动通信基站天线周围环境敏感点的电磁辐射水平低于《电磁辐射防护规定》规定的公众照射导出限值；开展监测的各输电线和变电站周围环境敏感点工频电场强度和磁感应强度均低于《500kV 超高压送变电工程电磁辐射环境影响评价技术规范》(HJ/T24-1998)规定的居民区工频电场评价标准和公众全天候辐射时的工频限值。

八、核与辐射事故应急管理

2012年，环境保护部(国家核安全局)依法对民用核设施场内应急计划进行审评和复审，对核设施日常应急准备情况进行监督检查，对场内综合应急演习进行监督评价，有效加强了对核设施应急准备工作的监督管理。同时不断加强自身应急准备与应急响应能力，圆满完成多项核与辐射应急响应任务，保持高效应急响应能力。

1. 核设施应急准备工作监督管理。完成辽宁红沿河、福建宁德核电厂首次装料前场内核事故应急专项检查和综合应急演习监督评估，印发检查报告。完成大亚湾核电基地、秦山核电基地、田湾核电站、中国核动力研究设计院核事故综合应急演习监督评估，印发检查报告。

2. 核与辐射应急和安保备勤。圆满完成党的十八大期间核与辐射安全应急备勤工作，为期近60天。

3. 核与辐射应急法规标准及预案制修订。完成技术文件《核动力厂厂址应急条件评价》编制和审查。编制完成核安全导则《核动力厂核事故应急演习》和《压水堆核电厂应急行动水平的制定》，进入法规审查程序。启动《环境保护部（国家核安全局）核事故应急预案》和《环境保护部（国家核安全局）辐射事故应急预案》及其实施程序的再次修订。完成《环境保护部（国家核安全局）核与辐射事故应急办公室应急物资管理使用细则》、《环境保护部（国家核安全局）应对重大活动和重要节假核与辐射安全应急值班工作制度（暂行）》、《民用核设施场内应急计划审查及应急准备与响应监督检查工作程序》等规章制度和工作程序的编制。完成《省级环保部门核与辐射应急监测演练情景设计》和《省级环保部门核与辐射应急预案编制格式与内容》两个规范性文件的编制工作。

4. 应急响应能力维持。持续做好核与辐射事故应急响应工作，实行24小时应急值班制度。确保核与辐射应急值班体系运转有效、通信渠道畅通。通过验收并投入使用核与辐射事故应急决策支持与指挥调度系统。积极推进并持续完善全国的核与辐射应急监测调度平台建设。完成环境保护部（国家核安全局）应急指挥室改造并投入使用，实现视频显示终端和视频会议功能。科学开展环境保护部核与辐射安全监管系统应急培训，有效实施环境保护部特别重大辐射事故综合应急演习，结合秦山核电基地场内核事故综合应急演习，举行核事故联动应急演练。

九、核安全相关人员资质管理

1. 核安全相关人员执业单位。所有核安全相关人员均由其所在的核安全相关人员执业单位（简称执业单位）负责招聘、选拔、培训、授权和在岗管理，执业单位按性质共分为24类。国家核安全局对执业单位实施独立的监督或直接管理，涉及行政许可的考核工作由国家核安全局在职责范围内依法进行考核和核发证书。

2. 核安全监管人员。核安全监管人员管理工作主要集中于中央本级监管机构。中央本级核安全监管人员的执业单位主要有国家核安全局（机关），环境保护部6个地区核与辐射安全监督站、环境保护部核与辐射安全中心。对于有执法权的国家核安全局（机关）和环境保护部6个地区核与辐射安全监督站的监管人员，国家核安全局发放《核安全监督员证》和《辐射安全监督员证》，并对所有监管人员的培训工作进行统一管理。

截至2012年，共举办5期国家核安全局核安全初任业务培训班，共289人通过培训并取得结业证书，其中中央本级286人参训；共举办6期核电培训班（核安全中级业务培训），共189人参训并取得结业证书，其中中央本级184人参训。举办核安全设备监管主题核与辐射安全监督员短训班1期，国家核安全局（机关）与各核与辐射安全监督站的共133人参训并结业。举办5期环保系统工程硕士研究生班，学员共计107人，其中中央本级17人。组织举办首期辐射安全监管业务骨干培训班，第一次将国家核安全局核与辐射安全专业培训覆盖范围扩展到省级监管机构人员，各省（自治区、直辖市）辐射环境管理机构及环境保护部各核与辐射安全监督站36人参训并结业。

3. 民用核安全设备焊工焊接操作工和无损检验人员。对于民用核安全设备焊工焊接操作工和无损检验人员由国家核安全局授权相关单位进行考核工作，国家核安全局进行监督，并根据法规要求进行发证或核准。2012年，14家焊工考核单位共举行项目考试205次，共3232名焊工参加考试，共计6484项合格项目。5家无损考核单位共举行无损检验人员考试108次，其中包括射线、超声、磁粉、渗透、目视、泄漏及涡流等7种方法。截至2012年底，现行有效的民用核安全设备焊工焊接操作工有5739人，现行有效的无损检验人员有5413人，其中包括152名三级无损检验人员。

4. 民用核设施操纵人员。民用核设施操纵人员由相关单位部门或营运单位委托操纵人员考核单位组织考试工作，国家核安全局进行监督，并根据法规要求核发《民用核设施操纵人员执照》。截至2012年底，持现行有效核动力厂操纵人员执照共计1117人，其中持《高级操纵员执照》484人，持《操纵员执照》633人；持现行有效研究堆操纵人员执照共计336人，其中持《高级操纵员执照》137人，持《操纵员执照》199人。

5. 注册核安全工程师。2012年，报名参加注册核安全工程师考试人员共计3739人，实际参加考试人数共计2521人，累计全部4门考试合格具备注册资格人员共计693人。2012年办理注册核安全工程师注册772人次，其中首次注册496人次、延续注册212人次、变更注册64人次。注册有效的注册核安全工程师共计1577人，其中核安全综合管理类675人、质量保证类270人、辐射防护类245人、反应堆运行类154人、辐射环境监测与评价类233人。

截至2012年底，已备案执业单位共计389家，176家单位已拥有注册核安全工程师，其中64家单位尚不满足最低注册人数要求；另外211家执业单位尚无注册核安全工程师。

6. 知识管理。正在编制或修订的知识管理教材有注册核安全工程师基础读本、注册核安全工程师继续教育教材、监管人员初任培训教材、监管人员中级培训教材和监管人员继续教育教材等。目前已基本完成注册核安全工程师基础读本的修订工作，进入出版校审阶段；《辐射安全与防护》、《核安全文化》、《设备鉴定》等其他重点教材的编制工作也已开展。

积极促进核安全相关名词术语的规范化使用，建立名词术语库，纳入相关名词术语近四千条。

组织或参与了积极推进核安全文化建设相关研讨活动，起草完成《关于中国特色核安全文化建设的几点意见》和《人因相关核安全管理工作规划》，拟广泛征求意见后发布，作为我国核安全监管当局关于核安全文化建设的指导性文件。

起草完成《核安全监管人员培训大纲》和《核安全相关人员资质管理规划》，初步从制度上确定了核安全监管人员培训管理基本要求，并明确了今后几年亟需建立或完善的核安全相关人员资质管理体系。

7. 人员资质管理信息系统。2012 年初步建立了国家核安全局人员资质管理信息系统。目前该系统已完成整体构建工作，建立了人员资质公共信息平台，实现了证书预警、政策文件发布和公共信息查询等功能。民用核安全设备焊工焊接操作工的考试及资质管理、注册核安全工程师岗位调查等业务模块也已开始试运行。将进一步加强系统的运行维护和其他业务模块的开发。

（本部分材料由国家核安全局提供）

核事故应急

2012 年，在党中央、国务院的领导下，全国各级核应急组织深入贯彻落实党的十八大精神，坚持以科学发展观为统揽，按照国家核应急协调委五届二次会议的部署和2012年全国核应急工作要点的要求，求真务实、开拓进取，着力完善核应急“一案三制”，持续加强核应急能力建设，深入拓展核应急领域国际合作与交流，扎实开展核应急核安全文化建设和公众宣传，努力提高核应急演习演练质量与水平，协调推进核应急准备各项工作，圆满完成核应急值班备勤任务，特别是党的十八大期间核应急值班任务，为保障我国核事业科学发展、安全发展作出了突出贡献，在确保社会和谐稳定、推动国民经济社会发展方面发挥了重要作用。

一、抓好顶层设计，编制国家核应急工作“十二五”规划

2012 年 4 月 6 日，国家核事故应急协调委员会在京召开五届二次全体（扩大）会议。审议并原则通过了国家核应急工作报告、《国家核应急预案（修订稿）》和《国家核应急工作“十二五”规划》。时任国务委员、国务院秘书长马凯作出重要批示：“多年来，协调委及各组成部门，在制定实施国家核应急预案、构建核应急指挥体系、加强核应急能力建设等方面做了大量卓有成效的工作，应予充分肯定。希望大家进一步增强忧患意识、使命意识、

责任意识，扎扎实实做好完善预案、健全机制、增强能力、协同配合等各方面、各环节的工作，共同把核应急工作提高到新的水平。”

5月28日，国家核事故应急协调委员会正式印发了《国家核应急工作“十二五”规划》。规划简要分析归纳了“十一五”以来国家核应急工作取得的主要成绩和存在的主要问题，并结合新形势新任务，明确了“十二五”期间和今后一个时期内的国家核应急工作的指导思想、基本原则。规划确立了“十二五”期间的发展目标，对主要任务和政策保障措施进行总体部署。

规划以邓小平理论和“三个代表”重要思想为指导，深入贯彻落实科学发展观，按照以人为本、构建社会主义和谐社会和国家全面加强应急管理、大力实施安全发展战略的总体要求，坚持国家核应急工作方针，以提升国家核应急能力为核心，以建立健全国家核应急预案体系为重点，以推进核应急科技创新为动力，以加强国家核应急法规制度建设为保障，统筹协调，狠抓落实，把我国核应急工作提高到一个新水平。

规划提出了“统筹谋划、配合有序，分级负责、军地协同，强化基础、自主创新，平战结合、常备不懈”的基本原则。并以“经过五年发展，核应急法规标准和预案体系、管理体制、工作机制进一步完善；一批关键技术取得突破；风险评估、预测预警、指挥决策、救援处置等核心能力实现较大提升；基本建成专业配套、协同紧密的技术支持体系和布局合理、运转高效的救援网络”为奋斗目标，重点推进5个方面21项工作任务，其中包含了建立健全核应急法规标准体系、预案体系、指挥体系、技术支持体系、应急救援体系、核应急装备物资储备机制、人才培训考评机制、演习演练管理及评估机制、公众宣传和科普长效机制、核应急国际交流与合作机制和科技创新研发等方面的内容。

8月24日，国家核事故应急办公室在京组织召开《国家核应急工作“十二五”规划》宣贯会议。国家核应急协调委委员兼国家核应急办主任、国防科工局副局长王毅韧出席会议并对贯彻落实国务院领导同志的重要批示、推进实施《国家核应急工作“十二五”规划》、做好核应急工作提出了明确要求。

11月20日，国家核事故应急办公室正式印发《国家核应急工作“十二五”规划重点任务分工指导意见》，明确了各项工作任务的责任单位。

二、加强预案管理，完善国家核应急预案体系

2012年，在总结国家核事故应急协调委员会五届一次会议以来全国核应急工作的进展情况，特别是应对日本福岛核事故的经验教训，深入分析核应急工作面临的新形势和新任务的基础上，国家核应急办全面启动新版《国家核应急预案》的修订工作并征求意见，完成了向国务院上报《国家核应急预案（修订版）》的工作。

广东、江苏、山东等省的核应急组织以及宁德核电站、田湾核电站等营运单位针对新建核电站以及核应急发展的新形势，组织制订或修订本地区本单位的核事故应急预案，有力推动了我国核应急预案体系建设。

三、重视队伍建设，完善国家核应急组织机构

2011 年，国务院下发《国务院办公厅关于调整国家核事故应急协调委员会组成单位及其成员的通知》(国办函 [2011]128 号)，增加了国家核事故应急协调委成员单位，由原来的 18 个增加到 24 个，指挥协调力度进一步加大。此外，全国设立省级核应急组织的省份由 12 个增加到 16 个，我国核应急组织机构和核应急体系进一步完善。

同时，国家核应急协调委下发了《国家核事故应急协调委关于成立专家委员会的通知》，正式成立了国家核事故应急协调委专家委员会，为我国核事故应急各项工作提供重要的技术支持力量。

四、推进能力建设，夯实核应急技术基础

2012 年，各级核应急组织不断加强能力建设。国家核应急办先后下发了《省级核应急指挥中心建设指导意见》、《国家核应急专网接入管理程序》等一系列文件，有效地规范了我国核事故应急管理。

3 月底，海南省核应急指挥中心及配套监测系统项目获该省发改委批复立项，该项目包括省核应急指挥中心、省辐射环境监测站办公和实验用房、昌江前沿核事故应急指挥中心及前沿监测站、γ 辐射连续自动监测系统等，项目的建成将全面提升该省核应急处置及核与辐射安全监测、监管能力，为国际旅游岛建设提供重要的安全保障。

5 月份，浙江省海盐县政府和秦山核电站共同合作建设海盐县核事故紧急医疗后援中心。核电秦山联营有限公司为该项目出资购置医学及急救设施，海盐县提供办公、库房及场地用于县核事故紧急医疗后援中心的建设，并由县 120 急救中心负责日常的管理与维护，有效提升了核电站所在地区的医疗救治能力。

8 月 8 日，山东省核应急指挥中心开工奠基仪式在济南隆重举行。该指挥中心占地面积 14 亩，建筑总面积 4800 平方米，计划总投资 4300 万元。以海阳核电厂首次装料为时间节点，指挥中心计划于 2013 年 9 月竣工并投入使用。

9 月 11 日，国家核应急响应技术支持中心在京组织召开国家核应急技术支持体系研讨会，专题讨论国家核应急技术支持体系及其运行机制。

11 月 3 日，国家核应急办组织召开了《海南省核应急指挥中心建设方案》专家评审会。会议听取了海南省核应急办对该省核应急工作整体情况及《海南省核应急指挥中心建设方案》的汇报，与会专家认为《海南省核应急指挥中心建设方案》

设计理念先进、内容全面详细、工程布局科学合理，对海南省国土环境资源信息化建设所采取的一体化、集成化的思路予以肯定。

五、强化演习演练，提高实际应对能力

各级核应急组织加强演习演练，达到了检验预案、完善准备、锻炼队伍、磨合机制的目的。

6 月 15 日，辽宁省举行红沿河核电厂首次装料场内外核事故应急联合演习，此次演习是在日本福岛核事故后，我国举行的第一次较大规模的场内外核事故应急联合演习，备受社会关注。演习检验了辽宁省、大连市核应急预案及执行程序的可行性、有效性和完备性，展现了辽宁省核应急体系的整体响应和协调配合能力，锻炼了辽宁省核应急队伍，提高了核应急响应能力。

7 月 5 日，针对宁德核电厂首次装料，福建省举行代号为“太姥 -2012”的核事故应急场内外联合演习。福建省核应急委员会、宁德市核应急委员会、福鼎市核应急组织、宁德核电厂应急组织、军队和公众近 1500 人，车辆及大型装备 300 余辆 (套) 参加了演习。通过演习，达到了验证福建省核应急预案有效性的目的，提高了各级各部门对核应急工作的认识，检验了核应急能力建设的实效，锻炼了各核应急组织的应急能力，为福建省核应急体系的响应和协调联动机制的实践积累了宝贵经验。

此外，各级核应急组织、核工业总医院、国家核应急医学救援分队以及各核设施营运单位均开展了各类核事故应急演习演练。通过应急演习，全面检验了各级事故应急计划及实施程序的有效性，锻炼了应急队伍面对突发情况的应急处置能力，进一步提高了核应急响应水平。其中江苏省核应急办组织开展了我国首次核应急网上研究性演习，该演习旨在落实国家核应急演习规定和国家核应急专网接入规范，检验江苏省核应急预案和执行程序的可行性，验证新开发的核应急指挥信息化系统的实用性和可操作性。

大力开展各级各类核应急能力培训。9 月 24 日，国家核事故应急办公室在无锡举办全国核应急管理机构干部培训班，此次培训活动是福岛核事故后国家核应急办举办的一次较大规模培训，提高了技术水平和人员素质，提升了一线核应急处置能力。

六、深化国际合作，积极参与国际核应急事务

4 月 17 日，国家核应急办组团参加了国际原子能机构召开的“及早通报和紧急援助公约主管当局代表第六次会议”。此次会议因福岛核事故而推迟一年召开，所以会议内容丰富，备受国际原子能机构和各国主管当局的重视。中国代表团在会上作了专题发言。会议最后形成了第六次国家主管当局会议决议。鼓励所有成员国

的主管部门加强参与制定有关安全标准，积极参加国际核应急演习，进一步加强诸如国际援助和信息交流等领域的合作。会议推选中国国家核应急办副主任许平为亚太组副组长。

6月13日，亚欧会议首次核安全研讨会在新加坡召开。本次研讨会的主题是“国家、区域和国际核应急准备与响应”，中国国家原子能机构核应急安全司司长、国家核应急办副主任姚斌率中国代表团参加会议并作题为“中国国家核应急体系和日本福岛核事故应对实践交流”的发言。

8月6日，国际核应急技术学术会在山西太原召开。国家核应急办副主任许平参加会议并致开幕词。来自中国、德国、日本、中国香港的专家共50余人参加了会议。会议围绕核应急管理和技术、福岛核事故应急响应经验等专题开展技术研讨和经验交流。

9月17日，国际原子能机构第56届大会在维也纳国际原子能机构总部举行，国家核应急协调委委员兼国家核应急办主任、国防科工局副局长、中国国家原子能机构秘书长王毅韧在会上发言，阐述了中国核安全和核能发展政策。

9月23日，国际原子能机构在阿联酋首都阿布扎比举办了亚太地区核应急培训班，本次培训的目的是旨在提升各成员国，特别是新兴核能国家应用机构核与辐射应急准备与响应 (EPR) 方法的能力。国家核应急响应技术支持中心派员参加了此次培训。

11月11日，国家核事故应急办公室副主任姚斌率团赴英国、法国考察调研核事故应急救援能力及工程抢险系统。代表团分别访问了英、法两国负责核应急、核安全监管的政府主管部门、技术支持单位以及核电站运营单位，系统了解了英、法两国核应急管理体系以及核电站核应急准备与响应能力建设和演习情况，探讨了中英、中法核应急合作领域，并深入考察了法国核事故工程抢险快速反应队建设目的、建设计划、设计功能等重要内容，为拓展中英、中法核应急合作领域奠定了基础，为筹备我国核事故工程抢险队建设提供了重要参考和借鉴。

11月25日，国际原子能机构副总干事兼核安全与安保部副主任德尼斯•弗劳瑞致信国家原子能机构，介绍新组建的应急准备与响应高级专家组 (EPREG) 情况，并邀请国家核应急办副主任许平担任该高级专家组成员。

12月15日，国家国防科技工业局组织中国代表团参加了由国际原子能机构和日本政府共同组织的福岛核安全部长级大会。中国代表团团长、国防科工局核应急安全司司长姚斌在大会上作主旨发言。中国代表团还与国际原子能机构副总干事、俄罗斯代表团、韩国代表团进行了双边会谈，全面介绍了福岛核事故后中国所做的工作和下一步核应急工作思路。

（本部分材料由国防科工局核应急与军工核安全监管司、国家核应急响应技术支持中心提供）

核专业人才培养和职工培训

随着核电的发展，核专业人才教育培训工作稳步推进。高等学校核专业建设得到加强，教学质量不断提高。在职培训进一步制度化、规范化，校企合作、产学研结合，成为人才培养的重要途径。

中国核工业集团公司

一、人才培养工作

1. 坚持抓关键环节，海外引才实现重大突破。

中核集团公司研究制定《关于加强海外高层次人才引进工作的实施意见》和《集团公司海外高层次人才引进“百人计划”实施办法》，进一步明确引才重点领域，开辟引才渠道，引入预答辩机制，加强督导考核，引才工作实现重大突破，第八批申报 2 人、入选 2 人，第九批申报 4 人，全部通过国资委专家评审；申报“青年千人计划”1 人。通过努力，集团公司“千人计划”人才实现历史性突破。

2. 坚持高端引领，高层次人才不断涌现。

注重发挥高端人才对事业发展的关键支撑作用和引领带动作用，取得明显成效。雷增光同志荣获第三届“国防科技工业杰出人才”称号，成为该奖项设立以来中核集团获此殊荣第一人。核动力院王广金入选国家“青年拔尖人才”。完成 2012 年国务院政府特殊津贴人选推荐工作，共推荐上报 51 人。

3. 坚持围绕中心，教育培训成效显著。

推动集团公司年轻干部培养工作，举办集团公司第一期 40 岁以下年轻干部专题研修班。牵头举办 JYK 一体化培训交流会和培训动员会。组织开展八二一厂管理提升专题培训。举办集团公司组织人事处长培训班，48 家骨干成员单位组织人事处长参加培训。完成总部 41 位新员工为期二个月的入职培训工作。组团开展两期境外培训，25 人赴美国麻省理工学院开展为期 13 天的核能高管研修，35 人赴台湾台塑集团开展为期 14 天的精益管理专题培训。编制集团公司 2013—2015 年干部职工教育培训中期规划暨管理提升计划。

二、人才管理工作

2012 年是集团公司实施流程再造后，按照“三个中心”管理体制，进一步深化改革、加快发展的关键之年。人力资源部紧紧围绕集团公司发展战略，按照集团公司统一部署，创新思路，开拓进取，统筹兼顾，突出重点，深入实施人才强企战略，全面加强人才队伍建设，人才工作取得明显成效。

1. 成功组织召开人才工作会议。

2012 年 1 月 8 日，组织召开集团公司人才工作会议，总结集团公司“十一五”以来的人才工作，分析集团公司人才工作面临的形势和挑战，并对“十二五”时期人才工作进行总体部署。国家人力资源和社会保障部、中组部有关领导出席会议并讲话。会上印发《关于加强人才队伍建设的若干意见》，对当前和今后一个时期做好集团公司人才工作提出了明确要求。

2. 专业人才队伍建设迈上新台阶。

采取集团公司统一招聘和板块定向招聘相结合的方式，圆满完成2012年度校园招聘工作。整合有关板块和成员单位赴西安交通大学、上海交通大学等五所高校开展统一招聘。组织召开集团公司2013年度高校毕业生供需信息交流会，邀请全国近50所高校参加，深化校企信息沟通机制，密切校企合作关系。加强年度招聘计划审核并完成批复工作。在总结2011—2012年度员工引进工作情况的基础上，对2012—2013年度员工引进工作进行全面部署。完成中核人才招聘网改版工作。

进一步深化职称评审改革，研究制定《集团公司专业技术职务评聘管理规程》，形成较为完整的职称管理制度规范。组织完成各板块和重点单位工程科研系列高级职称评审委员会的组建和批复工作。完成集团公司博士服务团工作总结并上报中组部。完成千人计划评估工作报告上报国资委。完成集团公司2011年度人才统计工作。

3. 技能人才队伍建设迈出新步伐。

完成第十一届中华技能大奖和全国技术能手人选申报工作，推荐的1位中华技能大奖候选人、5位全国技术能手候选人全部通过人社部评审；完成集团公司第五届技术能手评审工作，共评选认定技术能手18人。圆满完成职业分类大典《核工业分册》编写工作，终审顺利完成。完成职业分类大典《核工业分册》编写及审查等有关情况的报告。

加强对各鉴定站的指导与管理，完成培训、鉴定和取证等工作；完成核动力院等三家单位换发核特有工种职业技能鉴定许可证申报工作。组织召开集团公司首次核特有职业国家题库编写培训班，组织开展二期考评员、一期高级考评员培训班；完成五〇四厂开展企业内部鉴定的审批工作；做好首套核特有职业教材（核聚变装置装配试验工培训教程）编印工作。

4. 人才管理基础工作持续提升。

加强人才管理基础工作，找准工作切入点，完善相关政策和配套措施，为提升履职能力打下良好基础。完成10项管理制度修订，完成编写集团公司招聘工作流程，印发集团公司专业技术职务评聘规程以及配套政策文件汇编等。

中国核工业建设集团公司

一、“中国核建国际核电高级人才培训基地”揭牌成立

“中国核建国际核电高级人才培训基地”在中核二三公司正式挂牌成立。这不仅是中国核建转型发展的一件大事，也是

中国核建实施人才强企战略的重要举措，为集团公司成员单位间相互学习、互相交流、共享经验、分享成果提供一个平台，可以促进各单位在大型项目管理能力、技术研发能力、施工能力等核心竞争力方面的提升，加快实现转型升级，标志着人力资源培训开发体系建设又迈上了一个新的台阶。

二、加强核特有职业技能人才培养

中国核建组织了多次涵盖管工、焊工、铆工、电器仪表工等主要通用工种的技能竞赛。中国核建还组队多次参加国资委、人社部组织的国家一类竞赛，在焊工、测量工等比赛中多次取得较好名次。

职业技能鉴定是评价工人职业技能水平的手段。中国核建加大了通用工种的鉴定力度，同时也加大了核特有职业的鉴定力度，进一步提升了工人技能等级。

中国核建已形成了高技能人才的培养、成长、评价、鉴定、激励体系。核反应堆设备预制安装工、核设备绝热层制作安装工、核安全壳预应力施工人员、核设施及核级设备焊接操作人员等4个核电建造工程中关键性的核特有职业标准已被原劳动和社会保障部列为国家职业标准，并完成了职业培训大纲的编写、专家审查工作，这为中国核建核电建造特有高技能人才的培养奠定了坚实基础。

目前中国核建已形成了核特有职业技能鉴定站、职业技术院校(国家技能人才培养示范基地)为载体的全方位、多渠道、多层次的技能人才培养、鉴定平台。截至2012年，中国核建已有11名高级技能人才享受国务院政府特殊津贴。

三、建立培训基地，加强核工业技能人才培养

为加强核工业技能人才培训，中国核建对“核工业工程学校”进行了股权回购使其成为集团公司完全控股的技能人才培训学校，该校目前占地500余亩，有教职员工405人、在校学生8000余人、在籍学生19000人；中职设电子技术应用等13个专业，大专设机电一体化等5个专业。学校先后被评为“国家第一批高技能人才培养示范基地”、“国家级重点中等职业学校”、“国家高级技工学校”、“国家优质教育资源建设重点示范校”、“国家职业技能及鉴定所”等，2007年通过了ISO9001质量体系认证。目前四川省已经批准该校升格为四川核工业技师学院。集团公司将充分利用该校的生源、师资力量为集团的核电建设培养更多的优秀技能人才。

四、职工人才培养取得显著成效，受到多项表彰

中国核建下属的中国核工业二三建设有限公司、中国核工业华兴建设有限公司被国资委授予“中央企业职工技能竞赛先进单位”荣誉称号；中国核工业二四建设

有限公司文凭、中核华泰建设有限公司刘本荣等2人被国资委授予“中央企业职工技能竞赛优秀工作者”荣誉称号。

12月8日，人力资源社会保障部召开了第十一届高技能人才表彰大会暨全国百家城市职业培训工作推进会，隆重表彰了第十一届“中华技能大奖”、“全国技术能手”、“国家技能人才培育突出贡献奖”的获奖单位和获奖个人。中国核建在表彰会上荣获8项奖励。

中国核建下属的中核二三电气设备安装高级技师于滨荣获第十一届中华技能大奖；中核二三焊工技师丁凌、中核二四电焊工高级工覃中华、中核二二冷作工技师马正亮、中核五公司起重工高级工沈爱军和汽车维修工高级技师孔黎明分别荣获第十一届全国技术能手称号；中核二三高级技师彭存利和四川核工业技工学校分别荣获第十一届国家技能人才培育突出贡献个人和集体奖。

中国广核集团有限公司

2012年，中广核工程培训中心（以下简称“工程培训中心”）全年面授课程开课6220期，累计培训116569人次，累计培训589014人时；全年网络课程学习累计22892人次，31035人时。2012年课堂教学与网络教学累计620049人时，占总工时比6.0%。

1. 开展岗位授权培训。

自2011年起，工程培训中心启动了“培训—考核—授权—上岗”制度的建设工作，截至2012年共覆盖专业技术岗位达90%。员工晋升前必须按照岗位培训大纲的要求进行培养，考核通过后获得授权，授权是晋升的必要条件之一。“培训—考核—授权—上岗”制度实现首次将系统化的培训方法全面应用于核电工程领域，为员工成长建立了明确的学习路径图。

2. 管理者培养。

为进一步满足中广核工程有限公司快速发展对管理人才梯队建设的要求，促进工程公司干部队伍年轻化建设，2012年公司开展了6期名为“白鹭助跑”的基层管理者转型培养，通过每期3个月的混合式学习，帮助150多名新任管理者顺利转型。

此外，为提升工程公司管理干部的安质环管理水平，针对各级管理干部开展了共24期的安质环培训，内容覆盖安质环管理知识、相关法律法规、经验反馈等内容。

3. 核电工程国际化人才培养。

为配合公司国际化发展战略，满足各部门国际化业务开展需求，2012年工程公司启动了国际化储备人才培养项目及中基层管理干部国际化提升项目各1期，经选拔后对60多名员工进行了培养。截至2012年底，学员已完成了为期半年的理论学习和半年的公司内部在岗实践。

4.AP1000 人才培养。

2012年工程公司开展了AP1000专业技术专业人才的培养，25名参加了公司组织的AP1000核岛、常规岛、电气等系列课程的培训，3名兼职教员参加了由中国核能行业协会组织的 AP1000 核电技术知识强化培训班的培训。此外，有 10 名员工赴三门项目部参加 AP1000 在岗培训。截至 2012 年 10 月底，工程公司共组织开展 4 期 AP1000 专项人才培养交流。

5. 复合型人才培养。

为加强公司复合型人才的培养，提升员工的综合能力，2012 年工程公司启动了板块间人员交流与培养计划，第一期共有 94 名设计板块的员工安排到调试板块中进行培养。公司为这批员工制定了为期 1 年的培养计划，员工完成培养后将获得调试工作的授权，然后开展调试工作在岗实践。

6. 核电工程产业链人才培养。

为提升产业链员工队伍素质，以促进安全、高质量建设核电站，工程公司向产业链上下游企业开展了 100 多期的专项培训，培训内容包括安全、质量、专项技术等课程，培养对象包括项目经理、专职 QC 人员、班组长等。

中国电力投资集团公司

2012 年，中电投集团根据《2020 年核电人力资源规划》，加强对核电人才的培养，修订核电人力资源中长期规划，研究制定核电板块紧缺人才聚集培养实施方案。

中电投集团于 2012 年组织核电高级管理人员赴美国 EXELON 公司进行核能管理模式培训，统筹协调集团公司核电培训资源，下发指导意见，推动各单位派员赴山东核电参与工程实践和核电厂预备操作人员理论培训。在人员培养平台建设方面，集团公司高级培训中心理论培训基地初步完成“AP1000 核电培训教学辅助展示厅”的建设，完成 AP1000 核电厂操作员理论培训大纲和核电厂技术类人员、管理类人员核电理论培训教学大纲的编制与评审；烟台技能培训基地已投入运营，模拟机培训设施、人因工程实验室以及虚拟现实实验室也已投入使用，并取得良好成效。

国家核电技术有限公司

2012 年，不断提升机制建设、课程开发、讲师培养、教学设计、培训规划等五大核心能力，面向公司层面组织实施培训班 85 期，累计培训时长 396 天，圆满完成领导力、科技力等重点培训项目；形成核电技术系列教材、领导力素质模型、群策群力方法、AIM 模型等一批知识成果；重点加强青年人才和国际化人才的培养，有效推动了公司文化传播、人才培养和知识管理的科学发展。

针对不同对象，开展领导力训练营活动：

1. 科技力训练营。深化落实 813 科技创新人才培养工程，重点加强高层次人才的培养。包括领军人才班，集中对 20 位公司专家、科研学术带头人和优秀科技创新骨干进行培养；菁英人才班，针对优秀科技创新青年骨干，以核电站安全技术、问题分析与解决、打造高绩效团队等课程为基础，增强学员创新思维能力和科研团队管理能力；新锐人才班，系统学习高效能人士的七项修炼、创新思维、核电前沿等内容；重大专项课题负责人培训班，集中培训来自公司系统内及11家外协单位的44名学员。

2. 工程力训练营。开展国际化工程项目管理培训班，辅以招投标管理、合同管理、项目管理基础、国际贸易等培训，系统培养工程项目关键岗位人才。

3. 运行力训练营。以安全质量管理和计划控制为基础，重点培养生产管理骨干，圆满完成为期6个月、共730学时的2011届示范电站新员工理论培训项目。

4. 新生力训练营。通过集中培训、军事化训练、岗位实践、跟踪培养等形式，对所属各单位新员工集中强化培训。

此外，国家核电还开展了专题培训项目，通过国际化财务管理人才班、人力资源认证培训等培训项目培养国际化专业人才，支撑公司“建设创新型、集团化、国际化、现代化国有企业”的战略要求。

中国华能集团公司

2012年，按照国家核安全法规对核电安全生产23个领域工作的有关要求，公司继续加强运行、维修、技术支持等领域人才培养与储备工作，并取得重要进展：示范工程43名预备操纵员取得HTR-10高级操纵员执照、29名取得HTR-10操纵员执照，7名运行管理人员完成第三批美国杜克能源生产管理培训；调试管理40人分批在中广核阳江核电工程公司、福建宁德核电参加调试实习培训；维修38人按计划完成秦山核电R13和田湾核电T105大修跟班实习。公司已基本形成自主开展操纵人员基础理论培训的能力，专业技术人才队伍建设稳步推进。

截至2012年底，公司已形成了一支专业结构合理、从业经验丰富、总数达740余人的人才队伍，拥有一支具有丰富核电及火电建设和运营管理经验的优秀管理团队，其中，中层以上干部近60%来自运行和在建核设施单位。

东方电气（集团）总公司

东方电气加大人才发展投入，加快人才引进培养，进一步促进自主创新能力的提升，走人才引领、创新驱动、内在增长的发展道路。2012年全年核电培训共计约14000人次，培训内容主要包括：核安全文化培训、技术培训、技能培训、管理类培训。

中国第一重型机械集团公司

中国一重高度重视核电产品制造人才的培养和职工培训工作，在2012年度培训工作中，重点突出了核法规、核电质保大纲和管理程序、核文化等方面的培训内容，保证了培训的针对性和实用性。

在职工培训方面，制定了公司《员工培训管理办法（暂行）》和《员工培训学分管理办法（暂行）》，建立了员工培训学分管理与考核机制，将员工合理划分类别，分别设定年度学分标准并进行年度考核。推进培训管理制度的规范化、科学化、系统化。2012 年针对民核质保大纲、程序文件、核安全文化等相关知识共举办培训班 19 期，培训 310 课时、1600 人次，在提高培训效果转化的基础上，进一步加强在员工中贯彻执行“四个凡事”理念，不断提升员工的核质量和安全意识。针对质量保证、质量控制和质量管理等相关知识共举办培训班 28 期，培训 330 课时、2800 人次，不断提高员工的质量意识，提升产品质量。针对炼钢、铸造、锻造、热处理、天车、起重、数控铣镗等各工种岗位操作技能人员共举办培训班 101 期，培训 2100 课时、4400 人次，不断提高员工岗位工作技能。

在核电人才培养方面，结合企业当前核电设备生产工作实际和未来发展需求，进一步加大了焊接、无损检测等岗位人员的培训和取证工作力度，严格执行持证上岗。经过 2 次理论考试和 11 次实际操作考试，共有 167 人次取得了核电焊工资格证书。在无损检测方面，共有 38 人次考取了核Ⅱ级证书。同时，积极选派业务骨干参加上海核工程研究设计院举办的 AP1000 设备设计技术等外部高水平的培训班，多次安排业务骨干到韩国斗山重工集团等国外知名重型装备制造企业进行学习，不断汲取先进的生产管理理念和经验，通过核电制造方面人才的培养，进一步提升了中国一重核电制造能力和管理水平。

中国第二重型机械集团公司

中国二重注重人才培养，2012 年共开展核电制造相关培训 15 项、20 个班次，共培训 976 人次，其中公司级培训 4 项 5 个班次，培训 231 人次；单位级培训 11 项 15 个班次，培训 745 人次。

继续加强核文化、核安全技术、核电产品制造技术培训。组织开展新版核电体系文件及标准的宣传贯彻，重点加强操作人员及管理人员核文化及核意识的教育。通过多种渠道提高专业技术人员业务能力，在管理人员中开展了四川大学企业管理硕士研修培训、西南财大财务会计硕士课程研修培训、经营采购外协人员法律知识培训、国际市场营销战略讲座等专项培训。

公司荣获《德阳市高技能人才培训基地》称号，并启动了培训基地建设工作，为高技能人才队伍建设开辟了新的途径；参加省、市级职业技能竞赛，先后数十人次进入前十名。

国际合作与两岸交流

政府方面

一、第二届核安全峰会

2012 年 3 月在韩国首尔召开了“核安全峰会”，这是福岛核事故后核领域最高级别的国际会议，以加强核材料和核设备安全为主要议题，53 个国家及 4 个国际组织领导人出席会议，会议通过了《首尔公报》。

国家主席胡锦涛出席会议，并发表题为《深化合作 提高核安全水平》的重要讲话，全面阐述中国在核安全领域的政策主张、所作努力和重要措施。工业和信息化部部长苗圩随访并召开记者见面会，宣传我国核能、核安全政策；各集团公司积极参加核安全峰会，宣传我国核工业。全方位、分层次的宣传工作，为引导公众正确认识核能，扩大国际影响起到了积极作用。

首尔峰会进一步凝聚了共识，有利于核安全国际合作和提高全球核材料和核设备的安全水平，有利于推动核能和经济可持续发展，促进国际和平与安全。

二、《核安全公约》履约

2012 年 8 月 27—31 日，《核安全公约》福岛核事故特别会议在奥地利维也纳国际原子能机构总部举行，中国环境保护部副部长兼国家核安全局局长李干杰率团出席大会并担任大会主席。此次特别会议旨在进一步汲取福岛核事故的经验教训，并对《核安全公约》的有效性进行审议。会议还对外部事件、设计问题、严重事故管理和恢复、国家组织、应急事故响应和事故处理、国际合作等 6 个议题展开了讨论，形成了一致认可的总结报告，并就进一步汲取福岛核事故经验教训和开展安全改进行动确定了基本要求。会议还完成了公约审议规则的修改，决定设立不限名额工作组，继续开展公约修订的有关工作。

三、《乏燃料管理安全和放射性废物管理安全联合公约》履约

2012 年 5 月 14—23 日，《乏燃料管理安全和放射性废物管理安全联合公约》（简称联合公约）第四次缔约方审议会议在奥地利维也纳国际原子能机构总部举行。这是中国政府代表团第二次参加联合公约缔约方审议会议。会议认为，中国政府全面履行了联合公约的各项义务，有效落实了第三次审议会议提出的各项要求，在乏燃料管理安全和放射性废物管理安全方面取得了显著进步，同时也指出了中国当前面临的挑战和需要继续加强的工作。

四、多边领域

（一）第五次中日韩核安全监管高官会

2012 年 11 月 29—30 日，第五次中

日韩核安全监管高官会在韩国首尔召开。环境保护部国际合作司司长唐丁丁出席会议并致开幕辞。此次会议由韩国核安全与核安保委员会主办，旨在落实中日韩三国核安全监管机构在去年第四次高官会上签署的三国核安全合作倡议，务实推动区域核安全合作。三国代表团团长共同重新签署了核安全监管高官会合作备忘录。中日韩核安全高官会机制作为三国领导人会议宣言要求的务实核安全合作框架，在促进三国核安全监管合作和东北亚地区核安全事业发展方面发挥着重要的作用。

(二) 与国际原子能机构 (IAEA) 的合作

1.4 月，中国国家原子能机构与国际原子能机构在京成功举办亚太地区核科技合作协定第 34 届国家代表会议及亚太和科技合作协定 40 周年庆祝活动，中国代表团提出重视务实合作、重视高效管理、重视科技创新、重视人才培养四点主张，得到与会各国的积极响应。

2.9 月，国家原子能机构副主任王毅韧率团出席在维也纳召开的国际原子能机构第 56 届大会。会议同期举办了“创新的中国核电技术”专题展览，推介我国具有自主知识产权的 ACP1000、ACPR1000+、ACP100 等先进堆型。展览得到了 150 多个成员国的广泛关注，各国主管核能的高级官员、核工业代表前来参观洽谈，表达了与我国开展多样化核合作的意愿。国际原子能机构总干事天野之弥参观展览，并对我国核能发展成就予以充分肯定。

3. 我国参与国际原子能机构 2012—2013 周期技术合作项目执行顺利，项目执行率达到 91%，连续两年保持较高水平。组织完成 2014—2015 周期项目评审及设计工作，为国内企事业单位充分利用国际原子能机构技术合作平台发挥了积极作用。2012 年推荐专家学者参加国际原子能机构技术会议、科学访问 570 余人次，在国内承办 IAEA 会议 40 余次，整理出版了国际技术交流成果汇编。

4. 利用中国国家原子能机构 – 国际原子能机构核保障与核安保中心，中核建设集团公司核电站建设国际培训中心、哈尔滨工程大学核教育培训中心等与机构共建的培训与教育基地建设，我国建立了全方位、多元化的培训体系，2012 年我国共举办核领域国际培训研讨活动 50 次，参与国家 38 个，邀请外宾 376 人次，不仅为我国核行业科技和工程人员创造了学习机会，也为其他国家了解中国搭建了平台。

(三) 其他重大多边活动

1. 国家能源局组织有关企业参加国际核能合作框架 (IFNEC) 的多边合作。5 月 9—10 日，组团赴伦敦参加了国际核能合作框架首届核电融资问题研讨会；7 月 17—19 日，组团赴美国德州农机大学参加了国际核能合作框架指导组第 8 次会议、基础结构开发工作组第 10 次会议和可靠核燃料服务工作组第 9 次会议；11 月 14—15 日，组团赴斯洛文尼亚卢布尔雅那参加了国际核能合作框架基础结构开发工作组第 11 次会议。

2. 11 月，国家原子能机构组团出席

亚洲核合作论坛部长级会议，介绍我国核能发展现状、政策及未来规划，就加强地区间核能合作提出意见和建议，受到与会各国的广泛关注。会议期间，我国还启动与印尼双边核能合作，并重点与孟加拉国、哈萨克斯坦、蒙古国、越南、泰国等新兴国家代表团交流核能发展经验，有针对性地推介我国核电和核技术应用发展成果，受到了上述国家代表团的热烈欢迎。

3. 国家原子能机构积极组团参加福岛核安全部长级大会、第59届联合国原子能辐射效应科学委员会会议等重大国际活动，宣传我国核能发展新政策、新成果。在各成员单位的大力协同下，国家原子能机构的平台作用凸显，我国在国际事务中的话语权不断增强，对亚太地区乃至世界核能发展的影响力不断加强。

4. 我国承担的国际热核聚变堆（ITER）采购包认证阶段任务圆满完成，实现关键技术消化吸收与创新研发，为中国建设自己的聚变堆奠定了基础。我国参与的第四代核能系统国际论坛（GIF）超高温气冷堆、钠冷快堆两个项目进入实质性研发阶段。成员单位主动深化与世界核电运营者协会、世界核协会的合作，多渠道推介我国核电产品和产业实力，扩大影响力。

五、双边领域

（一）中俄合作

1. 6月5日，在胡锦涛主席和普京总统的见证下，国家原子能机构和俄罗斯国家原子能公司在北京签署了《核领域合作路线图》，指明了两国核合作的方向，丰富了两国战略合作伙伴关系的内涵。国家能源局与俄罗斯国家原子能公司草签了《中华人民共和国政府和俄罗斯联邦政府关于在中国合作建设田湾核电站3、4号机组的议定书》。

2. 10月，中俄总理定期会晤委员会和问题分委员会第16次会议在京举行，双方高度评价在核电、核燃料、核科技、核安全、快堆、军转民等领域的成功合作，并将继续扩大在核安全监管、中国实验快堆运行阶段科技合作、乏燃料后处理、高温气冷堆、反恐装备等领域的合作。

3. 12月，中俄总理定期会晤委员会期间，双方领导人就中俄核电、空间核动力、浮动式核电站、快堆等双边合作进行了积极坦诚的会谈。在国家总理温家宝与俄罗斯总理梅德韦杰夫的共同见证下，国家能源局与俄罗斯国家原子能公司在莫斯科正式签署了《中华人民共和国政府和俄罗斯联邦政府关于在中国合作建设田湾核电站3、4号机组的议定书》。

（二）中美合作

1. 2012年，国家原子能机构领导与美国能源部部长朱棣文等高级官员四次会晤，积极推动双边核能合作，并就美国核技术出口限制等问题做美方的工作。

2. 4月9—10日，国家能源局、美国能源部在华盛顿特区联合举办“中美和平利用核技术联合协调委员会第7次会议”和“中美核安全交流研讨会”。

3. 4月25日—5月4日，国家原子能机构副主任王毅韧率团访问美国，推动中美核能领域合作。王毅韧会见了美国能源部副部长鲍纳曼，美国能源部副部长、核军工管理局局长达格斯迪诺，就核安保示范中心、微堆低能化、核应急、核出口管制、放射性废物管理等议题交换了意见，签署了《核安保示范中心费用分摊安排》，确定了美方为示范中心提供第一批核安保专用设备。代表团还参观了劳伦斯·利弗莫尔国家实验室的国家点火装置，以及加州大学伯克利分校核工程系。8 月，中美合作建设核安保示范中心获得国务院正式批准，项目中方投资约 3.6 亿元人民币。核安保中心将建设成核安保技术交流和教育培训的地区中心，为我国及本地区核安保水平的提升发挥积极作用。

4. 由中国和美国领导的“大亚湾中微子实验”发现了新的中微子振荡模式，为我国基础物理学研究乃至世界微观粒子物理领域的发展作出了贡献。

5. 9 月 25—26 日，国家能源局、美国能源部在美国阿贡国家实验室联合举办“中美民用核能合作行动计划第 5 次工作会议”。

6. 10 月 22—26 日，国家能源局、美国能源部在三亚联合举办“中美核电概率安全分析第 4 次研讨会”。

(三) 中法合作

1. 4 月 20 日，国家能源局、法国核安全局在北京联合举办“中法核电安全交流研讨会”。邀请监管部门和主要企业参加，围绕日本福岛核事故后共同面临的形势与挑战，就核安全检查、核应急措施及安全标准改进、未来核电发展趋势等主题进行了交流与讨论。

2. 9 月 3 日，中法核安全指导委员会在法国巴黎召开。中国环境保护部副部长兼国家核安全局局长李干杰、法国核安全局局长拉考斯特共同出席了会议。双方就中法在核安全领域的合作进行了回顾和讨论，并确定下一阶段的具体合作项目。

3. 12 月 3 日，国家原子能机构与法国原子能委员会以交换信函的方式确认了中法后处理合作的基本原则，标志着中法后处理合作政府间谈判第一阶段任务顺利完成，有力地推动了双方企业商务谈判进程。

(四) 第六次中巴 (巴基斯坦) 核安全合作指导委员会

2 月 14 日，第六次中巴核安全合作指导委员会在福建省福州市召开。中国环境保护部副部长兼国家核安全局局长李干杰与巴基斯坦核管局主席哈比布共同出席了会议。双方回顾了过去一年里中巴核安全合作所取得的成果，并确定了下一阶段中巴核安全合作的项目。

(五) 其他重大双边活动

1. 1 月 15 日，在国务院总理温家宝和沙特阿拉伯国王兼首相阿卜杜拉·本·阿卜杜勒－阿齐兹的共同见证下，国家能源局与沙特阿卜杜拉国王原子能与可再生能源城在利雅得签署了《中华人民共和国政府和沙特阿拉伯王国政府和平利用核能合作协定》。

2. 4 月 9 日，在国务院总理温家宝和土耳其总理埃尔多安的共同见证下，国家能源局与土耳其能源与自然资源部在北京签署了《中华人民共和国政府和土耳其共和国政府和平利用核能合作协定》、《中国国家能源局和土耳其共和国能源与自然资源部关于核能合作的意向书》。

3. 6月25日，在国家总理温家宝和阿根廷总统克里斯蒂娜的共同见证下，国家能源局与阿根廷联邦计划、公共投资与服务部在布宜诺斯艾利斯签署了《中国国家能源局和阿根廷共和国联邦计划、公共投资与服务部关于核能合作的协议》。

4. 7月19日，国家能源局与加拿大外交外贸部在北京签署了《〈中华人民共和国政府和加拿大政府和平利用核能合作协定〉议定书》。

5. 7月26日，国家原子能机构与加拿大核安全委员会共同签署了《中加和平利用核能协定议定书的行政安排》。这对扩大两国铀资源贸易和天然铀开发，增进两国核领域的互利合作具有重要意义。

6. 在成功执行欧盟向我国技术合作"超级专项"200万欧元的基础上，欧盟继续在核应急、核废料管理领域向我国提供300万欧元援助资金，并已签署援助项目财务协议。

部分企业集团

一、中国核工业集团公司

2012年，中核集团国际合作开发工作紧密围绕"做强做优，世界一流"的奋斗目标，以全球化战略视野积极开拓"两个市场、两种资源"，扎实推进各项工作，圆满完成了年初制定的工作计划。在核电出口方面，巴基斯坦核电项目进展顺利，ACP1000出口阿根廷核电项目取得重大阶段性进展，中俄合作田湾二期工程于12月27日开工；在铀资源方面，通过海外开发和国际贸易，铀资源保障能力得到进一步提升，尼日尔阿泽里克铀矿生产的首批铀产品启运回国，与法国阿海珐就伊姆铀矿权益铀产量项目签署了合作意向书。同时，通过流程再造和管理提升活动，集团外事管理得到有效规范，为集团公司的对外合作和后续发展创造了良好的条件。

（一）国际合作推动重大核电工程项目进展

1. 阿根廷ACP1000等核电出口项目取得显著进展。

在中国政府及相关部门的积极支持下，中核集团全力推进ACP1000出口阿根廷，成立了阿根廷核电项目领导小组及5个工作组，统一研究部署，组织各成员单位开展合作模式、技术转让、融资、燃料供应、法律、项目管理研究，各项工作都取得了阶段性进展，中核集团还在阿设立常驻办事机构，与当地合作伙伴一起，共谋核电站项目。

2012年6月，温家宝总理访阿期间，中阿双方签署了政府间核能合作协议。9月份，阿根廷联邦计划、公共投资与服务部部长胡里奥·德·维多率团访问中国，中核集团与阿根廷核电公司签署了关于合作谅解备忘录。中核集团积极推动中阿政府签署《中阿合作建设阿根廷第四核电站的政府间协定》，争取进行项目的直接议标或者谈判，并将该核电项目纳入中阿两国政府(2013—2017)共同行动计划，与其他重要项目协调推动。

2. 推动国外引进核电项目。

(1) 田湾二期核电项目。

2012年6月5日，俄罗斯总统普京访华期间，在两国元首见证下，中俄草签了《中华人民共和国政府与俄罗斯联邦政府关于在中国合作建设田湾核电站3、4号机组的议定书》，12月在两国总理定期会晤期间该议定书正式签署。田湾核电站3号机组于12月27日浇筑了第一罐混凝土，实现了田湾二期工程开工建设的目标。田湾二期工程成为福岛事故之后我国大陆第一个获得政府审批并开工的项目。

(2) 三门AP1000核电项目。

三门核电一期工程(1、2号机组)自2009年4月开工以来，由于西屋公司负责的设计文件提交和A1类设备到货严重滞后，工程进度出现延误。该工程是中美两国政府支持下的重大核电合作项目，又是全球AP1000首堆工程，中核集团作为业主，主动多次与美国能源部和西屋公司高层进行协调，及时反映问题，共商解决途径。3月和8月，中核集团董事长孙勤分别会见了西屋公司董事长和总裁；6月和7月，中核集团总经理钱智民分别会见了美国能源部副部长、代理副部长等人，督促美方采取有效措施，充实力量，加强设计和设备的管理。

(二)国际合作提升铀资源对核电发展的保障能力

实施铀资源海外开发，加大铀资源储备，稳定铀资源供应，是保证我国核工业健康发展的重要手段。

1. 首批海外铀产品回国，实现“零的突破”。

10月22日，中核集团在尼日尔开发的阿泽里克铀矿项目生产的首批铀产品(190吨)启运回国，这是该项目经历4年多艰苦的建设和试生产后首次实现产品销售并进入正式商业运营，这标志着中国企业海外铀资源商用实现“零的突破”。

7月16日，中核集团董事长孙勤接待了尼日尔矿产部长乌马尔·哈米杜·恰那部长一行的来访，双方表示将携手共同把阿矿项目建设成为中尼两国合作开发的典范。7月19日，孙勤拜会了在华访问的尼日尔总统穆罕默杜·伊素福，就阿矿项目建设情况进行了交流。

2. 参股阿海珐伊姆铀矿项目取得实质性进展。

伊姆铀矿是超大型铀矿，位于非洲尼日尔，铀矿总资源量约为27.9万吨，是全球第二大铀矿。伊姆铀矿由法国阿海珐通过其子公司ANC Expansion持有控股权并运营管理。经过长期的谈判，2012年6月，中核集团与阿海珐就伊姆铀矿项目签署了合作意向书，通过认购ANC Expansion的股份，参与开发建设伊姆铀矿，并通过产品购销协议获得该矿10%的权益产量。

3. 天然铀进口顺利实施、贸易渠道多元化发展。

利用今年铀价相对低迷的契机，中核集团加大了从澳大利亚进口天然铀的力度，以较优惠的价格公式签订了长期供货协议。此外还与法国阿海珐签署了长期铀贸易合作协议。同时，中核集团积极推动政府与加拿大签署协议，实现贸易渠道多元化。中核集团2012年完成了年初制定的国家储备和商业储备进口计划。

4. 大力储备海外铀资源后续项目。

除尼日尔阿泽里克铀矿开发项目外，中核集团正利用国家海外风险勘探基金或自筹资金在蒙古、津巴布韦、纳米比亚等国进行前期资源勘探项目，从草根入手，为后续项目奠定基础。目前，蒙古古尔万布拉克矿储藏报告得到批准，正申办采矿证并注册合资公司；津巴布韦勘探项目已经控制储量2000吨，具有进一步增加的潜力；纳米比亚勘探项目已经核实资源量40000多吨，有望建立第二个海外开发矿山企业。

（三）国际合作提升集团公司科技创新能力

中核集团通过参与国家原子能机构、国家科学技术部、国家外国专家局等国际合作渠道，全面开展国际科技合作与交流，提升集团公司科技创新能力。

1. 国际原子能机构项目。

中核集团组织申报2014—2015国际原子能机构技术合作项目15项。经国家原子能机构审查后，4个课题进入国际原子能机构2014—2015周期技术合作项目清单，下步将开展详细设计。

为了检验ACP1000/ACP100设计与国际安全标准导则的符合性，改进设计的安全水平，中核集团向国家原子能机构申请IAEA对ACP1000/ACP100开展通用安全技术评估。中核集团还组织成员单位参加国家原子能机构INT2014和INT2015两个项目工作。2012年8月，中核集团参加了第56届国际原子能机构大会以及在IAEA总部举办的核工业展览，宣传了集团公司自主开发的ACP1000与ACP100核电技术。2012年还组织多领域、多专业、多层次科技人员广泛参加了IAEA的科技交流活动。

2. 国家科技部国际合作项目。

2012年，中核集团组织推荐的4个项目全部获得了科技部正式批复立项，项目经费总计1500万元，另有以前科技部批复的4个项目正在执行过程中，国拨经费超过900万元。

2012年向国家科技部国际合作司组织推荐了4个项目申报书，项目经费总计近2000万元，其中有两个项目获得批准。

受国家科技部委托，中核集团还主持召开了国家国际科技合作项目“大功率辅助加热条件下的输运研究”验收会议。“中国示范快堆电站总体技术和初步可行性研究”也通过国家科技部组织的项目验收。

3. 国家外国专家局引智项目。

中核集团2012年获得批准的外专引智项目63个，通过项目实施引进国外专家168人次来华工作，派出67名专业技术骨干赴国外学习。同时中核集团各项目实施单位还配套自筹资金，确保引智项目起到画龙点睛的关键作用。

由于在离心铀浓缩项目中作出突出贡献，俄罗斯专家阿图尔·米斯科夫获得了2012年度中国国家“友谊奖”。中核集团自成立以来，已为来华工作的17位专家申请到了国家“友谊奖”，极大地促进了对外交流和国际合作。

（四）配合外交主动出击，推介核电技术，推动项目进展

1. 积极参加国家领导人外事活动，利用高层会晤推进重大项目。

2012年6月，中核集团配合政府有关部门在胡锦涛主席与来访的普京总统见证下，草签了田湾项目政府间议定书；10月，中核集团董事长孙勤出席中俄总理定期会晤委员会第16次核问题分委会，并与俄方进行了双边会谈；5月，中核集团总经理钱智民陪同温家宝总理访问阿根廷，推动核电出口；4月，李克强副总理访问俄罗斯时，中核集团配合推动中俄核能合作。这些重要外事活动一方面配合了国家外交，同时也利用高访契机，有力地促进了中核集团与国外企业的项目进展。

2. 主动出击，全面推动对外合作。

中核集团领导通过与法国、俄罗斯、美国、阿根廷、苏丹、德国、阿尔及利亚、马来西亚等国家的单位以及国际原子能机构、世界核电运营者协会等国际组织的广泛交流，全面推动对外合作。

2012年，中核集团与法国阿海珐公司签署了《伊姆铀矿项目合作意向书》《铀贸易长期战略合作协议》《锆合作谅解备忘录》；与法国放射性废物管理机构签署了《合作谅解备忘录》；与阿根廷核电公司签署了《新核电站合作谅解备忘录》；与西屋公司签署了《核级DCS合作谅解备忘录》等，推进了与各合作伙伴在核电、核燃料、铀资源等领域的成功合作。

2012年，中核集团领导出访20多批次，在国内会见重要外宾100多批次。

（五）提升外事管理水平，为国际合作创造良好条件

1. 开展制度修编，对标先进企业。

中核集团通过流程再造、管理提升等活动，对国际合作各管理接口进行了梳理和优化，重新修订了全部外事相关规章制度。为更好地指导并开展国际合作业务，中核集团国际合作开发部联合相关单位，开展了集团公司国际合作重点国家研究工作。通过走访中材集团、参加中电联国际合作调研等活动，中核集团积极对标先进企业，提升自身水平。通过管理软环境的治理，为国际合作奠定一个适应的政策、制度、人才和经费基础。

2. 严格外事审批，做好护签服务。

作为国家授权进行出国审批和护签办理的央企，中核集团严格执行国家外事管理有关规定，根据出访的必要性、重要性和安全等原则认真审批出国团组，严格管理流程，未发生出国人员滞留不归、公费旅游、安全和泄密事件。2012年，中核集团共办理1000多个团组的出国手续，办理护照签证3000多人次，来华邀请350多人次，高效周到的外事服务工作为集团公司的对外合作与交流提供了有力的保障。

3. 加强对外推介，扩大国际影响。

为实现打造世界一流核能企业集团的宏伟目标，中核集团一方面通过技术和经济发展增强自身实力和国际竞争力，另一方面也通过加强对外宣传和交流，多渠道扩大集团公司的国际影响力。2012 年分别参加了在维也纳和莫斯科举办的核工展，受到国际社会广泛关注。中核集团全年派出的 300 多个团组在进行技术交流的同时也宣传了中核集团的技术和实力，有效地扩大国际影响力。

二、中国核工业建设集团公司

(一) 基本情况

中国核建积极稳妥地实施“走出去”战略，加强了国际业务管理部门的建设，成立了国际事业部；加大了国际非核业务市场的开发，实现国际核工程与非核业务开发并举，国际核电建造培训中心全面运行，国际化经营扎实推进。

2012 年，国际业务完成产值 15.7 亿元，已签合同额 14 亿元；成功中标东帝汶、印尼、加蓬、格鲁吉亚、伊拉克、新加坡等国家重点工程项目。同时，中国核建密切跟踪海外核电项目。

国际核电建造培训中心 (ICTC) 全面运行。与国际原子能机构就 ICTC 招生计划、培训计划落实、教材编制、结业证书授予等事项达成一致意见；开展了孟加拉国原子能委员会、亚洲核安全网络区域及国际原子能机构跨区域等核电建造培训，来自全球22个国家近百名学员参与培训，效果良好，受到国际原子能机构和学员的高度评价。

(二) 重要国际交流活动

1. 捷克访问团与中国核建举行双边合作会议。

2012 年 3 月 27 日，捷克共和国州长协会主席、南摩拉维亚州州长、最大在野党社会民主党第一副主席迈克尔•哈谢克，携捷克友好人士代表团成员一行 22 人，来到中国核建交流访问。中国核建党组成员、副总经理、股份公司总裁祖斌会见了代表团成员。捷克友好人士代表团成员包括捷克社民党副主席、参议院副主席兹德内克•什克罗马赫，社民党副主席、众议院副主席鲁伯米尔•扎奥拉莱克及捷克共和国多位州长、著名企业家、捷中友好合作协会有关人员。

2. 国际原子能机构 (IAEA) 副总干事丹尼斯•弗劳瑞一行来访。

2012 年 3 月 30 日，国际原子能机构 (IAEA) 副总干事丹尼斯•弗劳瑞一行来访，中国核建党组书记、总经理、股份公司董事长穆占英会见了来访的丹尼斯•弗劳瑞一行。双方就核电建设国际培训中心工作开展计划以及加强核安全等方面进行了热情友好的交谈。

访问期间，丹尼斯•弗劳瑞一行与中国核建就 ICTC 工作计划进行研讨，双方就如何发挥 ICTC 的作用、将中国的核电建设经验与 IAEA 其他成员国共同分享、提高核电建设水平、奠定核电安全运行基础、共同促进世界核电发展、做好 ICTC 长远工作规划等议题进行了积极深入的探讨，并签署了《关于核电站建设国际培训中心的会议纪要》。在纪要中，双方就 ICTC 年度招生计划的制订、培训计划的组织落实、培训教材编制、授课教师安排、结业证书授予、培训条件准备等事项达成一致意见，并明确双方可以在其他方面开展更广泛的合作。该纪要的签订，充分证明中国核建核电建设国际培训中心的准备工作得到国际原子能机构的充分肯定，也预示着中国核建国际性培训工作即将拉开序幕，为中国核建走向世界、打响国际品牌、服务全球核电安全发展奠定了基础。

3. 国际原子能机构核电建设国际培训中心正式运作。

2012 年 10—11 月，ICTC 先后迎来 3 批国际学员参加“孟加拉国原子能委员会科访代表团培训”、“亚洲核安全网络核电站建造阶段实践经验区域培训”和“核电站合同，前期准备、施工及管理跨区域培训”。中国核建自 ICTC 挂牌成立以来，一直进行积极筹备，通过不断地健全和完善培训设施设备，完善组织架构，更新、编审培训教材，选拔讲师，积极与 IAEA 和 CAEA 沟通等方式持续提升 ICTC 的软硬件设施及能力，为后续开展国际培训打下了良好的基础。这 3 批培训标志着 ICTC 作为核电建设国际培训中心正式运作。

4. 孟加拉国原子能机构委员会主席费洛兹 (Abu Sayeed Mohammad FIROZ) 希望与中国核建建立战略同盟。

孟加拉国原子能机构委员会主席费洛兹 (Abu Sayeed Mohammad FIROZ) 对能够通过 IAEA 与 CAEA 的帮助来到中国核建接受 ICTC 核电建设知识培训表示感谢。他认为，孟加拉国资源有限，并面临着严重的能源短缺，核能已成为不可避免的选择，且孟加拉国政府对发展核电表示强烈支持。但作为新起步的国家，孟加拉国没有核电建设需要的足够的资源、基础设施及建造能力，为此他希望得到国际支持，希望能够与中国核建建立战略同盟。他强调，中国有众多的核电项目，且正在进行大规模的核电建设，孟加拉国可以从中国学到很多经验。

5. 国际原子能机构 (IAEA) 亚洲核安全网络核电站建造期间实践经验区域培训班。

2012 年 10 月 17 日，国际原子能机构 (IAEA) 亚洲核安全网络核电站建造期间实践经验区域培训在 ICTC 开班。这是中国核建继 10 月 15 日迎来 ICTC 首批国际学员后承接的又一批次国际培训任务，同时也是 ICTC 挂牌成立后首次亚洲区域性培训。

此次核电站建造期间实践经验区域培训由亚洲核安全网络 (ANSN) 框架内的教育培训专题小组提出，主要针对东南亚、太平洋及远东国家核领域的政府官员、组织机构及其技术支持机构进行，培训对象为监管核电站及其他辐射设施的核安全监管机构的专业人员，以及负责监管体系、监管组织架构、监管纲要、许可证及许可文件、安全评估以及监管审查和实施领域的人员。

三、中国广核集团有限公司

2012 年，中广核集团斥资 24 亿美元成功收购纳米比亚湖山铀矿，资源总量为 28.6 万吨 U_3O_8(八氧化三铀)，位居全球第三。湖山铀矿于 2012 年 10 月开工建设，预计 2015 年正式投产，2017 年达产后年产 6500 吨 U_3O_8，约为国内年产量的 3 倍，位居全球第二。目前中广核集团控制的天然铀总量可以满足 30 台百万千瓦级核电机组 30 年的需求。

在核电“走出去”方面，中广核集团已与南非、白俄罗斯、泰国、越南、乌克兰等国签署相关合作谅解备忘录；与土耳其、英国、马来西亚、波兰、保加利亚等国建立了多方合作、沟通、交流的渠道；同时，积极探索与国际主要核电供应商建立战略合作关系，共同开发国际核电市场。

2012 年，中广核集团在核电站安全运行领域、核电站设计建设领域、反应堆工程研究领域、燃料及放射性废物研究领域、新堆型领域、核技术应用等领域积极开展了众多的国际交流和合作。在运电站安全运行领域与 WANO-PC、法国电力公司、美国西北电力公司等在“淘汰品管理”、“有效实施 SOER 建议”福岛事故后安全改进等方面开展了交流；与国际原子能机构 (IAEA) 开展了集团三代核电堆型 ACPR1000+ 技术方案审查；与法国阿海珐公司签订燃料设计合同，自主化燃料组件研发取得新进展；为推动核电机组“走出去”，中广核集团开展了与土耳其 SINOP 项目的合作交流等。

四、中国电力投资集团公司

中电投集团秉承“有效利用全球资源，充分了解行业信息，加强国际组织和企业的联系，不断提高核电建设、运营管理能力”的原则，积极参与政府间双边、多边核合作，全面开展国际合作与交流，与国际原子能机构 (IAEA)、世界核电运营者协会 (WANO)、日本海外电力调查会 (JEPIC)、美国南方核电运营公司、法国电力公司、韩国水力原子力公司等核电机构和企业建立了长期战略合作伙伴关系。

(一) 借助机构平台，积极开展合作交流

中电投集团依托国家原子能机构 (CAEA) 平台，推进落实所承担技术合作项目，结合企业核电发展实际情况，积极参加 IAEA、CAEA 组织的各类交流会议和培训活动，积极参加协会各项活动，共享协会丰富资源，寻求多方面支持。

2012 年度，中电投集团认真执行技术合作项。承担了 IAEA 技术合作 2012—2013 年周期国家核心项目——CPR9040“中国核电厂辐射防护设计和运行技术研究”。并积极参与 2014—2015 周期技术合作项目申报，于 10 月获批启动“AP1000 严重事故源项、废水处理技术及跨区域应急研究支持项目”详细设计工作。

自加入 WANO 并成为亚特兰大中心会员以来，2012 年，先后在海阳核电现场组织开展“防人因失误工具和生产业绩指标研讨会”、“设备可靠性和运行管理”等技术支持研讨活动 (TSM)；与日本海外电力调查会 (简称“海电调”) 共开展 3 次交流；积极参加世界与中国核能行业协会、中国核学会等组织的国际合作活动。

（二）加大企业合作力度，借鉴先进核电经验

中电投集团高度重视与世界各国、各地区核电领域先进企业单位开展交流。为满足山东海阳核电培训活动开展需求，进一步拓展合作领域，集团及所属山东核电有限公司陆续与美国南方核电运营公司、进步能源公司(PE)、杜克能源(Duke)、韩国水力原子力公司等国际大型核电企业签署了技术合作协议并建立了稳定的合作交流关系。

积极开展核电板块人才培养，坚持打造国际管理人才队伍。2012年7月，与美国Exelon Nuclear Partners核电集团签署合作协议，分批派遣高层管理人员赴美国进行为期两周核电高层管理培训工作，全面了解管理模式、理念以及运行、调试先进经验。

（三）通过合作开展先进反应堆研究和应用

中电投集团高度关注核行业发展趋势，积极参与核电前沿领域研究。积极开展模块化小型反应堆(SMR)的合作、开发和应用，先后访问了美国能源部、核管会，西屋公司等，与美国核工业界进行了广泛深入的交流。

五、国家核电技术有限公司

积极开展高层互访。公司领导参加赴美贸易投资促进团并与美方企业进行了商务洽谈，并多次访美为推动AP1000主泵研发制造工作进行调研和协调。同时，接待外国政要来访，包括美国能源部副部长以及助理副部长、捷克能源安全大臣、欧盟前贸易委员、苏丹水利和电力部副部长等。

深化与技术原创方的战略合作。与西屋公司在国内成立供应链合资公司，共同开展质保服务、设备采购代理、服务咨询等业务，帮助国内核电设备制造企业完善质保体系，进入国际范围的合格供应商体系，建立国产核电设备出口的渠道。在技术研发、市场开发、设备制造等领域继续深化与西屋公司的合作。2012年10月，公司与美方绍尔公司签署了《美国Vogtle项目技术支持服务合同》，派出首批优秀工程技术和项目管理人员赴美，为Vogtle AP1000核电站建设提供技术支持。

积极开拓海外市场。启动CAP1400海外市场开发和品牌推介工作。上海核工程研究设计院在完成巴基斯坦恰希玛核电站二期工程设计和设备设计工作的基础上，承担了三、四期设计总包。

不断夯实和拓展与国际组织的合作。公司加强与国际原子能机构(IAEA)的合作与交流，成功承办“IAEA核电项目发展战略计划会议”等国际会议，保持密切的人员互访和学术交流。积极参加WANO主办的专业研讨会，与WANO建立专用信息渠道，推荐中方人员加入WANO专家工作组，对WANO开展了核电厂人力资源专业调研等。以美国机械工程师学会(ASME)中国国际工作组(CIWG)为依托，打造中国核电专家参与ASME标准平台，向ASME委员会提交规范修订建议8项，为我国争取了参与世界核电

规范制订的话语权。另外，积极开展与世界核协会、美国电气电子工程师学会(IEEE)、美国电力科学院(EPRI)、美国核学会(ANS)等专业性国际核组织的工作交流。

六、中国华能集团公司

1. 4月18日，西格里集团中国区首席执行官贺文一行来公司交流。其间，双方认真梳理了高温气冷堆核电站示范工程石墨球采购合同执行情况，明确了石墨球交货进度。西格里公司表示，将严格按照核安全法规要求，加强石墨球制造过程质量控制，确保石墨球加工质量，为双方未来在高温堆核能领域的广泛合作打下坚实基础。

2.6月22日，华能山东石岛湾核电有限公司第三批赴美培训生产准备人员按计划完成生产管理培训任务。本次培训在美国杜克能源公司下辖的麦格瑞核电站(McGuire Nuclear Power Plant)进行，通过理论培训、现场参观和集体讨论等形式，全面了解了麦格瑞核电站运行、维修、技术支持、化学、辐射防护以及培训中心等各部门的职能和工作流程。此外，该批培训人员还重点学习了麦格瑞核电站的安全文化、团队合作及高效的管理体系等先进核电理念，并获得由杜克能源公司颁发的培训合格证书。此前，公司首批和第二批出国培训人员分别完成赴美国杜克能源下属的奥克尼和卡托巴核电站培训任务。

3.7月18日至19日，中英气冷堆核电技术研讨会在华能山东石岛湾核电有限公司召开。会议围绕气冷堆运行、维修、石墨管理、辐射防护、退役等方面内容进行了广泛深入的交流探讨。美国ES公司亚洲事业部(Energy Solutions Asia Group)、英国Wylfa核电厂等外国专家，华能山东石岛湾核电有限公司、清华大学核能与新能源技术研究院、中核能源科技有限公司相关人员参加。

4.8月16日，俄罗斯国家原子能公司项目主任瓦列里一行到公司访问。其间，双方就高温气冷堆核电站示范工程建设进展、设备采购及俄罗斯高温气冷堆HTGR研究结果、工艺用途等情况进行了交流，并就双方关心问题进行了深入探讨。

5. 10月1日至16日，公司10名管理人员赴美国杜克能源公司进行了为期两周的培训考察。本次培训内容包括核电产业的管控模式、核电产业组织机构架构、核安全文化培育及在核电厂的实践、绩效管理、生产运营管理(维修和设备管理)、培训管理、应急管理、建设期核电管理(设计和采购管理)、信息化管理等。这对于促进公司管理人员深刻领会美国先进核电管理理念，在后续生产管理体系构建中积极借鉴国际上先进核电企业的良好实践，形成科学规范的石岛湾核电生产运行管理体系，高效推进石岛湾核电基地开发建设起到积极的推动作用。

七、中国第一重型机械集团公司

1. 与英国SONASPECTION公司签订190万英镑的核电设备出口合同。

2. 法国阿海珐公司设备与服务集团副总裁 MULBERT、加拿大巴威公司副总裁唐俊、韩国斗山重工副社长兼铸锻钢事业部总裁高硕禧、韩国斗山重工副社长兼核电事业部总裁金河芳、日本制钢专务兼铸锻钢事业部总裁村井悦夫先后访问中国一重，并就核电产品制造合作情况进行了广泛交流。

中国核能行业协会

一、圆满完成政府部门委托交办的国际合作业务

(一) 承担第四代核能系统国际论坛 (GIF) 联络办工作，协调组织 GIF 相关活动，推动合作向实质性项目迈进。

受科技部国际合作司和国防科工局系统工程二司的委托，协会承担了第四代核能系统国际论坛 (GIF) 联络办公室的工作。一年来开展的主要工作有：

1. 2 月 23 日，在深圳组织召开了 2012 年中国参与第四代核能系统国际论坛工作研讨会；来自科技部合作司、高新司，中核集团，中广核集团，国家核电，中国核动力研究设计院，中国原子能科学研究院，清华大学核研院，上海交大，核能行业协会等单位约 30 名代表出席会议。

2. 6 月 7 日，在北京组织召开了 GIF 钠冷快堆设计安全准则专家研讨会。与会专家根据我国快堆发展情况并结合 IAEA 相关标准规范等对草案进行了深入讨论。会议对 GIF《钠冷快堆设计准则》文本草案提出了 8 条修改建议。联络办及时向 GIF 作了反馈，反映了福岛事件后，中方对钠冷快堆核安全的关切。

3. 7 月 11 日在北京组织召开了 GIF 超高温气冷堆项目专家审查会，对清华大学核研院参与的 GIF 制氢、燃料与燃料循环两个研究项目进行审查。来自中国核能行业协会、中国原子能科学研究院、国家核电技术公司、北京大学、清华大学的专家就加入上述国际合作项目的适宜性进行了讨论。

4. 7 月 30 日在北京组织召开了中国加入 GIF 超临界水冷堆 (SCWR) 系统专家论证会。专家们就是否加入 GIF 超临界水冷堆系统，如何组建国内团队及加强协调管理等问题进行了讨论。

5. 协调组织国内单位参加了 GIF 相关会议。

5 月 8 —11 日，GIF 第 33 次政策组会议和26次专家组会议在韩国釜山召开。联络办完成了会议“中方进展国家报告”和参会预案等材料的起草、意见反馈工作，为政府部门参会提供了支持；同时编写了会议总结，结合 GIF 未来发展规划和国内核能发展规划，对如何开展 GIF 相关领域研发工作提出了具体建议。

11 月 13—16 日，GIF 第 27 次专家组会议、第 34 次政策组会议和第二届 GIF 研讨会、高级工业咨询组 (SIAP) 会议先后在美国圣地亚哥召开。中国国家原子能机构的代表在会上介绍了我国核电发展最新进展以及中国承办 2013 年 GIF 政策组和专家组会议的筹备情况。GIF 联络办协调组织有关单位的10余名代表出席会议，

并为中方国家代表准备了会议中方国家报告等材料。

协调安排国内相关单位专家参加4月在俄罗斯、11月在日本召开的GIF高温气冷堆、钠冷快堆系统安排指导委员会会议，6月在日本举行的钠冷快堆严重事故的预防与缓解国际研讨会，11月在美国召开的钠冷快堆运行与安全项目研发会议等。

6. 建立GIF信息交流平台。

依托协会网站，组织开发GIF中国专栏网页。经过多次讨论、反复修改，完成了GIF中国专栏网页建设方案的编制，网页效果图的设计，人机接口计算机化，收集、翻译、编写了29份栏目内容介绍材料等。包括关于GIF、GIF动态、GIF管理、GIF中国、第四代核能技术、GIF文献与信息、经验交流、专家信息等在内的8个栏目功能的计算机化编程已经完成。

翻译出版了GIF年报和其他GIF资料10万多字，为政府部门和相关单位了解、跟踪GIF进展提供了支持。

跟踪GIF进展，及时向相关政府部门反馈GIF动态，协助科技部和科工局完成与GIF的有关联络工作和国内的组织协调工作。

7. 积极参与GIF未来十年规划研究，增强中方的话语权。

2012年5月，GIF政策组决定调整GIF发展战略，制定GIF未来十年发展规划，修订GIF技术路线图。根据GIF要求，完成了GIF未来十年规划研究“技术路线图更新”工作组中方专家的遴选和提名；配合GIF未来十年规划编制等工作，组织国内相关单位提出对钠冷快堆、超高温气冷堆、超临界水堆技术更新方面的建议；就GIF新的技术路线图等几个文本草案向国内相关单位征求意见，并向GIF国际组织秘书处提出了中方建议。协调中国原子能科学研究院参加GIF钠冷快堆系统安全与运行项目协议签署的国内授权事宜。科技部已于10月9日正式批复，同意中国原子能科学研究院加入并签署GIF钠冷快堆系统安排下安全与运行(SO)项目协议，并同意所提的参加GIF钠冷快堆系统各项目研发组的中方代表名单。

（二）承担亚洲地区核合作(RCA)技术支持工作。

受国防科工局系统工程二司的委托，协会承担了RCA技术支持工作，并按要求按时提交了总结报告。一年来，主要开展了以下工作：

1. 协调和组织国内单位参加RCA项目活动。4月17—19日，国家原子能机构在京举办了第34届RCA国家代表会及40周年成果展览，来自22个国家和国际组织的60余名正式代表参加了会议。国家原子能机构主任陈求发、国际原子能机构副总干事安宁出席会议并参观了展览。

2. 承办IAEA核电规划与发展决策支持地区项目第一次协调会。5月8—10日，受中国国家原子能机构委托，中国核能行业协会承办了在北京举行的国际原子能机构“核电规划与发展决策支持”地区项目(RAS2016)第一次协调会。来自IAEA以及中国、孟加拉、印度尼西亚、马来西亚、泰国、越南等9个项目参与国的近20位国家协调员和代表参加了会议。会议审议了该项目第一阶段(RAS0053)所开展的主要工作及成果，听取了各项目参与国能源现状及核电政策与规划国家报告，讨论并通过了RAS2016项目的目标、预算及主要工作计划。

3.协调并参加相关会议。10月9—12日，协会派人参加了关于IAEA核电新兴国家和核电计划扩大国家能力建设和人力资源开发技术会议。7月26—27日出席了在泰国曼谷召开的亚洲核合作论坛(FNCA)第四次核电基础结构发展途径专家组会议。9月12日，出席了亚洲核合作论坛(FNCA)核电人力资源开发研讨会。

(三)组织开展我国核电行业人力资源调查工作。

受国家原子能机构委托，协会承担了IAEA全球核电行业人力资源调查工作，组织我国目前在运15台机组的运营公司即中核集团公司、中核集团江苏核电有限公司和中国广东核电集团有限公司参与了“IAEA全球核电行业人力资源调查”工作。

本次核电行业人力资源调查的数据采集时间期限包括2010年和2011年两个年度；调查的人员包括运行核电厂场内外雇员、承包商支持人员。调查领域包括运行、维护、辐射防护、工程、厂址支持、监督/监管六大类共43个子项。除上述数据外，还回答了IAEA要求提供的各核电厂人力资源构成的年龄分布、缩减计划、今后几年的人力资源配备计划等。

(四)调整三代核电机组关键零部件和原材料进口清单。

根据财政部要求，对三代核电机组关键设备零部件进口清单国产化进展情况作了调查，向财政部提出了相关建议。

二、成功组织举办国际会议，进一步扩大协会的影响力

1.组织举办中法核电设备监造研讨会。2012年3月6日，中国核能行业协会与法国电力公司(EDF)在北京共同组织举办了“中法核电设备监造研讨会”。

研讨会受到广泛关注，来自核电厂建设、运营、设备制造等领域的56家单位约140人参加了会议。国家核安全局、中国核电工程有限公司、中广核工程公司、东方电气集团、法国电力公司、法国阿海珐集团公司、法国维兰公司、法国通标标准技术服务公司、必维国际检验集团等9家单位的代表在会上作了报告，内容涵盖中法两国在核电设备制造领域的监管要求与规定，业主公司在该领域的实践，设备制造商在物项和服务质量方面的管理以及附加服务等。

2.筹备并承办了IAEA第34届亚太地区核合作(RCA)国家代表会及40周年成果展览。4月17—19日，国际原子能机构第34届RCA国家代表会及40周年成果展览在京举办，来自22个国家和国际组织的60余名代表参加了会议。在为期三天的会议中，与会代表讨论了第33次RCA国家代表会议报告、第40届RCA大会报告、RCA项目2011年度报告、2012—2013年RCA项目执行进展，通过了RCA项目2012年度工作计划，以及第

41届RCA大会和第35次、第36次RCA国家代表会议的安排等。

国际原子能机构副总干事夸库·安宁(Kwaku Aning)、中国国家原子能机构主任陈求发等分别在开幕式上致辞并参观了展览。

3. 组织举办世界核大学清华周大亚湾培训研讨会。7月2—4日，由中国核能行业协会、世界核大学、清华大学共同主办，中广核工程有限公司承办2012年世界核大学清华周培训研讨会在深圳大亚湾举办。

本次活动更加突出了核电安全与技术选择、福岛核事故的经验教训，同时兼顾核电经济性、核法律与辐射防护、第四代核能技术研发等内容。来自有关集团公司、研究院所、核电站、政府技术支持部门等70余家单位，以及清华大学、上海交通大学、华东理工大学等近10家院校的约200名代表和在校研究生参加了本次活动。

4. 积极参与举办第三届中国国际核工业研讨会。11月8—9日，第三届中国国际核工业研讨会在北京举行。协会理事长张华祝出席会议并在开幕式上作了题为《确保核电安全，促进稳步发展》的致辞。作为本次研讨会的协办单位，协会参与了会议议程的制定、中方报告单位的推荐，并提供了相关资讯。

三、积极推进海峡两岸核能合作与交流

2012年，协会与台湾核能科技协进会在已建立的良好合作的基础上，抓住《海峡两岸核电安全合作协议》正式生效的有利时机，进一步加大合作力度，推进两岸核能交流取得了显著进展。

1. 成功举办首届海峡两岸核能技术研讨会。经过近两年的精心筹备，9月19—22日，由中国核能行业协会和台湾核能科技协进会共同主办的“首届海峡两岸核能技术研讨会”在台北举行。协会理事长张华祝率团出席了本次会议。

会议就福岛核事故后续强化举措、核电厂运行与维护经验交流、核电厂维修技术与合格供应商资质评定、两岸核电行业交流合作构想等内容进行了专题报告和研讨。会议报告11篇，其中大陆7篇、台湾4篇。张华祝理事长在开幕式上致辞并作了《后福岛时代中国大陆核电展望》的主旨报告。与会代表还就AP1000、EPR核电机组建造进展及应急准备，马尼拉海沟引发海啸的分析评估，严重事故时核电机组的断然处置等有关问题进行了交流。两岸核能界近30家单位80名代表参加了会议。

2. 秦山二期操纵员首批赴台培训顺利完成。根据秦山二期的要求，协会与台湾核能科技协进会和台湾电力公司反复磋商，历经8个多月的紧张准备和精心组织，促成了秦山二期操纵员赴台湾电力公司进行为期两周的提高核电厂运行人员操作技能研习培训。

9月23日—10月6日，来自秦山二期运行一线的12名操纵员和1名协会人员在台湾电力公司林口训练中心和第三核电厂（马鞍山）核电厂接受了为期两周的培训。整个培训成为一次重要的经验交流

与对标活动，具有很强的实践性和借鉴性。

3. 组织举办2012年海峡两岸核电厂安全运行技术培训研讨班。11月19日—23日，中国核能行业协会与台湾核能科技协进会第三次携手在山东海阳举办了2012海峡两岸核电厂安全运行技术培训研讨班。来自在建和运行核电厂、研究开发、设计建造等21家单位的70多位代表参加了培训研讨。

培训课程包括：核电安全理念与体系、核电厂安全运行量化指标及应用、核电厂运行值班管理、提高操作员和维修人员素质的管理和技术性措施、核事故案例分析、后福岛各国强化核安全的重要举措等16个专题。

4. 及时沟通交换信息，通报情况。2012年，台湾核能科技协进会先后向协会通报了IAEA福岛核电厂现状报告和除役路线图，美国核能协会防范超设计基准事故因应措施、台湾核电厂睦邻机制、公众核安全知识普及宣传经验等信息，使协会及时了解到了福岛第一核电厂的最新状况、美国和台湾采取的强化核安全的应对措施等信息。

四、加强与各国核能组织的合作与交流

1. 组织会员单位参加有关国际会议。2012年，协会组织参加国际会议（活动）18次。其中，协会领导出席的活动7次，在境外的活动有两次。

应日本原子力产业协会（JAIF）和日本藤家核电沙龙的邀请，协会副理事长李永江一行于4月11—20日参加了在日本东京举行题为“全球化思考，就地行动——重生之路”的JAIF第45届年会和藤家核电沙龙组织的“在吸收核岛核事故教训的基础上预想核能科技的未来”国际研讨会，并参观了在日本3·11大地震中安全停堆的汝川核电站，与JAIF国际合作部部长喜多智彦就未来合作交换了意见。

9月11—18日，协会副理事长杨岐一行出席了在伦敦举行的第37届世界核协会（WNA）年度大会，并顺访了相关机构。通过参会与出访，不仅加强了与世界核协会及国际核能界的联系、增进了相互了解和友谊，而且对世界各国的能源需求、核电发展态势以及继续发展核能的强烈呼声有了进一步了解。

2. 建立与美国机械工程师学会（ASME）的合作关系。为了加强与美国机械工程师学会在标准制定方面的交流，共同促进行业的技术进步，经过多次交流和沟通，10月18日，协会副理事长兼秘书长马鸿琳与美国机械工程师学会秘书长劳柯麟在北京签署了合作谅解备忘录。正式建立了合作关系。

3. 加强高层交流是建立中外合作渠道、推动中外企业合作的重要方式之一。2012年，协会领导和秘书处领导先后会见法国电力公司董事长、芬兰贸易促进机构主席、美国机械工程师学会秘书长、美国Exelon公司副总裁、世界核能行业工作者理事会主席、日本亚洲核合作论坛负责人及其他外宾共26批，有力地推动了协会与其他国家行业组织、跨国企业之间

的沟通与交流，促进了协会国际合作工作的深入开展。

国际热核聚变实验堆(ITER)计划

国际热核聚变实验堆(ITER)计划，是目前全球规模最大、影响最深远的国际科研合作项目之一。由中国、欧盟、印度、日本、韩国、俄罗斯和美国等七方联合实施。根据《国际热核实验堆联合实施协定》，ITER装置建在法国南部卡达哈希(Cadarache)，建设周期10年，建成后运行20年，退役期5年。根据目前进度，预计2020年建成并投入运行。为了组织实施ITER计划，我国设立了“国际热核聚变实验堆计划”专项，并授权“中国国际核聚变能源计划执行中心”(以下简称中心)在科技部的领导下负责项目日常管理。

2012年，中心积极参加ITER组织的顶层决策活动，参与关键(重大)事项的磋商，参与各项管理工作组和技术工作组的活动。其间，中心筹备和组团参加了2次ITER理事会会议、3次管理咨询委员会会议、2次科技咨询委员会会议、2次财务审计咨询委员会会议、2次氚增殖包层项目委员会会议和23次高层协调会议；此外，还派员出席进度与计划、费用管理与经费节省、计算机辅助设计、信息技术、可靠性分析和标准化委员会、技术集成系统评估和宣传联络等会议，保持与ITER组织和各成员方的密切沟通与协调，确保了中方在ITER计划中的各项权益。

一、加强采购包执行过程管理

2012年9月，科技部与中国科学院、中国核工业集团公司分别签署了《关于进一步推进国际热核聚变实验堆(ITER)计划中方采购包实施合作协议》，建立起部门间的高层沟通会商机制。三部门在科研管理、技术开发、工程建设、质量管理、核安全管理和监理监造等方面各有优势，该协议的签署，为充分发挥部门的资源优势，全面提升核聚变领域的科学研究、工程技术研究和产业配套能力，全面推动采购包任务实施和过程管理提供了强有力的保障。

中心把加强质量管理、推进体系建设作为本年度质量工作的重点，对质保体系文本进行了升级，大力推进中心质保体系在采购包日常管理工作中的应用。通过月度报告、定期检查、日常监督、关键节点控制和委托监造等多种形式，进行全流程监督和控制，确保采购包的实施过程按照既定的质量和进度要求展开。中心还根据具体情况，有重点、分层次地对各级供应商进行培训。编辑出版《国际大科学过程ITER计划外部审核管理》，诠释ITER计划管理知识。中心还聘请国内外技术专家和委托专业机构，对采购包管理人员进行10多次专项培训。中心还加强与中科院、中核集团、国家质检总局等相关部门的联系和沟通，加强专家库建设，吸引更多外部资源参与ITER计划实施，为采购包实施过程中问题的解决提供了强有力的支撑。

二、采购包的设计和制造任务进展顺利

ITER装置由复杂的部件和子系统构成，为了便于七方分摊ITER部件制造任务，装置部件被拆分成22个采购包和97个具体包。我国承担12个具体包（分属6个采购包），分别为：环向场和极向场线圈超导导体、磁体支撑、校正场线圈、磁体馈线、包层第一壁（高热负荷部件）、包层屏蔽模块、气体加料和辉光放电清洗系统、高压变电站设备、整流器、电源无功补偿系统和数套诊断系统。

2012年，中心与ITER组织新签订两项采购包安排协议，至此，累计与ITER组织签署了11个采购包安排协议(PA)。采购包的加工制造任务也从以前以磁体相关系统采购包为主逐步扩展到涉及电源、气体注入、诊断等多个子系统，管理工作的难度也随之增加。

为了按时完成采购包的加工制造任务，中心及时与国内企业界和科研机构签订采购包工艺认证、样件试制或产品加工合同。截至2012年底，已累计签署37份商业合同。在科技部的领导下，在国内有关部门和单位的大力支持下，各个供应商在材料及制造工艺的认证方面取得重要进展，合同总体执行情况良好。11个已签协议的采购包，均完成年度目标任务。其中，先期签约的环向场和极向场线圈导体采购包及其所需要的超导股线，已经进入批量生产阶段；校正场线圈采购包在完成图纸及工艺评审之后，进入生产线建设和设备调试阶段；磁体支撑采购包完成实验台架建设，并开始进行模拟件的制造与验证实验；磁体馈线、整流器和电源无功补偿系统等采购包，均按计划完成年度目标任务。

据不完全统计，中心全年共编制、审批和提交350份技术文件，组织专家对2500张图纸和110个工艺文件进行了评审。一年来，中方的采购包供应商总共完成了10批次产品交付任务。ITER超导导体的成功交付表明，中国是唯一做到所有导体样品一次性通过国际验证的国家。在ITER七方中，我国生产的超导导体等部件的性能处于领先地位，在采购包的进度管理方面，名列前茅。ITER组织总干事本岛修先生也对中方采购包工作给予了高度肯定，指出“中方在ITER计划进度执行方面处于引领地位”。

除了采购包的加工制造任务外，中方还通过远程协同设计平台，承担了部分采购包的设计任务。一年来，各项设计任务进展顺利，均取得阶段性成果。其中，磁体馈线系统和校正场线圈采购包，已经通过质量认证阶段的加工图纸的评审，进入连续生产阶段；整流器和无功补偿采购包，年中顺利通过初步设计评估，进入最终设计阶段；屏蔽包层模块(SB)详细设计及内部壁屏蔽(IWS)的设计合同取得进展，基本完成最终设计工作；正在开展“中国固体增殖剂氚增殖包层实验模块”(HCCB–TBM)的详细概念设计工作，已向ITER组织提交初步安全分析报告，已经安排人员起草采购包安排协议(TBMA)并形成第一版本。另外，新签署

了气体加料和中子通量计两个采购包设计合同，其初步设计工作已启动。

三、ITER 计划激活中国企业的创新能力

国内企业界和相关科研机构，通过承担 ITER 采购包任务，学习先进管理理念，消化和吸收先进的设计技术和制造技术，短时间内掌握了工业规模 316L(N) 型材、铁素体马氏体钢型材和超导股线的制造技术，掌握了中子屏蔽模块的大尺度热等静压焊接技术，自主研发一些特殊工艺和专用设备，采购包供应商的创新能力得到空前释放。

陕西西部超导公司作为国内唯一自主开发超导股线的制造商，通过参加 ITER 项目，短时间内掌握超导股线规模化制造技术，其中，“内锡法”制备 Nb3Sn 股线的技术是从零开始的。该公司的产品已获 ITER 组织 SULTAN 测试认证，性能可与国外同类产品媲美，打破了该项产品国外垄断的格局。浙江“久立特材”生产的导体管材性能优越，低温性能国际领先，通过 ITER 组织认证，除供应中方采购包的导体管材外，还获得国际订单。江苏“申海南通”通过 ITER 采购包任务，提高质保体系水平，产品已进入美国核电领域。中科院等离子体所在执行校正场线圈采购包任务的过程中，自主开发了无张力连续绕制、软膜真空压力浸渍、窄间隙激光填丝焊接等项关键技术，并研制出多套专用生产设备。鞍山荣信公司通过参与 ITER 项目，提高标准化管理水平，树立全球企业品牌形象。

（本部分材料由中国国际核聚变能源计划执行中心提供）

核能骨干企业

中国核工业集团公司

一、2012 年工作回顾

2012 年是中国核工业集团公司（简称中核集团）迎难而上，经济发展实现稳中有进的一年；是奋力攻坚，自主创新取得实质性进展的一年；是积极进取，迎来核电产业新发展的一年。一年来，在党中央、国务院、中央军委的正确领导下，在上级部委的大力支持和帮助下，中核集团全体员工团结一心、奋力拼搏，全面完成了年度各项目标任务，改革发展取得了新的成绩。

1. 军工任务圆满完成

2. 经济效益平稳增长

2012 年，中核集团实现总产出 887 亿元，同比增长 15%；主营业务收入 506 亿元，同比增长 12%；利润总额 74 亿元，同比增长 5%；EVA(经济增加值)38 亿元，比上年改善 1.2 亿元；万元工业增加值综合能耗 0.54 吨标煤，优于年度内控指标。圆满完成了国资委 2012 年度和第三任期的考核任务，连续 7 年获得国资委年度业绩考核 A 级。

秦山二期全面建成投产，4 号机组提前 60 天投入商运。2012 年集团公司在役核电机组 9 台，全年发电量达到 508 亿千瓦时，创造了良好的运行业绩。

中国核电、地矿事业部、中核控股、原子能公司为中核集团的主营收入增长作出了较大贡献。核动力事业部、同辐公司、财务公司主营业务收入保持较快增长。2012 年，各板块和成员单位自加压力，深挖产业增收潜力，勇于登高，为确保集团公司经济实现平稳增长作出了积极的贡献。

3. 产业发展扎实推进

核电项目取得突破。福清核电 4 号机组、田湾核电 3 号机组开工建设。三门、福清、方家山、海南等在建核电项目安全、质量受控。到 2012 年底，中核集团国内在建机组达到 11 台，总装机容量 1138 万千瓦。

海外项目取得积极进展。

核燃料重点项目有序推进。

铀资源掌控能力进一步增强。

同辐公司医药中心和辐照站项目建设取得积极进展。中核控股加大非核产业整合力度，积极探索核电辅助服务模式，医疗服务业、物业资源配置不断优化。集团公司首个风电项目甘肃风电一期 5 万千瓦项目实现并网发电，广西、甘肃、新疆、福建等风电项目开发加快推进。

4. 科技创新成果显著

科技创新是增强核心竞争力的源泉和动力。中核集团科技投入继续保持增长势头，2012 年达到 18.5 亿元，占中核集团主营业务收入的 3.7%。中核集团 2012 年科技工作会议对加快科技创新提出了新要求，启动实施“龙腾 2020”科技创新计划。

国际合作进一步加强。

重点项目实现新突破。ACP1000三代核电技术完成初步设计，初步安全分析报告具备上报条件。通过引进消化吸收，掌握了AP1000关键技术，具备了自主设计能力，形成了役前和在役检查能力。ACP100小型模块化反应堆完成标准设计。江西铀矿相山基地突破勘查采冶关键技术，部分研究成果已用于产能建设。北方砂岩型铀矿中性浸出技术获得突破。新燃料运输容器按计划实现百台批量制造。中国实验快堆顺利通过国家验收，百万千瓦级示范快堆完成概念设计。中国先进研究堆实现满功率运行。具有完全自主知识产权的国产钴-60产业化示范项目通过国家验收。

2012年，中核集团获国家科技进步二等奖3项，国防科技奖37项，军队科技进步奖3项。申请专利1156件，同比增长55%。核动力院、核电工程公司等单位围绕ACP1000三代核电技术申请专利300多件，小堆的专利集群也在逐步形成。

5. 改革调整持续深化

以市场为导向，以产品为中心，着力培育市场开发能力和核心竞争力的“三个中心”管理模式初见成效，资源配置进一步优化。中国核燃料总公司注册成立，核环保工程事业部组织机构进一步优化，核工业大学挂牌，科技总院和技术经济总院组建工作加快推进。秦山地区专业化改革取得初步成效，专业中心逐步发挥作用。地矿事业部推动地矿融合、内外统筹，初步实现从探采分离向探采一体化转变。同辐公司注重发挥重组后的协同效应和整体优势，强化了市场控制力，实现经济快速增长。

现代企业制度建设进入新阶段。开展建设规范董事会试点工作，研究提出中核集团新章程和公司治理架构。加快“双资推进”，中国核电上市已通过证监会初审，同辐公司股改上市等资本运作项目启动相关工作。

积极跟踪、研究国家有关政策，推动解决社区移交等历史遗留问题。推动事业单位改革，完成事业单位清理规范第一阶段工作。

6. 深入开展管理提升活动

以国资委管理提升活动为契机，中核集团围绕现代企业制度、计划—预算—考核一体化(JYK)、安全环保、采购管理、工程建设、科研创新、信息化管理等七个重点方面深入开展管理提升活动，取得阶段性成效，获得国资委表彰。在中核集团范围内推广JYK，初步建立了面向总部、二级成员单位和部分三级单位的JYK管理体系。

财务管理进一步加强。继续坚持集团化融资，进一步拓宽融资渠道，有效利用债券市场。全面预算管理进一步深化，编制集团公司全面预算管理手册。实施“989”成本精益管理工程，有效控制成本费用占主营业务收入比重，继续保持军工集团领先水平。风险管理和审计工作不断强化。大力推进重点风险事项的专项评估，确保集团重点投资、并购项目风险受控。

干部管理和人才队伍建设取得新突破。首次面向全系统选拔25名党组管理的年轻干部。37家成员单位通过公开竞聘等方式，选拔年轻干部480人。雷增光同志当选“国防科技工业杰出人才”。清原公司、核电工程公司、西南物理研究院引进的3位海外高层次人才入选中央“千人计划”。核动力院王广金入选国家首批“青年拔尖人才”。陈炳德、刘永、谭松培获得集团公司“钱三强科技奖”。

深入开展“质量年”活动，质量体系进一步健全，全员质量意识和质量管理水平不断提高。积极推进中核集团信息化建设，完成ERP前期、基础网络、软件平台整合，中核集团信息化总体规划进一步完善。

7. 安全环保得到强化

核安全是中核集团发展的生命线。在过去的一年里，中核集团安全环保继续保持良好记录，未发生一级及一级以上核事件、环境污染事故和较大及以上安全生产事故。承包商安全事故首次纳入集团公司考核，一般工亡事故控制在年度限值内。重点安全环保风险受控，重点核设施流出物排放低于国家规定的排放限值，核设施放射性流出物排放量呈逐年下降趋势。职业照射个人剂量水平继续下降。在建项目“三同时”制度执行率达到100%。

核电安全整改工作按计划推进。运行电厂25项改进已完成14项，在建核电项目需在装料前完成的11项设计改进已全部完成。继续完善中核集团核电厂应急支援预案，积极开展各项应急演练活动，加强应急响应和险情应对能力。

8. 党的建设不断加强

创先争优活动取得显著成效。推动解决影响和制约科学发展的突出问题732个，解决群众反映强烈的突出问题721个，涌现先进集体645个、优秀个人2115人，建立健全长效机制940个。徐銤院士当选为全国创先争优优秀共产党员。

认真做好十八大代表选举工作，及时开展十八大精神宣贯活动，迅速掀起“领导带头、人人参与、联系实际、贯彻落实”的热潮，开展44场专题宣讲，进行不同层次的专题辅导。

深化惩防体系建设和廉洁风险防范。以“开展党性分析，促党员纯洁”为主题的反腐倡廉教育月活动在全系统展开，营造了反腐倡廉的浓厚氛围。工程治理“三率”工作取得进展。巡视工作进一步加强。全面梳理核查中核集团“三重一大”事项，细化实施细则。严肃查处一批违规违纪案件。

保卫保密工作扎实有效开展。重大项目、合同的法律风险防控得到加强。报刊和网络宣传不断创新。信访工作进一步加强，维护了团结稳定。不断改进群众工作，组建了160个“郭明义爱心团队”，开展特困职工帮扶救助和走访慰问，为困难职工和老同志“送温暖”。

2012年成绩来之不易，这是党中央、国务院、中央军委正确领导的结果，是上级部委关心支持的结果，是中核集团全体干部职工辛勤工作的结果。

二、形势和任务

2012年，党的十八大胜利召开，对

新时期推进中国特色社会主义事业作出全面部署。中核集团改革发展面临新的形势和任务。要清醒认识世情、国情、企情的变与不变，努力把握核工业战略机遇期的新内涵和新变化，把核工业的科学发展推向新阶段。

——强化责任意识，忠实履行使命。党的十八大提出，要建设与我国国际地位相称、与国家安全和发展利益相适应的巩固国防和强大军队，提高国防科技工业自主创新能力；把生态文明建设放在突出地位；支持节能低碳产业和新能源、可再生能源发展，确保国家能源安全。核工业创建五十七年来，始终肩负着富国强军的双重使命，承担着核工业创新发展的重任，是国家安全的脊梁、经济社会发展的骨干和国家核能发展的主力。要牢记责任，不辱使命，继续发扬核工业的光荣传统和“四个一切”精神，坚持走中国特色核工业军民融合式发展道路，为确保国家安全和能源安全，推进绿色发展、低碳发展，建设美丽中国作出更大贡献。

——强化机遇意识，努力赢得发展的新主动和新优势。我国稳妥恢复核电正常建设，明确了核电安全高效发展的规划要求。核工业国内外市场需求潜力巨大，空间广阔。中核集团仍然处于大有可为的战略机遇期。要紧紧抓住这一机遇期，特别是要充分利用日本福岛核事故后核工业高标准、高起点的发展趋势，占领核工业新发展的制高点，不断强化核科技创新能力和核科技工业体系优势，努力在国内外竞争中赢得主动，赢得市场，为迎接未来我国核能事业的加快发展打好基础，做好准备。

——强化忧患意识，始终保持奋发有为的精神状态。按照国资委关于中央企业发展“一五三”总体思路和国防科工局关于建设先进国防科技工业的要求，对标兄弟集团的发展，中核集团公司无论是在规模和速度，还是在质量和效益上，都存在着较大的差距。特别是要清醒地看到，集团公司思想观念的转变仍不到位，体制机制还不够灵活，科技创新的基础和能力还不够强，安全环保风险较大，历史遗留问题还没得到根本解决，发展还很不平衡。在深化改革中，中核集团公司还面临着新的矛盾和新的问题。既要对发展的前景充满信心，同时也要深刻地认识到各种不利因素的复杂性和艰巨性。必须迎难而上，应对挑战，否则将失去主导发展的优势，丧失宝贵的发展机遇。

“十二五”以来，中核集团在认真领会中央精神，深刻认识内外部新形势和新要求的基础上，提出了“十二五”改革发展的总体思路和“五个一工程”目标。我们要继续坚持科学发展这一主题和加快转变经济发展方式这条主线，贯彻落实“开放、包容、合作、共赢”的发展理念和“集团运作、专业经营，科技兴核、人才强企，精益管理、双资推进”的经营方针，紧密围绕“做强做优，世界一流”的企业愿景，牢牢把握当前和今后一个时期的总任务、总基调和总要求。

一是牢牢把握增强市场意识、提升核心竞争力这一总任务。坚持社会主义市场经济，是我国深化经济体制改革的方向。在市场经济环境中求生存、谋发展，必然要求我们切实增强市场意识，提升核心竞争力。中核集团要面向国内国际市场，主动适应全产业链竞争形势，通过打造强大核心竞争力，主导核工业产业经济发展。在推进集团公司改革发展的过程中，必须找准自身的位置和着力点，把行动聚焦于打造核心竞争力，纲举目张，努力把中核集团建成军工核心能力强、自主创新能力强、资源掌控能力强、安全发展能力强、效益提升能力强的一流企业集团，通过“十二五”这个关键时期，使中核集团的发展实现质的飞跃，为2020年实现“做强做优，世界一流”打下坚实基础。

二是牢牢把握稳中求进、创新发展这一总基调。根据中央经济工作会议的精神，结合中核集团当前的实际，要把“稳中求进、创新发展”作为集团公司改革发展的总基调。

稳中求进，“稳”是要守住发展的底线，确保完成目标，即确保军工科研生产稳固，确保生产经营稳健，确保安全环保平稳，确保队伍和谐稳定；“进”是要在“稳”的基础上，突出军工核心能力建设、科技创新、强化管理、深化改革，力争取得新突破；“求”是要以“实干兴邦”的作风，主动进取，有所作为。

创新发展，就是要在稳中求进的基础上，进一步转变发展方式，加快发展速度，提高发展质量，做强做优做大中核集团产业经济。要加强科技创新、管理创新、品牌创新、组织创新和商业模式创新，以创新支撑和引领产业发展，实现发展方式的转变。要加快落实“以核为本、同心多元”的方针，做好产业链的纵横延伸和并购重组。要把提升中核集团价值创造能力与转变发展方式、加快发展速度紧密结合，推进产业布局向产业控制力、价值链高端发展。

三是牢牢把握解放思想、深化改革、转型升级、攻坚克难这一总要求。这一总要求，是围绕总任务，把握总基调提出的，是中核集团要努力的方向和重点。

解放思想，主要是要打破僵化的观念和体制机制的束缚，着力解决如何更好地适应市场经济的发展，完成打造核心竞争力的总任务。要大踏步赶上形势发展步伐，不停步，做到思想紧跟市场走、紧跟大局走、紧跟责任走、紧跟发展走、紧跟创新走。要通过解放思想，真正凝聚共识，统一行动，抓住和用好核工业发展的战略机遇期，加快推进集团公司科学发展。

深化改革，就是要激发中核集团发展的活力和动力。集团公司已经进入了发展的关键阶段，必须进一步把发展和改革结合起来。要加强深化改革的战略研究，做好改革的顶层设计、路线图和时间表，加快解决现有体制机制存在的弊端，进一步促进集团生产力的发展。当前要根据流程再造的新变化和新要求，推进完善三个中心的管理模式。要继续深化董事会试点工作，建立规范的法人治理结构。以整体上市为方向，加快集团公司内部资源的优化重组，为发展注入新的生机活力。要以薪酬改革为抓手，进一步形成市场化的激励和约束机制，增强发展的动力。

转型升级，就是要提升中核集团产业可持续发展的能力。集团公司的转型升级首要是实现产业板块的转型升级，使之成为自主经营的主体、创新发展的主体、市场竞争的主体。各板块都要以市场为导向，以产品来定位，研究确定经营战略和商业模式，完善组织架构和队伍建设，真正实现责权利统一。加强自主创新和技术进步是转型升级的重中之重，要充分发挥“龙腾2020”科技创新计划的引领和带动作用，推动科研成果产业化，打造一批具有自主知识产权的知名品牌。要充分发挥信息化对转型升级的牵引作用，全面推进信息技术在生产经营环节中的应用。

攻坚克难，就是要解决制约中核集团发展的短板问题。要看到解决这些问题有较大的复杂性和艰巨性，要有攻坚克难的思想准备。要进一步调整产业结构，加快清理无效低效资产，消灭亏损源，止住“出血点”；结合国家的政策支持，妥善解决历史遗留问题。要下大力气解决产业发展中的突出问题，着力完善核电工程总承包模式，提高项目管理的能力和水平；核燃料循环产业要攻克瓶颈和关键技术，对标国际先进水平，推动产业链各环节升级换代；天然铀产业要加大矿权掌控运作的力度，争取掌握更多的矿权资源。

中国核工业建设集团公司

一、基本概况

2012年，是党的十八大胜利召开的一年，是实施“十二五规划承前启后的一年，也是中国核工业建设集团公司（简称中国核建）加快转型升级，促进管理提升，推动科学发展的一年。2012年，中国核建实现营业收入300亿元，同比增长23%；实现利润总额8亿元，同比增长38.9%；新签订合同额290亿元，同比增长6.7%。其中股份公司实现营业收入285亿元，实现利润7.2亿元。

二、军工及核电工程概况

中国核建切实履行保军职责，始终秉承“安全第一，质量第一”的方针，把军工及核电工程质量的控制放在首位，通过严格管理，精心施工，高质量地完成了军工及核电工程建设任务。

在军工工程领域，中国核建圆满完成海军某基地建设任务，承担的核动力院、原子能院、北京航天器研究所、航空六二四所等重大项目进展顺利，承担的核设施退役治理工程克服了种种困难，进入收尾阶段，为我国国防事业的发展作出了新的贡献。

在核电工程建设领域，中国核建承担的核电站核岛工程机组数量达31台。其中4台机组新开工建设；7台机组先后实现穹顶吊装；1台机组冷试；2台机组实现热试；1台机组投入商运。在建核电工程进展顺利，重大节点基本提前实现，安全、质量全面处于受控状态。

始终注重与客户的沟通与交流，切实增强服务意识、提高服务质量，不断满足并超越客户的要求与期望。进一步统一队伍布局，实现了承担全部新开工核电核岛工程建造的既定目标。三门核电、海阳核电的AP1000施工总承包管理工作不断完善与提升。以主管道窄间隙自动焊技术为代表的具有自主知识产权的技术，在红沿河、宁德、福清、方家山、三门、台山等项目得到了良好的应用。同时，中国核建加快了标准体系建设步伐，推进中国核建范围内的经验反馈与共享，不断缩小各成员单位之间的差距。

三、核能产业化

中国核建在高温气冷堆重大专项任务实施、核能产业化平台公司建设等方面取得了实质进展。积极承担了高温堆重大专项相关的科研、投资、建设等各项任务，与合作方一道积极推进高温堆示范工程建设。充分利用示范工程暂缓开工的间隙，提升设计、设备监造和工程总承包能力，抓紧做好工程设计、设备采购等工作，有力地保障了示范工程的正式开工。高温堆示范工程的正式开工标志着重大专项取得突破性进展，同时为高温堆后续的标准化、商业化推广奠定了坚实的基础。

后福岛时期，“更安全、更高效”成为核能产业发展的主旋律，中国核建更加坚定地致力于先进核能技术的推广工作。一方面，积极开展了核安全知识的科普工作，利用国际展会、博览会等契机，促进了公众对先进核能技术的了解和认可；另一方面，按照“一业为主”向“两业并重”转型的战略方针，完成了核能产业化平台公司暨核建清洁能源有限公司的注册，并积极开展了先进核能技术的市场推广和项目开发等相关工作。

四、国际业务

中国核建积极稳妥地实施“走出去”战略，加强了国际业务管理部门的建设，成立了国际事业部。加大了国际非核业务市场的开发，实现国际核工程与非核业务开发并举，国际核电建造培训中心全面运行，国际化经营扎实推进。

2012年，国际业务预计完成产值15.7亿元，已签合同额14亿元。成功中标东帝汶、印尼、加蓬、格鲁吉亚、伊拉克、新加坡等国家重点工程项目。同时，密切跟踪海外核电项目。

国际核电建造培训中心(ICTC)全面运行。与国际原子能机构就ICTC招生计划、培训计划落实、教材编制、结业证书授予等事项达成一致意见。开展了孟加拉国原子能委员会、亚洲核安全网络区域及国际原子能机构跨区域等核电建造培训，来自全球22个国家近百名学员参与培训，效果良好，受到国际原子能机构和学员的高度评价。

五、股份公司上市

年初，向中国证监会上报了首发上市豁免三年业绩的请示，得到了证监会和国务院的批准。股份公司上市工作重新启动并全面展开，通过前后三轮尽职调查工作，进一步完善了上市申报材料的内容，对各单位存在的问题进行了梳理，根据新的时点要求，开展了三年一期审计工作，按照上市公司的标准对重点事项集中进行解决；全年共召开董事会会议6次、年度和临时股东大会6次、监事会会议2次，审议通过了增资扩股方案、年度决算方案、利润分配方案、募集资金使用方案、国有股转持方案、三年一期关联交易事项等议案；修改了公司章程、股东大会议事规则、董事会议事规则、监事会议事规则；增选和改选了公司董事，设立了董事会各专业委员会并明确了工作职责；审议通过了《信息披露管理办法》等十六项符合上市公司要求的规章制度；编写了《招股说明书》；全年股份公司股东大会审议通过了32项议案、董事会审议通过了57项议案、监事会审议通过了5项议案。

获得了国资委对股份公司国有股权管理方案的调整批复。通过了环境保护部对股份公司的首发上市进行的环保核查。北京证监局接受了股份公司上市辅导的申请，公司高管人员接受了辅导培训。对上市申请中存在的重大问题及时与证监会进行了良好的沟通。以2012年3月31日为基准日的上市申请基础性工作基本完成。

六、科技创新

中国核建紧紧围绕两个核心业务，加强科技体系建设，提高技术创新能力，为转型升级提供支撑。积极推进中国核建技术研发中心条件建设，组织申报国家能源研发中心，组织申报国家各类科研计划共33项。持续强化科研项目动态管理，保证国家科技重大专项和国防科研项目高质量完成研究任务。加强标准体系建设，获批主编能源行业核电标准11项，参编5项。

2012年，中国核建获得省部级科技奖8项，获得专利授权71项，其中发明专利11项，获得国家版权局计算机软件著作权登记10项；新申请专利141项，其中发明专利40项。

中国核建加强信息化的顶层设计，加大内外部资源的整合，持续开展中国核建“一个平台、四大系统”建设工作。中国核建内部虚拟广域网已完成总部内网、互联网、视频会议专网“三网合一”建设方案编制工作，人力资源、核电项目、产权登记信息管理系统正式投入运行。成员单位信息化能力进一步提升，多项目管理信息化初见成效。

七、管理提升

1. 管理提升活动深入开展

结合国资委指导意见和中国核建自身特点，确定了创新发展能力、业务竞争能力、运营管控能力、基础保障能力“四力合一”的管理提升目标，制定了18个管理提升专项，各责任部门针对专项开展问题梳理和总结。各成员单位将管理提升活动与企业发展的短板相结合，努力通过活动的开展提高管理的科学化、现代化水平，发挥管理创新对公司转变发展方式的积极作用，提高经营效益和发展质量，促进发展方式、盈利模式、运营机制的根本转变。

2. 战略管理进一步强化

中国核建战略规划管理框架体系进一步完善，初步构建了战略管理的PDCA循环，实现规划落地过程中的控制与纠偏，使集团战略规划能及时适应内外部环境的变化；将“七个转型”战略融入规划体系，从战略规划角度指引转型升级战略的实施。在成员单位规划分解方面，针对中国核建经济运行整体态势和“管理提升”活动相关要求，对《三年滚动规划编制大纲》进行修订和调整，简化编制内容，重点关注企业战略环境分析、未来市场研判、年度规划执行分析和规划调整思路和保障措施。在集团总部规划分解方面，对原分解模型进行了再设计，初步形成了以总部战略定位为基础，以总部价值创造为目标，与组织规程相匹配，与部门绩效考核相衔接，以三年滚动为方式的规划分解模式。

3. 财务管理转型升级取得进展

启动降本增效活动，组织开展近三年成本费用分析，提出清收应收账款、降低库存、严控成本费用、降低资产负债率的具体措施，并制定年内控制目标，在确保稳增长的同时提升管理效益；充分利用优惠信贷政策为企业提供直接资金支持，借助资本市场成功发行超短期融资券 20 亿元，保障企业转型发展资金需求，有效降低融资成本；推进实施资金集中，逐步做实结算中心，完成年底资金集中度超过 50% 的目标；开展资产证券化初步研究，探索适应中国核建特点的资本运作方式，提升财务价值创造能力；所有独立核算单位均纳入预算管理，融业务预算、资本预算、薪酬预算和财务预算为一体的全面预算编制体系初步形成；积极向国家有关部门争取国有资本金注入，助推中国核建提升研发设计能力促进产业发展转型升级；会同国家会计学院举办 6 期 103 人次总会计师培训班，适应财务转型升级需要的人才队伍建设得到加强。

4. 业绩考核的导向与激励作用有效发挥

考核工作更加强调企业的实际情况，在坚持共性指标的基础上充分考虑到了企业的差异化、个性化，各单位的关键绩效指标持续改善。经济增加值考核深入推进，企业的价值创造体系着手建立，价值创造的理念开始渗透到企业管理的方方面面。各成员单位全员业绩考核工作全面实施，以对企业领导班子副职的考核为突破口，实现了考核的“大范围、广覆盖”，全员考核体系已经建立并有效运转，考核结果的应用得到加强，一系列与之配套的制度、程序逐步完善。

5. 内控体系建设全面启动

正式启动以风险管理为导向的内控体系建设工作。已完成了《内控体系建设实施方案》的上报工作，制定印发了《关于加快构建中国核建内部控制体系有关事项的指导意见》，股份公司总部的内控体系建设工作正式进入实施阶段，所属企业的内控体系建设工作正按照集团的部署和要求扎实有序推进。

6. 安全质量环保工作持续深化

进一步完善了各级安全质量环保组织体系和监管体系，并定期评价体系运行情况；全面开展了安全生产标准化建设，不断推进企业安全达标工作；组织开展了内部审核、外部管理评审和自我评价活动，持续改进综合管理体系；加大重点工程项目的监督检查力度，初步建立了定量化评价和考核体系，体系运行总体适宜、有效，在建工程安全、质量、环保总体受控。

八、党建和人才队伍建设

1. 党建企业文化创新更加有效

以高度的政治责任感，组织广大党员推选党的十八大代表，党支部参与率达到 100%，党员参与率超过 98.3%。组织认真学习胡锦涛同志“7.23”重要讲话，为党的十八大胜利召开奠定坚实的群众基础，营造良好的舆论氛围。开展多种形式的学习活动，进一步加深对十八大报告的理解，增强全面贯彻落实十八大精神的坚定性，把智慧和力量凝聚到实现改革发展各项任务上来。以群众评议和做好基层党组织分类定级为抓手，推进创先争优活动，表彰了一批先进基层党组织和优秀党员、优秀党务工作者。强化民主集中制意识，有力促进了基层党组织建设。

加强集团文化建设，在统一企业标识的基础上，明确中国核建统一的核心价值观“责任、安全、品质、卓越”和企业精神“创新发展、勇当国任”。组织核心理念宣贯专题讲座，在集团企业视觉识别系统中融入核心理念内容。深入推进技能竞赛，提高岗位技能，以实际行动筑牢支撑核工业发展的三柱基石——质量、安全、创新。认真履行社会责任，对旬阳县的贫困家庭子弟进行智力扶贫。

2. 人事制度改革进一步深化

在成员单位推行领导人员竞争上岗，协助国资委圆满完成了中国核建领导班子成员的竞争性选拔工作。注重人才培养，进一步规范后备干部的管理。充分发挥自有人才的作用，组织了较大规模的成员单位间横向干部交流任职和中国核建总部与成员单位之间的双向挂职锻炼。建立了“中国核建国际核电高级人才培训基地”和“中国核建专业技术人才培训基地”，举办多种形式、各种层次的培训，满足中国核建转型升级的需要。进一步保障职工权益，在全集团范围启动企业年金工作。修订完善了总部绩效管理制度，从业务绩效、周边绩效和管理绩效三个维度强化对部门的考核。面向全社会公开招聘财务管理人员，为今后从更广的范围引进人才、选拔人才探索了道路。

九、履行社会责任

中国核建在注重安全高效发展的同时，积极承担社会责任。推行环境管理方案，建设绿色工程。严格控制排放、严格控制工程作业场所环境、工程建设中加强对环境的保护、预防性维修。加强环保办公理念宣传，大力推进绿色办公，倡导绿色实践，加强社会沟通。2012 年中国核建参展第十二届中国国际核工展；参加第十届重庆高新技术交易会暨第六届中国国际军民两用技术博览会。

中国核建认真贯彻落实党中央、国务院关于安全生产工作的一系列精神，按照国资委、国防科工局对安全生产工作的总体部署和要求，围绕开展安全生产标准化达标升级，强化安全管理机制，完善制度体系，深化隐患排查治理，加强职业健康工作，加大安全考核力度，全面加强安全生产管理。实现了年初下达的安全生产管控目标，中国核建荣获“2012 年度全国安全生产月优秀组织单位”，4 个在建项目部被建筑业协会评为“AAA 级安全文明标准化诚信工地”，各级安全生产管理体系运行总体适宜、有效，安全生产形势持续平稳。

积极参加社会公益活动。开展智力扶贫工作。2012 年，中国核建出资资助扶贫县部分家境贫困的学生到四川核工业技师学院就读，并明确将优先招录毕业生到中国核建成员单位就业。

中国广核集团有限公司

一、基本情况

2012 年，面对错综复杂的外部形势和内部经营压力，中国广核集团有限公司(2013 年 4 月，中国广东核电集团有限公司更名为中国广核集团有限公司，简称中广核集团)迎难而上,沉着应对,创新发展,坚持“安全第一、质量第一、追求卓越”的经营方针，践行“三实两基”，全面完成了国资委下达的考核指标，各项工作取得了新进展、新成绩。

截至 2012 年底，中广核集团拥有在运核电装机 612 万千瓦，在建核电机组 16 台，装机 1884 万千瓦；拥有风电投运装机 310 万千瓦，太阳能光伏发电项目累计投运 28.7 万千瓦，水电控股在运装机 118 万千瓦，权益装机 549 万千瓦，在分布式能源、核技术应用、节能技术服务等领域也取得了良好发展。

二、主要指标

2012 年，中广核集团整体经营处于良好水平，各项主要经营指标均超额完成。截至 2012 年底，全年上网电量达到 595.14 亿千瓦时，较上年度的 516.27 亿千瓦时增长 15.28%，其中核电上网电量 451.13 亿千瓦时，全年上网电量、全集团清洁能源电量等效减排二氧化碳 4631 万吨。总资产达到 2630 亿元，净资产达到 742 亿元，分别同比增长 16.77%和 3.3%；资产负债率始终控制在 75%的红线以内；全年实现营业收入 339 亿元、经营业绩利润 54 亿元、经济增加值(EVA)31 亿元，较好地实现了国有资产的保值增值。

三、改革发展

1. 全面解决产权问题

2012 年 9 月 5 日，经国务院批准同意，中广核集团股东调整为国资委(持股 82%)、广东省人民政府(持股 10%，指定广东恒健投资控股有限公司持有)和中国核工业集团公司(持股 8%)，彻底解决了制约中广核集团发展的产权问题，对进一步完善公司治理、规范经营决策机制以及核电主业的改制上市等具有极为重要的意义。

2. 人才队伍建设

2012 年，中广核集团积极引进海外高层次人才，截至 2012 年底，已有 3 人入选“千人计划”。积极争取扩大高级职称自主评审范围，申请到经济系列高级专业技术职务资格的评审资质，稳妥推进工程系列正研级专业技术职务资格的独立评审权申请工作。主动研究中广核集团技术岗位聘任的现状，在集团层面首次出版专业技术岗位聘任管理制度，进一步规范了技术序列岗位的任职要求和职业发展通道。全面系统地梳理了深圳和北京两地的地方人力资源政策，并组织成员公司推广应用。截至 2012 年底，已成功申报 60 余人次人才奖项或高层次人才优惠政策，为各成员公司、分支机构有效利用地方政策奠定了良好的基础，充分发挥了各成员公司之间的区域协同作用。

3. 绩效考核与薪酬分配

2012 年，中广核集团升版《集团员工绩效管理制度》，进一步完善绩效管理相关制度体系；结合各公司实际，加强指导和监督，不断增强绩效考核的导向性和针对性；强化绩效结果应用，通过将员工绩效结果和绩效奖金及后续培训、岗位晋升挂钩，强化责任、能力和业绩导向，激励全体员工与企业共同发展，充分调动了各类人才的积极性。

2012 年，中广核集团根据资本市场环境变化，及时调整年金投资管理策略，企业年金投资收益率达 6.22%，远超市场平均水平，实现了年金基金稳健收益的目标。

2012 年，中广核集团着力研究市场化公司中长期激励计划，引导成员公司关注公司中长期良性发展。大力推进薪酬体系优化，初步完成了核电板块薪酬“三统一”（体系、结构、标准）的谋划，为统一核电板块的人力资源管控打下了坚实的基础。坚持价值导向和市场化管理两个基本原则，鼓励各企业参考市场薪酬水平进行激励，对价值创造人员进行倾斜，通过政策指导，现已初步形成了全面预算管理、过程管控和考核评价的人工成本闭环控制系统，在满足员工收入与企业效益联动增长的同时，有效控制了人工成本的增长幅度，保证企业健康可持续发展。

4. 加强企业文化建设

中广核集团十分重视企业文化建设，将企业文化和宣传工作列为年度重点任务。为加强企业文化和宣传工作的统筹管理，中广核集团于 2012 年 11 月成立了文化宣传中心。中广核集团各单位结合实际，贯彻《关于加强“三实两基”作风建设的意见》，全集团共找出“最基础的工作”200 余项、“最基本的功夫”100 多项，并分为近期、中期、长期目标进行整改落实。发布了《中国广东核电集团企业文化建设工作指导意见》和《集团企业文化理念》，明确了未来三年企业文化建设工作的目标、方向、主要任务和实施路径等。编辑出版了《闪光的精神——中广核集团企业文化核心理念故事集》，为广大干部员工深刻认识和理解集团企业文化核心理念提供示范。

5. 财务共享　效益显著

2012 年，中广核集团在财务共享方面成效显著，加强了财务管理工作。一是按照财务共享中心分步实施规划，稳步增加共享单位和共享业务范围。实现包括核电运营、工程、设计、业主公司等主要成员公司的财务共享上线。二是进一步完善财务共享运作体系，提升财务共享中心管理和服务水平。推进流程、制度、科目的标准化和规范化，提高业务效率、质量，提升集团管控能力。向共享单位发送管理建议书，保证共享单位财务管理工作合法合规。三是加强财务人才培养进度。制定人才培养方案，定期组织员工轮岗，加快人才成长。四是整合集团商旅服务，与供应商签订框架协议，全集团差旅费（机票款）在市场价基础上节约上千万元，体现出集约化管理的良好效果。

四、经营管理

1. 做实管理提升，不搞“两张皮”

2012 年，中广核集团认真落实国资委的部署，紧密围绕集团年度中心工作，将管理提升活动作为增强企业核心竞争力的有利契机，以“三实两基”为抓手，对标先进，深入诊断，梳理查找出 4 个方面的领导力短板、38 项有待改进的基础管理事项、百余项业务管理短板和瓶颈问题，制定了三年改进措施，圆满完成第一阶段各项工作，顺利转入第二阶段，相关工作获得国务院国资委的表扬。

2. 及时修订集团“十二五”发展规划

2012 年，根据内外部环境变化情况，中广核集团及时修订集团“十二五”发展规划。突出质量和效益导向，提出了创新发展、均衡发展、协同发展、区域发展四大经营策略，要求向市场化转变、向提升发展质量转变，部署了推动规划落实的十项战略举措，为发展指明了方向。

3. 中广核集团国际信用评级工作取得圆满成功

2012 年，中广核集团人民币主体评级结果达到国家主权评级，为中广核集团在境外融资创造了良好条件。首次在香港成功发行人民币债券 15 亿元，为后续境外融资打下了基础。

五、市场开发

2012 年，《核电安全规划(2011—2020 年)》、《核电中长期发展规划(2011—2020 年)》和《核安全与放射性污染防治“十二五”规划及 2020 年远景目标》、《太阳能发电发展“十二五”规划》、《风电发展“十二五”规划》相继获批。核电发展逐步恢复正常建设节奏，太阳能和风电等清洁能源发展面临新机遇。中广核集团紧密围绕集团发展战略，努力推动核电、水电、风电、太阳能、节能、核技术应用等市场开发业务和发电市场营销工作，取得了良好业绩。

一是奔走疾呼，努力推动国内核电恢复正常建设，实现阳江核电站 4 号机组在核电重启后第一时间开工。二是谋势借势，推动多个核电新厂址列入国家核电发展规划。三是策略推介，积极参与《“十二五”新建机组审评原则》编制与讨论，实施 ACPR1000+ 堆型市场推介，积极争取国内示范项目落地。四是推动试点，做好核电厂址保护和资产保全，实现厂址开发权不丢失、建厂条件不颠覆、已投入资产不损失。五是把握机遇，推进水电、风电、太阳能等市场开发，风电新增装机 103.3 万千瓦，太阳能新增装机 10.8 万千瓦，水电新增装机 57.5 万千瓦，全年可再生能源新增装机 171 万千瓦。六是全面统筹，电力市场营销工作实现突破，完成核电电价机制和调峰课题研究；协调限电问题，实现全集团上网电量594.77亿千瓦时。七是搭建平台，设立15个集团公司代表机构，建立工作机制，与7个央企或政府部门签署合作协议，实现集团大市场工作起步。

六、安全生产

2012年，中广核集团安全生产形势总体受控，绩效稳定，全集团范围内未发生2级及以上核事件，未发生较大及以上安全事故。大亚湾核电基地保持安全稳定运行，全年没有发生跳机跳堆，核电上网电量创历史新高，达到451亿千瓦时；大亚湾核电站1号机组、岭澳核电站1号机组分别连续安全运行3699天和2633天，在全球64台同类型机组中名列第一、第二；岭澳核电站2号机组第10次大修历时18.38天，创造了集团最短大修工期记录；岭澳核电站4号机组继3号机组之后也实现了首个燃料循环无非计划停堆；大亚湾核电基地6台机组54项WANO指标中的34项达到世界先进水平；与美国104台核电机组对标，中广核集团的运行业绩连续12个季度排名第一。在核电站安全改进方面，深入开展福岛后安全升级改进行动，在运、在建核电站改进项共计79项，已完成35项，相关工作推进有序。

七、工程建设

2012年，中广核集团5个核电基地共16台核电机组在建。工程线精心组织，充分发挥集约化和规模化优势，积极加强由各参建单位组成的核电“大工程、大项目”团队建设，有效控制安全质量风险，工程建设进展顺利；工程、生产通力合作，大亚湾核电基地鼎力支持，移交接产工作顺利有效。

辽宁红沿河核电站1号机组完成首次装料；2号机组完成核岛主回路清洗，积极准备机组冷试；3、4号机组处于安装高峰阶段。

福建宁德核电站1号机组实现首次并网；2号机组安装工作按计划推进；3号机组反应堆环吊可用，常规岛安装开始；4号机组穹顶吊装完成。

广东阳江核电站1号机组提前开始安全壳打压试验，以按期实现热试为目标推进准备工作；2号机组首台稳压器就位，主设备安装全面展开；3号机组按计划推进土建工作；4号机组实现核岛开工。

广东台山核电站一期工程全面超越国际同类项目，成为全球EPR首堆，继续朝着国际EPR标杆工程的目标全力推进。1号机组主管道自动焊完成；1、2号机组穹顶吊装均顺利完成。

广西防城港核电项目按期实现1号机组核岛安装开工、2号机组反应堆穹顶吊装等重大里程碑。

八、科研成果

2012年，中广核集团独立研发、具有自主知识产权的ACPR1000+技术取得了阶段性成果，通过国家核安全局、中国核能行业协会的评审，获得了“达到三代技术水平”、“是我国后续核电发展的技术选择之一”的积极评价，国际评审进入实质性阶段。同时，中广核集团加大ACPR1000研发力度，实施了31项重大改进，各项指标均能满足“十二五”新建核电厂安全要求，为核电新项目开工创造了有利条件。此外，中广核集团正在建设15个研发中心，其中有7个研发中心被认定为国家级研发(实验)中心，到2012年底已完成投资19.1亿元。

2012年，吴广君等15人的科研成果《岭澳二期SOP导则设计及规程的数字化实现》、于庆斌等15人的科研成果《大型汽轮发电机定子线棒空心铜导线腐蚀堵塞的研究与实践》、陈华平等15人的科研成果《半转速汽轮发电机组在国内百万千瓦级核电站的首次应用》和杨新民等15人的科研成果《大型核电站数字化仪控系统运行维护技术研究(国家863子项目)》获得中广核集团科技进步一等奖；于庆斌等15人的科研成果《岭澳主变设计、制造问题的分析、改进与治理》获中广核集团技术改进一等奖。《反应堆冷却剂泵一号密封翻新与鉴定技术》等11项成果获中广核集团科技进步二等奖；《主控室可居留性设计改进》等8项成果获中广核集团技术改进二等奖。《大亚湾/岭澳核电厂火灾风险识别与评估》等16项成果获中广核集团科技进步三等奖，《首台CPR1000机组总体性能试验的研究与实施》等18项成果获中广核集团技术改进三等奖。

2012年，中广核集团完成行业标准编制任务46项(已提交报批稿或已发布)，其中主编38项，在编标准任务265项。知识产权共完成申请842件，授权349件(发明94件)著作权登记394件。2012年新申请专利170项(发明申请86件、实用新型83件、外观设计1件)，完成专利授权123件(发明授权56件、实用新型63件、外观设计4件)，完成软件版权登记32件。

九、国际合作

2012年，中广核集团斥资24亿美元成功收购纳米比亚湖山铀矿，资源总量为28.6万吨U_3O_8(八氧化三铀)，位居全球第三。湖山铀矿于2012年10月开工建设，预计2015年正式投产，2017年达产后年产6500吨U_3O_8，约为国内年产量的3倍，位居全球第二。目前中广核集团控制的天然铀总量可以满足30台百万千瓦级核电机组30年的需求。

在核电“走出去”方面，已与南非、白俄罗斯、泰国、越南、乌克兰等国签署相关合作谅解备忘录；与土耳其、英国、马来西亚、波兰、保加利亚等国建立了多方合作、沟通、交流的渠道；同时在积极探索与国际主要核电供应商建立战略合作关系，共同开发国际核电市场。

十、履行社会责任

2012年，中广核集团以公众沟通、社区建设为履责切入点，持续加大投入力度，以“开放、透明”的理念打造中央企业公众沟通和建设新模式。全年向社会捐赠金额达 4058.19 万元，提供志愿者服务 1.2 万人次，公众开放活动超过 2.5 万人次参与，用诚意建立企业与社区、企业与公众之间的良好关系，受到国资委与社会各界的普遍赞誉。

中国电力投资集团公司

2012 年，中国电力投资集团公司（简称中电投集团）认真落实“三抓三保”总体要求，紧紧把握科学发展主题和加快转变发展方式的主线，凝心聚力，共克时艰，呈现出发展快、效益好、改革深化、和谐稳定的良好态势。2012 年，集团公司电力装机突破 8000 万千瓦，煤炭产能 7410 万吨，电解铝产能 277 万吨。全年完成发电量 3494 亿千瓦时、煤炭产量 6046 万吨、电解铝产量 269 万吨、铁路运量 921 万吨。营业收入 1794 亿元，利润总额 54 亿元，EVA17 亿元，均创历史最好水平。

中电投集团作为我国核电开发建设主要运营商之一，截至 2012 年底，参股运行核电机组权益容量为 108 万千瓦；控股在建核电机组容量为 450 万千瓦；参股在建核电机组权益容量为 103 万千瓦。

一、2012 年核电主要工作开展情况

（一）全面落实管控一体化

一是调整了股权关系，完成中电投集团公司控股核电资产划转，强化了中电投核电有限公司（以下简称“中电核公司”）的投资主体责任。二是理顺了管理关系，与资产纽带关系相一致，简化管理接口，明确管理责任。三是强化了管控能力，完成中电核公司组织机构调整，充实了人员配备。四是标准化工作取得初步成果，编制了核电标准化工作大纲及工作计划，开展了首批标准化项目。《核电项目前期工作标准化管理》获得中电联管理创新一等奖。开展集团公司 AP1000 核电标准化管理体系建设工作。五是启动核电 ERP 平台建设工作，研究提出核电信息化统一平台建设方案和实施计划。

（二）顺利推进在建项目

2012 年，海阳核电项目年度 17 个里程碑节点全部完成，1 号机组进入主系统安装及单体系统调试阶段，核岛、常规岛主设备供应已基本落实，压力容器、稳压器等吊装就位，常规岛汽轮机厂房屋面封闭完成，发电机定子就位。2 号机组核岛钢制安全壳筒体第四环吊装就位，常规岛汽轮机厂房主体结构完工，主行车就位。调试大纲、在役检查大纲等上报国家核安全局审评，实现了厂用电受电，水厂、网控楼已经完成调试并开始运行值班。海阳 1 号模拟机硬件安装测试完成，2 号模拟机已投入使用。首批操纵人员取照培训与考试方案获得批准。

红沿河项目 1 号机组完成首炉燃料装载，2 号机组完成回路冲洗和开盖冷试第一阶段工作，3 号机组开始主设备安装，4 号机组完成核岛土建施工。

（三）有序开展项目前期工作

积极做好海阳 3、4 号机组开工准备，开展了长周期设备采购、总承包合同谈判、可研修编和“两评”报告上报。扎实做好

内陆厂址保护。江西核电做好现场临建设备和设施维护保养，妥善处理设计、采购以及施工相关工作。

（四）进一步提高安全质量业绩

认真落实部署“安全生产年”活动，安全生产局面保持稳定。一是推进核安全文化建设，组织各单位开展领导人员核安全文化宣讲活动，带头践行核安全文化理念，对主要承包商开展了系统的核安全文化评估。二是加强监督检查力度，扎实开展隐患排查治理、打非治违、防灾避险、防止重大人身伤亡事故等一系列专项安全检查活动，施工现场的安全质量状况持续改善。三是推进核电安全质量标准化工作。集团公司发布了核电项目标准化质量保证大纲，完成了标准化 HSE 大纲，开展了不符合项管理标准化工作。四是加强经验反馈，充分吸收和总结内外部事件的经验教训，优化经验反馈工作体系和流程，加大状态报告、良好实践报告等推广力度。

2012 年集团公司核电系统未发生重伤及以上人身伤亡事故和一般及以上事故，未发生责任性轻伤事故，全面完成了 2012 年安全控制目标。

（五）稳步提升专业化能力

工程公司在广西白龙项目试点推行项目前期专业化管理和现场施工总承包，开展小型模块化反应堆项目前期工程咨询及总体设计。物资装备分公司在做好海阳项目采购服务的同时，积极开展后续项目采购总包工作。远达环保继续推进海阳 SRTF 的设计和设备供货。核电技术中心获得中关村高新技术企业资质，进一步强化技术力量和科研能力，积极开拓外部市场。中电华元进一步加强体系建设。山东核环保积极拓展业务领域，组建海阳 SRTF 的委托运行队伍。

（六）持续深化国内外合作

一是积极开展小堆合作，与小堆主要开发商签署谅解备忘录，开展小堆项目可行性研究。二是与清华大学协商共同组建核能联合研究中心，开展核能新技术研究和应用。三是积极参与 IAEA、WANO、日本海电调、美国和欧洲等核电企业开展的多边和双边技术交流培训等活动，并成功组织集团公司核电高级管理人员赴美国 EXELON 公司进行核能管理模式培训。

二、2013 年核电重点工作

（一）确保核电安全质量

核电建设与运行必须进一步强化“安全第一，质量第一”的理念。核电安全生产工作必须时刻保持谨慎务实、如履薄冰的心态，坚持“零事故”的终极目标。一是继续强化核安全文化建设，持续开展各级核安全文化讲座，切实履行核安全承诺，落实法规要求，强化过程控制，强化各级责任。二是进一步强化业主的安全生产主体责任，理顺监督线和保证线的工作机制，安全监管深入现场，关口前移，开展有效的安全培训，加强从业人员的资质审查。三是进一步完善现场交叉作业安全管理方案，落实防异物坠落措施。高度关注调试接产期间各项安全措施的落实，完善生产安全规程并确保有效执行。四是继续推广实施核电前期项目安全管理和质量保证标准化体系。完成核电工程HSE标准化体系示范项目建设，进一步加强设备制造和安装过程中的质量控制，提高质保监查的力度和频度，高度关注重大不符合项的处理。五是继续完善集团公司核事故应急体系，推进集团公司核事故应急指挥中心建设，完成集团公司应急救援方案编制工作。

(二)抓好在建项目进度

继续发挥好海阳项目高层协调会的作用，协调解决重大问题。特别关注核岛设计变更对安全、进度以及投资的影响，重点解决好关键设备的质量和交付进度，处理好设计及现场施工组织等影响工程进度的主要因素。扎实做好调试工作，建立完善调试运行管理体系，增强调试队伍的技术力量，做好工程、调试与生产的衔接工作。采取有效措施做好进度控制，确保1号机组安全壳顶封头就位、主控室可用、RCS系统移交等17个年度工程里程碑节点按计划完成。

强化红沿河项目管理，1号机组确保安全稳定运行，实现年度经营目标，2号机组年内争取具备商运条件，3、4号机组按计划实施移交接产。

(三)推进项目前期工作

海阳项目3号机组力争年内开工，抓紧做好负挖、可研评审和建造许可证申请等工作，尽快完成总承包合同签订，协调国家核电加快推进设计和核岛长周期设备采购。广西白龙项目全力争取“路条”，加快推进前期准备工作。继续开展其他沿海新厂址开发。

稳步推进内陆厂址工作。江西彭泽、吉林靖宇、湖南小墨山等内陆项目严格控制投资规模，加强公众宣传与地方协调，做好厂址保护。

(四)加强专业化队伍建设

工程公司通过海阳项目建设和与外方合作方式培育工程总承包能力。物资装备分公司抓好合同执行、设备监造，提高现场服务能力。高培中心继续完善核电理论培训的广度和深度，提高培训能力和质量，完成年度培训计划。远达环保发挥联合体牵头方的作用，与外方合作完成海阳项目SRTF设计和设备采购。核电技术中心培育核心业务能力，加大力度引进专业带头人，在科研项目、现场技术支持等方面提供服务，积极参与国家重大专项子课题研究。中电华元加大核岛维修骨干人才培养，全面参与海阳项目维修管理和规程准备。山东核环保抓紧充实海阳项目SRTF的委托运行队伍，完善管理体系。

(五)强化基础管理工作

一是继续完善体系建设，对已发布的核电产业制度要严格执行。二是完善核电人力资源规划，组织落实核电紧缺人才聚集培养工程实施方案。开展核电项目各阶段机构设置、岗位规范的标准化建设，建立健全“双通道”体系。三是提升核电板块投资、财务、股权管理能力建设。四是持续开展标准化信息化工作，重点是以江西核电为主体，以海阳项目为依托，集中各项目人力资源，开展集团公司AP1000核电项目工程建设标准化管理体系和技术体系建设，年内完成顶层设计、各专业实施方案和具体内容框架。加快推进核电板块ERP信息化建设，开展系统开发，力争年内实现上线运行。

（六）继续加强国内外合作

一是抓紧完成小堆项目可行性研究论证，争取国家层面支持。二是承办好IAEA亚洲核安全网络地区性研讨会与专题年会，组织好与WANO联合举办的核电建设经验国际交流会议，利用好WANO网络平台加强国际行业经验反馈。三是按照有所为有所不为的原则，通过参股、共同投资等方式与国内同行在工程管理、天然铀资源获取、核燃料制造、技术支持、在役检查、乏燃料处置等方面进行合作。

国家核电技术有限公司

一、2012 年工作总结

2012 年，国家核电技术有限公司（简称国家核电）坚定不移地贯彻落实国家关于三代核电自主化工作的各项部署，努力克服“后福岛时期”外部环境的不利影响，推动 AP1000 自主化依托项目建设、AP1000 技术引进消化吸收、设备国产化、大型先进压水堆核电重大专项研发和示范工程建设准备等主线工作取得重要进展，公司经营业绩保持持续稳步增长。

（一）“三条工作主线”扎实推进

依托项目建设在攻坚克难中保持较好前行态势，工程已不存在颠覆性问题。积极应对建设首台机组的挑战，努力协调各方资源，优化工程进度计划，全年共完成 6 项里程碑节点目标。技术引进与分许可工作有序推进。技转文件、软件接收、培训服务综合完成 82%。屏蔽厂房、爆破阀等技转关键问题取得积极进展。

设备和关键材料国产化取得阶段性成果。主管道、稳压器等国产关键设备交付现场；主泵国产化工作取得积极进展；压力容器、蒸汽发生器大型锻件已全部实现国产化，设备制造进度可控；壳内电缆通过相关试验检验，正在申请制造许可；钢制安全壳制造技术基本掌握；核级锆材生产线全线贯通。国内相关企业研发设计、工艺控制、质量管理的能力和水平得到全面提升。

重大专项研发和示范工程前期工作协同推进。截至 2012 年底共有 66 项课题获得国家批准，研发进度和经费管理总体符合计划要求。CAP1400 初步设计正在接受国家审查；6 项关键试验以及关键设备研制有序推进。国核自仪 NuPAC 平台已经开始接受美国核管会评审。COSINE 软件基本完成物理和热工核心软件系统的代码编写和调试阶段的测试。示范工程前期准备工作继续推进，压力容器、蒸汽发生器、主泵及汽轮发电机组 (T/G) 等长周期设备的采购合同正式签订。

（二）“七大基础、五大平台”能力建设取得新进展

“七大基础”进一步夯实。明确了七大基础能力建设工作目标，形成了建设方案和大纲。公司获得了“国家认定企业技术中心”授牌，各单位申报的 10 个技术中心获得国家或省部级研发机构资质认证，为进一步争取相关政策支持创造了良好条件。上海核工院国产化 AP1000 标准设计初步设计完成升版，核岛施工设计完成约 90%，具备了保障我国 AP1000 核电标准化、批量化建设的设计条件。示范电站运行管理体系初步搭建。国核运行完成核电厂在役检查装备项目建设，寿期服务能力进一步提升，签订了海阳 1 号机组役前检查项目合同。成功举办了首次 AP/CAP 合格供应商年会，累计完成 79 家合格供应商认证。积极加强与 IEEE、

ASME等国际标准组织的实质性合作，发挥ASME中国工作组牵头作用，进一步推进我国核电标准体系建设。

“五大平台”建设取得多项突破。研发中心ACME等关键实验台架陆续开工建设。组建国家能源核电软件重点实验室，建立公司核电软件工程应用测试中心。上海成套院核电设备材料鉴定体系建设通过国家能源局可研审查，已启动LOCA、抗震试验等台架建设，陆续开展了相关产品鉴定工作。国核锆业核级锆材生产流程全线贯通，掌握了锆铪分离、海绵锆加工等多项关键成套技术。国核设备一体化顶盖项目和技改项目顺利投产。

科研项目成果显著。共申请专利171项(其中发明专利96项)，获得专利授权88项、软件著作权36项；制定标准21个，其中国际标准2个、国家标准2个；发表论文836篇，其中被SCI、EI等收录193篇；获得各类科技成果奖励82项。

(三)公司经营效益稳步增长

收入、利润稳步增长。全年实现收入86.8亿元、利润7亿元。

(四)管理提升活动取得成效

安全质量管理进一步深化。全年未发生目标控制的安全和质量事故。国核设备成为核电行业首家“国家一级安全生产标准化达标企业”。

人力资源管理进一步加强。海外引进的6位科技领军人才进入国家“千人计划”评审。制定并实施培训规划，人才培养体系逐步健全。国核大学一体化管理逐步深化，全年组织领导力、科技力和各类业务培训85期，累计培训时长396天。各单位岗位薪酬体系优化落地，并开展绩效管理体系优化工作。完善工效联动机制，促进了投入产出效益的提升。

战略规划基础逐步夯实。完成公司系统三年滚动规划编制，开展战略规划执行评价工作，战略规划管理体系得到进一步完善。IPO上市筹备工作有序推进，确定了发起设立的方式，并完成股份公司重组上市方案编制。

内控与风险管理深入推进。以实施《内控与风险管理手册》为抓手，深入开展各业务领域内控缺陷整改工作，各单位完善制度256项，优化业务流程864个，风险管控能力得到提升。

商务、法律和知识产权管理水平持续提升。采购及合同集团化管控得到加强。发布了三年法制目标规划，14家成员单位全面建立了总法律顾问制度和法律事务工作机构。

信息化“登高”实现目标。企业资源管理与核心业务系统建设持续深化，信息编码工作有序推进，信息化管控体系与网络基础设施进一步增强。根据第三方测评，公司整体信息化能力2012年达到国资委A级水平要求。

(五)干部队伍和企业文化建设不断加强

干部队伍建设成效明显。坚持民主、公开、竞争、择优的用人方针，组织总部部门副职公开竞聘；开展总部与所属单位双向挂职工作。通过完善干部交流与挂职机制，以及加大竞争性人才选拔力度，选用了一批有基层工作经验和发展潜力的复合型领导干部。

惩防体系建设稳步推进。搭建廉洁风险数据库，编制廉洁风险防控手册，进一步完善监督机制，基本形成了较为健全的惩防体系建设工作格局。继续强化工程建设重点领域、设备物资采购关键环节的流程控制和管理。以物资采购、招投标为重点，深入开展效能监察和审计监督工作。

企业文化建设取得实效。完善“三和”文化理念识别系统，进一步丰富“三和”文化理念体系。组织员工创新行动，征集创新成果 160 项。开展创建企业文化示范单位活动，进一步推动了“三和”文化的落地。

二、重大项目进展

(一) 三代核电自主化依托项目

三代核电自主化依托项目全球首批 4 台 AP1000 机组建设总体进展顺利，工程已不存在颠覆性问题。AP1000 主泵成功完成全部试验，首台主泵运抵三门现场。两个 1 号机组主设备基本到场，三门 1 号机组主系统安装进展顺利。首台机组计划于 2014 年并网发电。

借助依托项目建造，积极稳妥地推进 AP1000 三代核电关键设备的国产化。经过 5 年多时间，国内核电装备制造企业在硬件条件、制造技术和管理能力上都得到了很大提升，不仅在超大型锻件和关键设备制造上取得突破，而且在部分特殊设备和材料领域填补了国内空白。为依托项目制造的稳压器、安注箱、堆芯补水箱、主管道、CV 等设备已实现供货，正在制造中的压力容器、蒸汽发生器等设备总体进度可控，主泵国产化工作有序推进，依托项目 4 套钢制安全壳的主体制造全部结束，核级锆材生产线全线贯通，设备国产化工作取得了丰硕成果。

与美国洛克希德·马丁公司联合开发、共享知识产权的新一代反应堆保护系统 NuPAC 平台正在接受美国核管会评审。自主化核电软件 COSINE 软件基本完成物理和热工核心软件系统的代码编写和调试阶段的测试。

(二) 大型先进压水堆核电站重大专项及示范工程

大型先进压水堆核电站重大专项研发和示范工程前期工作协同推进。截至 2012 年底共有 66 项课题获得国家批准，研发进度和经费管理总体符合计划要求。完成了“CAP1400 屏蔽电机主泵研制”等 14 个重大专项课题的立项审查工作，其中公司系统内单位承担课题 9 项。完成了“滨海核电厂抗水淹技术研究”等 16 个公司内部课题的立项审批工作。具有自主知识产权的 CAP1400 核电站初步设计正在接受国家审查，施工设计完成 32%，6 项关键试验以及关键设备研制有序推进。

CAP1400 关键试验和软件课题总体进展顺利。蒸汽发生器汽水分离试验、水分配试验、金属层传热特性试验、PCS 水膜试验等单项试验取得关键数据。ACME、PCS、IVR 试验课题已全面进入台架安装和调试阶段。

依托于大型先进压水堆核电站重大专项，公司积极组织制造企业、科研院所、高等院校等开展关键设备材料研制，悉心培育三代核电设备自主化能力。目前，CAP1400大型锻件制造技术、蒸汽发生器690U形管研制取得了突破，反应堆压力容器、蒸汽发生器、主泵、汽轮机发电机组等长周期设备研制取得了阶段性成果，其采购合同正式签订。

中国华能集团公司

一、2012 年主要工作情况

（一）强化安全监督，推进管理体系建设

坚持“安全第一、预防为主、综合治理”的方针，深入开展“安全生产月”活动和“打非治违”专项工作，生产经营局面稳定。积极倡导核安全文化，重视安全知识培训，员工安全意识不断增强，安全管理水平不断提升。高温气冷堆示范工程 FCD 前，组织施工准备情况检查，现场监督核岛底板混凝土浇筑，确保施工安全。结合管理提升和内控体系建设，以安全、质量、进度、投资控制为主线，对照项目公司管理体系，根据管理领域梳理管控流程和控制要素，推进管理体系建设工作。

（二）调整发展思路，有序推进厂址开发

结合国家中长期核电发展规划调整，及时调整了核电发展思路，确定了优先开发沿海厂址、做好内陆厂址保护的前期工作思路。一方面加大石岛湾、福建霞浦等沿海厂址的开发力度，积极稳妥推进前期工作；另一方面加强与内陆厂址所在地政府的联系，综合分析我国核电发展的长远态势，坚定地方政府信心。积极参与核能行业协会组织的《内陆压水堆核电厂环境影响评估》科研课题，启动《核电项目前期开发技术导则》课题研究，通过总结和提炼核电前期工作经验，探索核电前期工作的规范化管理，提高核电厂址开发效率。

（三）加强股权管理，有效保障出资人权益

按照股权管理工作要求，认真收集参股投资的山东海阳以及受托进行股权管理的海南昌江核电项目工程建设信息，积极参加专项技术方案、投资计划及初步设计概算等评审，有效保障投资利益。

（四）深化内部管理，全面提升管理能力

根据创一流和管理提升活动要求，组织制定管理提升总体工作方案，确定了综合管理体系建设等 10 个领域的专项管理提升工作计划，为持续推进创一流工作打下了坚实基础。组织开展 2013 年风险评估、报告编报和内控手册编制工作。加强系统风险总体研判，组织开展全面风险深入分析工作，从政策风险、技术风险和投资风险三方面收集辨识存在的各种可能风险源，对影响较大和发生概率较大的风险因素制定了防范措施，有效规避风险，提升风险管理水平。

（五）优化机构设置，深入开展人才队伍建设

为进一步理顺核电管理关系，满足专业化管控的需要，本着“精干高效、权责明确、适度综合、科学合理”的原则，统筹考虑核电管理体制，拟定了机构调整、职责分工及人员编制方案。结合人力资源实际情况，选拔专业人才赴海南核电现场

工作，选派中层干部到国家部委挂职锻炼，推荐中层干部参加集团公司党校学习，邀请核电专家开办专题讲座，组织核电知识测试，通过多种渠道，不断提高干部职工的专业技能和综合素质。

（六）注重国际合作，积极参与同行交流

2012 年，中国华能集团公司以一级会员身份、华能山东石岛湾核电公司以二级会员身份加入世界核电运营者协会(WANO)。利用 WANO 平台，对标国际先进水平，提高核电前期开发、运行管理及技术应用方面的能力和水平。3 月 8 日，中国华能集团公司副总经理张廷克在北京会见了美国杜克能源公司首席发电官兼首席核电官迪亚·杰米尔一行，双方就充分利用自身管理经验优势，继续加强核能等新能源领域技术交流，不断深化核电技术、管理培训领域合作，共同推动清洁能源可持续发展达成共识。

（七）加强党建工作，切实提供组织保障

开展学习型党组织建设，坚持党组中心组每月一次、党支部委员两月一次和党员每季一次学习，营造浓厚的学习氛围，不断提高党员干部的政治素质和工作能力。开展十八大知识竞赛、观看教育题材电视片和话剧、参观爱国主义教育基地、开展“岗位学雷锋、争做好员工”等活动，激发党员职工爱党、爱国、爱企热情。健全党务公开制度，落实民主管理。召开了第一届四次、五次职代会，对涉及公司重大发展和职工切身利益的问题，听取职工意见，维护职工民主权益。

加强反腐倡廉建设，坚持“一岗双责”，确保责任落实。坚持每季度召开反腐倡廉建设工作联席会，开展半年及全年党风廉政建设责任制落实情况自查工作，严格执行党风廉政建设责任制。推进惩防体系建设，加强廉洁文化教育。实施廉洁风险防控工作，通过梳理公司 7 个重要管理领域，编制完成《廉洁风险防控手册》，制订实施方案和测评方案，开展集中试测评，廉洁风险防控工作取得阶段性成果。召开案件通报会，开展警示教育；组织廉洁从业核心理念征文和演讲比赛，并获得佳绩；开展处以上干部廉洁从业学习交流，营造廉洁文化建设的良好氛围。

二、石岛湾高温气冷堆核电站示范工程进展情况

(一) 工程设计及设备制造进展情况

1. 工程设计工作有序开展，核岛反应堆厂房、核辅助厂房、乏燃料厂房 -18m 至 ±0m 标高层土建施工图，0m 以下屏蔽冷却水系统设计图册，一回路舱室贯穿件布置图册和一回路舱室机械贯穿件结构等图册按期提交，核岛设备规格书提交完成总量的 93.8%，系统手册提交完成总量的 59%。常规岛汽机厂房基础图、安装施工图、施工招标技术文件等按期提交。设计进展和图纸供应满足工程计划总体要求。

2. 核岛主设备(反应堆压力容器、石墨堆内构件、炭堆内构件、金属堆内构件、

热气导管壳体、蒸汽发生器、主氦风机）除石墨堆内构件和主氦风机外，全面进入设备制造阶段，制造质量与进度总体受控。反应堆压力容器大锻件制造与验收、下筒体组件组焊、上筒体预卷制，金属堆内构件压板和定位板制造、堆芯壳筒体卷制，热气导管壳体锻件制造与验收，蒸汽发生器壳体大锻件制造，主氦风机电磁轴承技术设计与制造、滑动轴承电机样机制造与装配，炭堆内构件工艺评定件制造与鉴定均按计划按期完成，石墨堆内构件坯料制造已完成80%。

（二）核能科研项目进展情况

1.工程设计及技术研发方面，工程研发实验室、大型氦气工程实验回路于2012年5月顺利建成；高温气冷堆技术研发工作有序推进，高温气冷堆退役技术方案研究、技术工程化研究等关键技术研发工作已完成，其余技术研发工作按计划顺利推进。

2.核燃料供应方面，辐照燃料元件已于2012年9月完成加工并装入荷兰PETTEN高通量堆，开始为期两年的辐照试验；由中核北方燃料元件有限公司负责建设的燃料元件生产线建设前的环评、安评、职业健康、施工图及其他前期准备工作已全部完成，具备开工建设条件。示范工程核燃料的完整供应链已全面落实，各项工作满足工程计划的总体要求。

3.设备制造及研发验证方面，控制棒驱动机构、吸收球停堆系统、燃料装卸系统等已完成试验样机调试，试验验证工作有序进行；反应堆压力容器相关焊接、热处理、变形控制等关键技术研发工作完成，马鞍形焊缝自动焊接实验已开始；蒸汽发生器传热单位结构成型、管管焊接工艺优化、管板胀焊等试验工作按计划进行，已得出部分试验结论；金属堆内构件对接焊接、吊运翻转工艺研究按期完成，主氦风机工程样机制造及装配试验顺利完成。

（三）人才培养及职工培训情况

2012年，按照国家核安全法规对核电安全生产23个领域工作的有关要求，公司继续加强运行、维修、技术支持等领域人才培养与储备工作，并取得重要进展：示范工程43名预备操纵员取得HTR-10高级操纵员执照、29名取得HTR-10操纵员执照，7名运行管理人员完成第三批美国杜克能源生产管理培训；调试管理40人分批在中广核阳江核电工程公司、福建宁德核电参加调试实习培训；维修38人按计划完成秦山核电R13和田湾核电T105大修跟班实习。公司已基本形成自主开展操纵人员基础理论培训的能力，专业技术人才队伍建设稳步推进。

截至2012年底，公司已形成了一支专业结构合理、从业经验丰富、总数达740余人的人才队伍，拥有一支具有丰富核电及火电建设和运营管理经验的优秀管理团队，其中，中层以上干部近60%来自运行和在建核设施单位。

（四）国际合作和交流情况

1.4月18日，西格里集团中国区首席执行官贺文一行来公司交流。期间，双方认真梳理了高温气冷堆核电站示范工程石墨球采购合同执行情况，明确了石墨球交货进度。西格里公司表示，将严格按照核安全法规要求，加强石墨球制造过程质量控制，确保石墨球加工质量，为双方未来在高温堆核能领域的广泛合作打下坚实基础。

2. 6月22日，华能山东石岛湾核电有限公司第三批赴美培训生产准备人员按计划完成生产管理培训任务。本次培训在美国杜克能源公司下辖的麦格瑞核电站(McGuire Nuclear Power Plant)进行，通过理论培训、现场参观和集体讨论等形式，全面了解了麦格瑞核电站运行、维修、技术支持、化学、辐射防护以及培训中心等各部门的职能和工作流程。此外，该批培训人员还重点学习了麦格瑞核电站的安全文化、团队合作及高效的管理体系等先进核电理念，并获得由杜克能源公司颁发的培训合格证书。此前，公司首批和第二批出国培训人员分别完成赴美国杜克能源下属的奥克尼和卡托巴核电站培训任务。

3. 7月18日至19日，中英气冷堆核电技术研讨会在华能山东石岛湾核电有限公司召开。会议围绕气冷堆运行、维修、石墨管理、辐射防护、退役等方面内容进行了广泛深入的交流探讨。美国ES公司亚洲事业部(Energy Solutions Asia Group)、英国Wylfa核电厂等外国专家，华能山东石岛湾核电有限公司、清华大学核能与新能源技术研究院、中核能源科技有限公司相关人员参加。

4. 8月16日，俄罗斯国家原子能公司项目主任瓦列里一行到公司访问。期间，双方就高温气冷堆核电站示范工程建设进展、设备采购及俄罗斯高温气冷堆HTGR研究结果、工艺用途等情况进行了交流，并就双方关心问题进行了深入探讨。

5. 10月1日至16日，公司10名管理人员赴美国杜克能源公司进行了为期两周的培训考察。本次培训内容包括核电产业的管控模式、核电产业组织机构架构、核安全文化培育及在核电厂的实践、绩效管理、生产运营管理(维修和设备管理)、培训管理、应急管理、建设期核电管理(设计和采购管理)、信息化管理等，对于促进公司管理人员深刻领会美国先进核电管理理念，在后续生产管理体系构建中积极借鉴国际上先进核电企业的良好实践，形成科学规范的石岛湾核电生产运行管理体系，高效推进石岛湾核电基地开发建设起到积极的推动作用。

中国大唐集团公司

一、2012 年工作概况

2012 年是中国大唐集团公司（简称中国大唐）近年来面临挑战最多，压力和困难最大的一年，也是极不平凡的一年。

1. 科学应对艰难形势，全年工作取得重大成果。一年来，面对错综复杂、跌宕起伏、十分艰难的经营形势，在董事会的科学决策和监事会的监督指导下，我们紧紧围绕"一保一降"和调整"四大结构"、发展"七大板块"两项根本任务，加强形势预判研判，及时抢抓市场先机，适时调整经营策略，努力改善经营局面。在 8 月份，我们又审时度势，自我加压，果断将利润目标由 16 亿元上调至 60 亿元，明确了"8 句话 24 个字"重点任务，掀起了"大干五个月"热潮。面对新任务、新目标，广大干部职工没有犹豫不决、望而却步，而是以饱满的热情和高昂的士气，知难而进、奋力攻坚，超额完成了各项任务目标，全年工作取得重大胜利。

2. 攻坚"一保一降"，经营局面实现重大转折。集团公司利润总额创近五年最好水平，达 60.28 亿元。28 家二级企业中 23 家盈利，陕西公司、河南公司、湖南公司、山西公司、江苏公司、安徽公司、龙滩公司、河北公司、贵州公司、山东公司同比增利超亿元；同比增盈 11 家，大唐国际发电公司、黑龙江公司、云南公司、环境公司同比增盈超过 100%，大唐国际发电公司盈利创历史最好水平。集团公司资产负债率近三年持续下降。全面和超额完成了国资委年度考核指标。

3. 扎实推进"十二五"产业发展规划，结构调整取得重大成效。科学合理安排年度投资规模，把有限资金配置到效益较好、有利于转方式、调结构的项目上，大型水电和有效益火电项目投资同比增加 12.8 个百分点。电源结构持续优化，区域结构调整取得重要进展，"五基一带"项目储备明显增多。产业结构调整成效显著，金融、物流、科技、燃料经营板块盈利能力显著提升，非电产业实现利润占集团公司利润总额的百分之四十以上。

4. 立足实际、创新载体，管理提升活动取得重大进展。按照国资委统一部署，在全系统开展了管理提升活动，较好地完成了各阶段任务。特别是集团公司立足生产经营发展实际，深入开展了优化设计、优化运行专项活动，推进了生产、燃料、资金调度"三个中心"建设，开展了集团公司"十二五"投资能力和投资方向、盈利水平和资产质量分析，启动了全面计划、全面预算、全面责任、全面风险管理。

二、核能方面的主要成绩

2012 年按照集团公司开展管理提升活动的总体要求和"创新发展核电"的工作思路，在参股及前期项目管理、核电管理体制研究、加强核电宣传、开拓技术服务市场等方面积极开展工作，并取得阶段性成果。

1. 参股核电项目取得积极进展。宁德项目 1 号机组 2012 年 12 月 28 日成功并网发电，这是福岛核事故后国内首台并网的在建机组；徐大堡项目被列为国家十二五备选项目，预计 2014 年开工建设。

2. 前期项目继续稳妥推进。从厂址条件、区域布局、规划情况、政府关系、区内竞争和工作力度等 6 个方面，研究梳理了核电前期项目进展情况，建立了较完整的前期项目信息数据库，提出了后续工作方案和实施建议。宁德二期厂址已进入国家核电中长期发展规划保护厂址目录，辽宁庄河南尖、广东阳西福湖岭、湖北钟祥船湾、湖南株洲龙门、江西吉安何魁 5 个厂址进入重点论证厂址目录，其他核电前期项目也取得不同程度进展。

3. 完成管理体制及程序制度体系优化研究。针对集团公司核电工作现状，在广泛调研的基础上，以集约化、规范化、专业化为目标，提出了集团公司核电产业管理体系优化方案，以实现资源整合、管理提升。制定了集团公司核电管理制度和程序体系建设规划方案，并将以此方案为基础，按照分步骤、成系列的编制原则，尽快建立满足国家主管部门要求、符合核电行业特点的程序体系。

4. 推进与中核集团战略合作协议落地。按照与中核集团签署的战略合作框架协议和年初两集团领导对于后续合作达成的共识，就等比控股开发庄河核电事宜，与中核集团进行多轮沟通和谈判，协议主要条款已基本达成一致意见，项目建议书联合上报的文件准备工作已基本就绪。

5. 积极跟踪核能新技术发展。根据集团公司领导批示和国内核电新技术研发现状，先后与国内核技术研究机构就小型模块式反应堆和熔盐堆进行调研，形成调研报告，为后续利用核能新技术开展自主项目开发做准备。

6. 成功完成第十二届核工展参展工作。贾庆林同志参观了集团公司展区，集团公司领导专程到现场指导工作，并作重要指示。

7. 成功举办“大唐庄河核电院士行”活动。邀请 6 位院士踏勘了庄河核电厂址，并与地方政府就发展核电，保护厂址进行了座谈，对于进一步推动厂址列入国家规划，做好厂址保护工作起到了积极的作用。

8. 积极开展核电调试和检修技术服务工作。与中核工程公司签署了《调试人力支持长期合作框架协议》，以技术支持方式参与在建核电工程常规岛及 BOP 的调试工作；核电检修完成了年收入 3000 万元的目标；研究提出了核电检修集团化运作初步方案，以拓展核电检修等技术服务业务。

中国华电集团公司

中国华电集团公司（简称中国华电）是国家电力体制改革中组建的国有独资发电企业集团，属于国务院国资委监管的特大型企业。2012年是党中央、国务院团结带领全国各族人民，实现经济平稳较快发展，人民生活水平不断提高的一年。一年来，中国华电认真落实中央经济政策措施，实现了产业经济平稳较快增长，公司综合实力大幅增强，行业地位明显提升，成功挺进世界500强，进入到成立以来的最好发展阶段。与成立之初比，公司资产总额从835亿元增长到6050亿元，发电装机从2550万千瓦增长到1亿千瓦，年发电量从1160亿千瓦时增长到4323亿千瓦时，控股煤炭产能从零起步快速增长到4620万吨/年，公司主要经营发展指标在十年间均翻了两番以上，为我国经济社会平稳较快发展作出了重要贡献。

2012年，在党中央、国务院正确领导和国资委指导下，在上级有关部门的大力支持和帮助下，通过集团公司全体员工的共同努力，中国华电各项工作取得了新的进展。

一、2012年主要工作情况

（一）“双提升”、“创一流”活动扎实推进

按照国资委统一部署，公司迅速行动，加强组织领导，健全活动体系，出台了“创一流”工作指导意见，初步构建起四大产业“创一流”指标体系，在17家单位开展试点。将管理效益提升活动作为“创一流”第一阶段主要内容，制定实施投资决策、全面预算、人力资源等13个专项提升方案，查找管理薄弱环节，落实整改措施，取得积极成效，受到国资委通报表彰。

（二）结构调整实现新突破

按照公司战略规划和“一调整、两优化”发展思路，坚持有保有压，加快结构调整，公司战略转型成效进一步显现。一是电源结构和布局持续优化。公司发电装机突破1亿千瓦。清洁能源占总装机比重超过四分之一，新核准电源项目中清洁能源达到七成。公司风电装机突破400万千瓦。火电结构进一步优化，60万千瓦及以上机组占煤电装机比重接近五成。二是煤炭、金融和工程技术产业竞争力明显增强。三是“走出去”战略稳步实施。

（三）经营业绩创出新高

公司利润总额、净利润、EVA、净资产收益率均创历史最好水平，跨入行业前列。公司上下以扭亏增盈为重点，狠抓关键要素，专题研究，综合施策，着力提升盈利能力，煤炭、金融和工程技术产业利润同比分别增长27%、71%和26%。

（四）安全生产总体平稳

加强安全管理，保证了党的十八大、“两节”、“两会”等重要时段的安全稳定，没有发生对公司造成不利影响的安全

事件。一是安全基础进一步巩固。加强作业环境本质安全管理，深化安全生产标准化达标创建，扎实开展季节性安全大检查、区域安全管理互查、隐患排查治理和应急演练活动，安全生产形势总体保持平稳。二是设备管理水平不断提高。创新技术监督管理，扩大精密点检试点，加大“逢停必查”工作力度，实施设备综合治理改造，机组台均“非停”同比减少一半。三是煤炭安全管理得到强化。扎实推进煤矿安全质量标准化建设，强化安全检查和班组长轮训，继续保持煤炭生产建设“零死亡”，不连沟煤矿荣获国家级安全质量标准化矿井称号。

（五）科技创新和节能减排水平进一步提高

加快推进科技创新，完善创新体系，抓好国家级课题研究，智能电网控制系统等5个项目列入国家重大科技计划，全年新增授权专利115项，继续保持行业领先，公司进入国家创新型试点企业行列。不断加强节能减排，推广低温余热利用技术，完成42台机组整体优化改造，平均降低煤耗16克/千瓦时。落实“十二五”污染物减排责任，健全环保监督和标准体系，开展现役及新建机组现场监督检查。CDM注册总量达到111项，年度碳减排量突破2000万吨，位居行业前列。

（六）资本运作和风险管控得到加强

抓好资本资金运作，强化全面风险管理，保障公司持续健康发展。一是资本运作富有成效。华电福新成功在香港上市，华电国际完成非公开增发。二是资金管理进一步加强。强化产融结合，年平均资金归集率达到86%。加强负债率、负债规模“双控”管理，资产负债率连续四年下降。三是风险管控扎实有效。推进内控体系建设，完善金融风险监管机制。积极配合财政部、审计署、监事会的监督检查，开展“依法经营、规范运作”和火电项目盈利能力等专项审计。组织“法律体检”，排查境外项目法律风险，有效处置法律纠纷。

（七）党建和队伍建设取得新成效

一是党建工作全面加强。认真抓好十八大精神的学习贯彻，制定实施为“创一流”提供政治保证的工作意见，创先争优活动取得丰硕成果，学习型党组织建设扎实推进，“基层党建示范点”创建活动深入开展，形成了“三融入、四引领”的党建创新实践经验。公司直属党委和系统十多家基层企业荣获全国或省级创先争优先进基层党组织称号。二是队伍建设水平不断提高。深化“四好”领导班子创建，加强三支人才队伍建设，推进“70、80工程”，开展首批专家选拔，3名高层次人才入选中央“千人计划”。落实企业领导人员三年轮训计划，提升了队伍素质。三是反腐倡廉建设扎实有力。深化“大纪检”探索与实践，加强廉洁文化建设和效能监察，分产业、分区域组织领导人员集体廉洁谈话，创新开展燃料全过程监管和“价值”巡视，强化职务消费和公务用车专项治理，保证了企业健康发展。四是和谐企业建设持续深化。开展品牌建设工作，促进“阳光和谐、先进繁荣”的文化建设。发挥工团组织作用，启动华电“幸福行动”，召开首届团代会，开展了庆祝公司成立十周年、第四届劳模表彰、班组建设检查考评等系列活动。认真办理来信来访，维护了企业和谐稳定。发布《2011年社会责任报告》和国内首个《城镇供热报告》，公司社会责任发展指数位列全国第八。

二、核电方面主要工作完成情况

2012年，中国华电集团公司稳步做好核电前期管理工作，一是坚持引进和培养相结合的原则，利用集团公司参股的福清、三门项目为平台，参与现场项目管理，学习核岛设计管理、设备采购等内容，积极做好人员培训和储备工作；在公司系统内优选干部和技术人员，加强培训，积极培育核安全文化，进行核电建设、运行管理培训，储备核电人才。二是认真论证相关核电项目厂址可行性，稳步推动项目前期工作；三是加强内外部沟通，交流管理经验，组织各有关人员到已运行和在建核电项目现场参观，学习核电项目管理经验；积极组织参加核能行业协会组织的年会、核工业展、论证等相关活动，加强与核电界的有关管理部门和专家交流和沟通，商谈发展核电的方方面面的问题，探索新的发展思路，共同争取管理部门的帮助和支持；四是做好国内在建和运营核电项目设备供应和技术支持工作，华电工程团队始终贯彻“安全第一、质量第一”的核电管理理念，用稳定的质量和良好的服务，在顾客当中树立了良好的品牌形象。

中国国电集团公司

一、2012年工作回顾

2012年，中国国电集团公司（简称中国国电）系统积极应对复杂多变的严峻形势，坚持稳中求进，深化转型升级，强化管理提升，全面完成了主要目标任务，取得了前所未有的经营业绩。至2012年底，中国国电发电装机超过1.2亿千瓦，资产总额7208亿元，产业遍布全国31个省（区、市）。控制煤炭资源量160亿吨，年煤炭产量6880万吨。新能源发展独具特色，风电装机1500万千瓦左右，位居亚洲第一、世界第二。以节能环保及装备制造为主的高科技产业在发电行业处于领先地位。

电源发展质量明显提升。2012年新增装机1336万千瓦，核准电源项目1234万千瓦，取得“路条”2500万千瓦，在建规模3000万千瓦。公司前期项目储备充足，在建规模保持合理水平。清洁可再生能源装机达2707万千瓦，同比增加371万千瓦。风电装机达到1497万千瓦，国内规模最大的江苏如东海上风电场全面投产。水电“四区一流域”开发加快推进，全年新增81万千瓦，总装机达到1154万千瓦。

相关产业稳步发展。煤炭储量和产能稳步增长，控制资源160亿吨，同比增长6.7%。宁夏沙巴台、内蒙察哈素和白音华等大型煤矿投产，新增产能1090万吨。煤炭产量6880万吨，同比增长5.8%。节能环保板块市场占有率保持国内第一。等离子体点火总装机达到2.5亿千瓦，脱硫特许经营装机达3079万千瓦，脱硝催化剂产能突破1.6万立方米。联合动力风机销量进入国内前两位，光伏产业链初具规模。金融保险产业总资产突破600亿元，利润同比增长50%，系统外创效达73%。资本控股新增分支机构35家，在央企中产融结合发展最快、协同效应最好。积极开展国际合作交流，签订等离子点火、工程服务等合同5550万元人民币。

内部挖潜成效显著。火电业务扭亏为盈，实现利润6.9亿元，同比减亏增利66.7亿元。获得“中央企业管理提升活动优秀组织单位”称号，获得全国电力行业企业管理创新成果奖35项，同比增加46%。深入开展“安全生产年”活动，圆满完成“十八大”和重要节日保电任务。98%的发电企业安全无事故。生产管理成绩突出：供电煤耗318.7克/千瓦时，同比降低2.6克/千瓦时。厂用电率5.05%，同比降低0.25个百分点。科学开展配煤掺烧，累计掺烧经济煤种4250万吨，节约燃料成本20亿元。燃料管理更加精细。强化基础管理，加强市场分析，控制采购节奏，控价保供能力进一步增强。市场营销取得实效：完成发电量4898亿千瓦时，同比增长2.7%。供热量18297万吉焦，同比增长31.4%。全年设备利用小时4592

小时，高于全国平均水平 20 小时。

财务管理和资金保障能力持续增强。财务管理不断加强，强化价值创造导向，加强预警分析和偏差度考核，预算引领控制作用明显增强。新增融资 658 亿元，新增和存续使用低成本资金 1295 亿元，成功接续到期资金 1987 亿元，长期融资比重由年初的 55% 提高到 58%。发行超短期融资券 150 亿元，引入保险债权资金 83 亿元，取得财政扶持资金 44 亿元。资本运作模式创新，充分发挥上市公司融资平台功能，创新融资方式，滚动交替融资战略取得新成效。内控体系更加完善，全面落实“三重一大”决策制度，制订内控建设整体方案，促进民主决策、规范管理。配合国家审计署完成经济责任审计工作，审计整改工作全面推进。

创新型企业建设取得新进展。体制机制更加科学。进一步完善“三级法人、省为实体”管理体制。创新新能源企业管理体制，实施集约化管理。完善绩效评价考核机制，突出创造价值和产业结构升级，与国资委考核体制全面对接，实现考核奖励全覆盖。人才队伍充满活力，加大竞争性选拔力度，对本部部门副主任在内的 18 个岗位进行了公推比选，20 家分（子）公司开展了岗位竞争性选拔。科技创新成果丰硕，科技创新体系不断完善，创新创业基地建设扎实推进。

党建精神文明建设全面加强。党建工作扎实推进，以党的十八大精神武装头脑、指导实践、推动工作，开展了形式多样的学习宣传贯彻活动。反腐倡廉工作深入开展，继续推进惩防体系建设，认真落实党风廉政建设责任制。加强巡视工作，设置了专门机构，强化了巡视力量。和谐企业建设亮点纷呈。深入实施“惠民工程”，员工收入待遇稳步提升。

二、核电工作概况

密切关注政策走向，研究核电发展思路及对策。密切关注日本福岛核事故后国内外核能行业动态及我国核电发展政策动向，积极研究公司对策。2012 年 10 月国务院常务会议讨论通过《核电安全规划（2011—2020 年）》和《核电中长期发展规划（2011—2020 年）》后，及时研究、调整中国国电的核电发展思路，提出“参股核电项目，掌握厂址资源，加强资质储备，实现控股开发”的核电发展战略。同时，开展《集团公司核电发展对策及建议》课题研究，结合当前内外部形势，立足长远，研究制定集团公司核电发展对策及建议，为领导决策提供参考。定期编制《核电行业动态》，宣传国家核电政策和走向，介绍国内外、行业内外发展动向和重大事件。

有序推进大型堆项目前期工作。有序推进福建漳州、湖南衡阳、安徽巢湖、江西上饶、河南平顶山、浙江舟山 6 个大型堆核电项目前期工作。由中国国电开展前期工作、与中核集团合作的福建漳州刺仔尾、湖南衡阳常宁两个核电厂址已进入本次《核电中长期发展规划（2011—2020 年）》重点论证厂址目录。主动推进漳州核电项目前期工作，目前，漳州核电项目作为沿海核电项目正在积极争取以 2015 年为节点开工建设。湖南衡阳核电项目，拟开展可研阶段部分长周期的专题研究，与中核集团商讨成立湖南衡阳核电项目联合筹建机构。安徽核电项目，完成初可研评审收口。江西上饶、河南平顶山核电项目，做好初可研评审前的各项准备。浙江舟山核电项目，完成厂址普选评审准备。

全面启动小型堆厂址普选。全面启动小型堆厂址普选及相关前期工作。为快速抢占小型堆厂址资源，2012 年，在黑龙江、河北、山东、上海、江苏、浙江、广东、广西等地全面启动小型堆厂址普选及相关前期工作，并将小型堆厂址普选工作纳入相关分（子）公司 2012 年度工作考核指标体系。同时，为有效推进小型堆厂址普选工作的开展，2012 年 7 月 6 日组织召开了中国国电小型堆选址培训会，就小型堆基础理论知识及核动力厂选址的有关规定和基本程序进行培训。此外，积极推动莆田小型堆示范工程项目。经与中核新能源公司反复协商，由中国国电参股 35%、中核新能源 65% 控股，组建中核新能源莆田有限公司（莆田小型堆示范工程项目公司），正在开展组建项目公司相关的协议、章程谈判等工作。

积极开展外部交流与合作。进一步推动与其他核电集团的合作。在与中核集团配合，共同推进福建漳州、湖南衡阳两个大型堆核电项目及莆田小型堆示范工程项目的同时，商讨参股中核集团地矿、核燃料、乏燃料后处理等上下游产业链，以及进行核电、风电、水电股权置换的可行性。与中广核集团建立合作关系，2012 年 2 月，中国国电与中广核集团签署战略合作框架协议。加强与中国核能行业协会的联系。加入行业协会，2012 年 5 月，参加中国核能行业协会第二届会员大会（第二届理事会第一次会议），中国国电集团公司副总经理、党组成员米树华当选协会副理事长。积极参加行业协会组织的各项活动，通过行业协会平台加强与行业内的交流与沟通。

哈尔滨电气集团公司

一、基本情况

哈尔滨电气集团公司(简称哈电集团)是由国家“一五”期间苏联援建的156项重点建设项目的6项沿革发展而来，是在原哈尔滨“三大动力厂”(哈尔滨电机厂、哈尔滨锅炉厂、哈尔滨汽轮机厂)、阿城继电器厂及哈尔滨绝缘材料厂的基础上，组建的我国最大的发电设备、舰船动力装置、电力驱动设备研究制造基地和成套设备出口的国有重要骨干企业集团之一。

哈电集团拥有2个国家级工程(技术)研究中心、1个国家重点实验室、2个院士工作站、4个博士后工作站。基本形成了以各主机厂设计(工艺)部门为核心的“产品制造技术”层，以国家级工程(技术)研究中心等为核心的“研究开发”层，以院士(博士后)工作站与高校(科研院所)协作为载体的“上游技术”层的技术创新体系，关键装备和制造技术能力达到国际先进水平。截止到2012年末累计生产发电设备3亿千瓦，产品装备国内外500余座电站，从业人员2.6万人，资产总额598.2亿元。

2012年，面对复杂多变的外部环境，哈电集团在中组部、国务院国资委、监事会的领导下，全面贯彻落实党和国家战略部署，坚持围绕“稳增长、调结构、转方式、卸包袱、强管理、促和谐”的工作主线，积极应对，奋力拼搏，较好地完成了全年各项工作任务目标。

二、市场开发取得全新成果

1. 签订中核田湾3、4号常规岛主设备汽轮发电机组合同。此项目是日本福岛地震后国内第一单核电厂主机设备采购合同，也是哈电集团首次签订的中俄合作VVER堆型常规岛主设备供货合同。该合同的签订提高了哈电集团在百万千瓦级核电机组汽轮发电机组的市场占有率，进一步加强了哈电与中核战略合作伙伴关系。

2. 签订国核重大专项示范工程屏蔽主泵合同。该类型核主泵是目前世界最大功率的屏蔽电机泵。哈电集团已成为中国自主三代核电CAP1400先进压水堆型设备国产化的关键设备供货厂家之一。

三、产业结构调整稳步推进，核电产品规模效应初现

哈电集团始终将产业结构调整作为实现持续发展的关键。按照相关多元化原则，大力推进产业结构调整和优化分级，全力打造四大业务板块。核电产业化进程不断实现新的突破。

核电生产基地建设基本完成，产品收入比重同比提高了6个百分点。轴封主泵电机制造和型式试验全部完成；AP1000蒸汽发生器、非能动余排等重点产品和关

键技术连续突破；高温气冷堆核电站示范工程蒸汽发生器开始生产，主氦风机电机进入试验阶段；佳电股份成为行业中第一家取得民用核安全机械设备(核三级屏蔽泵)设计、制造许可证的企业。

四、承制核电合同进展顺利

1. 咸宁 1 号蒸汽发生器项目。咸宁蒸汽发生器项目是国内第一台自主化设计的 AP1000 核电项目。管板组件顺利通过开工先决条件检查，蒸汽发生器实现开工，这标志着哈电集团 AP1000 蒸汽发生器产品进入批量生产阶段。

2. 三门 2 号蒸汽发生器项目。三门 2 号蒸汽发生器是首台国产化 AP1000 蒸汽发生器。A 管板深孔加工工作的圆满完成，标志着哈电集团在 AP1000 核电装备国产化道路上又迈出了关键的一步，实现了我国核岛主设备关键制造技术的重大突破。B 管板在保证钻孔质量的前提下，钻孔时间在原有基础上缩短了 9 天，为设备的按时交货争取了时间。

3. 三门 2 号非能动余排项目。哈电集团首次承制非能动余排设备。现已顺利完成水压试验，完成设备制造。

4. 海阳 2 号堆芯补水箱项目。在海阳 1 号机组堆芯补水箱顺利交货的有利条件下，哈电集团再接再厉，科学组织并严密监督哈电重装公司的项目管理工作，确保海阳 2 号机组堆芯补水箱项目在保证制造质量的同时缩短制造周期，满足业主的交货要求。海阳 2 号机组堆芯补水箱已完成水压试验。

5. 石岛湾高温气冷堆蒸发器项目。该项目是国家科技重大专项，由清华大学自主研发设计。哈电集团积极组织各专业专家共同寻求解决方案，现已解决了大部分工艺难题，推动了项目进展，为项目顺利进行奠定了坚实的基础。

6. 三门常规岛项目。三门核电项目 1 号机组常规岛主设备已经全部完工发货，为实现我国 AP1000 三代核电自主化和批量化制造奠定了坚实基础。其中，1 号机组发电机定子冷却水系统集装和密封油系统集装控制系统通过业主及国外核电技术专家验收，标志着电机公司首台 AP1000 发电机辅机产品制造成功，为我国核电控制设备国产化制造开了先河。

7. 海阳常规岛项目。山东海阳核电 1 号机组 TG 包主设备均发运完毕，标志着我国首批三代 AP1000 核电自主化依托项目 1 号机组的常规岛主设备全部制造完工，也标志着哈电集团百万千瓦级核电常规岛主设备的设计、生产制造全面步入正轨。

8. 昌江常规岛项目。海南昌江核电项目 1 号机组主设备进展顺利，大部分产品即将发货。2 号机组铸锻件等长周期设备均已到厂并陆续进行加工。项目整体进度满足现场要求。

9. 田湾常规岛项目。田湾 3、4 号机组 TG 项目于 2012 年 2 月召开项目启动会。高低加、除氧器供货合同正式签订。设计评审会顺利召开，哈电股份汽轮发电机组设计方案获得认可。汽轮机低压转子锻件、发电机转子、汽轮机高压缸、MSR 换热管束、凝汽器管板等长周期关键材料已完成采购。

五、国际竞争力不断提升

哈电集团始终将实施“国际化”战略作为实现持久发展的动力。国际合作不断深化，走出去、引进来，先后与美国 GE 公司、法国万纳托阀门公司等成立合资公司，与美国西屋公司、日本东亚阀门公司等签订技术引进协议。

六、企业运营管控持续强化，内部配套工作不断深化

哈电集团认真贯彻加强内部配套和资源共享原则，通过内部协调，组织阀门公司同汽轮公司、重装公司，签订了三门、海阳项目常规岛通用阀门供货合同。经过协调锅炉公司、汽轮公司与电机公司，就核电低压缸喷砂、低加分包制造及核电特殊资质人员借用等方面进行积极合作、取长补短，真正做到了分工不分家，核电工作一盘棋。

七、科技创新能力不断提升

一是研发平台建设不断加快。北京核电设备设计研究院挂牌成立，相关工作陆续开展。

二是技术创新能力显著增强。积极参与国家重大科研课题，重装公司的“300MW 核电厂蒸发器自主化制造”、“首台 AP1000 核电站汽水分离再热器制造技术”及“AP1000 核电站堆芯补水箱自主化制造”等 3 项获得中国核能行业协会科学技术奖三等奖。自主设计的 CAP1400 核电汽轮机突破关键技术问题。

三是人才队伍建设力度加大。围绕产品结构调整目标和方向，加强科技人才和高技职人才队伍建设。哈电集团级技术专家评选工作稳步开展，技术专家在本职岗位起到了关键带头作用。

八、企业管理水平进一步提升

一是管理提升活动扎实推进。召开管理提升动员会，制定活动指导意见，提出了“12345”的工作思路，确定了 15 个管理专题。共查摆核电问题 25 个，其中重点提升领域 4 个。对各企业逐一进行管理诊断评审，进一步明确了影响企业科学发展的瓶颈问题。制定了细致、具体的整改措施，形成了专项整改方案，整改工作有序推进。

二是质量管理水平不断提升。认真落实《关于加强产品质量工作的指导意见》，召开了质量工作专题推进会，重点企业典型质量问题整改和管理体系建设取得实效。

三是内控和风险管理体系不断完善。制定《哈电集团内部控制建设实施方案》，结合企业实际情况分类推进。

四是信息化建设稳步推进。完成整体联网、统一通讯系统建设，实施管理创新

平台建设。

总之，2012年哈电集团走过了非常艰难的一年，并在克服困难、战胜挑战的过程中取得了一定的成绩。在经济整体下行的大形势下，这样的成绩尤其来之不易。当然，也要清醒地看到存在的问题，以及企业发展面临的巨大压力。一是生产经营运行困难增大，发展速度受阻，部分企业资金极度紧张。二是自主创新能力还待提高，结构调整的质量和速度不能满足市场快速发展的需要，核电产品的自主化、产业化任重道远，十分紧迫。三是体制机制不够完善，基础管理有待进一步加强。在物资采购、市场营销、财务集中管理等方面，集团化优势还没有得到充分发挥，资源整合及优化配置工作需要加大力度。

东方电气股份有限公司

2012 年东方电气股份有限公司(简称东方电气)坚持“三个转变”(即由注重规模扩张向注重效益增长转变、由注重产能提高向注重技术进步转变、由制造型企业向制造服务型企业转变)的指导思想,突出“做精主业、优化配置、精细管理”的年度工作重点,团结拼搏,攻坚克难,开拓进取,各项工作取得新进展,保持了平稳持续的发展态势。全年实现销售收入 380.79 亿元,新签合同 380 亿元,上缴税金 35.35 亿元,以出色的经营业绩回报投资者。新签合同中高效清洁能源占 64%,工程及服务占 14%,新能源占 14%,水能及环保占 8%。

秉承绿色动力、造福人类的宗旨,东方电气始终坚持走绿色可持续发展的道路,努力推进工艺装备绿色化、制造过程绿色化、产品产能绿色化。东方电气抓住低碳经济发展和能源变革带来的机遇,努力成为多电并举、核心业务突出的国内领先、国际一流的能源动力装备制造和服务供应商。安全高效发展核能是国家能源发展的战略,也是优化能源结构的重要手段。2012 年,东方电气在核电市场营销、项目执行及机组投运方面均取得重大进展:1)2012 年,东方电气签订大型先进压水堆 CAP1400 示范工程的汽轮发电机组研制供货合同;2) 世界单机容量最大的台山核电厂 1750MW 级核能发电机在东方电气顺利通过型式试验;3) 由东方电气提供核岛及常规岛主设备的宁德 1 号机组于 2012 年 12 月 28 日一次并网成功。

一、2012 年度核电工作回顾

(一) 积极应对严峻市场形势,做到有所作为

面对国家继续暂停审批核电新项目的严峻形势,东方电气深化市场营销、全员参与市场开拓,在有限市场容量的争夺中赢得了主动,获得了国家重大科技专项示范项目 CAP1400 项目全部两台机组 TG 包及稳压器的订单;获得了高温气冷堆核电站示范工程氦净化系统尘埃过滤器设计供货合同,实现核级设备设计订单零的突破。

(二) 继续强化核电现场服务,满足现场需求

向核电站派驻现场服务总代表,总体牵头协调处理现场事宜,保证现场服务质量和效果,获得了业主一致好评,已收到红沿河、宁德、福清、方家山、台山业主的感谢信。2012 年 12 月 13 日,宁德汽轮发电机组冲转成功,各项指标优异,中广核工程有限公司发来了感谢信,感谢东方电气为宁德 1 号机组冲转提供的优质服务与支持。

(三) 积极培育核设备设计力量,推动能力建设

AP1000 设计技术转让已取得实质进

展；首个设计任务高温气冷堆核电站尘埃过滤器设计任务已经完成；东方电气参与《常规岛关键设备自主设计和制造》课题，作为十多项专题的主研单位，获得国家课题经费支持；受国家能源局委托，作为主编单位编制“压水堆蒸汽发生器设计制造标准”及“压水堆主泵设计制造标准”，已提交送审稿。

（四）全力推进集团公司取证，加强质量监督

国家核安全局就东方电气开展民用核安全设备成套供货活动进行了专题调研，2012 年 12 月 19 日核安全局在东方电气召开成套供货管理办法的专题研讨会（核安全局于 2013 年 1 月 18 日发布了国核安发【34】号《关于同意东方电气股份有限公司开展民用核安全设备活动许可管理试点工作的通知》文件，同时颁布了《核岛主设备集成供货单位管理要求（试行）》，目前试点工作正有条不紊进行中）。

二、核电国产化进展及今后发展目标

（一）国产化取得新进展

2012 年产出 1 台压力容器、8 台蒸汽发生器、5 台稳压器、2 台余排、3 台安注箱、2 台硼注箱、3 台汽轮机、6 台发电机、7 台汽水分离再热器等核电设备，同时 AP1000 和 EPR 产品全面进入制造、交付阶段，东方电气成为同时批量化生产二代加和两种三代机组成套设备的企业。

红沿河 5 号机组控制棒驱动机构及防城港 1、2 号机组堆内构件全面进入制造阶段，东方核电产品及配套日趋完整。

（二）自主研发取得突破

1. 半转速核电汽轮机关键技术 1828mm 叶片研制工作于 2007 年启动，按照国家核电技术有限公司制订的试验和验收规程要求，2012 年各项试验已全部完成，为 CAP1400 常规岛汽轮发电机组自主研制奠定了坚实基础。其中于 2012 年 5 月完成的末级（或末级组）空气动力试验，是国内 30 年来首次完成的重大试验。

2. 东方电气参加了国家重大专项“大型半速饱和蒸汽汽轮机、大型半速汽轮发电机等设备关键共性技术研究课题”的研究，承担了子课题“CAP+ 核电站大型半速饱和蒸汽轮机技术方案及关键技术研究”，2012 年底各专题研究工作已经完成。

3. 东方电气参加了国家重大专项常规岛关键设备自主设计和制造课题的研究，承担了“CAP1400 半速饱和蒸汽汽轮机研制”、“CAP1400 半速汽轮发电机研制”等共 20 个专题的研究工作，2012 年 8 月 17 日课题启动。

4. 2012 年 8 月 14 日，上海核工程研究设计院与东方汽轮机有限公司签署了 CAP1000 堆型控制棒驱动机构样机研制协议。

5. 2012 年 12 月 6 日，中科华核电技术有限公司与东方汽轮机有限公司签署了控制棒驱动机构科研及产业化合作框架协议。

（三）核电产业的发展目标

东方电气将坚定不移地实施创新驱动战略，培育设计力量，提升自主创新能力；东方电气将坚定不移地提高质量管理水平，全面推行核电产品质量管理理念建设；东方电气将坚定不移地改进生产管理，千方百计解决资源瓶颈问题，确保重点项目按期交货；东方电气将坚定不移地加强品牌建设，以高品质核电设备和全方位服务满足用户需求，致力于成为集设计、制造、服务于一体的核电设备成套供应商。

上海电气（集团）总公司

2012年，上海电气（集团）总公司（简称上海电气）核电工作总体平稳，亮点是多种类产品制造进展顺利，批量化生产模式有效运作。

2012年已实现CPR1000百万千瓦级反应堆压力容器、蒸汽发生器、堆内构件、控制棒驱动机构、稳压器、汽轮发电机组、装卸料机的完整配套交货。同时，在AP1000和EPR压力容器、蒸汽发生器、堆内构件等三代核电主设备制造中取得重要突破，进展顺利。

以建设世界级工厂为目标，引进先进管理理念，提升管理水平，成为上海电气核电基地建设的工作重心。各涉核企业积极贯彻集团提出的打造2012“管理年”的目标，寻求管理提升的有效途径，通过质量管理的技术含量、预防导向和全员覆盖，通过项目执行的科学计划、常态管理和刚性兑现，在淡定中创造上海电气核电设备出产峰期的辉煌。

一、2012年工作回顾

（一）批量出产，确保满足工程需求

2012年计划交付主设备数量及在制数量均达到历史之最，整体呈现“出产高峰年、管理常态化”的良好态势。

在上海电气实现百万千瓦级压力容器、蒸汽发生器、稳压器、堆内构件、控制棒驱动机构、装卸料机及汽轮发电机组的产品成套供货之后，2012年，为满足项目工程需求，确保工程节点，集团涉核企业抓管理、控节奏、平衡出产能力、发挥扩能优势、保证工程进度，实现了年初预定的出产任务。

据年末统计，2012年上海电气共实现完工或交付的核电主设备共计36台（套），包括蒸汽发生器11台、稳压器1台、堆内构件6套、控制棒驱动机构4套、汽轮发电机组2套、装卸料机12台。此外，配套设备也批量出产，其中包括核岛类容器112台，核二、三级泵22台，调节阀等阀门300台，各类仪表万余台，应急柴油机控制柜3套等。

此外，AP1000和CAP1400大型锻件进展比较顺利。2012年共完成各类锻件54件近620吨，实现了AP1000堆内构件大锻件的配套交货，并顺利完成2件CAP1400筒体锻件的交付。

（二）质量第一，确保交付优质产品

2012年核电质量管理重点是提高体系管理水平、转变工作方式、提高监督有效性和覆盖面，尤其将工作抓手落在控制不符合项不健康走势等方面。

以质量保项目、以质量促项目。所属企业采取多项措施，健全核电质量体系，提高批量化生产下的核电质量管理水平，重点分析质量问题的体系原因，推进质量管理的持续改进，有规划、有计划、有制度地开展质量工作。

从企业报告的信息反映，2012 年上海电气各涉核企业质量体系运转正常，不符合项数量得到一定程度的控制，质量管理总体得到业主的首肯，已交付现场的主设备质量稳定，上核公司和上发公司还获得中广核颁发的年度质量管理奖。

(三) 科研攻关，国产化取得新进展

加快瓶颈制约的突破，取得了一系列新进展。

——AP1000 稳压器、AP1000 堆芯补水箱、二代改进型百万千瓦级核电反应堆压力容器和蒸汽发生器的制造技术，百万千瓦级汽轮机低压焊接转子、AP1000 核岛主设备大锻件、高温气冷堆核岛主设备大锻件等科研攻关通过行业鉴定。

——顺利完成 AP1000 压力容器、AP1000 堆内构件成套锻件的供货，并交付 CAP1400 核电蒸汽发生器 2 件下筒体 B 锻件。

——国家重大专项“AP1000 反应堆堆内构件制造技术”、“AP1000 控制棒驱动机构制造技术”和“AP1000 蒸汽发生器制造技术”课题已完成结题工作。CAP1400 反应堆结构水力模拟试验件已通过出厂验收。

二、今后发展目标

(一) 建设“世界级工厂”，提升技术和管理能级

核电制造企业素质和能力的提升已成为核电发展中当务之急。有鉴于此，集团明确涉核企业的战略导向：具有国际视野，推进产业发展，争创国际一流。通过创新能力、制造能力、管理能力、盈利能力等指标对比，强调持续进步的定性定量结合，强调完善硬件能力和激励提升软实力的结合；提倡集团相对统一和企业各有侧重；提倡全面诊断评估和全方位对标赶超。

(二) 推进全面质量管控，开展有效质量活动

为了进一步培育核电文化和弘扬创业精神，企业将继续开展“质量年”活动，实施“百日行动计划”，以“降低 NCR、降低废损率、管理扁平化、手段科学化”为抓手，加强全员对“核电无小事”的核安全文化再认识，注重核安全文化素质的培养和实践考核，强化企业质量体系建设；同时将全面推进精益管理，严格按照核电设备制造规范，完善核电质量控制体系。

(三) 跟踪市场信息，寻找核电供货机遇

密切跟踪国内和国际市场，加强信息交流，发掘设备供货商机。积极参与外方的合格供方评审工作，争取参与国内外设备项目的投标。重视与国外公司的项目合作，争取将合作扩大到国外项目中，提高企业核产品的全球市场适应能力。

中国第一重型机械集团公司

中国第一重型机械集团公司（简称中国一重）是中央管理的涉及国家安全和国民经济命脉的53户国有重要骨干企业之一，也是国内综合实力最强、具有一定国际影响力的重型装备制造企业。多年来，中国一重以“装备中国、立身世界”为己任，为我国核电、石化、钢铁、电力、汽车、矿山、交通运输等行业提供重大成套技术装备、高新技术产品和服务，主导产品销往欧、美、亚、非洲等地。

一、2012年基本情况

2012年，在国际金融危机和世界经济形势错综复杂的情况下，中国一重采取有效措施，积极推进转型升级，经过全体干部员工的共同努力，保持了企业的平稳运行。

中国一重作为国内最早开发生产核能装备的企业和国内最大的核电锻件供应商，2012年，完成了方家山1号、2号，福清2号，红沿河3号核反应堆压力容器制造任务；完成了10台主泵泵壳的制造和交货；完成了压力容器、蒸汽发生器、堆芯补水箱、泵壳等各类核电锻件（产品）91件。

2012年，在发改委、国家能源局等上级部门的大力支持下，中国一重致力于大型核电设备主体材料的国产化研制工作，自主创新出适合中国一重的核电制造工艺路线，通过开发大直径、深坡口接管马鞍型焊缝焊接等几十项焊接、加工及检测技术，全面掌握了二代加核岛主设备铸锻件及成套设备制造技术，实现了二代加核电百万千瓦级核反应堆压力容器自主化、专业化、批量化生产。

二、加大研发力度，提高核电装备自主化能力

中国一重致力于新一代核电大型铸锻件的研发，取得多项技术创新。在冶炼及铸锭方面，开发了真空碳脱氧加铝的冶炼技术，提高了第三代核电机型SG锻件强度及韧性；研发出新型中间包和长水口浇注，有效防止了钢渣卷入钢锭和浇注过程中钢水的二次氧化。锻造方面，按CAP1400常规岛整锻汽轮机低压转子的要求，研制了世界最大的715吨钢锭，成功制造出世界最大的汽轮机低压转子锻件。针对整体顶盖、一体化接管段、锥形筒体等新一代核电特大异型锻件，开发出仿形锻造技术，其中，一体化接管段制造技术处于世界领先水平。针对SG水室封头、PRZ下封头等锻件采用了胎膜锻技术，有效地提高了材料利用率。目前已完成了第三代核电整锻水室封头和胎膜锻整体顶盖、整体椭球封头、管板的制造，解决了CPR1000水室封头接管嘴翻边（定位）问题，稳定了第三代核电SG锻件和RPV

接管段性能，取得了第三代核电主管道认证，通过了 CAP1400 RPV 和 SG 铸锻件锻造工艺评审。热处理方面，开发了提高冲击韧性的预备热处理技术，依据模拟及大量的测温数据建立了加热及冷却模型，研制了非焊接排气及附偶工装。

主管道晶粒度控制及空心锻件制造技术取得了重大突破，中国一重研制出空心锻件，经粗加工、热弯成型、内外圆精加工后，第三代核电主管道的制造技术达到了国际领先水平。

在核电常规岛汽轮机低压整锻转子和发电机转子锻件研制中，中国一重已掌握 600 吨钢锭制造技术、第三代核电常规岛整锻低压转子、发电机转子锻件锻造技术。其中，600 吨级超大型钢锭研制成果荣获了 2012 年黑龙江省科技进步特等奖；此项成果已获授权专利 7 项（其中发明专利 4 项），已批量应用于电力、冶金等重大装备所需超大型锻件的制造。截止到 2012 年底，共生产出 36 只超大型钢锭。

核电不锈钢主泵铸造泵壳研制方面，中国一重已掌握复杂型腔超低碳耐蚀双相不锈钢铸造技术，为东方阿海珐核泵有限公司制造的不锈钢试压泵壳已经在用户使用，该泵壳完全满足 RCC-M 标准及用户要求。堆内构件方面，中国一重研制的堆芯支承板及压紧弹簧性能均一次合格，并已取得堆芯支承板、压紧弹簧 M140 工艺评定证书。

中国一重是中国核电装备国产化的先行者，在满足国产化需求的同时，积极采取一系列措施，努力提高核电产品质量。大型铸锻件方面，由于核电装备对关键铸锻件材料性能和化学成分要求严格，中国一重积极摸索和开发钢水超纯净性技术和锻件的近净成形技术，既减少前期钢水投入，又减少后续加工工作量，也可有效控制锻件成本。在整体技术提升方面，通过对反应堆压力容器、稳压器、蒸发器、堆内构件、堆芯补水箱等原设计的图纸转化，在掌握材料、焊接、结构及制造工艺性、无损检测等工程技术的基础上，努力向自主设备设计方向拓展，寻求与核设计院开展联合设计，快速提升设计水平。为打破国外在核电关键设备超大型锻件制造领域的技术垄断，中国一重与国内高校和科研院所强强联合，组成优势互补的创新团队，开展了大型先进压水堆核电站核岛主设备超大锻件的研制工作。通过此课题的成功实践，完全掌握了整体顶盖、接管段、水室封头、锥形筒体、管板和下封头等三代核电核岛主设备超大型锻件的自主制造技术，成功地解决了制约我国核电发展的超大型锻件制造这个瓶颈问题，制造技术拥有自主知识产权，达到国际领先水平，有效保证了我国核电安全和经济安全，具有十分显著的经济效益和社会效益。

三、强化管理，推进企业转型升级

核电产品技术要求高，制造难度大，质保要求严，中国一重不断完善和优化核质保体系和管理制度，一是将核法规的修订和新增内容及时体现在公司的体系文件中，使核法规的各项要求得以贯彻实施。二是积极与国家监管部门、核电同行交流合作，学习借鉴其他企业的实践经验，完善了《核电产品质量趋势分析管理程序》、《核电产品经验反馈管理程序》等体系文件。三是分析总结制造过程中积累的经验，在制造分厂建立了核电产品质量跟踪、过程确认、技术交底等制度，有效建立起操作人员、检查人员和技术人员的行为规范，保证了加工质量。四是针对不同的岗位人员，逐级制订了“岗位质量责任”，下发到每一个机台，每一个岗位，每一个员工，使“岗位质量责任”得以明确落实和贯彻执行。五是组织开展了“二级QA、三级QC”试运行工作，制定并下发了《二级QA、三级QC活动方案》，细化专业分工，推动质保、质控工作的专业化、标准化、精细化和系统化，改进了质量保证和质量控制的工作质量。此外，通过做实先决条件检查，开展联合专项巡检活动，阶段性完成EOMR审查，编制和落实风险分析程序，提前规避质量风险。六是加强核安全文化建设，进行核安全文化培训，用核安全理念统一核电从业人员的思想，规范其职业行为，切实做到“安全第一、质量第一”。2012年，中国一重与中广核集团的质量例会共形成行动项63项，先后开展了两次整改活动，宣贯学习14项经验反馈，通过梳理分析整改项产生原因，制订整改计划并贯穿于工艺指导文件，管理制度得以细化落实，工序过程得以强化控制，使持续改进精益求精的核文化理念落到实处。

我国核电事业从1985年建设秦山核电站起步，已经走过了28个春秋。未来我国核电发展的方向是更安全、更先进的三代核电以及我国具有自主知识产权的CAP1400核电技术，将以百万千瓦级以上机组为主，核电铸锻件也将朝着超大型趋势发展，对其性能和化学成分也提出了非常苛刻的要求。尽管中国一重已经完全突破了第三代核电大型铸锻件制造技术瓶颈，具备了CPR1000、AP1000核岛全套锻件的制造能力，掌握了超大型钢锭制造技术，但在部分核电产品批量化生产中，质量稳定性方面还存在薄弱环节。中国一重将全面加强核文化理念建设，不断提高全体员工的质量意识和核安全素养，加强对广大员工的培训力度，强化核能装备生产流程，切实保证核能装备批量生产的质量。同时，在今后几年，中国一重将重点加强对核蒸汽系统的科研开发，逐步配置完善相关学科的技术力量，努力开展蒸汽发生器、堆内构件的设计制造工作，早日取得相关资质，全面掌握第三代核电机组及核岛一回路主设备的制造技术，尽快实现CAP1400、EPR、快中子堆、高温气冷堆等堆型的一回路设备成套生产，满足国家加快核能装备国产化的整体要求，力争早日实现年产10套CPR1000和AP1000等核电大型铸锻件及5套核电蒸发器、堆内构件的制造能力，为我国核能装备的国产化贡献力量。

中国第二重型机械集团公司

一、2012 年度核电产品制造总体情况

2012 年，中国第二重型机械集团公司（简称中国二重）克服核电装备市场整体低迷和福岛核事故的影响，在交货总量与 2011 年相比回落的情况下，努力打造核电精品工程，全年共实现 59 件/套核电锻件的产出。世界首套 AP1000 核电主管道发往安装现场，反应堆压力容器重型支撑陆续完工交付用户，CPR1000 反应堆压力容器上封头锻件和顶盖法兰锻件通过中广核集团核级设备鉴定与评定中心的评定认证；AP1000 堆芯补水箱模拟件制造技术通过相关专家的评审；百万千瓦级核电站反应堆冷却剂泵下泵轴锻件制造工艺通过中国核动力研究设计院核级设备制品技术评定中心认可；中国二重在困境中砥砺奋进，在核电产品制造上取得了以下成果：

1. 完成 AP1000 主管道的制造，具备了批量生产主管道实力，进一步展示了公司核电设备制造能力，提升了公司在核电设备供应领域的地位。

2.AP1000 第三代核电反应堆压力容器重型支撑及预埋件制造取得突破，在 2012 年完成制造，满足了三门、海阳核电项目建设进度的需要。

3. 公司制造的 AP1000 蒸汽发生器锻件各项性能满足技术要求，并实现交货，为实现 AP1000 锻件国产化提供了有力支撑。

4. 二重制造的 AP1000 堆芯补水箱模拟件制造技术通过专家评审，满足相关技术条件和 ASME 规范要求，由此具备了承担 AP1000 堆芯补水箱制造的能力。

二、加快产品结构调整，提高设备制造能力

2012 年，中国二重坚持“核为大、核优先、核严格、核发展”的工作方针，集中力量加强以 AP1000 三代核电为重点的核电产品研发，把三代核电铸锻件研发作为企业技术开发和创新的重点，特别是围绕 AP1000 核电锻件的国产化研究，从冶炼、锻造成型、热处理、机械加工等方面，做了大量的基础研究工作，取得了突破性研究成果，形成了多项具有二重知识产权和诀窍的专有技术。中国二重已经具备了 AP1000 核岛全部锻件和部分关键核级设备的制造能力，并持续技术创新，强化关键核心技术研发和攻关，研制出示范工程主管道、压力容器支撑及预埋件。同时增加营销品种，走核电、民品共举的路子，煤化工设备、石化容器等研制取得重大突破，实现了批量供货；燃气轮机轮盘锻件通过了上汽、哈汽技术认证。

中国二重坚持以国家产业政策为指导，以市场需求为导向，围绕国家新能源

战略，以低碳经济和绿色经济为突破口，加快产品结构调整，先后投资数十亿元进行了一系列技术装备升级换代，为提升极限制造能力，满足核电安全性要求，开展技术装备设计、制造水平技改，使钢锭生产能力从300吨级提高到600吨级，一次浇注钢水量从400吨提高到900吨，设备数控化率提高到近30%，形成了一批具有自主知识产权的专有或专利技术，为核电产品国产化提供了有力保证。

中国二重目前承制的AP1000核电项目合同共计有10余项，合同范围包含了堆芯补水箱、稳压器、蒸汽发生器和反应堆压力容器全套锻件以及多套主管道、堆芯补水箱成台设备。

三、加强核电产品研制，努力提高设备国产化水平

2012年，中国二重以大型核电锻件和设备国产化为目标，先后承担国家级、省级以及企业课题近百项，并对基础性、共性技术难题进行了深入研究。根据第三代核电AP1000蒸汽发生器锻件强度、韧性要求高的特点，开展SA508-3钢材特性研究、细化晶粒热处理研究、复杂锻件防变形措施研究和热处理工艺优化；根据AP1000主管道化学成分和晶粒度要求，开展316LN不锈钢材料特性研究、晶粒细化技术研究、大直径小弯曲半径管道弯曲成型工艺研究；

公司自主研制的二代改进型核电大锻件被认定为首批“国家自主创新产品”，通过自主创新，在超低碳控氮奥氏体不锈钢冶炼、大型不锈钢锻件的锻造、大直径小弯曲半径管道弯曲成型、大直径不锈钢管道热处理以及大型不锈钢复杂管件机械加工等方面的技术突破，保证了三门1号机组和海阳1号机组AP1000主管道的研制成功，为核电自主化依托项目的建设创

参与的国家科技重大专项：

项目名称	立项编号	计划名称
SG管板（双真空）	2010ZX06004-011-07	大型先进压水堆核电站专项
SG水室封头整体锻造	2010ZX06004-011-05	大型先进压水堆核电站专项
AP1000主管道真空冶炼技术研究	2010ZX06004-14-02	大型先进压水堆核电站专项
100万千瓦常规岛发电机转子研制	2010ZX06004-00011-12	大型先进压水堆核电站专项
第三代核电关键大型锻件研制	2010GZ007	四川省重大技术装备创新研制项目
AP1000蒸汽发生器大型筒体锻件的研制	专53102	四川省重大技术装备创新研制项目
百万千瓦级核电大型成套铸锻件研发及产业化	2011GZX0085	四川省战略性新兴产品计划项目

造了有利条件，创造了中国在世界上率先研制出新型核岛主设备的先例。

集团公司开展AP1000压力容器锻件、蒸汽发生器锻件、稳压器锻件及补水箱锻件的研制，独立自主地研究和掌握核电大型锻件制造关键技术，解决超大型锻件制造的瓶颈问题，加快了AP1000核电机组自主建设步伐，提高了重大技术装备和产品自主市场占有率，并具备批量提供产品的能力。先后完成AP1000蒸汽发生器管板、锥形筒体、椭圆封头和反应堆压力容器一体化接管段的制造，完成高温气冷堆蒸汽发生器锻件的制造。加强核电压力容器、稳压器、堆芯补水箱、重型支撑等成台套产品的研发，先后完成AP1000核电自主化依托项目三门、海阳1号机组重型支撑等关键设备的研制。

2012年年初集团公司将堆芯补水箱制造作为第三代核电成台设备制造的突破口进行攻关，在公司各级领导及项目组人员的不懈努力下，完成模拟件的制作并通过了专家评审。

四、关注质保控制，提升核电产品质量管理水平

核电设备制造具有周期长、质量问题处理程序复杂的特点，在既定的质量标准和采购规范条件下，节省成本、缩短工期，有序组织生产，成为中国二重日益关注和重视的问题。提升核电设备质量管理水平，必须以科学的方法分析问题，通过现代质量管理方法和核电相关要求，结合企业实际情况，在实际运行中对质量活动进行跟踪和趋势动态分析，实时动态管理，体现二重核安全文化的精髓。

中国二重高度重视核电安全，严格按照核电的要求建立完善的质保体系及相应组织机构、制定齐全有效的质量体系控制文件、建立严格、清晰、可控的过程控制办法，以规范受控的核电质量保证体系的有效运行，从制度上保证核电产品的质量。

五、核电产品研制规划

1. 以前期技术积累为基础，进一步在稳定和提高锻件一次成功率上开展研发，形成自己的工艺技术，使中国二重核电大型锻件质量达到世界先进水平。

2. 针对目前制约锻件批量生产的瓶颈问题，抓紧实施提高产能、疏通瓶颈的技术改造，使核电大型锻件的制造能力适应核电建设需求。

3. 对AP1000蒸汽发生器下封头及压力容器锻件，按既定方案，以技术研发与实际生产相结合的方式，组织技术力量、加大研发投入。 在继续做好核电锻件的基础上，向成台设备供货方向发展，不断提升核电设备供货能力。

4. 进一步开展旨在提升核电管理水平的管理研发，努力提高核电质保控制水平，确保产品质量和制造周期的稳定。

行业协会与学会

中国核能行业协会

2012年，在政府有关部门的指导和会员单位的支持下，中国核能行业协会把促进行业发展作为协会一切工作的中心，把提高和改善服务作为协会发展的根本任务，把紧密依靠会员、构建牢固根基作为协会的基本理念，把有所作为、不断进取作为协会的核心精神，积极发挥桥梁和纽带作用，努力做好各项服务工作，促进核能行业安全高效发展，取得了新的成绩。

一、开展重大课题研究，促进核能行业健康发展

一年中，围绕福岛核事故后我国核能行业发展面临的重大问题，受政府有关部门和会员单位的委托，协会先后承担了10多项课题研究工作。其中，受工业和信息化部、国防科工局委托，继续承担《原子能法》起草工作组的组织工作，完成了《原子能法(草案)》(征求意见稿)的起草。参加中国工程院组织的《我国核能发展的再研究》，完成了《我国核电发展支撑能力评估》专题研究工作。受国务院应急办委托，开展《核电灾害风险及应对》课题研究，完成了相应的研究报告。受国家能源局委托，承担《中国与国际核电先进国家核电发展比较研究》和《内陆核电厂环境风险的评估和管理研究》，完成了相应的研究报告。协会还受8家会员单位委托，组织业内50多位专家和技术人员开展了《内陆核电厂对水环境影响的评估》研究，对公众关注的内陆核电厂建设对水环境的影响等问题进行实事求是的分析并作出科学的解答。

二、完善工作体系和制度建设，积极推进核电厂运行和核电工程建设项目同行评估工作

2012年初，召开了第二届核电厂同行评估及经验交流委员会第五次全体会议，审议修订了核电厂同行评估及经验交流管理办法，编制了运行核电厂和核电建设项目同行评估计划(2011—2015年)，安排了2012年重点工作。

在同行评估方面，委员会与世界核电运营者协会(WANO)巴黎中心联合组织实施了对大亚湾核电基地6台机组的综合评估，组织了对海阳核电建设工程的评估回访和对阳江核电项目建设阶段的综合评估。在专题工作组建设方面，委员会已设立专题工作组14个，召开了首次专题工作组组长座谈会，先后举办了核电厂调试启动工作组会议、质量保证监查有效性经验推广研讨会暨质量管理工作组会议、可靠性维修研讨会等9次研讨和培训活动。在软课题研究方面，围绕核电厂同行评估体系完善、评估方法改进和先进经验总结推广等内容，批准了17个项目立项，编印了《2010—2011年核电厂同行评估及

经验交流软课题研究项目成果汇编》。在信息交流和经验反馈方面，中国核电运行信息网 (CINNO) 运行良好，在行业内基础性、专业化运行信息的交流和共享方面发挥了重要作用，编制印发了《运行核电厂生产季报》《中国核电项目建设信息季报》《中国核电厂关键业绩指标报告(2012)》《中国核电厂事件经验反馈报告(2012)》和《中国核能行业协会核电建设与运行年度报告》，目前核电运行领域已建立起比较完善的信息报送、分析和反馈机制，核电工程建设领域已初步建立了经验反馈制度。

实践表明，核电厂同行评估及经验交流工作，对建立经验共享、持续改进的工作机制，促进核电安全高效发展，发挥了积极而独特的作用，受到政府主管部门和各核电企业的欢迎。

三、适应行业发展需要，开展多种形式的技术咨询服务工作

适应核能行业发展和会员单位的需求，不断提高培训工作的质量，并开发新的培训内容，一年来，先后举办了核能行业质量保证监查员培训、核电工程项目管理经理人(初级、中级)培训、RCC-M压水堆核岛机械设备设计和建造规则培训、AP1000核电技术知识强化培训等9期培训班，共有953名学员参加了培训。

按照国家核安全局的要求，组织了对《关于全国民用核设施综合安全检查情况的报告》与《核安全与放射性污染防治“十二五”规划及2020年远景目标》向各大集团公司征求意见的工作，承办了核能与核技术应用质量保证和核安全文化研讨会。受国家核事故应急办公室的委托，组织专家对红沿河核电厂、宁德核电厂的核事故应急演习进行了评估。受财政部的委托，对三代核电关键设备零部件进口清单国产化进展情况进行调查，向财政部提出了相关建议。受国家原子能机构的委托，组织完成了国际原子能机构核动力数据库数据的收集、整理和报送工作，以及国际原子能机构对核电厂从业人员的调查工作。应成都市人民政府的邀请，积极参与了首届中国国际核技术应用展览会暨研讨会的组织工作。

四、开展科技奖励工作，促进核能行业科技进步

2012年度中国核能行业协会科学技术奖共收到申请项目146个，较2011年增加46%。通过形式审查、初评和终评，评出“医院中子照射器－Ⅰ型机设计与建造”、“百万千瓦级核电蒸汽发生器制造技术研究”和“核电站主管道安装窄间隙自动焊工程技术研发”3个项目为一等奖，“岭澳二期基于数字化的反应堆及反应堆冷却剂系统测量与控制系统设计”等12个项目为二等奖，“压水堆核电站稳压器波动管及三通老化管理及寿命评估研究”等44个项目为三等奖。

自2010年中国核能行业协会科学技术奖首届设奖者委员会成立以来，三年中

共有 168 项科技成果获得奖励，进一步激发了核能科技工作者的科技创新热情，促进了我国核能安全高效发展及核能行业科技进步，受到会员单位的好评。

受国家能源局的委托，协会组织了国家能源科技进步奖(核能专业)的申报和初评工作，2012 年协会推荐的 25 个项目(一等奖 3 项、二等奖 7 项、三等奖 15 项)全部获奖。

为适应科技奖励工作的需要，2012 年协会科技成果鉴定办公室还组织业内专家对 60 项科技成果进行了鉴定。

五、提高信息服务质量和效能，为核能发展营造良好氛围

紧紧围绕国家核能发展的方针政策，积极宣传核能行业的发展成果，尽力为核能发展营造良好的发展氛围，是协会的一项重要工作。2012 年出版协会会刊《中国核能》共 6 期、出版《核能新闻》电子月刊共 12 期，《中国核能年鉴》2012 年卷正式出版；协会网站功能不断扩展，2012 年访问量达 100 万人次，累计点击率超过 300 万人次，作为一个专业网站，已经形成了一个相对固定的读者群。为进一步办好“三刊一网”，对通讯员队伍进行了整合。

为加强核电安全宣传工作，在中核集团、中广核集团、中电投集团和清华大学的支持下，先后完成了核电安全宣传册《阿核的博客》、核电安全宣传电视片(脚本)《让核能更好地造福人类》、核电安全宣传巡展(大纲)《重安全·谋发展》的编写和制作工作。一年来，多次接待媒体记者对协会领导的采访，在业内外产生了积极的影响。

在召开核能协会第二届会员大会的同时，在京举办了 2012 年中国核能可持续发展论坛。论坛的主题是《安全、高效》。在论坛上，协会和有关集团公司等 8 个单位的代表发表了专题演讲，就核能行业及本单位发展的有关问题进行了交流。

六、坚持“积极、开放、互利、双赢”的方针，加强国际合作与两岸交流

积极推进国际合作。2012 年，协会组织参加国际会议和有关活动 18 次，接待国际组织和美国、法国、日本等代表来访 26 次。组织举办了中法核电设备监造研讨会、世界核大学清华周大亚湾培训研讨会，承办了第 34 届国际原子能机构(IAEA) 亚太地区合作协定组织 (RCA) 国家代表会及 40 周年成果展、IAEA 核电规划与发展决策支持地区项目协调会。其中，协会与法国电力公司共同举办的“中法核电设备监造研讨会”，吸引了 56 家单位 140 余人参加，受到参会者的好评。

积极推进海峡两岸交流。协会与台湾财团法人核能科技协进会共同在台北举办了“首届海峡两岸核能合作研讨会”；在山东海阳举办了海峡两岸核电安全运行研讨会。精心组织完成了秦山二期操纵员赴台湾电力公司提高操作技能研习培训。

受科技部、国防科工局的委托，承担了第四代核能系统国际论坛(GIF)联络办公室的工作。一年来，承办或参加的研讨会、论证会、专家审查会等共8次；根据GIF未来10年规划研究的总体安排，组织国内单位提出了对技术路线图更新的建议，反映了中方的关切；组织开发了GIF中国专栏网页，翻译出版了2010、2011年GIF年报。

七、加强协会自身建设，不断提高秘书处工作水平

按照协会章程，2012年5月中国核能行业协会第二届会员大会在北京召开。会议总结了协会成立五年来的工作，提出了今后五年的工作思路，选举产生了新一届理事会、常务理事会和理事会领导成员。与此同时，举行了2012年中国核能可持续发展论坛，完成了第二届组织管理委员会和经费管理委员会的换届工作。一年来，理事会、常务理事会规范运作，组织管理委员会、经费管理委员会的工作正常开展，保证了协会工作健康有序运行。为适应核能行业信息化建设发展的需要，开展了成立信息化专业委员会的筹备工作。

截至2012年底，协会会员单位已从成立之初的160家增加到356家(其中包括联系会员单位28家)。

继续加强秘书处的规范化、制度化建设，补充、完善各项工作制度和工作程序，整理出版了《中国核能行业协会工作制度和工作程序(2012年版)》；重新聘任了秘书处各部门负责人。为了提高秘书处队伍的整体素质，加强了政治学习和业务培训；在认真完成理事会交给的各项任务过程中，秘书处的办事能力和工作效率有新的提高。

中国核学会

2012年，中国核学会在国内外学术交流、科普宣传、展览展示、科技咨询等方面取得了重要成绩，在国内外产生了重要影响，得到了上级主管部门和理事单位的充分肯定。

一、加强学术建设，发挥学术引领作用，提升服务国家创新能力

（一）国内学术会议与交流互访

1. 召开第二届中国（国际）核电仪控技术大会筹备会。6月15日，中国核学会在西安组织召开第二届中国（国际）核电仪控技术大会筹备会，来自核电仪控领域内21家单位的代表参加了会议。筹备会讨论并确定了大会于2013年4月下旬在西安召开，确定大会的主题为《推动核电仪控技术发展，提升后福岛时代核电安全》，确定由李冠兴院士和庄松林院士担任大会名誉主席；提议叶奇蓁院士为大会主席，国家核安全局领导为大会指导委员会主席。

2. 举办第九届全国采矿学术会议。8月24日至26日，由中国核学会、中国煤炭学会、中国地质学会、中国矿业联合会等9家全国学会联合主办，中国核学会承办，中国矿业杂志社协办的“第九届全国采矿学术会议”在云南丽江成功举办，主题为《中国采矿业科技创新与可持续发展》。出席本次会议的代表近200人，共征集到论文167篇，其中企业占50%、高等院校占25%、学会工作者占25%。9家全国学会均派专家分别主持会议，并推荐大会报告人。组委会向11位大会主报告人和9位获优秀论文的作者颁发了荣誉证书。

3. 举办第9届中国核学会省市（区）《“三核”论坛》。9月20日至22日，第9届中国核学会省市（区）“核科技、核应用、核经济（三核）”论坛在杭州举行。来自全国各地的100多位核科技工作者参加了交流。论坛共收到交流论文116篇，内容涉及核电、核农、核医、核工业应用、核矿冶地质、辐射防护等领域。《“三核”论坛》是落实中国科协“大联合、大协作”工作机制的具体措施，实现了集中力量、共享资源、提高效率、扩大影响的目的。

4. 举办“第十二届海峡两岸核能学术交流研讨会”。10月22日至27日，“第十二届海峡两岸核能学术交流研讨会”在北京、大连两地成功举办。研讨会期间，两岸核能界参会人数约120人，其中台湾代表团20人。李冠兴院士、周永茂院士等10位大陆专家，以及7位台湾专家就核电站建造、核电设备、核电管理、核安全、核技术应用、核专业教育、公众沟通以及新能源开发等议题，与到会的参会代表进行了广泛的交流和研讨。

此项活动有利于促进两岸核技术及经验的交流与分享，台湾地区在核电运行、

核废物减容、核电仪控技术、公众沟通以及核应急方面的经验与优势，值得大陆借鉴；大陆明朗向上的核电事业带动的巨大市场，也是台湾地区相关产业转移的重要方向。

5. 走访、调研国内科研单位，服务地方经济发展。

(1) 走访、调研上海地区核工业基地，密切与常务理事单位、地方核学会的联系。1 月 4 日，中国核学会拜访上海市核电办公室，双方就中国核电的发展前景进行深入的交流，并认真探讨双方的合作事宜。中国核学会还走访了上海市核学会，并参观了上海电气临港基地。2 月 23 日，中国核学会参访了上海工业自动化仪表研究院，参观其展示中心和 EMC 实验室。

(2) 加强与黑龙江核工业基地的联系，服务地方产业发展。1 月 11 日，中国核学会拜访黑龙江省工信委，双方就促进核电装备制造业发展、促进国际产业对接、增强专业信息获取等方面交换了意见，并探讨了未来合作的空间和模式。

(3) 指导、调研部分专业分会，增强学会组织凝聚力。4 月 13 日，应同位素分离专业分会邀请，中国核学会赴同位素分离专业分会调研。

(4) 推动贵州产业合作，助力地方经济发展。5 月 8 日，应贵州省科协邀请，中国核学会理事长李冠兴院士率核农学专家一行 6 人，赴贵州开展科技助推产业发展帮扶活动，并与贵州省科协签订了《全国学会助推贵州产业发展合作框架协议》。

(5) 深化与台湾核科技研究单位交流合作。5 月 17 日，台湾核能研究所副所长黄庆村一行 3 人到访中国核学会，与核学会领导进行座谈交流，商讨在北京举办“第三届东亚核废物处理论坛”(EAFORM) 等有关事项。5 月 21 日，台湾核能研究所所长马殷邦博士一行 5 人到访中国核学会，重点交流了近期开展两岸核能交往的思路和方法。

(二) 国际学术会议与交流互访

1. 筹备第 21 届国际核工程大会。4 月 7 日，中国核学会与成都市博览局签订了《2013 年第 21 届国际核工程大会合作协议》。5 月 23 日，第 21 届国际核工程大会 (ICONE21) 第一次筹备会议在京召开。理事长李冠兴院士以及中核集团、清华大学、西安交大等单位的 34 位代表出席会议。会议决定 ICONE21 于 2013 年 7 月 29 日至 8 月 2 日在成都市举行。

2. 参加第 20 届国际核工程大会 (ICONE20)。7 月 31 日，由美国机械工程师学会、日本机械工程师学会、中国核学会共同主办的第 20 届国际核工程大会在美国加州举行了开幕式。来自世界各地的 800 多名专家与核工程技术人员参加了会议。

本届大会为期 4 天，研讨范围涵盖核工程技术所有领域，全面展示近一年来的业界动态和研究成果。来自中国的参会论文共有 140 余篇，为各国论文数量之最，全面展示了中国核科技领域的研究实力，显示了中国作者良好的国际学术交流意愿。

3. 国际科技交流与互访。

(1) 加强与法国使馆核工业主管部门联系。2 月 7 日，中国核学会领导会见法国驻华大使馆核工业参赞科尔迪耶，双方就中法核领域的交流与合作等问题交换了意见。

(2) 深化与美国核学会交流，拓展巩固合作空间。4 月 19 日，中国核学会领导会见美国核学会国际委员会主席 Corey McDaniel 一行。双方就中美两国核学会以及核领域的交流与合作等问题交换了意见。

8 月 2 日，中国核学会一行 2 人赴美国核学会参观访问，拜会了美国核学会理事长 Michael Corradini、副理事长 Donald Hoffman、前任理事长 Eric Loewen、秘书长 Robert Fine 等。活动过程中，两国核学会的主要领导深入交换了对近期世界核工业发展态势的基本看法，研讨了提高双方交往实效的方式方法，商定通过加强期刊合作、人员互访、举办会议、发挥国际间组织作用等形式，在今后一段时间里，将两国核学会的合作关系提升至新的阶段。

10 月 5 日，中国核学会理事长李冠兴、秘书长王德林会见了美国核学会新任理事长 Michael Corradini 先生，并进行了合作洽谈，双方商定，美国核学会将为中国核学会创建国际英文期刊提供技术帮助；双方拟在近两年内合作举办一次国际核能专题研讨会；双方将进一步加大人员互访力度及信息交流频率。

(3) 探索国际学术出版新途径。9 月 25 日，中国核学会秘书长王德林会见荷兰柯艾史出版公司《Nuclear Exchange》杂志管理层，洽谈交流合作事宜。

(4) 深化与美国机械工程师学会 (ASME) 合作，开拓国际交流新平台。10 月 19 日，中国核学会理事长李冠兴、秘书长王德林会见美国机械工程师学会秘书长等 4 人一行，双方就当前中国及世界核能发展形势深入交换了意见，并对今后的合作问题进行了细致的探讨，达成共识：中国核事业向前发展的趋势不会动摇，双方应深化交流与合作，促进产业发展；ASME 将依托其多年来在标准和规范领域的经验和优势，帮助中国核领域在该领域取得进步，中国核学会将在这一过程中发挥重要的协调作用；ASME 与中国核学会应加大定期交往频率，依托具体的合作项目，凸显交流实效。

二、加强科普能力建设，提升全民科学素质，为核能、核产业发展营造良好的社会氛围

(一) 贯彻“大联合大协作”工作机制，服务地方经济社会发展

1. 组织专家为辽宁党校讲授核电知识。2012 年 4 月，受辽宁省科协委托，中国核学会邀请俞卓平研究员为辽宁省委党校 500 名副处级以上干部学员讲授核电知识，并向辽宁省科协和党校赠送科普读物《走近核科学技术》。

2. 组织“广西防城港院士行”和“辽宁庄河院士行”活动。2012 年 5 月，中国核学会组织院士走进广西防城港核电项

目，为当地领导干部和群众代表800人作核科普知识报告。李冠兴、叶奇蓁、王大中、胡思得、陈念念、彭先觉等6位院士参加了活动。

2012年8月，受中国大唐集团公司邀请，中国核学会组织开展“辽宁庄河院士行”活动。本次活动由中国核学会理事长李冠兴院士带队，中国工程院院士杜祥琬、叶奇蓁、陈念念、郭东明，中国科学院院士邓起东等参加了本次活动。杜祥琬、叶奇蓁、郭东明等3位院士分别为来自大连市、庄河市政府有关领导，大唐集团相关单位代表作报告，每场约200人。

（二）加强媒体沟通，协调专家资源，营造良好舆论氛围

1. 组织科普专家参加媒体培训。2011年中国核学会连续两次参与配合中国科协“科学家与媒体面对面”活动。在此基础上，2012年8月，中国科普研究所组织了“科学家面对媒体”试培训活动。我会经认真选拔，积极推荐有丰富科普经验的专家参加培训，为学会加强科普专家队伍建设和开展媒体沟通活动打下了良好基础。

2. 配合协调媒体集中进行科普宣传。2012年8月，中宣部要求各中央主流媒体和科技媒体集中、持续开展有关我国核电发展政策、技术创新成果、核安全保障等方面的宣传。为加强核科普宣传，根据科技日报、解放军报、南风窗、时事报告等报纸和杂志的要求，中国核学会积极协调联系院士专家，审理稿件、撰写文章，尽最大努力提供帮助，及时发出核领域科学共同体声音，产生了积极的社会影响。

（三）积极申请中国科协项目，大力开发科普资源，实现科普资源共建共享

2012年6月，中国科协科普部和数字科技馆联合组织实施“2012全国学会优秀科普资源开发”项目，我会申请的“快堆——核能可持续发展科普资源”项目获批。根据计划，我会将与中国原子能科学研究院中国实验快堆工程指挥部等单位联合开发，资源共享。目前，项目正在积极有序推进。

（四）定期召开科普工作会议，加强工作机制建设，科学规划未来发展

2012年10月，中国核学会科普咨询教育工作委员会会议在武汉海军工程大学召开。委员会领导、委员、政府部门代表、企业代表、高校代表等54人参加了会议。

会议重点围绕《中国核学会科普工作报告及未来发展设想》展开研讨，重点分析了新形势下我国核科普工作面临的挑战和要求，认真总结了近两年科普工作成果和经验，对进一步明确学会未来科普工作规划和发展方向具有重要指导作用。

三、举办第十二届中国国际核工业展览会，搭建产学研用国际平台，服务我国核工业发展

4月3日至6日，第十二届中国国际核工业展览会在北京国家会议中心举办。本次展览会主题为《科技创新、合作共赢、安全发展》。展会为期4天，共有国内外近200家企业参展，展馆面积13000平方米，约有11000人次参观展览。展览期间

还举办高峰论坛和6场技术交流会。展览会首次举办高峰论坛，论坛以《后福岛时代的核能安全与发展》为主题。世界核协会、国家核安全局、国家国防科工局、中核集团、中广核集团、国家核电、西屋公司、阿海珐公司等单位的高层主管作了报告。来自国际国家学术机构、政府部门、国内外参展企业、科研院所、高校的中高层管理人员200余人参加论坛活动。

四、加强期刊质量建设，传播分享学术成果，提升学术影响力

1.出版学报《核科学与工程》。2012年，我会主办的国家一级期刊《核科学与工程》共编辑出版4期，公开发表论文60余篇。同时，编辑部采取多种方式提高期刊质量，增强了期刊的影响力。

2.出版《中国核科学技术进展报告(第二卷)》。2012年10月，《中国核科学技术进展报告(第二卷)》由中国原子能出版社出版。《报告》分十卷，包括《铀矿地质》《核能动力》《核物理》《脉冲功率技术及其应用》《核农学》《核医学》等21个分卷，共收录了789篇论文。

五、承担专利科技项目，服务企业科技创新

2012年，在中国科协的领导下，在中国科学技术咨询服务中心的大力支持下，中国核学会承担的“企业科协科技信息服务——企业创新学会支持平台”项目顺利完成任务。主要完成以下工作：一是建立了215名企业创新专家支持系统入网专家名册，超额完成2012年度任务。二是组织专家从12个核电和6个核应用技术领域中遴选出3046项专利信息，并建立《1998—2008年国外专利信息二次数据库(核技术部分)》。

六、加强组织体系建设，提升学会整体服务能力

1.筹备第八次全国会员代表大会。第八次全国会员代表大会拟于2013年3月在北京举办。

2.召开中国核学会2012年全国秘书长工作会。7月26日至27日，中国核学会2012年全国秘书长工作会在银川召开。中国核学会理事长李冠兴院士主持会议，中国核学会秘书长王德林在会上作《中国核学会2011—2012年工作报告》。中国核学会21个专业分会和21个地方核学会的理事长、秘书长共60人参会并发言。

3.召开中国核学会第七届理事会第十次常务理事会会议。9月28日，中国核学会七届十次常务理事会会议在京召开。会议主要任务是：根据当前我国核科技事业发展需要，就中国核学会第八届理事会组织体系、领导机构、资源保障等内容进行研讨、初步形成决议，最后提交第八次全国会员代表大会审议，做好大会前期筹备工作。

4.积极参与中国科协“2012学会能力提升专项”工作，提交《中国核学会学

会能力提升专项优秀科技社团申报书》。中国核学会高度重视“能力专项”申报工作，由秘书长牵头，成立专门的工作组，召开了5次内部讨论会，认真梳理和总结近年来学会在“服务创新工作”等四个方面工作开展情况，经常务理事会审议通过，形成了申报书并提交中国科协。

中国核仪器行业协会

一、基本情况

中国核仪器行业协会由原国家经济委员会批准、1987年6月30日正式成立，是核工业部第一个全国性行业协会。

协会现任会长(理事长)、法定代表人为中核集团副总经理邱建刚，秘书长姜宏。协会会员有170余个、理事单位39个、常务理事单位17个。

协会业务主管单位为国防科工局，挂靠单位为中国核电工程有限公司。

协会的主要业务范围是行业管理、信息交流、业务培训、专业展览、国际合作、咨询服务。

二、2012年工作情况

2012年，中国核仪器行业协会工作的总体目标是：学习贯彻科学发展观，努力探讨办会的新思路，实践办会的新机制，继续完善有成效的办会经验，大力推进协会自身建设的健康发展，以会员的需求为办会的宗旨，初步实现民主管理、行为规范、自律发展的运行机制，在全体会员单位的共同努力下，把协会办成一个会员单位信赖、政府满意的优秀协会。

(一)努力将协会办成规范的、在行业内有一定影响的协会

要将协会办成规范的有一定影响的协会，首先必须依法依规办会，要按民政部《社会团体登记管理条例》、国务院办公厅36号文以及原国防科工委1065号文要求办会。加强协会自身建设，要进一步加强协会制度建设，要着力建设好协会的理事会、常务理事会和秘书处。2012年，协会充实了秘书处，增加了两名兼职副秘书长，主要加强协会在行业发展上的规划力量，同时增加了一名工作人员。协会秘书处已有工作人员7名。

协会广泛团结和发展行业内的单位聚集在协会周围，充分发挥桥梁和纽带作用。协会努力适应新形势的要求，改进工作方式，深入开展行业调查研究，积极向政府及其部门反映行业、会员诉求，提出行业发展和立法等方面的意见和建议；积极参与相关法律法规、宏观调控和产业政策的研究、制定，参与制订、修订行业标准和行业发展规划、行业准入条件，完善行业管理，促进行业发展。

协会积极主动向政府有关部门提供有一定价值的行业信息和行业动态，争取政府对行业的支持，努力争取承担政府的一些适宜于行业协会行使的职能委托和适合协会做的项目。

对核电等重要项目的研发，协会呼吁国家在招投标、拨款、贷款和税收政策上给予国产核仪器支持；呼吁国家加大对核仪器的科研投入；呼吁从国家的层面来加强基础研究工作，支持企业和科研院所上新项目。

2012年，协会根据《民政部关于开展全国性行业协会商会、基金会和民办非企业单位评估工作的通知》的要求，对评估指标和评估材料进行了认真学习，并针对协会的实际情况，进行了对照分析和自我打分，积极准备在条件允许的情况下参加评估。

(二)做好行业交流平台工作，增强凝聚力

协会努力在做好行业交流平台工作上下功夫，通过这个平台，开展行业咨询和会员之间的交流等业务，努力促进国内核仪器行业间的联合，互通有无，取长补短，开展项目横向联系，在资金和技术层面开展合作，共同对高新精尖核仪器以及前沿性课题进行联合攻关和开发，使国内核仪器能够在竞争中进取。

2011年12月13日，中国核仪器行业协会在海南省三亚市召开“高分辨率γ谱仪现场应用研讨会”。协会会员单位代表及特邀代表50余人参加了会议。2012年，协会将研讨会14篇参加评选的论文编辑成册，提供给核仪器行业有关人员学习、交流。

(三)使核仪器行业调研活动常态化

协会组织的对核仪器行业的调研活动，受到业内外的普遍欢迎。通过调研，基本摸清了行业的现状，找出了主要不足，也看到了发展和进步的空间。为弥补调研的深度和广度的不足，协会常务理事会决定将此项工作常态化，不断补充和完善行业调研报告，使调研成为具有指导意义的行业精品项目。

(四)召开协会理事会、常务理事会和换届会员大会

按章程要求，2012年协会召开了第五次理事会、第六次常务理事会。

2012年，协会第三届会员大会任期将届满(4年)，根据协会章程规定将进行换届，协会理事会、常务理事会也将同时换届。为此，协会常务理事会专门就换届的原则、方式、常务理事单位的组成等问题进行研究，并形成决议，上报国防科工局。同时，对第三届会员大会财务情况进行了换届审计。12月10日，国防科工局以科工干〔2012〕75号文，批复同意协会进行换届。

(五)积极发展会员、完善协会人才库

扩大队伍，发展会员工作是协会的一项基本工作，只有积极发展会员，使协会在本行业的覆盖率达到较大比例，才能扩大协会影响力。2012年，协会本着积极稳妥的原则，对数十个申请参加协会的单位进行了审核批准。

协会继续完善人才库，在协会承担新产品、新技术鉴定时，充分利用协会人才库资源，为会员单位开展有效的服务项目。

(六)严格执行国家有关规定，修订和完善各项规章制度，规范办会

2012年，协会根据自身实际情况，修订了财务制度和综合管理制度；制定了保密管理规定和互联网网站信息管理办法。同时，继续严格执行国家有关规定，规范办会，严格执行社会团体收费的规定；杜绝“小金库”现象；按照国家相关要求，规范协会举办的各类会议。

中国核工业教育学会

中国核工业教育学会成立于1992年10月7日，是本行业人才培养有关单位和个人自愿结成的学术性的全国性的非营利性的社会组织。学会接受登记管理机关中华人民共和国民政部和业务主管单位教育部的监督管理和业务指导。

学会的业务范围主要有：

（一）学习、宣传和贯彻马列主义、毛泽东思想和邓小平理论以及国家关于教育培训的方针、政策；学习、研究社会主义市场经济条件下的核教育培训理论；

（二）开展教育培训的学术研究、业务培训和咨询服务，探索有行业特点的教育培训规律；

（三）交流核教育培训经验，研究并提出教育培训改革与发展的意见和建议；

（四）组织参加核行业内外有关的学术交流活动，开展教育实践与理论的比较研究；

（五）开展信息交流，及时传播与推广教育科研成果和先进经验；

（六）与国内外有关行业的教育培训机构建立联系，组织开展核教育培训的对外学术交流与合作；

（七）经政府有关部门批准，组织核教育培训研究成果的评选活动。

学会成立以来，积极组织研讨、调研等活动，考察了解高校及相关行业的发展动态，组织开展了核电企业高技能人才培养研讨会、核工业科技人才培养研讨会，赴中核集团公司相关企业和研究机构考察并及时撰写总结报告，为核工业教育和培训的发展发挥了积极作用。

中国核工业档案学会

一、基本情况

中国核工业档案学会成立于1993年5月，是国家民政部正式注册的全国性社会团体法人组织，接受业务主管单位国防科工局和社团管理机关民政部的业务指导和监督管理，是国家一级学会单位。学会挂靠在中国核工业集团公司，办公地点设在核工业档案馆，学会是中国档案学会的团体会员。学会现有会员单位80多个。

中国核工业档案学会的业务范围为：理论研究、学术交流、业务培训、书刊编辑、国际交流和咨询服务。学会近年主要开展的工作有：在核工业系统举办各种档案培训班；进行档案国际交流；举行档案学术论文评选和交流；编辑出版档案论文集。

二、2012年工作的开展情况

(一)开展各项学习活动

1. 档案学会以“提升管理、找准问题、转变观念、形成共识”为目标，紧密联系核工业档案事业的发展，针对档案工作面临的新形势、新问题，围绕“推动档案工作持续发展，提升档案服务能力”的主题，查找分析存在的问题，深入总结档案事业改革发展历程，促进档案学会的进一步发展。

2. 参加国防科工局和中核集团组织的各种保密、保卫宣传教育活动。

(二)档案学会业务活动

1. 2012年3月在北京召开核工业档案学会第三届常务理事会第三次会议，研究部署2012年工作安排。

2. 2012年4月参加中国档案学会组织的全国档案学会秘书长会议，商讨布置2012年核工业系统组团参加全国档案工作者年会的相关事宜。

3. 2012年5月在河南郑州市举办“核工业工程、科研项目档案管理业务培训班”。培训班邀请了国家档案局、中核集团项目管理方面的专家授课。共有来自核工业系统66个单位的120人参加培训。

4. 2012年6月在四川成都市召开核工业档案第五协作组(核燃料、安防系统)工作会。会议交流研讨了各单位在档案基础建设、重点工程档案管理、档案制度完善、档案信息化建设等方面的情况和经验。

5. 开展核工业系统参加全国档案工作者年会论文征集及优秀论文评选工作，共征集论文40篇，评选出20篇优秀论文报送中国档案学会参加全国档案工作者年会论文评选，其中4篇论文被评为2012年全国档案工作者年会优秀论文，13篇论文被评为2012年全国档案工作者年会入选论文。

6. 2012年9月组织核工业系统20个单位参加2012年全国企业档案学术年会。2012年10月组织核工业系统30个单位参加2012年全国档案工作者年会。

7. 档案学会参与组织召开国防军工固定资产投资项目档案工作协作组会议。

8. 开展核电文档系统标准建设。

企业风采

福建宁德核电有限公司

福建宁德核电站厂址位于福建省宁德市辖福鼎市太姥山镇的备湾村，南距福州143km，北距温州113km，距温福高速公路7km；宁德核电站项目规划总容量为6台百万千瓦级核电机组。

宁德核电站一期工程由中广核集团、中国大唐、福建能源集团共同出资设立的福建宁德核电有限公司投资、建设和运营，由中广核工程公司总承包建设和管理，工程设计、设备制造、工程施工与技术服务等均由国内企业为主承担。一期工程建设4台机组，总造价520多亿元，采用自主品牌百万千瓦级压水堆核电技术CPR1000建设，1、2号机组设备综合国产化率将超过75%，3、4号机组设备综合国产化率将达到85%。项目实施了包括18个月换料、全数字化仪表控制系统等16项重大技术改进，率先在国内核电站主管道焊接过程中应用了主管道窄间隙自动焊技术，应用了国内首台国产全范围模拟机。日本福岛核事故后，根据国家民用核设施安全大检查的结论，宁德核电站一期在国内在建核电项目中率先完成了安全改进项实施工作，进一步提高了机组应对极端灾害叠加的能力和安全水平。

宁德核电站一期1号机组已于2013年4月15日完成168小时试运行试验并正式投入商业运行，标志着我国海峡西岸经济区首台核电机组正式建成投产，成为我国第四个投入商运的核电基地。1号机组日发电量约2400万千瓦时，可同时满足项目周边地区240万个家庭用电需求，随着该机组并网发电，福建省清洁能源比例将从目前的42.56%提高到45.32%。一期工程4台机组全部建成后，年上网电量相当于福建省2012年全社会用电量的18%，大幅提高清洁能源在福建能源供给中的比例。

1、2号机组全景

工程现场

1号机组试运行

四川省核工业地质局

四川省核工业地质局为四川省政府直属事业管理局(正厅)，经四川省政府和国防科工委同意与核工业西南放射性矿产地质管理办公室合署办公，履行西南地区军工核设施安全监管、军工放射性环境治理管理和放射性矿产资源矿政管理三项职能，承担四川省放射性矿产的勘查和核事故应急技术支持职责。辖直属事业单位3个、地质调查院1个、地质大队3个、研究所1个、中等职业技术学校1个、控股企业6个，在职职工总数3000余人，其中专业技术人员占76.5%。

四川省核工业地质局属地管理十三年，大力调整产业结构，核地质经济实现跨越发展。2012年，军民结合总产值达到30.5亿元，同比增长21.7%；收入达到28.1亿元，同比增长21.9%；增加值达到8.81亿元，同比增长22.32%；增加值与产值的比达到0.289；综合经济效益同比增长27.34%；人均增加值达到29.63万元。2013年上半年，军转民经济规模增长速度达到36.73%。

四川省核工业地质局认真履职，确保西南地区核设施、核废物安全可控，大力顺利推进放射性地质环境治理工作，恢复生态植被面积数十万平方米。与中核集团地矿事业部合作开发取得新进展，若尔盖铀矿勘查进入“全国找矿突破行动规划”；西藏邬郁盆地铀矿勘查列入西藏自治区整装勘查区，实现了西藏“无铀”的突破。非铀地质工作取得重大突破，拥有一批前景好、潜力大的多金属探矿权，其中张家坪子金矿达到特大型金矿标准。大力发展军民结合产业，建设大型先进辐照装置、高能电子加速项目和核与辐射防护药物项目。推进改革，做优做强工程建设产业，提高自主施工、设计能力。承担完成了一批各类重大防灾抗灾治理项目。着力提高职工收入，改善民生、促进和谐。

若尔盖高原地区铀矿钻探项目现场

四川省放射性计量模型站

若尔盖高原地区废矿石堆治理成果

西藏铀矿勘探现场岩心编录工作

四川三洲川化机核能设备制造有限公司

四川三洲川化机核能设备制造有限公司(英文缩写 SNEM)是我国大型核电厂核岛反应堆冷却剂主回路管道的专业制造厂。公司地处四川省成都市青白江区，现有员工 500 多人，工程技术人员 86 人。拥有各类设备 700 多台/套，其中包括 25 吨大型不锈钢氩氧精炼炉、国内目前最大的离心浇注机、2000 吨压力机、大型热处理装置，以及与制造产品相配套的各类机加工设备。公司具有丰富的大型不锈钢组件的焊接和无损检测经验，并拥有铱 -192、钴 -60 及射线检测用直线加速器等多种先进设备，并具有欧标认证的机械性能试验装置和能力，满足核电设备制造的需求。

四川三洲川化机核能设备制造有限公司的主要产品有百万千瓦级压水堆核电厂核岛反应堆冷却剂成套主管道设备(包括预制)，核安全一、二、三级管配件，管配件制造用锻件，核安全三级压力容器及部分军工、民用产品。

公司具有拼搏创新精神的产品开发和研制团队，专业技术能力强，专业门类齐全，项目管理及质量保证体系、工艺技术和制造力量、设备和检测条件符合核电厂装备制造的安全运营要求。

四川三洲川化机核能设备制造有限公司自 2000 年至今重点完成了国产化大型核电厂主管道的研制和开发工作，实现了从原材料到成套产品制造 100% 的国产化，并获得国家科技进步二等奖。目前，公司已经分别成功为岭澳核电、红沿河核电、福清核电、防城港核电和昌江核电提供了主管道及核级管配件产品，并且为中国中原公司提供了出口巴基斯坦的 C2、C3 成套主管道产品和压力容器产品。公司也曾为国内多个核试验堆和相应装置提供了安全可靠的产品。

不断强化核安全文化建设，不断提升项目管理水平及质量保证体系运行的质量，扩大产能和开拓新的产品和服务领域是公司当前新的使命，公司将尽最大努力不懈追求高质量和高安全的产品，满足用户的需求，为我国核电装备制造国产化事业作出应有的贡献。

25 吨 AOD 炉精练核电用钢

核电主管道直管热处理

核电主管道组件焊接

大型离心浇注机

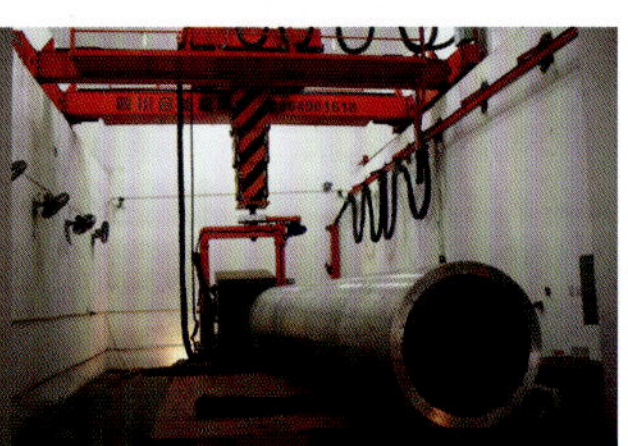
无损检测 RT 直线加速器

国核宝钛锆业股份公司

国核宝钛锆业股份公司(简称"国核锆业")是由国家核电技术公司控股的专业化锆材生产、研发、检测企业，是承担实现我国核级锆材国产化、自主化使命，代表国家核级锆材生产制造及研发能力的核心企业。

公司已建成涵盖核级海绵锆制造、锆合金熔炼、返回料回收处理、坯料制造、板带材制造、管棒材制造在内的我国完整的核级锆材产业体系，形成专业化的锆材生产线及研发、分析与检测平台，厂址位于江苏南通和陕西宝鸡两地。公司产能设计是以满足我国核电中长期发展规划对锆材的全部需求为依据，现已具备核级海绵锆 1500 吨 / 年(一期工程设计能力 2000 吨 / 年)、熔铸 2000 吨 / 年、回收处理 600 吨 / 年、锆合金板带材 80 吨 / 年、管棒材 270 吨 / 年(设计能力 1000 吨 / 年)的生产能力，生产规模及能力在世界范围具有领先优势，完全能够满足 1 亿千瓦核电装机容量需要。

公司在对自有技术深化、优化的同时，通过对美国西屋公司 AP1000 核级锆材制造技术、俄罗斯 TVEL 公司 E110 锆合金制造技术的引进、消化、吸收、再创新，全面掌握了 ZIRLO、E110、Zr4 合金等产品的加工制造技术，形成了完备的工艺、检测、质保体系，具备了生产供应能力。通过对各类技术的深化与应用，公司已在锆铪分离、大规格铸锭熔炼、挤压工艺、板材冷轧、管材轧制、工模具自主设计等方面取得重要突破，填补了国内多项空白。

依托公司成立的"国家能源核级锆材研发中心"建有锆铪冶金、材料加工模拟、合金成分设计、装备与工模具等 4 个研究实验室和化学分析、力学性能、腐蚀性能、微观组织结构等检测实验室。

以国核锆业及研发中心为平台，与有关高校、科研院所、核电站、核燃料元件厂紧密合作，产、学、研、用一体化，加速推进科技创新，尤其在我国自主知识产权新锆合金研制中(国家大型先进压水堆重大专项子课题)，已取得可喜成果。

国核锆业秉承"质量第一、安全第一、用户第一"的原则，以创新引领发展，积极与国内外相关企业密切合作、集合优势，确保我国核能安全发展对锆材的需要，并逐步发展成为国际上重要的核级锆材供应商。

海绵锆

合金铸锭

管坯

管材

棒材

带材

厂区概貌

海南核电有限公司

2008 年，在椰风海韵中，海南核电正式落户南国椰岛，为热带风情海南国际旅游岛建设注入了新的动力。

海南昌江核电工程是中核集团与华能集团合资在海南投资建设的核电项目，一期工程建设两台 65 万千瓦国产核电机组。首台机组于 2010 年 4 月 25 日开工建设，计划于 2014 年底首次并网发电。双机组 2015 年全面建成投产后，将为海南新增 130 万千瓦的装机容量，每年可提供约 90 亿 ~100 亿千瓦时的强大电力保障。

海南昌江核电项目前期审批工作实现国内周期最短，被誉为“海核速度”；两台机组已分别于 2011 年 12 月 25 日和 2012 年 9 月 25 日实现反应堆厂房封顶；2013 年 7 月 25 日，PX 泵房进水节点提前 37 天实现；1 号机组压力容器就位、电气厂房送冷风等重要节点顺利实现。目前工程全面进入安装调试交叉阶段，工程建设的四大控制基本受控，工程总承包合同执行良好，工程进展顺利。

公司充分发挥党组织的政治优势，扎实深入开展群众路线教育实践活动，全体党员干部深入一线，传承“事业高于一切，责任重于一切，严细融入一切，进取成就一切”的核工业精神，发挥榜样、堡垒作用，与 6000 余名工程建设者一道，攻坚克难，保证了项目安全生产、文明施工始终处于受控状态。公司先后获得省“国资委系统先进基层党组织”、“海南省国资系统创先争优活动先进单位”、“海南省无偿献血爱心单位”、全国电力系统“新闻宣传先进单位”等荣誉称号。

1B 蒸汽发生器就位

海南核电有限公司将继续秉承 “兴核强国，服务社会”的宗旨，为魅力椰岛持续提供安全、清洁、高效的能源，为海南国际旅游岛建设和海南省绿色崛起作出新的贡献。

厂区概貌

1 号核岛压力容器吊装

2 号机组穹顶吊装

上海第一机床厂有限公司

上海第一机床厂有限公司拥有近40年的核电设备制造经验，也是目前国内唯一具有核反应堆堆芯主设备——堆内构件和控制棒驱动机构制造业绩的专业核电装备制造企业。公司经过近几年的跨越式发展，实现了年产8~10套核电堆内构件和控制棒驱动机构制造能力，两项主产品市场占有率稳居国内首位。

公司在全面掌握和实现了二代改进型堆内构件和控制棒驱动机构批量化生产制造技术的基础上，稳步推进三代AP1000和EPR堆内构件和控制棒驱动机构制造工作，承担了国家科技重大专项“大型先进压水堆及高温气冷堆核电站”中“AP1000堆内构件、控制棒驱动机构制造技术”和“金属堆内构件制造技术”等课题。同时，积极参与快中子增殖堆、钍基熔盐堆、热核聚变实验堆、“CAP1400堆内构件流致振动试验试验件”等技术堆型的相关研制工作。

公司坚持以科技创新推动企业转型发展，加快构建企业科技创新体系建设，受到核电行业和社会各界的高度认可：公司“百万千瓦级核电堆内构件和控制棒驱动机构项目”获得第十四届中国国际工业博览会银奖，“我国首台国产化百万千瓦级核电堆内构件”、“控制棒驱动机构制造技术项目”分获中国核能行业协会科技进步一、二等奖。2012年公司被授予“国家火炬计划重点高新技术企业”、“全国五一劳动奖状”、“上海市质量金奖”等荣誉。

AP1000堆芯罩加工现场

国家火炬计划重点高新技术企业

证书

经评选，上海第一机床厂有限公司

为国家火炬计划重点高新技术企业

批准文号：国科火字[2012]245号

No.GZ20123100007

国家火炬计划重点高新技术企业证书

国家重大专项AP1000课题项目预验收会

中华全国总工会决定

授予上海第一机床厂有限公司

全国五一劳动奖状。

全国五一劳动奖状

证书

全国五一劳动奖状证书

山特维克材料科技公司

山特维克材料科技公司是全球领先的针对最严苛环境的先进不锈钢以及特种合金产品的开拓者和生产者，同时也提供工业加热应用中的产品和系统。山特维克材料科技公司总部位于瑞典的 Sandviken 市，在 13 个国家有 20 个生产基地，分销网络遍及世界各地。

在核电领域，山特维克 45 年来为全球核电工业提供了多种产品，涵盖管材、带材、初级产品，以及线材，主要用于主系统、二次系统和辅助系统公司。这些产品因始终如一的最高品质而闻名。其中，蒸汽发生器管和核燃料管因其可靠性能已成为行业标杆。

山特维克凭借可靠的产品、一流的研发能力、针对客户需求解决问题的运营方式、应对行业挑战的解决方案而在行业内享有盛誉。这些优势让很多全球知名企业选择公司作为合作伙伴。

山特维克的产品质量主要源于其高度集成的制造工厂。正是在那里，公司严格控制从熔炼到成品的每一个钢铁制造工艺步骤。

2013 年，山特维克材料科技无缝不锈钢管材产品成功获得中国国家核安全局颁发的 HAF604 认证（扩），产品可用于核级热交换器和工艺管线等核能应用的关键环节。今后，山特维克可为工程公司和设备制造厂提供全套通过有关部门认证、品质可靠的材料解决方案，在中国的下一代民用核能项目中更好地为客户提供支持。山特维克的产品和服务具备可靠性、可预测性和低风险等特性，绝对是核电等核心能源工业的理想选择。

核级管材

蒸汽发生器管

燃料包壳管

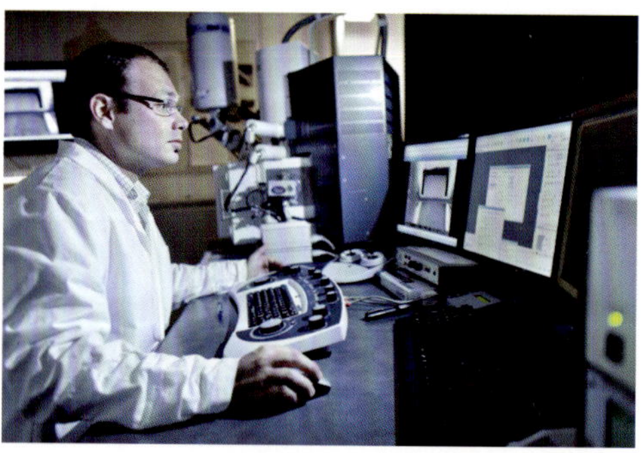

研发中心

南京佑天金属科技有限公司

南京佑天金属科技有限公司是一家高新技术企业，位于江苏省南京市江宁区，专业从事高纯铪、锆、钛金属材料及其下游产品的研发和制造。在结晶铪、结晶锆领域，公司已拥有2项发明专利、7项实用新型专利。该技术填补了国内的空白，也是国内独家实现结晶铪、结晶锆工业量产化的企业，成为继美国华昌公司和法国赛佐斯公司之后全球第三家拥有此技术和能力的公司。

公司生产的结晶铪其纯度达到99.95%以上，各项杂质元素含量都优于国外同类产品，尤其是氧含量不超过150ppm，仅仅只有国外同类产品的一半，使得我公司的产品具有优异的加工性能和使用性能。

公司非常重视人才的培养和研发队伍的建设。研发中心拥有材料、冶金、电气、机械、焊接等专业的技术人员15名，同时与国内多所知名科研院所、高校开展学术合作，通过联合课题组、联合实验室进行学术交流和技术攻关，不断提升企业的创新能力。

公司生产的结晶铪在军工领域主要用作船用核反应堆的控制棒和火箭发动机的推进剂。添加10%铪的铌基合金（C103）用作火箭发动机的喷嘴，添加1.25%铪的镍基合金用作飞机发动机的涡轮叶片，铪与碳的化合物（HfC，熔点3890℃）用作飞船返回舱的热防护层等。

公司现有专业厂房7000平方米，8台具自主知识产权的专用设备，每年具备20吨结晶铪的生产能力。

因为专注，所以专业——佑天金属将通过自身的不懈努力，为客户持续提供优质的产品和服务。

结晶铪

南京佑天金属科技有限公司
NANJING YOUTIAN METAL TECHNOLOGY CO.,LTD

江苏华冠电器集团有限公司

江苏华冠电器集团有限公司，成立于1996年，位于常州国家高新技术产业开发区，是国家高新技术企业，建筑面积52000平方米，注册资金8050万元。

一流的人员团队、先进的生产设备、精良的检测仪器、现代的管理模式造就了高品质的产品和服务。公司通过了ISO9001、ISO14001、OSHAS18001质量/环境/安全三体系整合认证，通过了核电1E级中、低压开关设备鉴定，通过了中核集团合格供应商认证。是江苏省3A级标准化良好行为企业，江苏省质量信用产品A级，江苏省名牌产品，江苏省著名商标。建有"江苏省核电1E级高低压开关设备工程技术研究中心"，"江苏省级企业技术中心"，产品拥有自主知识产权、有效专利20余项。

公司专注于中低压开关设备的研发、制造和服务，主要产品有：核电1E级中低压开关设备、0.4～40.5 kV成套智能化开关设备、7.2～40.5kV真空断路器和接触器、12～40.5kV预装式变电站、母线槽、电缆桥架、低压动态无功功率补偿设备等，广泛应用于国家电网、电厂、公共设施、冶金、石化、煤炭等大型企事业单位。

企业精神：诚信、求精

企业宗旨：创造效益，回报员工；创造服务，回报客户；创造价值，回报社会

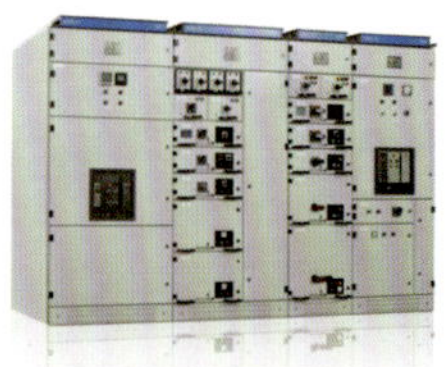

核电1E级MNS-H低压成套开关设备

核电1E级KYN44-12金属铠装移开式开关设备

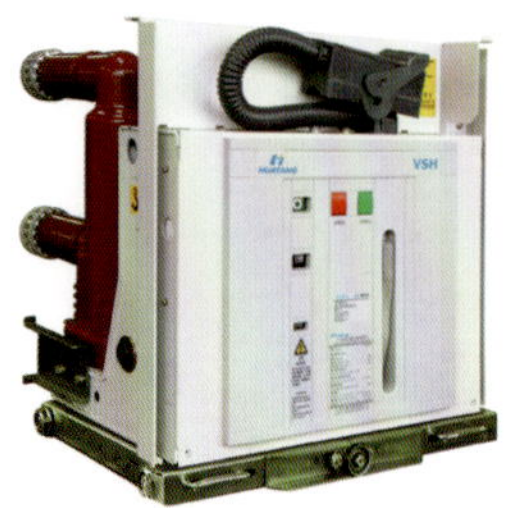

12kV真空断路器

总装车间

康斐尔公司

康斐尔公司是享誉全球的空气过滤设备制造商之一，总部位于瑞典托萨。康斐尔拥有世界公认一流的技术和产品，在空气过滤行业久负盛名。康斐尔在全球现有 24 个生产厂和 32 个分公司，遍及欧洲、美洲。在亚洲的马来西亚和中国昆山设有工厂。康斐尔中国设立了康斐尔法贸易（上海）有限公司和康斐尔过滤设备（昆山）有限公司两家独资公司。

康斐尔从上世纪 60 年代便开始为核能行业生产灰尘过滤器和分子过滤器（碘吸附器），已有 50 年专业经验。作为空气过滤行业的全球领导者，康斐尔提供广泛的产品选择，满足您的各种不同需求——包括标准型通风过滤器、特别定制的过滤器、完整集成的过滤箱体和碘吸附器等。如今康斐尔拥有完整全系列空气过滤器产品，客户仅需要一个供应商就足够。康斐尔致力于设计和制造针对有毒、有害和放射性气体的空气过滤系统。所有核能设备均根据适用核能规范和 QA 标准进行生产。

为了让客户的需求得到及时且准确的满足，康斐尔从战略上考虑，将生产设施建于核电站附近。自 1963 年首次交付开始，康斐尔便不断追逐核电站的脚步，业务遍及全球。近年来，康斐尔一直坚持开发核能工业用最新过滤技术。一方面通过收购其它公司积累了丰富的行业经验；另一方面大力投资研发，设计并建立了自己独特、全面的分子过滤试验装置，不断提升核电行业空气过滤技术和设备的可靠性。

空气排放安全隔离过滤系统

江苏爵格工业设备有限公司

江苏爵格工业设备有限公司是爵格工业集团在江苏投资的全资公司，与上海爵格工业工程有限公司为兄弟单位。作为中国土木工程学会的理事单位、国标GB50779-2012《石油化工控制室抗爆设计规范》的参编单位，公司拥有多名国内知名博士和硕士组成的专业团队，通过和国内外著名研究机构、大学以及设计院的合作，爵格工业已发展成为国内领先的爆炸安全设备制造商和工程服务商，为客户提供爆炸安全的整体解决方案。产品和服务主要应用于核电、石化、军事、隧道等领域。

产品包括：抗爆板、抗爆阀（抗冲击波隔离阀）、抗爆门、抗爆窗、抗爆小屋、抗爆门墙组合体、泄爆门、泄爆窗、泄爆屋顶、泄爆墙等。

工程服务包括：抗爆建筑的设计和建造，泄爆抗爆混合建筑的设计和建造、潜在爆炸危险的分析、爆炸事故的分析、爆炸的仿真和分析。

爵格工业已经服务的核电工程包括：广东台山核电1、2号机组，田湾核电3、4号机组，三门核电，山东核电等。

爵格工业以“防止国家灾难、保护生命”为己任，以一流的研发能力、国际的视野、坚持专业和安全为宗旨，为中国核电的发展提供安全保护。

抗爆性能室内测试设备

抗爆性能室外测试现场

大事记

中国核能行业 2012 年度十大新闻

一、胡锦涛在首尔核安全峰会提出增进核安全四项主张

3 月 27 日，国家主席胡锦涛在首尔核安全峰会上，发表了题为《深化合作 提高核安全水平》的讲话。胡锦涛在讲话中强调，中国高度重视核安全，坚决反对核扩散和核恐怖主义。就新形势下增进核安全提出以下四项主张：

第一，坚持科学理性的核安全理念，增强核能发展信心。

第二，强化核安全能力建设，承担核安全国家责任。

第三，深化国际交流合作，提升全球核安全水平。

第四，标本兼顾、综合治理，消除核扩散及核恐怖主义根源。

二、国务院听取全国民用核设施综合安全检查情况汇报，讨论并原则通过《核安全与放射性污染防治“十二五”规划及 2020 年远景目标》

5 月 31 日，国务院总理温家宝主持召开国务院常务会议，再次听取全国民用核设施综合安全检查情况汇报，讨论并原则通过《核安全与放射性污染防治“十二五”规划及 2020 年远景目标》。

安全检查的总体结论是：我国核安全标准全面采用国际原子能机构的安全标准，核安全法规标准体系与国际接轨。民用核设施在选址中对地震、洪水等外部事件进行了充分论证。核电厂在设计、制造、建设、调试和运行等各环节均进行了有效管理，总体质量受控。

安全检查认为，我国运行和在建核电厂基本能够满足我国现行核安全法规和国际原子能机构最新标准的要求，具备一定的严重事故预防和缓解能力，风险受控，安全有保障；民用研究堆和核燃料循环设施满足我国现行核安全法规要求，风险受控，安全有保障。

会议同意公布《关于全国民用核设施综合安全检查情况的报告》和《核安全与放射性污染防治“十二五”规划及 2020 年远景目标》，向社会征求意见。10 月，国务院批复了核安全规划。

三、讨论通过《核电安全规划》和《核电中长期发展规划》

10 月 24 日，国务院常务会议再次讨论并通过《核电安全规划(2011—2020 年)》和《核电中长期发展规划(2011—2020 年)》。

会议对当前和今后一个时期的核电建设作出部署：

(一)稳妥恢复正常建设。合理把握建设节奏，稳步有序推进。

（二）科学布局项目。“十二五”时期只在沿海安排少数经过充分论证的核电项目厂址，不安排内陆核电项目。

（三）提高准入门槛。按照全球最高安全要求新建核电项目。新建核电机组必须符合三代安全标准。

会议强调，安全是核电的生命线。强调要用最先进的成熟技术，持续开展在役在建核电机组安全改造，不断提升我国既有核电机组安全性能。

四、我国研制的铀浓缩离心机成功实现工业化应用

据《中国核工业报》12 月 19 日报道，我国已形成了离心机研发制造、离心机工程设计、建造和运行的完整的铀浓缩研发和产业体系，并在甘肃兰州成功实现工业化应用。

这标志着我国具备了核燃料生产的自主化工业能力，完全掌握了离心法铀浓缩技术，对保障我国核电可持续发展有着重大的战略意义。

五、大亚湾 1 号机组安全运行 3512 天

7 月 12 日，中广核集团发布的首份社会责任报告显示，截至 2012 年 6 月底，大亚湾核电站 1 号机组实现连续安全运行 3512 天，自 2002 年 1 月 12 日以来，连续 10 年无非计划停堆，保持并延续着国内核电站单机组安全运行最高纪录。

六、秦山核电二期扩建工程全面建成投产，宁德核电一期工程 1 号机组首次并网成功

4 月 8 日，中核集团宣布，秦山核电二期扩建工程 4 号机组比计划提前 6 0 天正式投入商业运行。

至此，我国“十一五”期间首批开工建设的两项核电工程——岭澳核电站二期工程和秦山核电二期扩建工程全部建成投产。

12 月 28 日，福建宁德核电一期工程 1 号机组首次并网成功。

七、福清 4 号、阳江 4 号机组，石岛湾高温气冷堆核电站示范工程，田湾核电站二期工程等相继开工，我国稳妥恢复核电建设

11 月 17 日，福建福清核电站 4 号机组、广东阳江核电站 4 号机组浇筑第一罐混凝土。这是福岛核事故后，我国首批两台机组正式开工建设。

12 月 9 日，国家科技重大专项华能山东石岛湾核电厂高温气冷堆核电站示范工程核岛底板第一层开始浇筑，12 月 21 日完成核岛底板第一层混凝土的浇筑。

该电站是世界首台模块式高温气冷堆核电站，是我国在核电领域的一项重大自主创新工程。

12 月 6 日，《中华人民共和国政府和俄罗斯联邦政府关于在中国合作建设田湾核电站 3、4 号机组的议定书》在国务

院总理温家宝与俄罗斯总理梅德韦杰夫的共同见证下于莫斯科正式签署；12 月 19 日，国务院会议审议核准田湾核电站二期工程项目；12 月 26 日，国家核安全局给该项目颁发“建造许可证”。12 月 27 日，田湾核电站二期工程浇筑第一罐混凝土。该工程是日本福岛核事故后，国务院审议核准的第一个新建核电项目。

上述项目的开工标志着我国稳妥恢复核电建设。

八、核燃料海内外开发取得突破性进展

中核集团开发海外铀资源收获“第一桶铀”

10 月 22 日，中核集团阿泽里克矿业股份有限公司在尼日尔举行了首批铀产品启运仪式。阿泽里克铀矿历经 4 年多的建设和试生产，实现首次产品销售并进入商业运营，标志着中国企业海外铀资源商用实现“零的突破”。

阿泽里克铀矿项目是中尼两国政府共同推动的政治互信、经济互利的合作经营项目，由中核集团主导开发，是我国自主设计、建造、运营管理的第一个铀资源海外开发项目。该项目于 2008 年 7 月正式动工，2011 年 3 月进入试生产运行。

中广核集团获世界第四大铀矿开采权

1 月 11 日，纳米比亚竞争委员会宣布批准中国广东核电集团公司收购拥有世界第四大铀矿开采权的澳大利亚矿产公司。

获得批准后，中广核集团的子公司 Taurus Mineral 将收购澳大利亚铀矿公司的控股权，而后者拥有纳米比亚中西部胡萨布铀矿的开采许可证。

我国发现世界级大铀矿

11 月 4 日新华网消息，由中央地质勘查基金投资实施的内蒙古中部大营地区铀矿勘查取得重大突破，发现国内最大规模的可地浸砂岩型铀矿床。连同此前的勘查成果，该地区累计控制铀资源量跻身于世界级大矿行列。这对我国立足国内提高铀资源供应，提高核电发展资源保障能力有重大意义。

九、三大核电企业举办核电站公众开放日活动

7 月—8 月间，中核集团、中广核集团和中电投集团等单位陆续组织了核电站开放日活动。

中核集团在秦山核电基地举办公众开放日活动，浙江海盐县 30 名公众代表团，30 位核电员工与当地居民联姻家庭的成员以及人民日报、新华社等多家媒体零距离接触核电，参观了核电站关键设备模型展厅和模拟机室，观看了核安全科普展板和核电科普短片，并听取了核电与核安全文化专家所作的《秦山核电核安全文化》专题科普讲座等。

中广核集团大亚湾、台山、阳江、红沿河、宁德、防城港六大核电基地同时举办公众开放日活动，以“开放、透明、诚信”的姿态，迎来周边地区的中小学师生、

社区居民、农村科普人员共计 700 多人，近距离探访核电站。

中电投集团在海阳核电站两次举办开放日活动。50 名小记者及其家长与海阳核电进行了一次“亲密接触”。举行了“汇聚山核，共建和谐”家属日活动，327 名员工家属欢聚现场，一同感受了海阳核电项目成长的喜悦。

十、《医院中子照射器 - Ⅰ型机设计与建造》等 3 个项目获中国核能行业协会科技奖一等奖

11 月 16 日，59 个项目获得 2012 年度中国核能行业协会科学技术奖。其中，《医院中子照射器 – Ⅰ型机设计与建造》《百万千瓦级核电蒸汽发生器制造技术研究》和《核电站主管道安装窄间隙自动焊技术研发》等 3 个项目获一等奖；《650MW 等级核电汽轮机自主化设计与研制》等 12 个项目获二等奖；《压水堆核电站稳压器波动管及三通老化管理及寿命评估研究》等 44 个项目获三等奖。

2012年中国核能行业大事记

1月2日，中科华核电技术研究院联合中广核工程有限公司成功研制反应堆控制棒驱动系统，打破了国外技术封锁和垄断，实现了控制棒驱动系统的自主化和国产化。

1月5日，福清2号核反应堆压力容器水压试验在中国一重大连核电设备制造基地获得成功。该基地实现了年产5台核反应堆压力容器的目标，创造了国内纪录。

1月8—10日，中国核工业集团公司在京召开2012年度工作会议。中核集团党组书记、总经理孙勤在会议开幕式上作了题为《改革创新转方式，加快发展增实力，推进集团公司科学发展取得新成效》的主题报告。会议前夕，吴邦国、贾庆林、李长春、习近平、李克强、张德江、王岐山、刘延东、李源潮、郭伯雄、陈炳德、常万全等党中央、国务院、中央军委领导同志作出重要批示或发来贺信。

1月8日，中国核能电力股份有限公司与中核燃料有限公司签订了核燃料供应长期合作协议。

1月8日，三门核电1号机组反应堆一体化顶盖顺利完成中、上屏蔽罩整体吊装，并与下屏蔽罩连接固定。

1月9日，中国核工业地质局申报的“全国铀资源潜力评价”和“内蒙古二连盆地努和廷铀矿床详查及外围评价”两项成果分别入选中国地质学会2011年度“十大地质科技进展”和“十大地质找矿成果”。

1月11日，纳米比亚竞争委员会批准了中国广东核电集团的子公司Taurus Mineral收购拥有世界第四大铀矿开采权的澳大利亚矿产公司。在获得这一批准后，Taurus Mineral得以收购澳大利亚矿产公司的控股权，而后者拥有纳米比亚中西部胡萨布铀矿的开采许可证。

1月12日，中国广东核电集团对外宣布，截至2011年12月31日，大亚湾核电基地6台核电机组年度上网电量超过405亿千瓦时，大亚湾核电站1号机组实现无非计划停堆连续安全运行3387天，实现连续十年无非计划停堆，在国际同类机组中排名第一。

1月12日，由中广核工程有限公司与沈鼓集团联合研制的国内首台CPR1000安全壳喷淋泵和低压安注泵制造完工并发往阳江核电项目现场，标志着国产核二级泵正式进入批量化生产阶段。

1月13日，我国首台EPR机组核岛关键冷却水泵从大连深蓝泵业发往台山核电项目现场，标志着第三代EPR电站核岛关键核级冷却水泵完全实现国产化。

1月17日，我国第三代自主化依托项目海阳核电站1号机组压力容器顺利吊装就位，标志着该机组全面进入主系统安装阶段。

1月17日，福清核电1号机组成功实现倒送电。

1月19日，国内首台三代EPR机组

台山核电核岛役前及在役检查能力验证方案获国家核安全局批准。

1 月 19 日，中广核集团下属的金牛矿业有限公司完成对纳米比亚湖山铀矿的收购。

2 月 2 日，国家原子能机构国际合作协调委员会第二次会议在京召开。会议听取了国家原子能机构秘书局秘书长王敏正关于协调委员会 2011 年度工作情况和 2012 年的工作计划的报告。

2 月 3 日，在“感动中国”2011 年颁奖盛典上，为新中国核事业作出巨大贡献的核科学家朱光亚名列 2011 感动中国人物榜单中。

2 月 3 日，中国核工业建设集团公司在银行间债券市场成功发行 2012 年度第一期短期融资券，发行金额为 10 亿元，期限为 366 天，发行利率为 4.7%。

2 月 7 日，山东海阳核电项目 1 号机组蒸汽发生器 A 水压试验获圆满成功。

2 月 8 日，三门核电站一期工程首台汽水分离再热器顺利吊装就位。

2 月 10 日，宁德核电 1 号机组核岛主回路水压顺利通过 22.8 兆帕平台，经环境保护部华东核与辐射安全监督站现场确认，各项数据符合要求，冷试取得圆满成功。

2 月 10 日，红沿河核电站 500 千伏变电站正式投入运行，标志着红沿河核电站的功率送出系统正式并入辽宁电网。

2 月 14 日，世界首台 AP1000 堆型核电站用爆破阀在美国完成最终水压试验。

2 月 15 日，国家核电技术公司“国家核电设备与材料鉴定中心”在上海发电设备成套设计研究院揭牌成立。

2 月 15 日，环境保护部副部长、国家核安全局局长李干杰一行考察了福清核电工程和三门核电工程，对项目建设提出了希望和要求。

2 月 16 日，环境保护部副部长、国家核安全局局长李干杰到宁德核电基地调研。

2 月 23 日，由国际原子能机构组织的红沿河核电站一期工程运行前安全评估正式结束。评估团认为，红沿河核电站致力安全文化建设，电站安全运行准备工作比较充分，经进一步努力，能实现安全持续稳定运行。

2 月 23 日，中国核工业二三国际有限公司在北京顺义总部揭牌并正式登陆香港主板交易市场。

2 月 23 日，由科技部国际合作司和国防科工局系统二司主办，中国核能行业协会和中科华核电技术研究院承办的“2012 年中国参与第四代核能系统国际论坛 (GIF) 工作研讨会”在深圳举行。

2 月 23 日，由中国核动力研究设计院自主设计和采购的福清核电站 1 号机组堆内构件设备顺利通过出厂验收，实现了全部设计自主化和制造国产化。

2 月 24 日，中广核集团 2012 年科技大会在大亚湾核电基地召开。中广核集团公司董事长贺禹在会上作题为《自主创新 锐意进取 开拓集团事业发展新局面》的讲话，总经理张善明作题为《真抓实干 开拓创新 全面推进集团可持续发展》的发言。

2 月 24 日，国家核电技术有限公司在杭州举办首届三代核电 AP/CAP 合格供应商年会。

2 月 25 日，国家高新技术研究发展计划重大课题“核电站专用机器人技术与应用”启动会在深圳召开。

2 月 28 日，中国首台 AP1000 核电非能动余热排出热交换器由东方电气(广州)重型机器有限公司研制成功，并发运山东海阳核电站。

2 月 28—29 日，中国核工业建设集团公司暨股份公司 2012 年度工作会议在北京召开。中国核建集团公司党组书记、总经理、股份公司董事长穆占英在开幕式上作了题为《加快转型升级步伐 提升科学发展水平 为培育具有国际竞争力的世界一流企业而奋斗》的工作报告。

2 月 29 日，随着最后一个控制棒组件 (RCCA) 备件制造完成并交付储存，全球首台 AP1000 机组三门核电首炉燃料组件和相关组件全部生产完成。

3 月 1 日，由中国原子能科学研究院自主研发、设计、建造的中国先进研究堆成功实现满功率运行，达到国家规定的技术目标。

3 月 1 日，海阳核电 1 号机组一体化堆顶结构在美国宾夕法尼亚州约克郡 Precision custom component 公司完成装车发运。

3 月 1 日，世界核电运营者协会 (WANO) 主席劳伦特・斯特里克一行前往红沿河核电现场考察。

3 月 2 日，福清核电 1 号机组第二台蒸汽发生器吊装就位。

3 月 2 日，红沿河核电 2 号机组堆内构件在上海第一机床厂有限公司竣工发运。

3 月 4 日，由中国核动力研究设计院自主承担的 ACP1000 蒸汽发生器标准设计在成都通过专家审查。

3 月 5 日，田湾核电站 1 号机组第五次大换料大修中的压力容器在役检查工作提前结束。这标志着国内首次独立完成 VVER-1000 型反应堆压力容器检验工作，在检查中首次采用了国产化 MIS 机。

3 月 5 日，国家核安全局组织召开核电集团核事故应急抢险与处置支援研讨会。国家核安全局要求各核电集团公司建立集团公司《核事故应急支援预案》。

3 月 8 日，中广核集团公司和美国杜克能源公司在京签署合作谅解备忘录。

3 月 9 日，中电投集团与美国杜克能源公司在京签署合作谅解备忘录。

3 月 12 日，秦山三期核电站两台机组累计实现安全发电 1000 亿千瓦时，相当于节约标煤 3200 万吨，减排二氧化碳 9200 万吨。

3 月 12 日，三门核电 2 号机组 CA02 模块吊装就位。这标志着三门核电 2 号机组的五大结构模块已全部到位。

3 月 13 日，世界首台 AP1000 第三代核电站屏蔽电机主泵在美国宾夕法尼亚州匹兹堡市的科蒂斯・怀特公司 (EMD) 工厂顺利结束出厂前所有试验，这标志着 AP1000 核岛最后一项关键设备已研制成功。

3月16日，由中国第二重型机械集团公司自主研发、生产的世界首套第三代核电AP1000主管道——海阳核电1号机组主管道制造成功并发往用户。

3月23日，保定天威保变电气股份有限公司为三门核电一期工程制造的首批4台DFP-484MVPA/535kV变压器起运。

3月23日，三门核电一期工程里程碑节点目标220千伏倒送电顺利完成。

3月23日，“国家大型先进压水堆重大专项CAP1400安全壳地坑滤网问题研究”课题启动会在深圳召开。该课题由核与辐射安全中心和中科华核电技术研究院联合承担，具体研究工作由国家能源核电站核级设备研发中心负责。

3月23日，东方电气股份有限公司、清华大学核能与新能源研究院签订了HTR-10高温气冷实验堆氦净化系统尘埃过滤器供货合同。该设备是首个由东方电气股份有限公司独立设计的核二、三级设备。

3月27日，国家主席胡锦涛在首尔核安全峰会上发表题为《深化合作 提高核安全水平》的重要讲话，全面阐述了中国在核安全领域的政策主张、所作的努力和重要举措。

3月26—27日，中电投集团参加国务院国资委与广西壮族自治区人民政府合作备忘录签字仪式暨央企广西行活动启动仪式，推动集团公司与广西在核电等领域的合作。

3月27日，国家能源核电工程建设技术研发（实验）中心学术委员会2012年年会在大亚湾核电基地召开。来自20多家单位的28位学术委员以及研发中心相关领导和专家出席了会议。

3月28日，我国大型先进压水堆重大专项CAP1400非能动堆芯冷却系统试验设施项目（简称“ACME项目”）在清华大学开工。

3月29日，世界核电运营者协会(WANO)巴黎中心(PC)驻中广核支持组正式成立。该支持组办公室设在大亚湾核电基地，由WANO-PC派遣人员常驻，负责协助中广核集团内各核电基地WANO业务的推进和协调。

3月29日，在巴黎举行的法国电力公司(EDF)2011年度安全业绩挑战赛颁奖仪式上，大亚湾核电运营管理有限责任公司获“核安全/自动停堆”“能力因子”两项第一名。

3月29日，海阳核电站1号机组钢制安全壳顶封头(CVTH)顺利吊装就位。

3月30日，国家能源局《核级焊接材料国产化开发及应用研究》课题启动会暨合作开发签约仪式在大亚湾核电基地举行。该课题系国家能源局《核电建设关键技术研究及示范应用》项目子课题之一。

3月30日，中国一重与东方电气（广州）重型机器有限公司在广州举行CAP1400蒸汽发生器锻件合同签字仪式。

3月，国核自仪系统工程有限公司与西屋公司在美签署后续AP1000项目《AP1000^{TM}技术支持服务合同》。

4月3日，第十二届中国国际核工业

展览会在北京开幕。本次展览会共有来自14个国家的近200个国内外企业参展，总展出面积为1.3万平方米，为历届核工展之最。

4月6日，中共中央政治局常委、全国政协主席贾庆林参观第十二届中国国际核工业展览会。

4月6—7日，国家核事故应急协调委员会五届二次全体（扩大）会议在京召开。会上，国家核事故应急协调委成员单位由18个增至24个，设省级核应急组织的省份由12个增至16个。

4月8日，中核集团宣布，秦山核电二期扩建工程4号机组比计划提前60天正式投入商业运行。至此，秦山核电二期扩建工程全面建成投产。

4月8日，方家山核电1号机组核反应堆压力容器在中国一重制造成功并发运。

4月9日，中共中央政治局委员、上海市委书记俞正声视察上海重型机器厂有限公司，调研核电产业发展情况。

4月10日，沈阳电力机械总厂举行广东台山核电站鼓形滤网立式组装空载试验启动仪式。

4月10日，中国核能行业协会在北京召开《内陆压水堆核电厂环境影响的评估》课题启动会，来自12家单位的19名代表和专家出席了会议。

4月10日，中国一重成功浇注用于CAP1400反应堆压力容器接管段的499吨真空钢锭。这标志着中国一重在CAP1400核岛关键设备大型钢锭研制方面取得了重大突破。

4月11日，全国政协副主席李兆焯到广西防城港核电站考察。

4月13日，广西防城港核电站一期1号机组穹顶吊装成功，标志着该机组建设全面进入安装调试阶段。

4月13日，由苏州热工研究院、大亚湾核电运营公司共同建设的“国家能源核电运营及寿命管理技术研发（实验）中心”以94.9分的优秀分通过认定评审。

4月16日，国家核电技术有限公司、西屋电气公司和柯蒂斯怀特/EMD公司宣布首台AP1000核电主泵在EMD成功完成了耐久试验。这标志着AP1000主泵的试验已全部结束。

4月16日，CPR1000反应堆压力容器上封头锻件和顶盖法兰锻件通过中广核集团核级设备鉴定与评定中心的评定认证。

4月17日，环境保护部副部长、国家核安全局局长李干杰考察了福岛核事故后大亚湾核电基地各电站安全改进措施落实情况。

4月17—19日，第34届亚太地区核科技合作协定国家代表会议在北京召开，来自22个国家和国际组织的60余名代表参加了会议。

4月20日，国家能源局、法国核安全局在京联合召开中法核电安全交流研讨会。

4月20日，北京广利核系统工程有限公司与中核核电运行管理有限公司在北京签订秦山核电二期1、2号机组常规岛分散控制系统与电站计算机系统(DCS/KIT/KPS)改造项目订货合同。

4月23—24日，由浙江海盐县政府和日本敦贺市政府共同举办的中日核电交流会议在海盐举行。

4月25—27日，全国核能标准化技术委员会在湖南长沙市召开国家标准审查会，对核工业标准化研究所等单位联合编制的国家标准《核科学技术术语第九部分：磁约束核聚变》送审稿进行了审查并一致通过。

4月26日，由中核燃料元件有限公司南方分公司生产的红沿河核电站1号机组首炉第一批80组燃料组件及相关组件，以全过程公路运输的方式安全运抵红沿河核电站。

4月26日，中广核集团与国家核电技术有限公司、宝钛集团有限公司在陕西宝鸡签订了核级锆产业合作框架协议。根据协议，三方将共同打造具有自主知识产权的核级锆、铪合金品牌，实现从锆材到燃料组件的自主化与国产化，满足我国核电自主化发展的需要。

4月28日，海阳核电1号机组稳压器水压试验在东方电气(广州)重型机器有限公司顺利完成并取得圆满成功。稳压器水压试验的完成，标志着1号机组稳压器制造关键节点全部完成。

4月28日，中科院合肥物质研究院等离子体所隆重举行国际热核聚变实验堆计划(ITER)校正场线圈生产线竣工暨线圈制造开工典礼。

5月3日，国家核级锆材研发中心理化检测中心获得由陕西省技术监督局颁发的中国计量认证(CMA)证书。这标志着该中心能够独立承担第三方公正性检测。

5月4日，国家核与辐射安全监管技术研发基地落地协议签约仪式在北京房山区举行。

5月4日，海盐县核事故紧急医疗后援中心项目建设管理合作签约仪式举行。核电秦山联营有限公司为该项目出资500万元，用于购置医学及急救设施。这是全国首家核电站所在地建立核事故紧急医疗后援中心。

5月5日，宁德核电站一期4号机组穹顶整体吊装成功。

5月9日，在中国外交部新闻司组织下，来自美联社、英国路透社、意大利广播电视公司、德国《世界报》、日本共同社、《印度教徒报》、哈萨克通讯社等14家媒体共22名文字、摄影摄像、广播记者和制片人，参观了大亚湾核电基地。

5月9日，由江苏省科技厅组织的国际科技支撑计划“核电厂核安全保障关键技术研究”项目启动会在苏州召开。该项目由中广核集团苏州热工研究院有限公司承担。

5月10日，中国核能行业协会第二届会员大会在北京召开，同时，举办了“2012年中国核能可持续发展论坛”。

5月10—11日，第四代核能系统国际论坛(GIF)政策组第33次会议在韩国釜山举行，来自中国、加拿大、法国、日本、韩国、俄罗斯、南非、瑞士、美国等9个GIF成员国和欧盟的代表、专家组代表、观察员以及GIF秘书处有关人员共50多人出席了会议。

5月13日，海阳核电一期工程2号机组核岛钢制安全壳(CV)筒体第四环与第三环的导向装置实现成功对接，CV筒体四环成功吊装就位。至此，海阳核电一期工程两个核岛共8个CV筒体环段的吊装工作全部完成。

5月14—15日，中国核学会开展了“院士广西行”活动，中国工程院6位院士出席了此次活动。李冠兴院士和叶奇蓁院士分别作了题为《辐射防护与核安全》《新形势下的核电发展》的讲座。

5月15日，东方电气股份有限公司、东方电气(广州)重型机器有限公司与国核工程公司签订重大专项示范工程1号机组稳压器设备研制采购合同。这标志着东方电气集团CAP1400稳压器研制、制造工作正式开始。

5月15日，红沿河核电5号机组控制棒驱动机构正式开工，标志着东方电气集团首个CPR1000控制棒驱动机构制造工作正式开始。

5月17—18日，主题为“2012中国核电重启元年”的第八届中国核能国际大会在北京召开。

5月18日，第二届中国快堆论坛暨快堆产业化技术创新战略联盟第二次成员大会在大连召开。

5月21日，海阳核电1号机组发电机顺利到达海阳核电现场重件设备码头。本次到场的发电机组包括定子、转子以及配件，总重达910吨。

5月22日，国家能源局下发2012年度第一批国家能源应用技术研究及工程示范项目科研计划，其中拟定共计22个项目逾100个课题作为今年国家能源科技研发的重点。

5月23日，国务院近日作出决定：任命孙勤为中国核工业集团公司董事长，免去其中国核工业集团公司总经理职务；任命钱智民为中国核工业集团公司总经理，免去其国家能源局副局长职务。

5月23日，福清核电2号机组反应堆压力容器在中国一重制造成功并发运。

5月24日，中国工程院院士、国家能源委员会专家咨询委员会副主任杜祥琬，在中科院研究生院主办的“中国科学与人文论坛”主题报告会上，应邀作题为《核能与核安全》的报告，提出“核电有着很大的发展潜力，在这个战略必争的领域，保持指导思想和方针政策的稳定性和持续性十分重要”。

5月26日，由东方电气(广州)重型机器有限公司承制的海阳1号机组稳压器发运，标志着东方电气集团首台三代AP1000稳压器制造顺利完成。

5月28日，国家能源局下发通知，要求加快核电标准体系建设，尽快形成适合我国国情并与国际接轨的核电标准体系，相关单位应尽快开展工作，2013年底前完成相关核电标准研究与制修订任务。

5月28日—6月8日，世界核电运营者协会(WANO)组织评估团对宁德核电站开展了为期两周的第二阶段运行前同行评估。

5月31日，温家宝总理主持召开国务院常务会议，讨论并原则通过《核安全与放射性污染防治“十二五”规划及2020年远景目标》。

6月1日、5日、25日，福清核电1号机组堆内构件、宁德核电2号机组堆内构件、福清核电1号机组控制棒驱动机构先后从上海第一机床厂有限公司顺利发运。

6月2日，中国一重成功浇注715吨钢水的核电常规岛低压转子真空钢锭。它的浇注成功不仅标志着中国一重的生产等级超越了“7654”的世界极端制造目标，对推进我国具有自主知识产权的CAP1400核电技术具有重要意义。

6月5日，国家主席胡锦涛与俄罗斯总统普京在北京签署了《中华人民共和国和俄罗斯联邦关于进一步深化平等信任的中俄全面战略合作伙伴关系的联合声明》。两国有关部门或企业负责人还签署了中俄政府关于在中国合作建设田湾核电站3、4号机组的议定书(草签)，中国工业和信息化部与俄罗斯联邦工业和贸易部关于加强工业领域合作的谅解备忘录等一系列文件。中俄核领域合作路线图涵盖核电、快堆、核燃料、空间核动力等领域，是中国核领域合作的重要指导性文件。

6月5日，台山核电1号机组反应堆压力容器成功就位。

6月6—8日，2012年核能行业质量保证检查有效性经验推广研讨会暨核能行业质量管理工作会议在深圳举行。共有56家单位86名代表参加会议。

6月7日，由中国核能行业协会第四代核能系统国际论坛(GIF)联络办公室组织的GIF《钠冷快堆安全设计准则》专家研讨会在京召开。

6月8日，中共中央政治局常委李长春来到国家核电技术有限公司，就加强科普知识宣传和企业文化建设、提高自主创新能力等进行调研。

6月8日，国家核电技术有限公司与美国西屋电气公司合资建设的世界先进的核级海绵锆工厂——国核维科锆铪有限公司在江苏南通正式投产，预计年产核级海绵锆2000吨。

6月9日，阳江核电站3号机组穹顶吊装成功。

6月11日，红沿河核电站3号机组反应堆压力容器顺利运抵现场。

6月11日，中国核工业建设集团与南京市签署战略合作协议，将在南京江宁区滨江开发区建设国内最大的核能科技产业园。产业园规划面积2平方公里，预计通过5年建设，产业园产值将突破500亿元。

6月14日，宁德核电站1号机组完成热态功能试验期间的各项既定试验，热试圆满结束。

6月14日，中核集团拥有自主知识产权的两组N16特征化燃料组件正式开始进入中核核电运行管理有限公司第二核电厂2号机组第九循环接受辐照考验。这标志着我国先进燃料组件研发迈出重要一步。

6月18日，中国原子能科学研究院HI-13串列加速器实现安全运行10万小时。

6月18日，由上海电气电站设备有限公司上海发电机厂承制的第2台百万千瓦级核电发电机产品完成出厂最终验收。

6月20日，核工业北京地质研究院院长李子颖获得第十二次李四光地质科技研究者奖，核工业二〇八大队总工程师彭云彪获得第五届黄汲清青年地质科学技术奖，核工业二〇三所、二八〇所荣获“青藏高原地质理论创新与找矿重大突破”先进单位，核工业二〇三所刘林、二八〇所王四利荣获“青藏高原地质理论创新与找矿重大突破”先进个人奖。

6月20日，由上海电气凯士比核电泵阀有限公司承制的海阳核电1号机组凝结水泵顺利运抵工程现场。

6月21日，由中国电机工程学会组织、中广核工程有限公司承办的“国内首台核电百万千瓦级半速汽轮发电机组技术开发及应用”科技成果鉴定会在北京召开。该成果通过了专家组的鉴定与验收。

6月25—28日，在中核集团总经理钱智民率团访问阿根廷期间，阿根廷核电公司正式向中核集团颁发了ACP1000技术通过资格预审证书。

6月26日，中核集团蒙古项目公司与蒙古国核能署签订了《古尔万布拉克铀矿开采前期工作协议》。

6月28日，海协会与台湾海基会换函通报，双方已完成了《海峡两岸核电安全合作协议》实施的相关准备。根据该协议生效条款的规定，协议于2012年6月29日生效。

6月28日，全球首台AP1000模拟机——三门核电1号模拟机正式由美国西屋公司移交给三门核电。

6月28日，海阳核电1号机组非能动余热排出热交换器吊装就位。

7月2日，为期三天的2012世界核大学清华周培训研讨会在深圳举办。本次培训课程涉及17个领域，共有70家单位约200名学员参加了培训研讨。

7月4日，红沿河核电1号机组在完成温度压力平台的所有相关实验活动后，热试圆满结束。

7月4日，中国核建国际高级人才培训基地揭牌仪式在中核二三公司顺义总部举行。

7月5日，中国核工业集团公司与中国石油天然气总公司签署了《通辽钱家店地区铀资源合作开发协议》。

7月6日，中核集团和中核建设集团签订了田湾核电站3、4号机组核岛土建施工、核岛安装施工合同。

7月6日，由美国西屋公司设计、韩国斗山重工承制的海阳核电1号机组蒸汽发生器顺利运至韩国斗山船运码头，并于当天完成装船正式发运。

7月9日，方家山核电1号机组第三台蒸汽发生器吊装到位。

7月9日，AP1000国产化控制棒驱动线落棒试验评审会在上海交通大学召开。由上海核工程研究设计院与上海交通大学组成的联合试验团队顺利完成了

AP1000驱动线落棒性能验证试验。试验验证了AP1000国产化驱动线良好的落棒安全性能。

7月11日，中广核铀业有限公司与阿海珐集团签订了《核燃料技术支持服务协议》。该协议将为中广核集团各核电站的核燃料总承包服务提供技术保障和支持。

7月12日，中广核集团发布首份社会责任报告。报告显示，截至2012年6月底，大亚湾核电站1号机组实现连续安全运行3512天，自2002年1月12日以来，连续10年无非计划停堆，保持并延续着国内核电站单机组安全运行最高纪录。

7月13日，由上海电气核电设备有限公司承制的红沿河3号机组稳压器顺利竣工发运。

7月15日，上海重型机器厂的新一代核电大锻件项目正式通过鉴定验收。专家组认为，各项研究成果和性能指标都达到国际先进水平，有力提升了我国制造业的技术水平。

7月19—20日，中国核能行业协会在浙江海盐召开了核电厂外部事件安全裕量同行评议会，近60名专家和代表参加了会议。

7月19—20日，中蒙合作工作组第七次会议在蒙古乌兰巴托举行，就古尔万布拉克铀矿开采许可证颁发、合资公司组建、人员培训等议题进行了深入交流与讨论。

7月21日，由核工业北京地质研究院承担的中国铀矿第一科学深钻在江西相山地区正式开始，标志着我国铀矿地质勘察工作由地层浅部向深部迈出了实质性步伐。相山科学深钻项目钻探深度为2500米。

7月24—26日，三门核电联合调试队圆满完成1号机组首个核岛子系统——钢制安全壳顶封头内喷淋环管的冲洗。

7月27日，台山核电1号机组主管道自动焊现场实施正式开始。这是自动焊工艺首次在国内三代核电堆型中应用。

8月1日，田湾核电站1、2号机组寿期内累计发电800亿千瓦时。两台机组保持安全可靠满功率运行，机组各项性能指标优良。

8月1日，由715吨钢锭锻造的百万千瓦核电常规岛转子在中国一重锻造成功。这标志着中国一重的锻造生产能力跻身世界前列。

8月4日，中核集团内蒙古铀矿大基地建设指挥部在内蒙包头市二〇八大队正式揭牌成立。

8月6日，中国核电工程有限公司和江苏省电力建设第三工程公司签订了《田湾核电站3、4号机组常规岛土建工程施工合同》和《田湾核电站3、4号机组常规岛安装工程施工合同》。

8月8—10日，国家核电技术有限公司在北京组织召开CAP1000标准设计初步设计专家审查会。

8月10日，福清核电5、6号机组ACP1000专题会议在福清核电现场召开，以推动核电项目前期工作开展。

8月10日，海阳联合调试队举行海

阳核电一期工程首个移交包移交仪式，标志着海阳 AP1000 核电一期工程机组调试工作正式开始。

8 月 13 日，国家科技部副部长曹健林与热核聚变实验堆计划国际聚变能组织(即“ITER 组织”)总干事本岛修签署了《中华人民共和国与 ITER 国际聚变能组织科技合作谅解备忘录》。

8 月 13—14 日，国家核安全局在北京组织召开“2012 年核安全与环境专家委员会第九次部分委员咨询会”，24 位委员出席了会议。会议对宁德核电站 1 号机组首次装料前执照文件审评和现场检查情况进行了审议。专家组审议后认为，宁德核电站 1 号机组的工程建设进展和生产准备总体情况基本满足装料条件，建议国家核安全局颁发首次装料批准书。

8 月 16 日，江苏核电有限公司成立 15 周年暨田湾核电站 1、2 号机组商运 5 周年庆祝活动在江苏连云港市举行。

8 月 17 日，中核集团在秦山基地举办了公开日开放活动。

8 月 21 日，哈电集团首台百万千瓦级核电站用二代加主泵电机型式试验圆满成功，宣告了中国首台自主研发、独立制造的二代加主泵电机正式诞生。

8 月 21 日，中国原子能科学研究院中国先进研究堆中子科学谱仪首次获得了衍射图像，为中子散射实验研究工作的开展奠定了坚实基础。

8 月 23 日，中国广东核电集团同时开放大亚湾、台山、阳江、红沿河、宁德、防城港 6 个核电基地。

8 月 24 日，《国家核应急工作“十二五”规划》宣贯会在京召开。国家核应急协调委员会办公室主任王毅韧对推进实施《规划》提出了要求。

8 月 24 日，AP1000 堆芯补水箱模拟件制造技术通过相关专家的评审，标志着中国二重具备了制造堆芯补水箱成台设备的能力。

8 月 26 日，中共中央政治局常委、全国政协主席贾庆林视察了中核四〇四有限公司。

8 月 27 日，山东省官方网站正式向公众公布《山东省核事故应急管理办法》，该办法于 10 月 1 日起正式实施。

8 月 29—31 日，由中国机械工业联合会和中国能源协会主办的“2012 中国国际核电装备展览会”在北京中国国际展览中心举办，同期还举办了 2012 中国核电可持续发展高峰论坛。来自 20 多个国家和地区的近 500 家企业和科研院所参加核电装备展览。

9 月 3 日，中电投集团与国内高校签署了《先进核能科学技术协同创新中心组建与培育协议》，组建核能联合研究中心，合作开展核能新技术的研究和应用。

9 月 4 日，国核维科锆铪有限公司生产出第一块重 1.1 吨的核级海绵锆，标志着我国首条核级海绵锆生产线联动试车取得阶段性重要成果。

9 月 5 日，中共中央政治局委员、全国政协副主席王刚到广西防城港核电站视察。

9 月 6 日，“CAP1400 非能动安全壳壳内冷凝试验设施项目开工仪式”在清华大学核研院举行。

9 月 11 日，中国常驻维也纳联合国和其他国际组织代表团成竞业大使在维也纳指出，中国支持国际原子能机构 (IAEA) 在核安保领域发挥中心作用。

9 月 11 日，由上海第一机床厂有限公司承制的方家山核电 1 号机组反应堆堆内构件顺利发运。

9 月 12 日，亚洲核合作论坛 (FNCA) 核人力资源开发研讨会在大亚湾核电基地召开。来自中国、韩国、澳大利亚、越南、马来西亚、菲律宾等 11 个国家的 32 位核电业界高级管理人员参加会议。

9 月 12 日，台山核电站 2 号机组核岛穹顶成功吊装就位，标志着 2 号机组核岛从土建施工阶段全面转向设备安装阶段。

9 月 15 日，由哈电集团装配的世界首台 AP1000 三代核电汽轮机高压转子成功启运发往三门核电站。

9 月 15 日，百万千瓦级核电厂反应堆冷却剂泵下泵轴锻件制造工艺通过中国核动力研究设计院核级设备制品技术评定中心认可。以此为标志，中国二重在主泵配套特殊锻件的研发上取得全面突破，解决了相应锻件国产化的难题。

9 月 16—21 日，国际原子能机构第 56 届大会核工展在奥地利维也纳国际中心举行。中广核集团在展会上展出了自主研发的三代核电技术 ACPR1000+。

9 月 17 日，国际原子能机构第 56 届大会在维也纳国际原子能机构总部举行。中国国家原子能机构秘书长王毅韧在会上发言，阐述中国核安全和核能发展政策。

9 月 17—21 日，IAEA 技术合作项目 (CPR9040) 专家交流研讨会在山东核电顺利召开，主要针对设计和运行阶段核电厂辐射分区优化管理暨集体剂量统计与评估技术进行了研讨。

9 月 19 日，中广核铀业新疆公司萨瓦甫齐铀矿正式获得了国土资源部颁发的《矿产资源勘查许可证》。萨瓦甫齐铀矿探矿权的成功流转，成为国内铀矿探矿权流转的首例。

9 月 19—22 日，由中国核能行业协会和财团法人核能科技协进会共同主办的首届海峡两岸核能合作研讨会在台北举行。

9 月 20 日，三代核电 AP/CAP 材料及设备供应商会议在山东海阳召开。涉及钢板、焊材、管材、管件、泵阀、锻件等材料的 80 余家供应商共约 200 名代表参加了会议。

9 月 22 日，三门核电 1 号机组第一台蒸汽发生器从韩国斗山重工码头发运。

9 月 25 日，东方电气 (广州) 重型机器有限公司将国产首套 690 合金 U 形环热管装入广西防城港核电 1 号机组 1 号蒸汽发生器。我国核电蒸汽发生器“心脏”首次刻上“中国造”。

9 月 26 日，上海电气凯士比核电泵阀有限公司顺利交付宁德核电站 3 号机组的 3 台上充泵。

9 月 28 日，中核集团与阿根廷核电集团签署了关于双方核能合作相关谅解备忘录。阿方部长希望ACP1000核电技术能应用到该国核电站建设中。

9月29日，中核集团与国家科技部在中国科技会堂举行了进一步推进ITER计划中方采购包实施合作协议签字仪式。

9月29日，江苏核电有限公司与中国核动力研究设计院签订了田湾3、4号机组非能动氢复合器采购合同，以及双方共建江苏核电核能应用研发中心协议。

9月29日，台山核电站国内首座EPR堆型首台蒸汽发生器平稳就位。

9月29日，上海超算核电分中心成立。该中心是上海超级计算中心对接上海核工程研究设计院高性能计算需求，提升服务国家核电重大工程能力的合作项目。

10月8日，三门核电1号机组汽轮机最后一套低压内缸在秦皇岛哈尔滨重型装备有限公司海运码头举行发运仪式。这标志着三门核电1号机组常规岛主要设备已经全部制造完成并出厂。

10月10日，中国核工业建设集团公司召开会议，中共中央组织部副部长王尔乘在会上宣布了中央对集团公司主要领导调整的决定。因穆占英同志调任国有重点大型企业监事会主席，中央决定，王寿君同志担任中国核工业建设集团公司总经理、党组书记，不再担任国有重点大型企业监事会主席。另外，国资委任命董玉川、李清堂同志任中国核工业建设集团公司副总经理。

10月14日，方家山核电2号机组常规岛发电机定子顺利吊装就位。

10月15日和10月27日，海南昌江核电1号机组两台蒸汽发生器分别从西班牙ENSA和临港基地顺利发运。

10月16—19日，受国际原子能机构(IAEA)委托，由中国原子能机构(CAEA)、国家核电技术有限公司主办，国核电力规划设计研究院承办的2012年IAEA核电项目发展技术会议在北京国家会议中心召开。

10月17日，“国家国际科技合作基地”、“中俄核电联合技术研究中心”授牌仪式在田湾核电站现场举行。

10月18—19日，由中国核能行业协会主办，中核核动力运行研究所承办的2012年核电厂数字化仪控系统(DCS)研讨会在武汉召开。来自30家单位的90多名代表参加了会议，13位专家作了专题技术报告。

10月19日，中广核集团公司董事长贺禹在法国与法国电力公司(EDF)总裁普格里奥、法国阿海珐集团(AREVA)总裁吴赛签署了《新型反应堆(ACE1000)研发谅解备忘录》。ACE1000是三方以国际市场为目标，充分借鉴福岛核事故经验反馈，利用各自的优势共同打造的三代核电品牌。这是中法两国首次在新堆研发领域开展合作，得到了两国政府的认可与支持。

10月22日，尼日尔阿泽里克铀矿公司首批铀产品启运回国。该矿历经4年多的建设和试生产，实现首次产品销售并进入商业运营。

10月24日，国务院总理温家宝主持召开国务院常务会议，讨论通过《能源发展“十二五”规划》，再次讨论并通过《核电安全规划(2011—2020)》和《核电中长期发展规划(2011—2020)》。

10 月 24 日，中国国务院新闻办公室发布《中国能源政策》白皮书，明确能源发展八项方针。

10 月 25—26 日，由国家核安全局主办，中国核能行业协会承办的核能与核技术应用质量保证与核安全文化研讨会在京举行。来自 59 个单位的 130 多名专家和代表参会。

10 月 26 日，国家核电技术有限公司与美国绍尔集团公司签署了《美国 VOGTLE 项目技术支持服务合同》。

10 月 31 日，中国实验快堆工程顺利通过国家科技部组织的专家组验收。

11 月 1—2 日，由中国核能行业协会主办，环保部核与辐射安全中心和上海核工程研究设计院联合承办的 2012 年核能概率安全分析 (PSA) 研讨会在上海举行。

11 月 4 日，从国土资源部获悉，由中央地质勘查基金投资实施的内蒙古中部大营地区油矿勘查取得重大突破，发现国内最大规模的可地浸砂岩型铀矿床，连同此前的勘查成果，该地区累计控制铀资源量跻身于世界级大矿行列。

11 月 6 日，由上海电气集团所属上海重型机器厂有限公司承制的大型先进压水堆重大专项 CAP1400 核电蒸汽发生器筒体 B 锻件完成了所有要求的性能测试。测试结果显示，各项性能指标均满足设计要求，部分指标达到了国际领先水平。

11 月 6—11 日，第 14 届中国国际工业博览会在沪举办。上海电气承担的“百万千瓦级核电堆内构件和控制棒驱动机构”和“第三代非能动百万千瓦核电稳压器及大锻件”两个项目分获银、铜奖。

11 月 7 日，东方电气股份有限公司与国核工程有限公司、山东电力工程咨询院共同签订了国家重大专项大型先进压水堆核电站 CAP1400 示范工程 T/G 包设备研制采购合同。根据合同，东方电气将担负起完全具有自主知识产权 CAP1400 汽轮机组的研发、设计和制造。

11 月 8—9 日，第三届中国国际核工业研讨会在北京举行。

11 月 11—13 日，由成都市人民政府、中国核能行业协会、中国电力企业联合会等六家机构共同举办的“中国(成都)新能源国际峰会暨展览会”在成都举办。

11 月 12 日，中广核集团首个国家级知识产权专利战略推进工程项目——“压水堆核电站燃料组件及后处理技术专利战略研究”在深圳通过国家知识产权局知识产权发展研究中心组织的结题评审。

11 月 12 日，三门核电 2 号机组两台辅助变压器顺利吊装就位。

11 月 13 日，海南昌江核电站 1 号机组首台蒸汽发生器成功吊装就位。

11 月 16 日，中国广东核电集团公司浙江分公司挂牌仪式在浙江省人民大会堂举行。

11 月 16 日，5 9 个项目获得 2012 年度中国核能行业协会科学技术奖。其中，3 个项目获一等奖，12 个项目获二等奖，44 个项目获三等奖。

11 月 17 日，福清核电 4 号机组、广东阳江核电4号机组同时复工建设。这是我国在日本福岛核电事故之后，首次获批开工建设的核电机组。

11月17日，中广核集团核电站在役检查技术研发中心揭牌仪式暨研发中心第一次学术委员会会议在苏州召开。

11月20日，三门核电有限公司AP1000运营与技术国产化研究中心落地宁波，开工建设。

11月20日，中核集团AP1000技术消化吸收阶段成果评估会暨工作汇报会在京召开。这表明中核集团已经具备开展AP1000项目自主化工程设计能力。

11月21日，方家山核电2号机组反应堆压力容器在中国一重制造成功并发运。

11月22日，主题为“核电站地震安全”的国际工程科技发展战略高端论坛在广州举行，吸引了来自美国、法国、芬兰、日本等境内外近百名从事核电站和防震减灾工程研究的专家参会，共同研讨如何构建地震(海啸)中安全的核电站。

11月22日，由中国核能行业协会组织的中国广东核电集团公司ACPR1000+技术方案评审会在深圳大亚湾举行，20名院士和专家参加了评审会。专家评审认为，ACPR1000+技术方案是实现自主创新的重要成果，总体水平达到了三代核电技术水平，可以作为我国后续核电发展的技术选择之一。

11月22日，上海自动化仪表股份有限公司与英国IMI集团正式签署合资合同，合资组建上海自仪希希埃阀门有限公司，为目标市场制造并供应关键核电调节阀。

11月24日，宁德核电1号机组实现首次临界。

11月26日，红沿河核电1号机组157组燃料组件顺利安装就位。

11月30日，由中核集团核动力运行研究所/中核武汉核电运行技术股份有限公司研发的针对三代核电AP1000机组的11项在役检查和维修关键技术在北京通过国家级能源科学技术鉴定。

11月30日，中核集团自主三代核电技术ACP1000非能动安全壳热量导出(PCS)系统综合试验台架竣工暨试验启动仪式在哈尔滨工程大学举行。

12月3日，高放废物地下实验室和处置库概念设计成果鉴定会在中国核电工程有限公司召开。

12月3日，国家核电技术有限公司技术中心“国家认定企业技术中心”挂牌仪式在京举行。这是国内以核电为主业的企业集团首次获批的国家认定企业(集团)技术中心。

12月3号，海阳核电1号机组第二台蒸汽发生器完成最终发运检查，从韩国斗山重工码头顺利发运。

12月6日，在国务院总理温家宝与俄罗斯总理梅德韦杰夫的共同见证下，国家能源局与俄罗斯国家原子能公司在莫斯科正式签署了《中华人民共和国政府和俄罗斯联邦政府关于在中国合作建设田湾核电站3、4号机组的议定书》。

12月6日，中科华核电技术研究院

与东方电气集团东方汽轮机有限公司签订“核电站控制棒驱动机构科研及产业化合作”框架协议。根据协议，双方将在ACPR1000、ACPR1000+型号控制棒驱动机构的科研及产业化方面进行成果共享与研发合作。

12月7日，中国核能电力股份有限公司出现在证监会公布的在审企业名单中，意味着中国核电IPO项目正式进入审核阶段。

12月7日，国家电网公司以《国家电网公司关于山东海阳核电厂二期工程2×125万千瓦机组接入电网意见的函》，批复同意海阳核电3、4号机组工程接入电网。

12月8日，我国国民核生化灾害防护国家重点实验室在总装备部防化研究院揭牌。

12月9日，山东石岛湾高温气冷堆核电站示范工程核岛底板第一层开始浇筑混凝土。

12月10日，三门核电1号机组堆内构件完成最终发运检查，从韩国斗山重工码头顺利发运。

12月11日，中国核工业集团公司在京召开第二次科技工作会议。中核集团董事长孙勤在会上指出，到2015年，集团公司要在核电、核燃料循环、核技术应用等领域取得十大标志性成果；到2020年实现建设创新型集团公司目标。中核集团在会上发布了“龙腾2020”科技创新计划，首批入选的项目包括8个科技创新示范工程和12个核心技术提升项目，这些示范工程和项目将于2020年前完成或开工建设。

12月12日，红沿河核电厂长期购售电合同及并网调度协议签约仪式在沈阳举行。

12月12日，台山核电1号机组发电机在东方电气集团东方电机有限公司完成型式试验，标志着目前世界上单机功率最大的发电机制造成功。

12月12日，中国核能电力股份有限公司与中国核燃料公司、中国原子能工业有限公司在北京首次签署天然铀、浓缩铀、核燃料组件长期采购供应协议及合同。此次签署的协议和合同，内容涵盖中国核能电力股份有限公司所属全部核电企业2013年至2020年的天然铀采购、铀浓缩服务、核燃料组件需求。

12月13日，方家山核电工程2号机组压力容器筒体平稳就位在堆腔支撑环上。

12月17日，岭澳核电站二期年度上网电量累计达140.4亿千瓦时，提前14天完成年度上网电量目标。

12月18日，田湾核电站1、2号机组2012年度累计安全发电155.48亿千瓦时，提前13.58天完成全年发电任务。

12月18日，位于上海市张江高新技术产业开发区青浦园区的国核电站运行服务技术公司研发实验基地启动开工。

12月19日，国务院会议审议核准田湾核电站二期工程项目。

12月19日，中国电力建设企业协会向中广核工程有限公司颁发发电工程类特级调试单位证书。该资质是目前发电工程类电力调试专业的最高级别资质，中广核工程有限公司成为我国唯一一家获得该级别资质的核电单位。

12 月 19 日，我国大型先进压水堆核电重大专项系列重要试验台架之一——CAP1400 核电非能动安全壳冷却系统 (PCS) 水膜冷态试验台架在上海交通大学试验基地顺利通过可用性鉴定。

12 月 19—20 日，环保部华东核与辐射安全监督站组织检查组对福建宁德核电 1 号机组首次并网前准备情况进行了核安全检查。检查组认为，1 号机组基本具备了首次并网条件。

12 月 20 日，三门核电 1 号机组 A 环蒸汽发生器成功吊装就位。

12 月 20 日，上海电气与中国原子能科学研究院签署示范快堆的战略合作框架协议。

12 月 21 日，山东石岛湾高温气冷堆核电站示范工程核岛底板第一层混凝土浇筑圆满完成。

12 月 21 日，大型先进压水堆核电站重大专项 CAP1400 六大关键试验之一的反应堆结构水力模拟试验的试验件顺利通过出厂验收。

12 月 23 日，岭澳核电站 (一期) 年度上网电量累计达 149.3 亿千瓦时，提前 8 天完成年度上网电量目标。

12 月 24 日，宁德核电站 1 号机组购售电合同及并网调度协议签约仪式在福州举行，标志着宁德核电 1 号机组具备并网发电条件，即将并入福建电网开始发电运行。

12 月 24—27 日，由中广核集团与中央电视台联合摄制的国内第一部反映核电工程建设全过程的专题片《核电工程风云录》在中央电视台第十频道“走进科学”栏目播出。

12 月 25—26 日，三门核电 1 号机组堆内构件完成吊装引入，为反应堆主回路系统安装及钢制安全壳顶封头的就位创造了有利条件。

12 月 26 日，广西防城港核电一期工程 2 号机组穹顶吊装成功，该工程建设全面进入设备安装阶段。

12 月 26 日，台山核电站 1 号机组主回路管道焊接顺利完成。作为我国首次成功实施的三代核电主管道自动焊项目，整个焊接过程质量、安全可控，焊缝一次成型，焊接工期 5 个月。

12 月 26 日，国家核安全局给华能山东石岛湾高温气冷堆核电站示范工程颁发“建造许可证”，该项目获准浇筑第一罐混凝土，标志着全球首座 20 万千瓦高温气冷堆示范电站获准开工建设。

12 月 27 日，田湾核电站二期工程浇筑第一罐混凝土，中俄合作的田湾核电站二期工程正式开工建设。

12 月 27 日，东方电气股份有限公司、东方电气 (广州) 重型机器有限公司、东方电气集团东方锅炉股份有限公司与中国核动力研究设计院签订福清核电项目 5、6 号机组蒸汽发生器设备供货合同，标志着 ACP1000 技术路线蒸发器研制、制造工作正式开始。

12月28日，宁德核电站一期1号机组首次并网发电。

12月28日，国家能源核电站核级设备研发中心上海分中心在上海揭牌。

12月29日，大亚湾核电厂年度上网电量累计达151.3亿千瓦时，提前2天完成年度上网电量目标。

12月31日，海阳核电1号机组主管道施工实体加工工作得到国家核安全局批复，1号机组主冷却剂管道安装工作正式启动。

截至12月31日24时，大亚湾核电站6台机组2012年度上网电量总计451.13亿千瓦时，6台机组平均能力因子89.64%；田湾核电站共安全发电162.41亿千瓦时，完成年度发电量考核目标的104.46%，创造了田湾核电站投产以来历史发电量的最好纪录。

2012年，历经长期的艰苦攻关，中核集团研制的铀浓缩离心机在兰州成功实现工业化应用。这标志着我国具备了核燃料生产的自主化工业能力，完全掌握了离心法铀浓缩技术，对保障我国核电可持续发展有着重大战略意义。

核能协会
活动报道

2012 年中国核能行业协会主要活动报道

核电同行评估与经验交流委员会秘书处召开工作研讨会 (2012-01-10)

1 月 5—6 日，中国核能行业协会在武汉召开了核电同行评估与经验交流委员会秘书处工作研讨会。协会理事长兼委员会主任委员张华祝、协会副理事长赵成昆、副秘书长兼核电评估部主任龙茂雄，中核核动力运行研究所所长吴岗、副所长李苏甲出席了会议。技术支持单位中核核动力运行研究所、苏州热工研究院的代表参加了会议。会议主要讨论修订了《中国核能行业协会核电厂同行评估及经验交流管理办法》，研究了委员会 2012 年主要工作安排，听取了核动力运行研究所评估中心关于福岛事故后，我国核电同行评估工作改进的建议。

协会领导出席全国能源工作会议 (2012-01-13)

1 月 9—11 日，全国能源工作会议在京召开，国家发改委主任张平出席会议并讲话。来自中共中央、全国人大、国务院、全国政协，以及行业协会、地方能源主管部门、大型能源企业、设备制造企业和银行等有关单位的 300 多位代表参加了会议。中国核能行业协会理事长张华祝应邀出席会议。

中国核能行业协会负责人座谈会在京召开 (2012-01-13)

1 月 13 日，2012 年中国核能行业协会负责人座谈会在京召开。协会理事长张华祝主持了会议。协会副理事长丁中智、马鸿琳、张廷克、时传清、李永江、李冠兴、杨岐、赵成昆、斯泽夫及 8 位副理事长代表出席了会议。国防科工局系统工程二司司长王敏正、国家能源局电力司副司长郝卫平参加了会议。

张华祝理事长指出，在理事会的领导下，2011 年协会面对福岛核事故解疑释惑、引导公众舆论；多次召开研讨会，研究事故教训；召开高端研讨，呼吁尽快恢复核电发展，做了大量艰苦的工作。他分析了当前核电发展的形势以及核电发展要稳中求进的目标，对协会 2012 年的主要工作提出了初步意见。

与会副理事长及副理事长代表对协会 2011 年的工作，特别是面对福岛核事故所做的工作给予了高度评价。会议在认真分析形势的基础上，对协会 2012 年的工作提出了意见和建议。

能源局电力司副司长郝卫平、国防科工局系统二司司长王敏正先后讲话，对协会 2011 年的工作给予了肯定，并表示继续支持中国核能行业协会的工作，希望中国核能行业协会能在我国能源结构调整、核电恢复发展的过程中发挥更大的作用。

协会领导出席国家原子能机构国际合作协调委员会第二次会议(2012-02-02)

2月2日，国家原子能机构国际合作协调委员会第二次会议在京召开。协调委员会主任、国防科工局局长陈求发出席会议并致辞；协调委员会高级顾问、原核工业部部长蒋心雄出席会议；协调委员会高级顾问、中国核能行业协会理事长张华祝出席会议并讲话。协调委员会常务副主任、国防科工局副局长王毅韧主持了会议。外交部、财政部、工信部、环保部、商务部等有关政府部门的代表，以及中国科学院、中国农科院、中国工程物理研究院、中核集团、中国核建、中广核集团、中电投集团、国家核电技术公司、清华大学、哈尔滨工程大学等有关单位的主要领导参加了会议。

会议听取了国家原子能机构秘书局秘书长、国防科工局系统工程二司司长王敏正关于协调委员会2011年度工作情况和2012年的工作计划的报告。协调委员会各位委员对报告进行了讨论，充分肯定了委员会成立一年来所取得的成绩，并对下一步工作提出了意见和建议。

协会领导接受《中国能源报》记者专访(2012-02-15)

2月15日，在日本福岛严重核事故发生一周年的前夕，围绕公众关注关心的热点话题，中国核能行业协会理事长张华祝接受了《中国能源报》副总编辑桂俊松、记者朱学蕊的专访。

围绕“福岛核事故重要的经验反馈以及对我国核电安全发展的意义”、“国内组织的研讨交流活动达成的共识和发挥的作用”、“我国制订核安全规划、核电中长期发展调整规划和开展核电安全大检查的情况”、“我国核电产业发展战略如何定位”、“我国发展核电还有哪些重要的工作要做”等重要问题，张华祝理事长回答了记者的提问。

世界核协会副总干事访问协会(2012-02-20)

2月16日，世界核协会副总干事兼世界核大学教务长Steve Kidd先生一行到访中国核能行业协会，与核能协会副秘书长龙茂雄、清华大学核研院副院长孙玉良就2012年世界核大学清华周等事宜进行了磋商。

宾主双方共同回顾了世界核大学清华周在北京举办五年来所走过的历程，并就今年课程的设置与安排交换了意见。双方认为，世界核大学课程内容不仅要更紧密地结合不同国家的具体需求，还应及时介绍重大事件，例如福岛核事故的经验和教训及其对全球核电发展的影响等。在培训方式和地点方面，中方建议，可针对不同地域和学员的组成情况，采用更为有效的培训方式，灵活安排培训地点。

2007年，首届世界核大学清华周在北京举办，已累计培训学员近千名。除了各院校核专业的学生以外，还包括核能技术研发、核电建设、反应堆运行、工程管理等领域的人员以及其他相关行业的人员。

双方表示，随着彼此会员单位的不断增加，应进一步深化互动与合作，切实促进会员单位间的信息交流与经验共享。

西门子公司客人访问协会(2012-02-20)

2 月 15 日，西门子 (中国) 有限公司核电销售总监张世兵一行拜访了中国核能行业协会，与协会副秘书长龙茂雄各自通报了自己组织的新变化，交流了日本福岛核事故对中、德两国核电发展的影响，着重讨论了西门子公司作为首批加入核能协会的联系会员之一，如何充分利用协会平台，加强与其他会员的合作，积极参与中国的核电建设，为推动中国核电安全高效发展作贡献。

张华祝接受《中国核能》、中核新闻宣传中心记者采访(2012-02-24)

2 月 20 日，在秦山二期扩建工程 4 号机组即将投入商业运行的前夕，中国核能行业协会理事长、秦山二核原董事长张华祝，接受了《中国核能》、《中国核工业》杂志和《中国核工业报》记者的联合采访。

采访中，张华祝对曾经亲自参与了秦山二期建设的那段经历颇有感慨。他饱含深情地回忆起二期工程起步时的艰辛，对记者说道："坚守源于坚定的信念。因为我们坚信中国的发展需要核电，坚信核工业的发展，即军转民非得抓住核电这个龙头不可。"并强调，"福岛核事故以后，国家暂停审批新的核电项目，即使恢复审批了，有些项目也不一定能在短期内批复。这种情况下，秦山二期当年的精神，对现在那些暂停项目来说，还是具有现实意义的。"

2012 年 GIF 工作研讨会在深举行 (2012-02-28)

2 月 23 日，由科技部国际合作司和国防科工局系统二司主办，中国核能行业协会和中科华核电技术研究院承办的"2012 年中国参与第四代核能系统国际论坛 (GIF) 工作研讨会"在深圳大梅沙举行。来自科技部国际合作司、高新技术与产业化司、中国核能行业协会、中国核工业集团公司、中广核集团公司、国家核电技术公司、中国原子能科学研究院、清华大学核研院、中科华核电技术研究院、中国核动力研究院、上海交通大学和厦门大学等国内 10 多家单位的代表约 30 人出席了会议。

科技部国际合作司副司长陈霖豪致开幕词并介绍了 2011 年 GIF 政策组的情况。他指出，国家科技部和国防科工局在 2011 年专门成立了 GIF 联络办公室并委托中国核能行业协会承担日常工作，目的是进一步加强国内参与单位的协调与联络，整合国内研究力量，共享国际合作资源。各参与单位之间要加强协调，密切合作，形成合力。科技部高新技术发展与产业化司调研员曹学军谈了GIF工作要加强“协同创新”的意见与建议。中国核能行业协会副秘书长龙茂雄介绍了GIF联络办成立以来所做的工作和2012年工作计划。

与会专家分别介绍了2011年GIF政策组、专家组、产业咨询高级委员会、先进模拟工作组、防扩散工作组的相关情况。清华大学核研院和中国原子能科学研究院分别介绍了参与GIF框架下超高温气冷堆和钠冷快堆系统安排的合作进展。核能行业协会介绍了依托协会网站建立GIF中国专栏的设想。中核集团、中广核集团、上海交通大学、国家核电技术公司分别介绍了参与超临界水堆研究开发系统安排的设想及建议。会议就保持中国参与GIF工作年度研讨会机制，适度扩大参与范围；授权参与单位签署项目管理文件，加快项目进展；加强对GIF知识产权等共性问题的研究等形成了共识。

会后，与会领导和专家先后参观了大亚湾中微子实验室、大亚湾核电厂、不可接近设备研发中心和热工水力、IVR实验台架。

中法核电设备监造研讨会在京举办(2012-03-08)

3月6日，由中国核能行业协会与法国电力公司(EDF)共同举办的中法核电设备监造研讨会在北京举行，来自56家单位的约140人参加了会议。国家核安全局、中国核电工程有限公司、中广核工程公司、东方电气集团、法国电力公司、法国阿海珐集团公司、法国维兰公司、法国通标标准技术服务公司、必维国际检验集团等9家单位的代表在会上作了报告，内容涵盖中法两国在核电设备制造领域的监管要求与规定，业主公司在该领域的实践，设备制造商在物项和服务质量方面的管理以及附加服务等。应会议邀请，法国驻华使馆核参赞科尔迪耶先生致欢迎辞，中国核能行业协会副理事长赵成昆致开幕辞。

科尔迪耶指出，全世界核能行业一直以来都将安全置于高于一切的地位，日本福岛核事故发生后更是如此，而核电设备监造正是核安全链条上的第一环节。科尔迪耶说，中法两国在福岛核事故发生后都明确表示，将采用最高的安全标准继续发展核电。法国拥有长期积累的工业基础和大量的运行经验反馈，中国拥有建造领域的专业知识与经验，中法同行之间的交流是互利共赢的。科尔迪耶强调，核电的安全掌握在我们每一个核电人手中，让我们齐心协力，贡献力量。

赵成昆介绍了福岛核事故后中国政府的积极响应以及中国目前在建和在运反应堆的基本情况。赵成昆讲到，日本福岛核事故发生后，世界核电行业再一次将核电的安全性置于新的高度。核电的安全发展涉及到众多方面，其中核电设备的制造质量是确保核电安全发展的基础。只有通过强化核安全文化和质量保证意识，认真做好核电设备制造过程的监督与管理，才能有效控制设备的制造质量，保证核电设备的安全性与可靠性，从而确保核电厂的安全高效运行。赵成昆介绍近期美国、英法等国在核电建设方面的最新进展后再次强调，福岛核事故后不可能再出现长期的核电萧条，目前全球核电发展态势未变，这是由环境保护、经济发展和能源安全所决定的，也是由人类对核能技术，特别是核能安全技术的信心所支持的。人类离不开核能。

本次研讨会获得了与会代表的一致好评，认为会议主题突出，内容丰富，适用性强，突出了当前我国核电行业发展的薄弱环节和瓶颈问题。通过专题研讨有利于加强国内外同行的经验交流，从而促进行业的健康发展。与会代表建议核能行业协会进一步举办有关监造知识、标准对比、质量体系建设、核安全文化等专题研讨会，对具体问题进行深入交流，以促进我国核电设备监造的规范化。

大亚湾核电基地联合运行评估活动开展 (2012-03-12)

3 月 5 日，由世界核电运营者协会(WANO) 巴黎中心与中国核能行业协会核电厂同行评估及经验交流委员会联合组建的评估队，开始对大亚湾核电基地 6 台机组进行同行评估。这是我国核电领域 2005 年以来，第二次与 WANO 共同针对大亚湾核电基地实施的联合评估。

评估队全体成员、大亚湾核电运营管理有限责任公司 (DNMC) 总经理部领导以及各领域对口人出席了入场会。评估队队长 Patrick Moeyaert 先生、核电厂同行评估及经验交流委员会委员张涛、DNMC 总经理卢长申分别在入场会上致词。评估队由来自 12 个国家和 16 家国内核电单位的 45 名专家组成，其中中方评估员 11 名。

3 月 23 日，评估队完成了对大亚湾核电基地 6 台机组的同行评估，主要针对大亚湾核电厂、岭澳核电厂 (一、二期) 的 6 台运行机组的 10 个功能领域和 7 个交叉领域开展了评估。

整个活动持续了三周时间，主要活动包括入场会、入厂培训、评估队内部培训、现场熟悉、电厂巡视、现场观察、人员访谈、查阅文件和编写评估结论报告。 这是日本福岛事故后 WANO 和我国核电界第一次开展的同行评估，也是大亚湾核电基地接受的最大规模的同行评估活动。

此次联合评估是对我国核电领域现有同行评估模式的一种创新。这种模式既弥补了 WANO 资源不足的问题，也有效解决了 WANO 评估和我国内评估周期重叠的问题。实践证明，联合评估模式较好地发挥了中外评估员各自优势，同时有利于将世界各国的最新实践和良好作法及时引进来，帮助中国核电厂找出差距，持续改进，进一步提高管理水平。

协会秘书处领导出席重庆发展核电评审会 (2012-03-13)

3 月 7—8 日，由重庆市发改委、中电投集团公司联合举办的重庆市发展核电的必要性和可行性研究评审会在重庆涪陵区召开。会议由重庆市发改委副主任詹成志主持，来自中国核能行业协会、电力规划设计总院、国家发改委能源研究所、环保部核与辐射安全中心、水利部长江水利委员会、国家核电技术公司，以及重庆市有关政府部门、电力公司的 30 余位领导和专家参加了会议。核能协会副秘书长徐玉明、龙茂雄出席了评审会。

通过现场踏勘重庆市涪陵核电厂址、听取有关设计单位的厂址情况介绍和课题承担单位的研究成果汇报后，专家们对课题报告进行了认真研讨和审查，形成了专家评审意见。专家们充分肯定了课题的研究成果，一致赞同研究报告关于重庆发展核电的必要性和可行性分析；同时，专家们对重庆发展核电的特殊意义、面临的问题和下一步工作等提出了具体意见和建议。

2012 核能行业核电厂调试启动工作组会议在深召开 (2012-03-20)

3 月 15 日为适应我国核电建设专业化、市场化发展的新形势，提高核能行业调试启动管理水平，交流探讨我国核电调试启动高峰期核电厂调试启动工作组的重点工作，由中国核能行业协会主办，中广核工程有限公司调试中心和国家能源核电工程建设技术研发中心承办的 2012 核能行业核电厂调试启动工作组会议在深圳大亚湾基地召开。

中国核能行业协会理事长张华祝、副理事长赵成昆、副秘书长龙茂雄、调试启动工作组副组长及相关单位的领导与专家出席了会议。

调试启动工作组汇报了 2011 年的工作情况，并对工作组 2012 年度的工作作了部署。与会代表重点听取并审议了《核电厂调试启动工作组运作规范》、《核电厂调试启动工作组发展规划》等工作组相关执行文件。与会代表们还就工作组定位、调试启动领域的形势和问题、下一步的工作目标和计划等方面展开了讨论，为工作组的活动提出了宝贵的建议和意见。

本次会议的召开进一步加强了调试启动工作组各组长单位、副组长单位的合作与交流，同时为工作组的规范运作和下一阶段工作计划的实施奠定了坚实基础。

同行评估专题工作组组长座谈会召开 (2012-03-20)

3 月 15 日，由中国核能行业协会主办，中广核工程有限公司调试中心和国家能源核电工程建设技术研发中心共同承办的核电厂同行评估及经验交流委员会专题工作组组长座谈会在大亚湾基地召开。中国核能行业协会理事长张华祝、副理事长赵成昆和委员会各专题工作组组长、执行秘书等 40 余人参加了会议。

会上，12 个已经成立的工作组作了工作汇报。随后，与会代表围绕工作组今后一段时间重点推动工作、长效运作方式、未来发展方向等问题展开热烈讨论，积极为工作组发展建言献策。

中国核能行业协会理事长张华祝作会议总结。他指出，专题工作组是委员会围绕核电建设质量、运行业绩、关键技术问题与管理问题，由核电相关单位自愿结合而建立的交流研讨平台，目前大致可分为先进方法推广应用、关键设备和重大工程活动等三类。两年来，各工作组在交流研讨、人员培训、编制技术分析报告开展了大量卓有成效的工作，工作组模式得到业内广泛肯定。他提出，委员会将进一步总结工作组运行经验，加强工作组规范运作，加大宣传和经费支持力度，促进工作组健康发展。

本次会议是首次在行业内召开的专题工作组组长会议，搭建起了行业专题工作组之间交流研讨的平台，同时对推动核电行业专业领域发展具有积极意义。

2012 年核能行业质保培训工作会在京召开 (2012-03-26)

3 月 23 日，中国核能行业协会在北京组织召开了 2012 年核能行业质量保证培训工作会。来自中国核工业建设集团公司、国家核电技术公司，中核秦山核电有限公司、大亚湾核电运营管理有限责任公司，核动力运行研究所，中广核工程公司，苏州热工研究院等 8 个单位的 16 名代表和专家出席了会议。赵成昆副理事长主持了会议。

会议听取并讨论了 2011 年核能行业质保培训工作总结及 2012 年质保培训工作计划。与会代表和专家充分肯定了协会开展核能行业质保培训所取得的成绩，对 2012 年质保培训、再培训的安排提出了建议。

赵成昆指出，协会将不断加强服务意识，为行业发展搭建平台，今后的培训还是以质量保证培训为核心，以经验反馈为特点，试点监查员再培训，举办质保监查研讨交流活动。

据悉，为适应我国核能事业发展的需要，自 2009 年起，核能协会已举办了 17 期质保监查员培训班和 3 期高级管理人员质保培训班，共培训了 2152 人，并对培训合格的 1946 人颁发了证书。

协会第一届理事会第六次会议在京召开 (2012-03-29)

3 月 29 日，中国核能行业协会第一届理事会第六次会议在北京召开。张华祝理事长主持了会议。

会议审议并通过了马鸿琳副理事长兼秘书长所作的中国核能行业协会 2011 年工作总结和 2012 年协会主要工作安排的建议。

会议审议并同意李永江副理事长代表组织管理委员会所作的第一届组织管理委员会工作报告，审议并同意时传清副理事长代表经费管理委员会所作的第一届经费管理委员会工作报告。会议同意综合管理部主任高玉兰代表组织管理委员会关于申请入会单位的资格审查和部分单位退会的报告，以及代表经费管理委员会关于

2011 年财务决算和 2012 年财务预算的情况报告。

会议审议并原则通过秘书处关于第二届理事会、常务理事会组成人员的建议，审议并原则通过张华祝理事长关于第一届理事会的工作报告。

最后，张华祝理事长作了发言。他衷心感谢政府有关部门五年来对协会的大力支持，感谢广大会员单位对协会工作的积极投入和热情参与。他对协会新一届理事会总的工作思路谈了自己的几点意见：一是必须紧扣“促进核能行业发展”这个中心，二是必须抓好“提高和改善服务”这个根本任务，三是必须牢记“紧密依靠全体会员”这个理念，四是必须发扬“有所作为、不断进取”这个精神。只有这样，协会才能不断成长、不断进步，才能为促进核能行业的发展作出自己的贡献。

ACPR1000-P 技术方案专家评审会在深圳召开 (2012-04-01)

3 月 28 日，中国核能行业协会受中广核集团的委托在深圳组织召开了中广核集团 ACPR1000–P 技术方案专家评审会，来自中核集团和中广核集团的五位院士和国内十余家核电研发、设计、运行和安全评估单位的 18 位专家参加了评审，会议于 3 月 29 日圆满结束。中国核能行业协会理事长张华祝应邀参加了会议。

会议由赵成昆副理事长主持，叶奇蓁院士担任专家组组长。张华祝理事长在致辞中提出，目前形势下，中广核集团基于成熟堆型持续改进形成新建电站 ACPR1000–P 技术方案很有意义，大家满怀着期待与热情，共同为核电持续发展献计献策。与会专家听取与审议了中广核集团对 ACPR1000–P 总体设计方案、核岛工艺系统改进方案、电仪系统改进方案及概率安全评价的专题汇报，认为中广核集团在 CPR1000 成熟堆型的基础上，基于与 HAF102 一致性分析、概率安全评价和福岛核事故经验反馈等进行了一系列有针对性的安全改进，形成了 ACPR1000–P 技术方案。ACPR1000–P 应用成熟技术实施改进，技术方案满足定量安全目标的要求，增强了应对极端外部事件导致超设计基准事故的能力。

与会专家对中广核 ACPR1000–P 技术方案的项目定位、技术方案及其安全性给予了肯定，可作为近期新建核电机组选择的技术方案，对我国在运核电机组的安全改进亦有重要的参考作用。

内陆核电厂环境影响评估课题启动会在京召开 (2012-04-12)

4 月 10 日，中国核能行业协会在北京召开了《内陆压水堆核电厂环境影响的评估》课题启动会。来自中广核集团新项目开发部、咸宁核电有限公司、安徽芜湖核电有限公司，中核集团湖南桃花江核电有限公司、河南核电有限公司，中电投集团江西核电有限公司、湖南核电有限公司，华能核电开发有限公司、环保部核与辐射安全中心、中广核苏州热工研究院、清华大学、上海核工程研究设计院等12家单位19名代表和专家出席了会议。赵成昆副理事长主持了会议。

与会代表认为，在当前开展《内陆压水堆核电厂环境影响的评估》课题研究工作非常必要，具有十分重要的意义。其研究成果将对消除有关政府部门、公众对内陆核电的疑虑起到重要作用，对我国内陆核电厂的环境影响评价工作的规范和标准提供依据和指导。与会代表讨论了《内陆压水堆核电厂环境影响的评估》课题的内容，确定了相关的8个子课题和主要思路，安排了本年度课题工作计划和相关子课题牵头人。

核电厂同行评估及经验交流软课题审评会顺利召开 (2012-04-17)

4月13日， 新一轮核电厂同行评估及经验交流软课题研究项目审评会在北京召开。协会理事长张华祝、副理事长赵成昆出席了会议，来自核电公司等21家单位的50余名专家及课题组成员参加了会议。协会副秘书长龙茂雄主持了会议。

在听取各申请单位的汇报后，专家们认真审议了核动力运行研究所、苏州热工研究院等单位申报的20个软课题项目，并按要求对各申报课题进行评分和意见反馈。

张华祝理事长作了总结发言。他简要回顾了我国同行评估及经验交流工作的开展情况，进一步明确了核电厂同行评估及经验交流委员会设立软课题研究的宗旨和目的。他指出，根据我国核电同行评估及经验交流的现状和未来发展需要，本轮软课题主要集中在同行评估体系完善、评估方法改进和先进经验总结应用等方面；相关课题要注重与专题工作组工作相结合，发挥工作组的平台优势；鼓励课题牵头单位积极与业内相关单位合作，群策群力，完成好课题；同时，课题成果要方便业内同行共享。

美国机械工程师学会客人访问协会 (2012-04-17)

4月16日下午，美国机械工程师学会(ASME)亚太有限公司北京代表处首席代表与执行总监张强先生、ASME核电标准部项目经理克里斯汀·桑纳先生一行三人访问协会，与协会副秘书长龙茂雄进行了交流和沟通。

龙茂雄副秘书长简要介绍了福岛事故后，中国政府继续坚持安全高效发展核电的方针、核能发展前景，以及中国核能行业协会在吸取福岛事故经验、宣传核能知识、消除公众疑惑、坚定发展核电信心方面所做的工作。张强先生和克里斯汀先生重点介绍了最新版《ASME锅炉与压力容器规范及增补》的主要内容，核设施部件的建造标准，ASME中国国际工作组(IWG)的构成与工作机制，ASME的援助代表计划。关于未来合作，双方同意将在今年适当时候签署业已达成的合作谅解备忘录，并择机组织开展有关核电在役检查、维修、延寿、运行检测标准方面的交流活动。

张华祝会见日本亚洲核合作论坛负责人 (2012-04-20)

4 月 20 日，中国核能行业协会理事长张华祝在京应邀会见了日本亚洲核合作论坛 (FNCA) 负责人、国际原子能机构前副总干事町末男先生。双方愉快地回顾了良好的合作关系，并就福岛核事故给两国核电发展带来的影响、核能与公众关系、日本核电走向等共同关心的问题交换了意见。

协会领导出席第 45 届日本原子力产业协会年会 (2012-04-24)

4 月 18—19 日，中国核能行业协会副理事长李永江率团赴东京出席了第 45 届日本原子力产业协会 (JAIF) 年会。本届会议主题为“着眼全球，立足当地—福岛重生之路”。来自全球的 1025 位各国政府官员及核能产业的代表参加了会议。

各国代表分别就“能源及核能的未来”、“从福岛核事故看核电安全性的改进”、“福岛重生”三个方面发表了演讲。

在日本原产年会之前，中国核能行业协会代表团应邀于 4 月 11—14 日参加了日本非盈利组织核电沙龙组织的“在吸收福岛核事故教训的基础上预想核能科技的未来”国际研讨会，协会研究开发部副主任曹春丽代表李永江副理事长在会上作了题为《中国核能发展现状》的报告，并回答了有关提问。

协会领导赴海盐出席中日核电交流会议 (2012-04-24)

4 月 23—24 日，由浙江海盐县政府和日本敦贺市政府共同举办的中日核电交流会议在海盐举行，中国核能行业协会理事长张华祝应邀出席会议并讲话。双方代表就核电法律、法规，核电对当地经济社会发展的贡献，以及各自发展核电关联产业方面的经验等进行了交流和研讨。日方代表还就福岛事故后核电安全、核电教育与人才交流等问题作了专题报告。

会议期间，张华祝理事长会见了日方代表团团长鹫见祯彦，双方回顾了长期以来良好的友谊与合作关系，并就福岛事故对中日两国核电发展的影响、日本相关核电站重启、核电站运营等交换了看法。

张华祝：深刻认识安全高效的丰富内涵 (2012-04-27)

2012 年“两会”期间，温家宝总理在政府工作报告中首次提出“安全高效发展核电”，成为了社会各界关切的热点话题。如何理解其深刻内涵，推动核能的可持续发展？我国核电如何实现合理布局？经过调整期的我国核电将以怎样的姿态重启？对我国核能未来的发展有着怎样的期待？带着这些话题，《中国核能》记者对全国政协委员、中国核能行业协会理事长张华祝进行了专访。

安全高效 促进核电产业科学发展

2011 年 3 月发生的福岛核事故，让参加全国“两会”的核能领域的代表委员们体会到了“冰火两重天”的感受。一年过去后，“两会”代表委员们的目光被政府工作报告中提出的“安全高效发展核电”所吸引。“安全”、“高效”，成为核电产业科学、有序发展的指针。

记者：今年“两会”正值福岛核事故一周年。相比往年，代表委员们对核能发展的关注点是否发生了一些变化，这些变化体现在哪些方面？

张华祝：确实是发生了一些变化。代表委员们的关注点的不同也反映出这几年我国核电发展的不同阶段。

从2008年到日本福岛核事故之前的这段时间，正是我国核电发展逐步加快的几年。我国核电产业实现了批量化、规模化的发展。随着新开工核电项目的增多，不管是代表委员、业内外人士，还是社会公众，更多关注的是如何保持和促进我国核电产业的快速、健康发展，如何把我国核电产业做大做强，关注的主要是对那些可能影响核电快速、健康发展的一些制约因素，如铀资源保障、自主创新能力和设备保障供应能力，以及人才队伍建设问题等等。那么，如何认识，如何通过自身的努力去破解这些发展中遇到的问题自然就成了大家关注的焦点。

今年“两会”上，代表委员们的关注话题就是围绕一个中心，也就是温总理在政府工作报告中提出的“安全高效发展核电”。关注的是如何尽快重启我国的核电发展，以及如何以实际行动促进我国核电的安全高效发展。

记者：福岛核事故后，各国对核安全进行了深入理性的思考，对是否发展核电进行了再次抉择。“安全高效发展核电”一直是我国坚持的核电发展方针。您是如何理解“安全、高效”深刻内涵的？

张华祝：福岛核事故发生后，无论政府、业界，还是社会公众都格外关注核安全问题。我国政府有关部门正在编制的《核安全规划》和《核电安全规划》，对安全发展核电将会有一个明确的回答。我认为，所谓“安全”，就是要以“安全第一、质量第一”为核电发展的根本方针，就是要坚持高标准、严要求，就是要通过技术与管理的持续改进，提高我国核电的安全水平，从而达到确保人员和环境免受放射性危害，推动核能行业的安全、健康、可持续发展。

“高效”发展，正是《核电中长期发展调整规划》所要回答的问题。我认为，“高效”发展，起码要包括四个方面的内涵：核电的经济性、核电占能源总量的比重、对相关产业升级的带动力，以及核电本身发展的可持续性。

记者：您能具体解释一下这四个方面内涵吗？

张华祝：首先是经济性。核电建设初期，我们通过秦山核电站原型堆的建设，锻炼了队伍，培养了人才，积累了经验。到秦山核电二期建设时，我们特别强调，要在技术上达到国际上同类核电站的技术水平，在经济性上实现上网电价可与大型脱硫燃煤电站的上网电价相竞争。现在，经过十几年的实践，无论是秦山核电基地，还是大亚湾、田湾核电基地，投运的15台机组都已实现了这个目标，上网电价都比当地的标杆电价低。同时，在建核电项目的预期上网电价也比较乐观。可以说，我国已运行和在建的核电站在经济上已具有竞争力。

其次，是核电占消费能源总量的比重。高效发展，就意味着核电在整个能源中必须占有一定的比重。就全球范围来说，核电占全部电力生产的15%左右，而我们国家目前的比重还很低。按2011年全年核电发电量874亿千瓦时计算，核电仅占全部电力生产的1.85%，占全国消费能源总量的比重还不到1%。按照去年全国能源工作会议提出的要求，到“十二五”末，我国核电总装机容量将超过4000万千瓦，核电年发电量将达到3200亿千瓦时，可接近全国同期总发电量的5%，占消费能源的比重可达到2.2%，这对实现11.4%的清洁能源奋斗目标将会起到积极作用。到2020年核电对15%清洁能源的目标有多大贡献，将取决于今后几年的发展速度。中国工程院2011年能源战略研究预测的发展目标是，到2030年我国核电装机容量将达到2亿千瓦。如果能实现这个目标，那么，届时每年可以替代6.3亿吨煤炭，这对我国能源发展的贡献就是十分可观的了。

再次，是核电对相关产业升级的带动力。核电对相关的核燃料、核电建设、装备制造、仪器仪表和核电运行服务等产业的升级具有很强的带动力。核电作为龙头，带动了整个核燃料产业的发展。核电技术和质量的高标准、严要求，又促进装备制造业在国产化过程中采用了许多新技术、新工艺、新材料，带动了装备制造业的技术升级。随着我国越来越多的核电机组投运，对核电机组安全性能要求不断提升，核电运行服务业的技术升级和进步步伐也会不断加快。可以说，与核电相关产业的同步配套发展，既关系到核电发展是否具备充分的保障条件，还关系到相关产业的技术进步与产业升级，是核电高效发展的重要组成部分。

最后，是核电本身的可持续性发展。如果发展过程出现断档，那就谈不上高效了。保持可持续发展的一个重要方面，是要看我们掌握的铀资源能不能保障核电在相当长一段时间内的发展，还要看如何通过科技创新来不断提高铀资源的利用率。此外，创新能力的不断提升也是保证核电可持续发展的一个重要方面。

总之，我认为，对“高效”发展核电的理解，目前还没有权威的答案，存在足够的诠释空间。

积极准备 迎接核电重启

福岛核事故后，“安全高效发展核电”依然写入政府工作报告这一利好消息，让关注核能发展的人士从中看到了国家对发展核电产业的信心和迫切要求。“回暖”“迎春”“复苏”等词语正是业内人士期待情绪的直接反映。

记者：“国四条”的实施，反映出国家对核安全是慎之又慎的。暂停审批新的核电项目，对我国核电发展有哪些影响？现在，核电何时重启一直是业内外关注的焦点，大家都期待着能够更快地重启项目审批。您认为，现在是否具备了核电重启的条件？

张华祝：“国四条”出台以后，我国核电发展的步伐暂时放缓，这是我国应对福岛核事故的必要措施。当然，暂停审批也带来了一些负面影响。最直接的影响是一些已核准的工程项目不能按计划开工，那些正开展前期工作的项目都停顿了下来。原先的核电发展总体部署被打乱，发展计划被迟滞。

对装备制造业来说，从今年开始，某些加工环节可能出现短期的能力闲置，明年闲置的面会更大一些。但是，只要不出现大起大落的情况，只要核电进程得以很快恢复，这些负面影响将是局部的和暂时的。

随着时间的推移，业内外对何时准许新项目开工越来越关注。特别是那些在福岛核事故之前就已经走完核准程序、再向后延迟将对目前正常进展中的工程带来被动的项目，尤其迫切。比如福清 3 号机组已于前年年底开工，按照正常的工期安排，在其开工 8 至 10 个月后，4 号机组就应该开工，但现在 3 号机组已经开工 15 个月了，4 号机组还没能开工。因为我国二代加的机组设计都是“孪生”机组，如果这种情况继续下去，那么慢慢会影响到 3 号机组不能按正常的进度推进。还有阳江的 4 号机组也是同样的情况。再有，山东石岛湾高温气冷堆项目是国家重大科技专项，其安全性能是得到业内外专家普遍认可的。这些项目是完全符合安全高效发展要求的。

去年，按照“国四条”的要求，国家开展了核安全大检查。检查结果表明，我国核电站的安全是有保障的。在这种形势下，业界都期待着核电项目的审批能尽快重启。

记者：为迎接核电重启后的新发展，您认为还需要做好哪些工作？

张华祝：为了促进我国核电恢复到正常的发展进程，我认为，最重要的是要做好以下两个方面的工作。

第一个方面是要抓好现在的“基础”，即，一要确保投运核电站的安全稳定运行，特别是新投产机组的安全运行，继续保持我国核电安全运行的良好纪录。这是提振核电信心的重要保证。二要抓好目前在建核电工程“质量、投资、进度和安全”四大控制，特别是质量和安全控制，促进在建机组的顺利建设。三要按照国家核安全大检查提出的各个项目需要整改的要求，做好相应的整改工作，重点是提高应对超强自然灾害能力和事故后果缓解能力等。做好这些工作，就可以让公众放心，让决策部门更有信心和决心，我国核电安全高效发展的基础就会更加坚实。

第二个方面是要继续做好三代核电技术的引进、消化、吸收和再创新工作。一是继续做好三代核电引进项目的技术引进消化和吸收工作，促进自主化依托项目的顺利建设，推动大型先进压水堆核电工程取得新进展。二是在二代核电技术的基础上继续改进，进一步提高安全性能，使其达到或接近三代技术的要求，增加新项目的技术选择可能。三是抓好以国家重大科技专项为代表的一批科研项目，促进我国核能领域科技创新不断取得新进展。这些工作直接关系到实现核电安全高效发展的中长期目标。

在核电放慢步伐的这一年，通过努力，制约核电快速发展的一些因素有了很大的改善，为核电的重启提供了更多的保障。我们还要抓住机遇，促进铀资源保障能力、装备制造能力和人力资源保障能力的进一步提升。此外，做好公众宣传，使核电发展建立在社会公众充分理解和广泛支持的基础之上，也是非常重要的一个环节。

凝聚共识 积极慎重推进内陆核电建设

“两会”前，对江西彭泽核电站的反对声音将内陆核电站的建设推到了风口浪尖上。近期，在广西西江上游建设桂东（平南）核电站的计划也引起了多方的反对。在我国核电项目或将重启的背景下，我国是否应该开展内陆核电站建设成了大家关注的又一个焦点。

记者：近些年来，随着我国核电发展由沿海向内陆推进，业内外人士对内陆核电建设持有不同的意见。今年的“两会”上，代表委员们对发展内陆核电都有哪些说法？

张华祝：的确，内陆发展核电问题是今年“两会”上的一个热门话题。关于内陆能否建设核电，我所听到的代表委员意见中赞成的声音占大多数，属于主流。当然也听到了一些不同的观点。

记者：那么您对我国核电的区域布局是怎么看的？

张华祝：是不是要发展内陆核电？怎么发展？确实影响着我国核电发展的整体布局。如何看待内陆核电的安全性，是影响我国核电合理布局的重大问题。

我国经济的起飞首先是在沿海地区，所以我国率先在一次能源短缺的浙江、广东、江苏等沿海地区发展核电，这个决策对地方（包括香港特别行政区）经济发展起到了积极的促进作用。随着西部大开发战略的实施，中西部迅速崛起，经济发展对能源的需求问题也就凸显出来。特别是2008年的冰冻灾害，突显了南方中部省份电力供应的紧张局面，对电力的来源多样化、合理配置的要求也愈发强烈。所以，内陆建设核电站势在必行。当然，推进的步骤要积极稳妥。

另外，从西方发达国家核电发展经验来看，从世界核电布局来看，全球半数以上的核电站建在内陆。内陆核电的安全可接受性和海滨核电站没有本质上的差异，对环境的影响也没有本质上的不同。

记者：近些年来，针对内陆核电发展中遇到的一些问题，核能行业协会开展了哪些相关的研究？

张华祝：对于我国的内陆核电建设，最近几年来各方面的疑虑较多，尤其是福岛核事故又进一步增加了一部分社会公众对这方面的担忧，近一段时间经常也会听到对内陆核电发展的质疑声。针对内陆核电发展中遇到的问题，2008年核能行业协会就组织开展了“内陆核电厂需关注的问题及不同类型核电机组的适应性分析研究”，并组织相关专家到法国进行内陆核电厂的实地考察，与法国相关企业就选址问题进行了研讨，交换了意见，以吸取经验。随着研究进程的推进，核能协会组织的研究深度不断深化，课题指向性更加具体。2011 年，协会组织开展了“内陆核电厂对水环境影响评估研究”，还组织了多次专家研讨会。这些活动对推动内陆核电厂建设发挥了一定的作用。

记者：为打消各方面的疑虑，协会还将开展哪些相关的工作?

张华祝：在内陆能不能建设核电站?各方的不同意见都还存在。协会在前几年工作的基础上，今年将继续开展“内陆压水堆核电厂环境影响的评估”等课题的研究工作，并适时召开研讨会，邀请各方人士，介绍研究成果，消除不必要的担心和疑虑，听取各方面的意见，凝聚更广泛的共识，努力推进内陆核电的发展进程。

核电厂同行评估及经验交流委员会会议在苏州召开 (2012-05-02)

4 月 26—27 日，核电厂同行评估及经验交流委员会第五次会议在苏州召开。委员会主任委员、中国核能行业协会理事长张华祝主持会议并作会议总结，相关核电集团公司、核电营运单位、研究设计院和工程公司的委员及代表共 40 人参加了会议。

会议审议通过了“核电厂同行评估及经验交流工作报告 (2011-2012 年度)”、“2011 年度工作经费决算和 2012 年度工作经费预算”；会议评议了“2011 年运行核电厂情况介绍”和“核电工程建设同行评估与经验反馈工作汇报”两个专题报告; 会议还就委员会成员单位和委员变更、《核电厂同行评估及经验交流管理办法》修订、大亚湾 WANO 联合评估、2012—2013 年度软课题立项和专题工作组工作等听取了汇报。

会议认为，在“十二五”的开局之年，面对福岛核事故带来的巨大影响，委员会坚持了“平等自愿、合作开放、规范有序、共享经验、持续改进”的工作方针，积极开展了核电同行评估、经验反馈与专题技术研讨、软课题开发等业务活动，认真履行了职责，完成了各项工作任务，保证了核电厂同行评估及经验交流工作体系的有效运转，为我国核电健康、持续发展作出了贡献。

会议同意秘书处关于 2012 年工作安排的建议，批准了 2012—2013 年度申报软课题研究项目立项，还对做好委员会的换届工作、专题工作组今后的发展等问题提出了指导性建议。

会议提出，2012 年委员会应切实贯彻国家“在确保安全的基础上高效发展核电”的方针，适应核电发展形势的要求，充分履行核心服务职能，加强体系建设，提升服务水平，努力在改进同行评估、健全经验反馈、完善专题工作组和软课题项目管理等方面迈出新步伐。

赵成昆应邀与法国电力公司人员会谈 (2012-05-02)

4 月 27 日，中国核能行业协会副理事长赵成昆应邀与法国电力公司 (EDF) 大中华区投资与市场部总经理武波女士等进行会谈。

双方相互介绍了本国核电发展的现状与动态，并就开展中法核电厂建设与运行管理、高管人员培训等事宜交换了意见。EDF 详细介绍了自 20 世纪 90 年代起，针对中国电力行业高层管理人员开展的交流培训活动，并表示希望利用这些成功的方法和宝贵的经验来服务中国核电伙伴，加深相互理解，从而推动业已建立的良好合作关系不断走向深入。

赵成昆对 EDF 的建议表示赞同。赵成昆说，EDF 在核电厂工程建设管理、运行经验反馈、持续升级改进等方面拥有丰富的经验。经过几十年的发展，中国在核电建设和运行方面也积累了不少经验，在面对当前不断提升核电厂安全性的国际大形势下，加强核电工程建设方面的人员培训，持续提升在运核电厂的安全业绩十分必要，双方应加强沟通与合作，找准切入点，共同探讨新的合作领域与合作机制。

核能行业质量保证监查员培训班在无锡举办 (2012-05-03)

4 月 23—28 日，中国核能行业协会“2012 第一期 (总第十八期) 核能行业质量保证监查员培训班”在无锡举办。来自核电、工程、研究设计、建设安装、设备制造等 39 个单位的 95 名学员参加了培训。协会副理事长赵成昆为培训班讲了《核安全文化》一课。

培训班邀请了业内 4 名专家为教员，根据《核能行业质量保证培训大纲 (试行)》的要求，安排了核安全文化、质量保证法规和标准、质量保证基本知识、监查技术、质量事件案例分析等 7 个方面的教学内容，完成了大纲规定的培训任务。

根据培训班专家小组综合考评的结果，将由中国核能行业协会向学员颁发相应的资格证书。

培训班结束时进行了意见反馈，学员们普遍认为，通过培训，深入了解了质量管理的新理念、新方法，系统学习并掌握了 HAF003 的有关规定和要求，所学知识和技能将更好地应用到工作实践中，收获很大。学员们还对培训教材、课程设置、授课方式、内容和学时安排、今后培训工作如何开展等提出了宝贵意见。全体学员对培训班的综合评价为满意，培训达到了预期的效果。

中国核能行业协会第二届会员大会在京召开 (2012-05-11)

5 月 10 日，中国核能行业协会第二届会员大会在北京国谊宾馆召开。国家能源委员会专家咨询委员会主任张国宝，国家能源局副局长钱智民、国家国防科技工业局系统工程二司副司长刘永德、国家核安全局副局长王中堂等有关政府部门的领导出席会议并发表讲话。张华祝理事长代表第一届理事会作工作报告。李永江代表第一届组织管理委员会作工作报告，时传清代表第一届经费管理委员会作工作报告。大会投票选举产生了中国核能行业协会第二届理事会理事和理事长。张华祝当选为协会第二届理事会理事长。

在协会第二届理事会第一次会议上，选举产生了于福庆等 49 名第二届理事会常务理事、马鸿琳等 21 名第二届理事会副理事长，选举马鸿琳兼任第二届理事会秘书长。会议审议并通过叶奇蓁任中国核能行业协会专家委员会主任，赵成昆兼任副主任。会议审议并通过徐玉明、龙茂雄任副秘书长，以及秘书处各部门主要负责人人选。会议审议并通过组织管理委员会和经费管理委员会组成，时传清兼任组织管理委员会主任，杨岐兼任经费管理委员会主任。

会议审议并通过了第一届理事会关于 2012 年工作安排的建议。

经会议审议一致同意，聘请张国宝担任中国核能行业协会名誉理事长；丁中智、李永江、翟若愚担任中国核能行业协会名誉副理事长。大会隆重地向名誉理事长和名誉副理事长颁发了聘书。

2011 年度核能协会科技奖颁奖仪式在京举行 (2012-05-11)

5 月 10 日，在中国核能行业协会第二届会员大会上，举行了 2011 年度中国核能行业协会科学技术奖颁奖仪式。《中国实验快堆核岛关键主设备（堆容器、堆内构件和旋转屏蔽塞）制造技术》（中国第一重型机械股份公司）、《我国首台国产化百万千瓦级核电堆内构件制造技术》（上海第一机床有限公司、中广核工程有限公司）、《秦山三核重水堆生产钴 -60 同位素设计研究》（上海核工程研究设计院等 5 家共同完成）等 3 个项目获一等奖。《中国实验快堆换料控制系统设计与研制》等 13 个项目获二等奖、《秦山核电公司控制棒组件检查及延寿》等 36 个项目获三等奖。

2012 年中国核能可持续发展论坛在京举行 (2012-05-11)

5 月 10 日，2012 年中国核能可持续发展论坛在京举行。中国核能行业协会副理事长赵成昆主持论坛并作了论坛小结。

中核集团、中国核建、中广核集团、国家核电、中电投集团、东方电气、中国核能行业协会和阿海珐公司等的领导和代表作了专题演讲。

赵成昆会见法国电力公司代表团一行 (2012-05-14)

5 月 11 日，中国核能行业协会副理事长赵成昆应约会见了法国电力集团 (EDF) 亚太区执行副总裁普罗内先生一行。宾主双方就福岛核事故后核电发展、EDF 在华核电业务整合、中法核设备监造研讨会后续工作等进行了讨论，并针对下阶段在内陆核电公众宣传、法国核电标准(RCC系列)培训与研讨方面的合作交换了意见。

张华祝：我国核电将继续在安全高效的轨道上行进(2012-05-16)

5月16日，中国核能行业协会理事长张华祝接受了《国家经济地理》杂志记者的专访。

采访中，张华祝理事长就核电发展的战略意义、核电的优势、我国核电产业发展现状、核电安全保障等问题回答了记者的提问。

张华祝理事长指出，发展核电，是保障能源需求、应对全球环境变化的需要。相比其他新能源，核电具有技术成熟、可大规模替代化石能源、可作基荷供电的优势。随着技术的不断发展，世界范围内的核电安全性得到较大提升。全国核设施安全大检查表明，我国现在采用的核电安全标准已经与国际先进标准接轨，我国在运和在建核电机组的安全是有保障的。至“十二五”末，我国核电装机容量将超过4000万千瓦，在世界位居第三。对于调整后的核电中长期规划，他预计，到2020年，我国核电装机容量将在6000万至7000万千瓦之间，届时，在世界排在第二位。“在经过暂停的调整期后，我国的核电产业会在更安全的基础上，以更快的态势发展，继续在安全高效的轨道上行进。”

第四代核能系统国际论坛政策组会议在韩国举行(2012-05-16)

5月10—11日，第四代核能系统国际论坛(GIF)政策组第33次会议在韩国釜山举行。来自中国、加拿大、法国、日本、韩国、俄罗斯、南非、瑞士、美国等9个GIF成员国和欧盟的GIF代表、专家组代表以及观察员和GIF秘书处有关人员共50多人出席了会议。日本原子能机构先进核能系统研究开发司副司长嵯峨山内丰(YUTAKA SAGAYAMA)担任会议主席。

与会各方介绍了各自国家近期的核能政策、技术和产业的最新发展；听取了政策组、专家组、工作组有关GIF系统安排、项目安排、加入现有项目管理理事会、2011年年度报告、钠冷快堆安全设计准则编制、第四代核能系统风险安全评价方法学的应用、先进模拟与验证等工作报告，产业高级咨询委员会行动建议及下一步工作安排；为充分汲取福岛核事故的经验教训，进一步加快第四代核能系统的研发步伐，促进GIF多边合作朝着建立示范堆型方向发展的实质性进展，会议决定成立专项小组，研究制定GIF未来十年战略规划并进一步加强与有关机构的合作。

会议决定于2012年11月13—15日在美国圣地亚哥举行第34次GIF政策组会议和GIF研讨会。

赵成昆会见法国瓦卢瑞克核电管材公司总裁 (2012-05-24)

5 月 23 日，中国核能行业协会副理事长赵成昆会见了到访的法国瓦卢瑞克核电管材有限公司总裁 Gerard Kottmann 先生。宾主双方就日本福岛核事故对中法两国及主要核电国家的影响进行了交流，对两国核电发展的前景进行了探讨。

瓦卢瑞克公司作为核能协会的联系会员单位，主要生产核电厂蒸汽发生器用管材。2011 年 5 月 26 日瓦卢瑞克公司在广州南沙基地举行了中国工厂的奠基仪式，计划 2013 年投产，预计公司年生产能力总量将达到 7000 km。

推进彭泽核电项目建设专家座谈会在京召开 (2012-05-24)

5 月 23 日，由中国核能行业协会主办，以推进彭泽核电建设为主题的专家座谈会在北京召开。中国核能行业协会理事长张华祝、中国工程院院士叶奇蓁、阮可强，中国能源研究会常务副理事长周大地等 11 位专家出席了会议。会上，中电投江西核电有限公司总经理郝宏生作了题为《坚定不移推进彭泽核电建设，为江西经济社会发展做出贡献》的专题报告。与会专家围绕报告进行了讨论，并就发展内陆核电、推进彭泽项目建设提出了意见和建议。

专家们认为：在我国安全高效发展核电的宏观政策背景下，随着我国内陆地区能源需求的快速增长和节能减排压力的不断增大，应积极发展内陆核电；内陆核电厂与沿海核电厂遵循同样严格的安全标准，内陆核电厂的环境安全是有保障的；江西省能源供需矛盾突出，为实现江西省绿色崛起，确保能源供应和能源安全，彭泽核电作为国内首批启动的内陆核电项目，将发挥重要作用。中国核能行业协会副理事长赵成昆主持了座谈会。

协会领导会见法国电力公司执行副总裁 (2012-06-06)

6 月 1 日，中国核能行业协会理事长张华祝和副理事长赵成昆应邀在北京会见了法国电力集团公司执行副总裁兼亚太区总裁马识路先生等人。双方就目前中国核电的发展和中法合作问题坦诚友好地交换了意见和看法。

马识路先生首先介绍了他近期撰写的文章《确保安全是中国核电发展关键》的主要内容。他说，纵观历史上曾发生过的核电事故，其电站的建设都是采用交钥匙模式。这一模式的弊端是设计、供应商和运行三方脱节，既不利于核电运营商全面掌握技术，也不利于经验反馈，实施技术改进。法国采用以法国电力集团公司 (EDF) 作为总体工程师单位全面负责的模式，将三方紧密联系在一起。这不仅保证了在建和在运核电站的安全，而且使 EDF 能够从国内外核电站的建设和运行中获得并有效地运用经验反馈，持续开展技术升级和改进工作，提升核电站的安全性、可靠性和经济性；使新的核电堆型达到国际最高安全水平，同时老的核电系列能够同步向逐步提升的国际水平靠拢。他表示，EDF 将一如既往地与中国同行进行合作，分享法国超过 1500 堆年的运行经验，同时也希望借鉴中国最新的、最大规模的核电建设经验，携手开创更加辉煌的核电发展前景。

张华祝表示，确保安全是中国乃至世界核电高效发展的关键。协会成立几年来，一直在积极推动核电技术的持续改进。目前，中国在运、在建和规划建设的 M310 堆型核电机组将超过 30 台。中核集团和中广核集团正致力于 ACP1000 和 ACPR1000 核电技术的开发，同时对二代机组的持续改进会继续进行下去。法国在几十年核电发展过程中积累了丰富经验，与同行交流分享经验有助于加强核安全，相信双方的合作会长期开展下去。关于核电建设和运行的组织管理形式，张华祝认为，福岛核事故证明，日本的核电管理体系存在不少待改进之处；中国的核电运行商情况各不相同。如何加强运营商的专业能力，特别是目前还不具备工程设计资质的运营商的专业能力，希望 EDF 能提出更多更好的建议。

会见期间，赵成昆副理事长就核电安全、技术基础、经济成本和设备制造国产化等问题谈了自己的看法。

协会领导出席阿海珐公司中国区总裁交接活动 (2012-06-06)

6 月 1 日，阿海珐公司在北京举行欢送中国区总裁安德龙先生和欢迎其继任者欧道博先生的活动。中国核能行业协会理事长张华祝和副理事长赵成昆应邀出席。

在致辞中，张华祝对业已建立的良好的中法合作关系给予了充分肯定，希望包括阿海珐在内的两国核能界今后进一步加强合作。他说，作为一种清洁能源，核能在经济社会发展中发挥着不可或缺的重要作用。今天，中法两国核能界的同仁聚集一堂，说明了大家对中法合作的重视，对核能发展的重视。三十年来，中法开展了核电设计、建造、运行、核安全等领域的广泛交流与合作。福岛核事故的影响依然存在。认真研究并吸取福岛核事故的经验教训，持续改进并提高核电站的安全水平是我们的共同责任。让我们携起手来，为促进中法两国和世界核电的安全发展共同努力。

GIF《钠冷快堆安全设计准则》专家研讨会在京召开 (2012-06-08)

6 月 7 日，由中国核能行业协会第四代核能系统国际论坛 (GIF) 联络办公室组织的 GIF《钠冷快堆安全设计准则》专家研讨会在京召开。中国核能行业协会副理事长兼秘书长马鸿琳出席会议并讲话。与会专家来自国家环保部核电安全监管司、国家核电技术公司、清华大学核研院、中国原子能科学研究院等单位。会议由中国工程院院士阮可强主持。

中国原子能院快堆中心专家先后介绍

了 GIF 编制《钠冷快堆安全设计准则》的背景、定位和《钠冷快堆安全设计准则》草案的主要内容及修改建议。与会专家根据我国快堆发展情况并结合 IAEA 相关标准规范等对草案展开了深入讨论并最终形成专家意见。专家认为，《钠冷快堆安全设计准则》不仅对第四代钠冷快堆的安全设计有重要的指导意义，对其他堆型也有重要的参考价值。核能协会国际合作部主任雷梅芳通报了 GIF 钠冷快堆系统近期活动安排，希望相关单位和专家继续支持并更多地参与 GIF 工作。

《钠冷快堆安全设计准则》由 GIF 编制，计划于 7 月定稿，并于年底发布。为使该准则能更好地反映福岛事故后国际社会对核安全的最新要求，增强准则的可操作性，GIF 正在征求各成员国对草案的意见。

核能行业质保监查研讨会在深举行 (2012-06-13)

为搭建核能行业质量管理经验交流平台，在行业内共享质量管理的良好实践，发挥优质资源的辐射作用，提升核电安全质量管理意识和技能水平，6 月 6 日至 8 日，2012 年核能行业质量保证监查有效性经验推广研讨会暨核能行业质量管理工作组会议在深圳举行。来自各核电集团以及核电运行、设计、建设安装、设备制造等 56 家单位的 86 名代表参加了会议。国家核安全局马桦处长、核能行业协会副理事长赵成昆、大亚湾核电运营有限责任公司副总经理刘达民在开幕式上作了讲话。中国核电工程有限公司顾问杨怡元等 12 名来自业内不同领域、具有丰富质量管理工作经验的专家，在会上作了经验交流。

马桦在讲话中，对近日国务院常务会议原则通过的《核安全与放射性污染防治“十二五”规划及 2020 年远景目标》，以及《关于全国民用核设施综合安全检查情况汇报》作了重点介绍和解读，并就相关问题征求了与会代表的意见。

赵成昆强调，质量是确保核安全的重要基础，要不断提高核能行业质量管理水平，要认真做好质量保证方面的经验反馈。他说，本次质量管理工作组会议结合经验交流召开，卓有成效。工作组今后工作的开展、总体策划要跟经验交流和共享密切结合，要使此项工作制度化、规范化，用好经验交流这个平台，提高全行业的质量管理水平。他认为会上专家的发言有宽度、有深度、有挑战，台上台下有互动、有交流，气氛活跃，效果很好。赵成昆还对今后的工作提出了一些建议和意见。

铀资源专业组专家研讨会在长沙召开 (2012-06-21)

6 月 16 日—17 日，中国核能行业协会专家委员会铀资源专业组专家研讨会在湖南省核工业地质局召开。中国核能行业协会理事长张华祝、国防科工局系统工程二司副司长吕晓明、中国工程院院士陈毓川以及铀资源组专家等 40 多人参加了会议。会议由中国核能行业协会副理事长兼秘书长马鸿琳、铀资源专业组组长张伟星分别主持。

张华祝理事长就中国核电发展现状发表讲话，吕晓明副司长介绍了我国铀资源的勘探和开发情况。陈毓川院士等4位专家就我国铀资源的形势及铀资源的勘探、开发等专题作了主旨发言。专家们就我国铀资源的发展及相关话题进行了热烈讨论，并对铀资源专业组今后的工作意见提出了建议和意见。

《核电运行与建设年度报告》审评会在京举行(2012-06-26)

6月20日，《中国核能行业协会核电运行与建设年度报告》审评会在北京举行。核电厂同行评估及经验交流委员会(以下简称委员会)25家成员单位的32位专家和代表参加了会议。协会理事长张华祝出席会议并作总结。

在听取了报告编制单位的汇报后，与会代表展开了认真讨论，并对报告结构和内容等提出了许多好的意见与建议。代表们认为，在当前形势下，协会组织编制一份反映我国核电运行和建设情况的年度报告十分必要。报告框架基本合理、内容全面，有利于核电建设与运行信息的交流与共享。代表们针对年报数据来源、格式的统一性与标准化、有关内容的详略处理、报告各部分的一致性等提出了改进建议。

张华祝理事长在会议总结中指出，《中国核能行业协会核电建设与运行年度报告》是委员会第一次组织编制反映核电行业总体情况的年度报告。该报告通过数据统计和趋势分析等方式，客观反映了我国核电运行生产情况、核电项目建设进度、核电厂同行评估和经验交流等方面的情况，对进一步加强我国核电建设与运行经验反馈，促进核电建设管理水平和运行业绩的提升具有积极意义。委员会秘书处将根据审评意见，对报告进行修改和完善。同时，委员会各成员单位在年报编制过程中，应积极支持协会和编制单位做好年报信息收集、数据核实等方面的工作，共同编制一份高质量、高水平的核电行业年度报告。

赵成昆会见AFCEN高级专家(2012-06-28)

6月26日，中国核能行业协会副理事长赵成昆，在京会见了到访的法国核电厂部件设计、建造与监督条例协会(AFCEN)高级专家克劳德•菲迪(Claude FAIDY)先生一行7人。

会见中，赵成昆介绍了福岛核事故后中国运行和在建的核设施安全大检查的情况，以及国务院近期原则通过的《核安全与放射性污染防治“十二五”规划及2020年远景目标》对中国核电发展的积极影响。赵成昆说，福岛核事故后，中国政府要求用最高的安全标准发展核电，这需要加强与国际同行在标准制定方面的合作，从而制定出符合中国具体情况的安全标准。

菲迪先生介绍了法国核电站参考文件

体系建立的基本原则、AFCEN的组织结构、并详细介绍了RCC标准在中国用户工作组等合作建议。菲迪先生表示，希望利用核能行业协会的平台加大中国核电界参与AFCEN活动的力度，解决RCC规范与标准应用过程中出现的问题。

世界核大学清华周在大亚湾举办培训研讨会 (2012-07-03)

7月2日，由中国核能行业协会、世界核大学、清华大学共同主办，中广核工程有限公司承办，为期三天的2012年世界核大学清华周培训研讨会在深圳大亚湾举办。中国核能行业协会副理事长兼秘书长马鸿琳、世界核大学教务长Steve Kidd、清华大学核研院副院长孙玉良、中广核工程有限公司副总经理夏林泉出席开幕式并致辞。

本次培训课程内容包括福岛核事故在国际监管、许可证标准、技术方面的经验反馈及纠正措施，核电的经济性、核应急响应、核燃料、核电厂废物管理、核电厂退役、核电项目融资、核电贸易与运输、反应堆技术开发、核法律与核不扩散等17个领域，将安排学员参观大亚湾核电基地。共有近70家单位约200名学员参加了培训研讨。

世界核大学(World Nuclear University)成立于2003年，总部设在英国伦敦，主要支持机构为世界核协会(WNA)、世界核电运营者协会(WANO)、国际原子能机构(IAEA)、世界经合组织核能署(OECD/NEA)，以及30多个国家的核领域研究院所，其中包括清华大学核能与新能源技术研究院。世界核大学清华周自2007年开始已在中国连续举办6年，共培训核领域专业人员和学生千余名。

医院中子照射器-I型机的设计与建造通过科技成果鉴定 (2012-07-04)

6月19日，中国核能行业协会在北京主持召开了“医院中子照射器–I型机的设计与建造”科技成果鉴定会。中国核能行业协会副秘书长徐玉明主持了鉴定会。

由来自中国核工业集团公司、清华大学、国家核安全局、北京市科学技术委员会、华北电力大学、中国原子能科学研究院、北京友谊医院及北京天坛医院的专家组成了鉴定委员会。中国工程院院士潘自强任鉴定委员会主任，清华大学副校长程建平及中国工程院院士叶奇蓁任副主任。

鉴定委员会专家听取了该项目技术总结报告，审阅了技术资料，对关键技术指标进行了测试。经过认真的讨论和评议，委员会专家一致认为：该装置为国际首台中子俘获疗法(BNCT)专用的反应堆中子源，具有全部的自主知识产权，填补了我国核科学应用在BNCT领域的空白，达到了国际同类技术领先水平，具有良好的应用前景。

医院中子照射器–I型机的研制成功，显示了我国在医用反应堆中子源领域的领先地位；医院中子照射器–I型机的应用将给广大癌症患者带来福音。

第十九期核能行业质保监查员培训班在无锡举办(2012-07-10)

中国核能行业协会"2012第二期(总第十九期)核能行业质量保证监查员培训班"于7月2—7日在无锡举办。来自核电、工程、研究设计、建设安装、设备制造等55个单位的134名学员参加了培训。环保部核与辐射安全司副司长汤博为培训班讲了第一课《核安全文化》。

培训班邀请业内4名专家为教员，根据《核能行业质量保证培训大纲(试行)》的要求，安排了核安全文化、质量保证法规和标准、质量保证基本知识、监查技术、质量事件案例分析等7个方面的教学内容，对学员进行了综合理论知识测试和实际监查练习检验，完成了大纲规定的培训任务。

培训班结束时进行了意见反馈，学员们普遍认为这期的培训活动满足了大家的实际需求；培训班管理规范、严格，培训内容实用；通过培训，使学员深入了解了《核电厂质量保证安全规定》(HAF003)及其导则的有关规定和要求，学习了质量保证体系的建立、实施和有效性维护。一些学员说，培训内容，刚好是我们实际工作中要用到的，通过系统培训，明白了我们跟法规和业主要求的差距在哪，知道了怎么改进和提高，收获很大。学员们还对培训教材、课程设置、内容和学时安排、今后培训的开展和方向等提出了意见和建议。全体学员对培训班的综合评价为满意。培训达到了预期的效果。

海阳核电厂施工阶段同行评估回访活动圆满结束(2012-07-10)

6月30日至7月6日，中国核能行业协会组建山东海阳核电厂施工阶段工程建设管理同行评估回访队，对该核电项目的工程建设管理改进情况进行了回访。回访队包括领队赵成昆(中国核能行业协会副理事长)、队长缪亚民(三门核电有限公司副总经理)、副领队龙茂雄(中国核能行业协会副秘书长、同行评估及经验交流委员会秘书长)、副队长陈李华(中广核工程有限公司副总工)和协调员、评估员、观察员共18人。

本次回访活动是对2011年10月15—24日山东海阳核电厂施工阶段工程建设管理同行评估中所发现AFI(待改进项)的改进情况的评估回访；各领域评估员根据去年评估结果，结合山东海阳核电厂所提供的纠正行动计划及其完成情况，通过文件查阅、人员访谈、现场巡视等形式，对每一AFI的改进情况进行评估并给出了恰当的评价。这些评估结果得到山东核电有限公司和核电项目相关参建单位的认可。此次回访活动有助于山东海阳核电厂及项目参建单位提高AFI的改进效果，为山东海阳核电厂工程建设管理水平提升提供帮助。

在离场会上，缪亚民及各领域评估员

向山东核电有限公司通报了AFI改进情况的评价结果，特别强调了需要山东核电有限公司高度关注的问题。山东核电有限公司总经理王凤学对协会及回访队卓有成效的工作表示感谢，表示将根据回访结论，持续改进评估中所发现的管理问题，并希望在时机成熟时，再次邀请协会组织对生产准备等领域的评估。赵成昆对回访队的工作予以高度评价，对山东核电有限公司和派出评估员的单位以及相关承包商在评估活动中的大力支持和密切配合表示感谢，并对山东核电有限公司进一步改进管理提出了希望。中国电力投资集团公司核电部副主任张树军表达了集团总部对此次评估活动的重视和支持。

至此，历时一年多的山东海阳核电厂全领域的工程建设管理同行评估圆满结束。

GIF超高温气冷堆项目安排专家审查会在京召开(2012-07-12)

7月11日，中国核能行业协会组织召开专家会，审查我国加入GIF超高温气冷堆(VHTR)中“制氢”和“燃料与燃料循环”两个项目的安排。

作为代表中方参与上述项目安排的承担单位，清华大学核能与新能源技术研究院的专家，报告了GIF超高温气冷堆中制氢、燃料与燃料循环两个项目的背景、现状、进展情况、存在问题等。来自中国核能行业协会、中国原子能科学研究院、国家核电技术公司、北京大学、清华大学的专家就加入上述国际合作项目的适宜性进行了讨论并形成专家意见。

专家们认为，核能制氢、燃料与燃料循环是超高温气冷堆研究中的两项关键技术，GIF成员国在上述领域已经开展了大量的研究。中国作为GIF成员国之一，应及时跟踪、了解相关领域的国际最新发展动向，分享相关技术成果和信息，从而促进我国在该领域的研究工作取得切实进展。专家建议，中国应及早加入上述两个超高温气冷堆项目安排。

赵成昆：安全是我们应该承担的责任(2012-07-18)

7月13日，中国核能行业协会副理事长赵成昆在接受《中国新闻周刊》记者采访时说道：“核电建设必须保证环境的安全，这是我们应该承担的责任。这种安全通过设计、运行、管理等诸多手段是能够达到的。”

赵成昆针对核安全规划和核电安全检查报告中提出的问题，介绍了我国各核电厂在福岛核事故发生后采取的安全改进措施。同时，他强调，任何技术的发展都是一个改进过程。我国核电站从建设伊始就采用了严格的标准，在建设和运行过程中，经过不断的经验反馈和技术改进，目前我国的核电标准已经与国际先进水平接轨。在福岛核事故之后，我国吸收其经验反馈，继续对现行标准进行修改，使得安全水平进一步提高。“通过技术改进，我对我国的核电技术充满信心。” 赵成昆副理事长如是说。

在采访中，赵成昆还强调了核电安全性与经济性的平衡、统一，指出在保证安全水平的同时，也要保证核电具有经济竞争力。

核电行业电气应用专题研讨会在昆明召开 (2012-07-23)

7 月 19—21 日，中国核能行业协会与魏德米勒电联接国际贸易（上海）有限公司在云南昆明联合举办了“2012 魏德米勒核电行业电气应用专题研讨会”。来自中国核电工程公司、中国核动力研究设计院、中广核工程公司、大亚湾核电运营管理有限公司、国核工程有限公司、国核自仪系统工程有限公司、上海核工程研究设计院、中核能源科技有限公司、北京广利核系统工程有限公司、中核东方控制系统工程有限公司、清华大学核研院等单位的专家以及用户单位的代表 60 多人参加了会议。

中国核能行业协会理事长张华祝在会上做了报告，对福岛核事故以来国际国内核电发展的动态作了综合分析，并对我国核电发展的前景进行了预测。张理事长指出，尽管当前我国核电发展的步伐有所减缓，但总体上仍然保持了较为强劲的态势，核电规模化发展将进入收获期。他认为，我国发展核电基本方针没有改变，也不会改变；“国四条”的贯彻已经取得重大进展，从两份文件向社会公开征求意见的情况来看，恢复新项目审批已不存在原则性障碍。他同时指出，核能业界当前应特别关注“坚持科学理性的核安全理念”，重塑核电形象，提振社会公众信心。一方面要着力提升核安全水平，保持良好的安全纪录，用“确保安全”的事实获得社会公众的信任。另一方面，要做好核电宣传与舆论引导，消除公众对核电风险的认识误区，为核电发展创新良好的舆论环境。张理事长的报告受到与会代表的热烈欢迎。

来自中广核工程公司设计院、上海核工程研究设计院、魏德米勒公司的专家分别就我国核电行业数字化仪控系统的发展、AP1000 仪控系统最新发展、魏德米勒核电行业应用等进行了大会发言；会议代表分成三个小组就核电仪控接线箱定制方案、核电电子产品应用需求、核电网络通信技术应用需求等开展了分专题的热烈讨论。

代表一致表示，这次会议为相关专业的上下游之间、供应商与用户之间提供了一个很好的交流、合作平台，为共同探讨市场需求及技术发展，分享前沿技术和创新经验，推动我国核能行业仪控电气系统的技术进步起到了积极促进作用。

核电厂外部事件安全裕量同行评议会在海盐举行 (2012-07-24)

7 月 19—20 日，中国核能行业协会在浙江海盐召开了核电厂外部事件安全裕量同行评议会。国家核安全局、中国地震局、国家海洋环境预报中心、环保部核与辐射安全中心、中国核能电力股份公司、中国核动力院、中国核电工程有限公司、中核核电运行管理有限公司、江苏核电有限公司、大亚湾核电运行管理有限公司、中广核工程有限公司、上海核工程研究设计院等单位的近60名专家和代表参加了会议。

会议听取了我国各运行核电厂关于开展地震、洪水外部事件和全厂断电安全裕量评估报告，并对其进行了同行评议。专家们认为，国家核安全局根据国际上应对日本福岛核事故的经验反馈，要求运行核电厂开展外部事件安全裕量评价，这项工作是非常必要的，对进一步提高我国核电厂的安全性和公众对核电的信心具有重要的意义。评议结论表明，各核电厂开展的安全裕量评价方法合适可行，得出的我国运行核电厂具备一定的应对超出设计基准外部事件的能力，其安全裕度不低于国际上同类核电厂的水平的评价结果是可信的。

中国工程院院士、中国核能行业协会专家委员会主任叶奇蓁和中国核能行业协会副理事长赵成昆分别主持了会议。

协会领导接受《中国经济导报》记者专访 (2012-07-27)

7月27日，中国核能行业协会理事长张华祝，接受了《中国经济导报》专刊部主任张晓、记者杨超的专访，就“核电发展的前景”、“核电发展的规模”、“是统一技术路线还是百家争鸣更适合中国核电事业的发展”、“中国铀资源的状况以及快堆的发展”、“核电站的退役”和“乏燃料后处理与核废物处置”等问题，回答了记者的提问。

加入超临界水冷堆系统安排专家论证会在京召开 (2012-08-01)

7月30日，第四代核能系统国际论坛 (GIF) 联络办公室就中国加入GIF超临界水冷堆 (SCWR) 系统安排在北京组织召开了专家论证会。中国工程院院士叶奇蓁、阮可强、孙玉发，国家环保部核电安全监管司副司长汤搏以及来自中国核能行业协会、中国核工业集团公司、中广核集团公司、国家核电技术公司、中科院基础科学局、中国原子能科学研究院、清华大学核能与新能源研究院、上海交通大学的专家参加了会议。

在听取了中核集团中国核动力研究设计院、中广核集团中科华核电技术研究院、上海交通大学的专家关于超临界水冷堆技术的研发进展及我国加入GIF超临界水冷堆系统安排的汇报后，专家们就是否加入GIF超临界水冷堆系统安排，如何组建国内团队及加强协调管理等问题进行了讨论。背景情况：GIF是由科技部与国家原子能机构牵头加入的国际大科学研究计划，其成员包括加、中、法、日、韩、南非、瑞士、美、俄、欧洲原子能共同体等。GIF的主要任务是就6个国际公认最有潜力的第四代核电站堆型——钠冷快堆、铅冷快堆、气冷快堆、超临界水冷堆、超高温气冷堆和熔盐堆开展合作研究。我国于2006年11月签署了GIF《宪章》，2007

年11月签署了GIF《第四代核能系统研究和开发国际合作框架协定》，2008年10月和2009年3月分别加入了GIF超高温气冷堆和钠冷快堆两个系统安排。

协会组织管理委员会会议在京召开(2012-08-03)

7月31日，中国核能行业协会第二届组织管理委员会第一次会议在京召开。会议由组织管理委员会主任时传清主持，杨海峰委员、李自平(代魏爽委员)、王中平(代赵锦洋委员)、凌全佩(代汪映荣委员)出席了会议。中国核能行业协会副理事长兼秘书长马鸿琳列席了会议。

会议就申请入会单位的资格、协会工作制度建设和组建中国核能行业协会信息化专业委员会等有关组织管理工作进行了研究和审议。

香港中华电力公司客人访问协会(2012-08-16)

8月10日，香港中华电力公司(简称“中电”)北京代表处首席代表蔡静伟先生一行到访协会。

中国核能行业协会副秘书长龙茂雄欢迎蔡静伟先生一行来访。他说，中国核能行业协会的主要使命是促进核能安全发展。协会成立五年来，坚持贯彻国家核能发展方针，推动核能行业自主创新和技术进步，在核能利用的安全性、可靠性和经济性方面开展了许多工作。中电香港核电投资有限公司是核能行业协会的首批会员单位之一，希望中电积极参加协会活动，充分利用协会平台，进一步加深与大陆核电同行的关系，更多地参与大陆的核电建设。福岛核事故后，核能公众宣传受到广泛关注，今后，双方可以在这方面互相配合，进一步组织开展好核能公众宣传活动。

蔡静伟先生简要介绍了中电投资中国内地能源领域的情况，并希望进一步加强与核能行业协会的交流与合作。他说，作为香港两大电力运营公司之一，中电承担了香港70%的电力供应。早在20世纪70年代末，中电就涉足中国内地的能源市场，与内地成功合作建设了大亚湾核电站。目前内地权益发电容量达6884兆瓦，其中核电权益发电容量492兆瓦，在建核电专项权益发电容量1020兆瓦，成为内地电力行业最大的外来投资者。为减少二氧化碳的排放，中电将逐步降低火电在未来电力供应中的比例，实现火电、核电，以及水电与新能源各占三分之一的目标。

张华祝会见芬兰客人(2012-08-16)

8月14日，中国核能行业协会理事长张华祝会见了到访的芬兰贸促会亚太集团主席华世能(Jari Vepsalainen)先生一行。

芬兰辐射与核安全局(STUK)首席顾问拉•阿候(Ilari Aro)先生详细介绍了STUK的组织结构、监管条例的制定与实施、安全分析技术的研发、对奥尔基洛托–3号机组的审查以及与中国开展合作的潜在领域等。阿候先生表示，中国有全球最多的在建核电机组，希望双方未来在新建核电机组、先进的安全分析方法与技术、严重事故管理、监管实践与培训等领域开展广泛的交流与合作。芬兰 TOV 核电服务公司总经理米科•雷帕拉 (Mikko Lepala) 先生详细介绍了 TOV 集团的业务领域、奥尔基洛托核电厂各机组的进展，重点介绍了芬兰中低放废物处理与乏燃料最终地质处置库的建设情况。

张华祝理事长表示，通过交流对 STUK 和 TOV 公司有了更加深入的了解。芬兰核安全监管严格而高效，在电厂技术升级、运行业绩持续改进方面成效显著，值得我们学习和借鉴。协会愿意在两国核能行业交流方面积极发挥组织与协调作用，促进两国核电企业间的合作。

中国核能行业协会第二届经费管理委员会组成 (2012-08-21)

经中国核能行业协会第二届理事会第一次会议通过，中国核能行业协会第二届经费管理委员会组成。杨岐任主任，王玉洁、王辉、关君刚、孙迟、田玉泉、马醒任委员。

中广核阳江核电项目同行评估预访问圆满结束 (2012-08-27)

8 月 22 日，中国核能行业协会理事长张华祝、副理事长赵成昆、副秘书长龙茂雄，评估队队长、江苏核电有限公司副总经理申彦锋等一行八人，赴中广核阳江项目现场进行评估预访问，双方就评估重点领域和评估准备工作等进行了交流和沟通。

张华祝理事长在讲话中介绍了协会同行评估的开展情况，结合当前核电发展形势，强调了核电项目安全、质量、持续改进的重要性。他说，本次评估是协会首次组织的、以工程公司为主要评估对象的建设管理评估，感谢中广核工程有限公司为同行评估体系完善作出的贡献。针对如何开展好本次评估活动，张华祝理事长提出了具体的要求和建议。

中广核工程有限公司常务副总经理夏林泉代表受评方致欢迎词。他说，广核工程有限公司十分重视本次评估活动，将全力支持评估队开展工作。通过本次同行评估，必将进一步促进中广核集团核电建设项目管理水平的持续改进，促进阳江核电项目的顺利推进。

会后，预访问人员对阳江核电项目进行了现场巡视。

南京图书馆入藏《中国核能年鉴》(2012-08-28)

7 月 30 日，南京图书馆给中国核能行业协会颁发了《荣誉证书》，即将分编入藏《中国核能年鉴》2010 年、2011 年卷。

南京图书馆是拥有百年历史的国家一级图书馆，800 万册藏书（新馆设计藏书总量达 1200 万册），使其与国家图书馆、上海图书馆并列全国三大图书馆。

质保监查员再培训大纲审查会在无锡召开 (2012-09-04)

9 月 2 日，中国核能行业协会在无锡召开了核能行业质量保证监查员再培训大纲审查会。来自中核秦山核电集团筹备组、大亚湾核电运营管理有限责任公司、核动力运行研究所、苏州热工研究院核电培训中心等单位的 11 名专家和代表参加了会议。协会副理事长赵成昆主持了审查会。

会议认真听取、审议、讨论了核能行业质量保证监查员再培训、主监查员提高培训的培训大纲及授课讲义，明确了质保监查员培训班、监查员再培训班、主监查员提高培训班的培训目标和定位，确定了再培训和提高班的培训课程模块、内容及学时安排、师资等，并对 2013 年的培训计划提出了具体安排意见。

与会专家认为，协会组织举办的质保监查员培训班自 2009 年试点以来，培训了 2 千多名学员，得到了各有关单位的积极响应和认可。为进一步提升监查员综合技能及监查管理能力，更有效地发挥质保监查在确保核电建设质量和安全运营，完善组织管理体系等方面的重要作用，开展再培训和提高班培训是十分必要的。

张国宝到协会指导工作 (2012-09-06)

9 月 4 日，协会名誉理事长、国家能源局前局长、国家能源委专家咨询委员会主任张国宝应邀到协会指导工作，与张华祝理事长、赵成昆副理事长等进行了愉快的交流。

张华祝简要介绍了协会组织结构和成立五年来的发展情况；张国宝结合当前经济形势介绍了国内外的能源需求和发展形势，随后，双方针对福岛事故后，世界核能发展情况和中国核电发展面临的挑战和问题深入交换了意见和看法。张国宝说，尽管福岛核事故给世界核电发展带来严重影响，但核能仍然是技术成熟、安全清洁、可大规模利用的能源形式，他对核电的未来充满信心。他表示，被聘为中国核能行业协会名誉理事长，感到由衷的高兴，将继续关心核能行业的发展，关心协会的工作，为我国核电的持续发展尽心尽力。

2012 第三期质保监查员培训班在无锡举办 (2012-09-13)

9 月 3—8 日，中国核能行业协会 2012 第三期 (总第二十期) 核能行业质量保证监查员培训班在无锡举办。来自核电、工程、研究设计、建设安装、设备制造等 53 个单位的 127 名学员参加了培训。中国核能行业协会副理事长赵成昆在开班仪式上讲话，着重介绍了日本福岛核事故对中国核电发展的影响，事故后我国核安全检查及制订核安全规划的基本情况，分析了我国核电厂整体安全水平，并为培训班讲了第一课《核安全文化与核安全管理》。

培训班邀请了业内 4 名专家担任教员，根据《核能行业质量保证培训大纲 (试行)》的要求，安排了核安全文化与核安全管理、质量保证安全法规和标准、质量保证基本知识、监查技术、质量事件案例分析等 7 个方面的教学内容，对学员进行了综合理论知识考试和质保监查技能测试，完成了大纲规定的培训任务。

培训班结束时，进行了学员意见调查。大多数学员反馈，随着国家有关政府部门对核安全监管的增强，对质量保证人员提出了更高的要求，协会举办培训班，全面系统地讲解《核电厂质量保证安全规定》(HAF003) 及其导则，教授质保监查技术，恰好符合各有关单位的迫切需求，也是实际工作用得着的。有些学员认为，做过多年的质保工作，但对法规的全面学习和深入理解还是第一次，通过讲练结合的培训，进一步明确了法规的具体要求，对落实法规具有重要的指导意义。通过学习也增强了安全质量意识，深刻认识到了将质保监查工作做实、充分发挥其功效对核电建设和运营管理所起到的不可替代的作用。培训班对刚参加工作的年轻技术人员，更是一次较快进入工作角色，理解胜任本职工作的上岗培训。学员对培训的组织和管理给予了较高的评价，认为培训班管理规范、严格、认真，培训质量高，收获较大。并对今后的培训提出了宝贵的建议和意见。综合评价满意度为 100%。培训达到了预期的效果。

可靠性维修专题工作组长会议在海盐召开 (2012-09-13)

9 月 11 日，核能行业第二次可靠性维修专题工作组组长会议在浙江海盐县召开。来自苏州热工研究院有限公司（组长单位）、中核核电运行管理有限公司（副组长单位）以及工作组成员单位的 29 名代表参加了会议。

会议听取了工作组成立以来工作开展情况及后续工作总体规划思路的报告，审议并原则通过了《中国核能行业可靠性维修 (RCM) 技术应用规范》、《核能行业 RCM 应用规划思路研究报告》以及《核能行业 RCM 应用工作组未来工作计划》等工作组执行文件。与会代表还就 RCM 工作组定位、未来工作重点以及如何完善工作组工作等提出了意见与建议。

可靠性维修研讨会在浙江海盐举行 (2012-09-17)

9 月 12—13 日，由中国核能行业协会主办、中核核电运行管理有限公司承办、苏州热工研究院有限公司协办的 2012 核能行业可靠性维修研讨会于在浙江省海盐县举行。

来自中国核能行业协会、核电运营、技术支持、科研院所、软件供应商等 28 家单位 100 余名代表参加了会议。15 名专家分别就 RCM 领域中核电关键敏感设备的识别、可靠性维修应用经验、分析工具、维修策略以及 RCM 在不同堆型中及工程建设阶段的运用等作了报告。

此次研讨会发挥了核能行业专题工作组经验交流的平台优势，加强了 RCM 技术在相关领域应用的经验反馈，有利于进一步推进RCM技术的广泛应用，提升我国核电运行与建设的安全性、可靠性。

首届海峡两岸核能合作研讨会在台召开(2012-09-21)

9月19日，经过两年的精心策划与准备，由中国核能行业协会和财团法人核能科技协进会共同主办，台湾电力公司、核能研究所等台方单位协办的首届海峡两岸核能合作研讨会在台北市召开。中国核能行业协会理事长张华祝率团出席会议、致开幕词，并作了题为《后福岛时代中国大陆核电展望》的主旨报告。财团法人核能科技协进会董事长欧阳敏盛出席会议并致辞。

本次研讨会议题广泛，包括福岛核事故后续强化举措、核电厂运行与维护经验交流、核电厂维修技术与合格供应商资质评定、两岸核电行业交流合作构想等内容。两岸核能界近30家单位80名代表参加了会议，并围绕相关议题深入进行了交流与研讨。

大陆代表团主要成员由协会副理事长单位的领导组成，包括中核集团总经理助理兼中国核能电力股份有限公司总经理陈桦、中广核集团副总经理谭建生、中电投集团副总经理余剑锋、中国华能集团公司副总经理张廷克、中国华电集团公司副总经济师杨家朋，以及清华大学、大亚湾核电运营公司、中核北方燃料元件公司等单位的10位高级管理人员。

在台期间，大陆代表团将访问台湾电力公司、益鼎工程有限公司、核能研究所、工业技术研究院、高雄亚炬企业股份有限公司，参观台电公司第二核电厂、第三核电厂，深入了解台湾核能产业发展情况，进一步探讨两岸核能产业的交流与合作。

第二届核电厂调试启动研讨会在南京召开(2012-09-29)

为总结我国核电调试启动的先进技术及管理经验，搭建核电调试的交流平台，2012年9月26日，第二届核电厂调试启动研讨会在南京召开。会议由中国核能行业协会主办，国核工程有限公司承办，中广核工程有限公司协办。中国核能行业协会理事长、核电厂同行评估及经验交流委员会主任委员张华祝，协会副秘书长兼委员会秘书长龙茂雄，国核工程有限公司党委书记、副总经理曹永振，中广核工程有限公司副总经理陈映坚等领导出席了研讨会并先后致辞。

张华祝在致辞中指出，虽然日本福岛核事故的后续影响仍在继续，但我国目前仍有26台机组在建，是世界在建核电规模最大的国家，我们走向核电大国的步伐和实现核电强国的梦想没有改变。未来几年，我们将迎来核电调试高峰，如何做好我国在建核电机组的调试工作，规范我国核电项目调试领域，是会议的研讨重点，也是协会搭建调试启动工作组平台的初衷。此外，他还介绍了日本、台湾和德国等国家和地区核电的运行和发展现状，并对近两年来专题工作组的工作情况做了介绍。张华祝理事长希望通过此次研讨会，与会代表充分交流、取长补短，相互借鉴，共同推进我国调试启动领域的技术进步。

此次研讨会共有来自核能行业协会、核电集团公司、核电营运、工程公司、研究设计院所、电力调试、设备制造等46家单位的119位代表参加了会议。共收录论文132篇，其中25篇被评选为本届研讨会的优秀论文。会议上各核电厂调试启动工作组组长单位分别作了主题发言，对本单位调试相关业务板块的工作情况、运作模式以及重点工作安排等内容进行了汇报。11名业内代表就调试启动中相关问题进行了专题报告并与参会代表进行了交流。27日上午，会议还就多项目多基地的高度组织模式、EPC总承包模式下核电工程调试管理、AP1000非能动系统调试研究、电科院及设备制造厂核电调试支持四个议题进行了分组讨论。

核能与核技术应用质保和核安全文化研讨(准备)会在京举办(2012-10-08)

9月27—28日，由国家核安全局主办，环保部核与辐射安全中心及中国核能行业协会协办，核能与核技术应用质量保证和核安全文化相关问题研讨(准备)会在北京举办。核能协会副理事长赵成昆、国家核安全局核与辐射核安全监管司副司长郭承站、环保部核与辐射安全中心副主任柴建设出席了会议并讲话。

赵成昆在会上作了题为《从福岛核事故看日本核安全文化的缺陷》的报告。来自国家发改委、国家核安全局、环保部核安全中心，中国核能行业协会，苏州热工研究院、机械科学研究总院，清华大学，中国核建、中广核集团、中电投集团、国家核电、中国华能，哈电集团、东方电气和上海电气等17个单位的39名代表参加了会议。协会技术服务部主任杨波汇报了研讨会的准备情况。

赵成昆在讲话中强调了核安全文化在核安全中的重要地位和作用，他说，核能发展对核安全文化建设提出了更高的要求，如何建立有效运行的体系，需要充分总结行业现有法规的实施情况、良好实践，以及存在的问题，形成并发布指导性文件，来规范和推动核安全文化建设。他指出，HAF003颁布比较早，国际上大量新的管理理念、知识和技术需要分析和采纳，各有关单位也有很多的良好实践，希望本次会议在总结交流的基础上，在这几方面能求得共识。

与会专家围绕我国核能与核技术利用领域质量保证和核安全文化建设工作现状、我国核安全监管特别是核安全法律法规在质量保证和核安全文化建设中发挥的作用，以及存在的主要问题，如何建立核能与核技术利用领域统一的核安全文化评价体系等议题展开了研讨，达成了一致。

协会与美国ASME在京签署谅解备忘录(2012-10-19)

10月18日，中国核能行业协会理事

长张华祝会见了到访的美国机械工程师学会(ASME)秘书长托马斯G.劳柯麟先生(Thomas G. Loughlin)一行7人。双方简要介绍了各自机构在核电标准制定方面开展的工作，共同认为，双方通过建立正式的合作关系将进一步促进交流与合作。

中国核能行业协会副理事长兼秘书长马鸿琳与劳柯麟分别代表各自组织签署了谅解备忘录。双方都期望能藉此进一步加强彼此在标准制定方面的交流，共同促进行业的技术进步。

ASME成立于1880年，主要从事机械工程及相关领域的技术研发，机械规范与标准的制定等，目前拥有超过12万的会员，每年召开约30场技术会议，出版期刊19种。此外，ASME还拥有工业与制造业领域的600余项标准和编码，被全球90多个国家采用。

内陆核电厂环评专题研讨会在京召开(2012-10-19)

10月18—19日，为总结《内陆压水堆核电厂环境影响的评估》专题研究工作，深入交流研究成果，制定下一步研究计划，中国核能行业协会在北京组织召开了“内陆压水堆核电厂环境影响评估”专题研讨会。来自环保部核安全中心、中国核电工程公司、中广核工程公司、上海核工程研究设计院、华能核电开发公司、苏州热工研究院，以及咸宁、芜湖、桃花江、江西、湖南、南阳等内陆核电厂15个单位的42名专家和代表参加了研讨会。协会副理事长赵成昆听取了阶段性研究成果的汇报和讨论，并作了会议总结。

赵成昆强调，内陆核电厂对环境及水资源的影响和确保安全的纵深防御措施是政府部门和公众高度关注的焦点问题。做好环境影响评估的研究，不仅向政府有关部门提供决策参考的依据，而且有利于提高公众对内陆核电的信心。他说，此专题研究自今年5月份开题以来，在全体课题组成员的积极努力下，在各内陆核电项目的大力支持下，进展顺利，取得了阶段性成果。专题研究工作要依据我国现有的核安全法规要求，充分借鉴美国等其他国家的经验，进一步结合我国内陆核电的情况，完成各项研究工作。他对内陆核电厂业主单位及参与专题研究交流的专家表示感谢。

在认真听取、总结梳理了专题阶段性研究成果及现状的基础上，与会专家围绕内陆核电厂环境影响评估存在的问题、关注的技术难点展开了热烈的讨论，纷纷发表了意见和看法。通过充分的讨论，确定了下一步专题研究的重点内容、制定了工作计划和进度目标，并提出了具体要求。

核电厂数字化仪控系统研讨会在武汉召开(2012-10-23)

10月18—19日，由中国核能行业协会主办、中核核动力运行研究所承办的2012年核电厂数字化仪控系统(DCS)研讨会在武汉召开。来自中国核能行业协会、核电运营单位、核电工程公司、研究设计院所、高校等30家单位的90多名代表参加了会议。13位行业专家在会上作了专题技术报告。

与会代表围绕核电厂数字化仪控系统的设计、选型；调试、运行管理；相关事件分析处理；设备鉴定、集成测试技术、V&V技术以及核电厂数字化仪控工程进度管理等内容展开了深入的交流与讨论。

本次研讨会是协会适应我国在建核电项目的需要，充分发挥核电厂数字化系统(DCS)行业专题工作组平台的作用而召开的一次专项技术研讨活动。通过交流与研讨，会议总结了我国核电厂DCS的应用经验，加强了核电厂DCS领域的技术交流与经验反馈，对进一步提升我国核电建设与运行管理水平具有积极意义。

核能与核技术应用质保和核安全文化研讨会在京召开(2012-10-29)

由国家核安全局主办、中国核能行业协会承办的核能与核技术应用质量保证和核安全文化研讨会，于10月25—26日在北京召开。国家核安全局副局长刘华、一司副司长郭承站，核能行业协会副理事长赵成昆出席会议并讲话。130多名专家和代表，分别来自国家发改委、政府有关监管部门及各监督站、环保部核安全中心、有关集团公司、研究设计院所、高等院校、核电工程、建设安装、设备制造等共59个单位。

赵成昆就总结福岛核事故经验教训、重建安全文化作主题报告。他通过分析日本核安全文化的缺陷、监管机构、严重事故管理及纵深防御等薄弱环节，强调了核安全文化的重要性。他说，要保证核电厂的安全，除了要不断提高核电站本身的安全水平以外，还要具有核安全文化理念和素质，核能行业所有从业人员都要保持一种努力认识弱点和提高安全永无止境的态度。他指出，用核安全文化武装头脑，学习安全文化并身体力行是全体从事核能相关工作的人员的出发点、义务和责任。没有安全文化就没有核安全水平的持续提升。

刘华在会议总结讲话中充分肯定了大会所取得的成绩，并感谢与会代表的积极参与，感谢协会对研讨会的支持。他说，两天的会议很紧凑，并取得了较为丰硕的成果。两天来，通过总结、梳理、提炼大会发言交流中闪光的内容，结合我们的理解内容，在短时间内初步汇总形成了《关于推进核安全文化与质量保证建设的初步意见》和《关于如何构建中国特色先进核安全文化的总体思路》，应该说离大家的希望和要求还有距离。会后将进一步广泛征求意见，再组织专家研讨，最终目的是出台一个由中国国家核安全监管部门提出的关于如何推进核安全文化建设的纲领性文件，来体现核安全监管部门对核安全文化的重视，体现核能发展部门、核能全体参与单位在这方面的共识。他指出，这个文件需要比较长时间的酝酿和讨论过程，不设框，也不设范围，包括最后的发布，是以行业协会或者国家核安全局名义发布，还是联合发展部门一起发布，都可以讨论。

刘华强调，党中央、国务院高度重视核安全工作，我们也应该确实提高对核安全工作的认识，始终把安全放在第一位。他系统地解读了核安全文化的定义，内涵，目的，构成，决策层、管理层和个人三个层次对安全承诺，培育核安全文化的“七个关键要素”和“八条原则”。他说，全面推进核安全文化建设，确保核能的安全发展包含安全第一、强化管理、完善法规体系、完善应急体系、高度关注社会监督和舆论监督等范畴，我们将进一步做好核安全文化的普及和促进工作。

郭承站在讲话中指出，推进核安全文化建设，一是要明确方向、目标和任务。我们现阶段质量保证体系、核安全文化面临着许多新的任务、要探讨哪些是重点任务？哪些是政府任务？哪些是企业任务？哪些是社会团体任务？甚至哪些是公众任务。二是要明确思路。要总结核安全文化建设过程中的良好成果，同时针对目前的形势和任务，明确我们当前和今后核安全文化发展的思路。三是要明确规划和计划。“十二五”规划对质量保证、核安全文化建设已有明确的要求。四是明确要求。核安全文化涉及政府部门、企业、社会、公众，需要方方面面来共建。最后是明确责任。要积极做好本职工作，不做好就是失职，甚至渎职。他说，在发扬和学习借鉴国外先进核安全文化的基础上，我们要积极探索中国特色核安全文化建设新道路。

19 位专家在大会上作了交流报告。与会专家围绕核能质量保证和核安全文化建设展开了热烈的讨论，并对完善质量保证体系、推进核安全文化建设提出了宝贵的意见和建议。

质量管理工作组组长座谈会在京召开 (2012-10-29)

10 月 25 日，中国核能行业协会在京召开了核能行业质量管理工作组组长座谈会，来自组长单位大亚湾核电运营管理有限责任公司，副组长单位秦山核电集团筹备处、中广核工程公司、东方电气股份有限公司等的 7 名专家参加了座谈会。

会议总结了 2012 年工作组工作的基本情况，提出了 2013 年的工作计划和目标。与会专家认真分析了当前我国核电发展面临的新形势和新任务，以及行业发展的需求和存在的问题，详细讨论了 2013 年工作组日常工作、信息交流、专题性研讨、经验反馈、配合政府有关部门完善相关核安全法规等工作安排，讨论了人员、经费等资源保障问题，确定了 2013 年工作和节点目标。

2012 核能行业概率安全分析研讨会在沪举行 (2012-11-06)

11 月 1 日至 2 日，由中国核能行业协会主办，环保部核与辐射安全中心和上海核工程研究设计院联合承办的 2012 核能概率安全分析 (PSA) 研讨会在上海举行。

来自环保部、行业协会、核电集团、运营公司、研究设计院等单位的130余名代表参加，会议共收录论文90余篇。12名代表就我国PSA技术在非能动核电设计中的应用、PSA相关标准制定、一堆多址核电厂PSA分析等内容进行了大会交流。会议还就PSA技术的具体应用，二级、三级PSA技术等问题进行了分会场交流，26名代表作了专题报告。

本次研讨会是协会适应我国核能行业发展的需要，充分利用PSA行业专题工作组平台，研究PSA技术问题，分享PSA应用经验的一次专项技术研讨活动。会议的成功举行，必将为进一步促进我国核电安全高效发展发挥积极作用。

张华祝：我国核电发展从快速到更加重视安全 (2012-11-09)

在11月8日召开的第三届中国国际核工业研讨会上，中国核能行业协会理事长张华祝在发言中指出，我国核电从快速发展进入更加重视安全的稳步发展阶段。

中国国际核工业研讨会由世界核协会主办。两年前首届中国国际核工业研讨会举办时，我国核电正处于快速发展时期，当年就有10台核电机组开工建设、2台机组建成并投入商业运行。至2010年底，我国已是世界核电建设规模最大的国家。然而，这种快速发展的态势因福岛核事故而有所改变。至目前为止，我国已连续22个月没有新的核电项目开工建设。今年以来，国务院相继讨论通过《全面安全检查报告》、《核安全规划》、《核电安全规划》和《核电中长期发展规划(2011—2020年)》，我国核电重启的政策条件都已具备。张华祝说：“10月24日国务院常务会议决定，稳妥恢复核电的正常建设，同时要求合理把握建设节奏，稳步有序推进核电建设。我国核电开始进入更加重视安全的稳步发展阶段。加强核电安全的具体要求在《全面安全检查报告》、《核安全规划》、《核电安全规划》中得到全面系统的体现，对我国核安全水平的持续提升具有十分重要的指导和保证作用。”

多个国家的核能专家聚集在研讨会上，交流各自的发展经验，并围绕核电建设与供应链、核燃料、核教育与培训、核电公众可接受性等议题进行深入的研讨。

据介绍，我国自发展核电之初就开始建立与核电建设相适应的“核电建设与供应链、核燃料、核教育与培训”体系，这一体系伴随着我国核电快速发展得到不断加强与完善。我国的核电设备国产化能力不断增强，核电供应链逐步完善；核电建设项目普遍采用的“工程公司总承包、专业分包”的管理模式，提高了我国核电工程建设效率；核燃料供应保障能力相应增强；核专业人才培养与成长成效显著。这些使我国核电持续稳步发展具备了良好的基础条件。

张华祝强调：“要保障我国核电持续稳步发展，还存在程度不同的各方面的挑战，需要在发展过程中不断加以解决。例如，要消除公众对核电风险的认识误区，营造良好的社会舆论环境。这是促进我国核电持续稳步发展的一个重要条件。”

协会领导会见世界核协会候任总干事(2012-11-09)

11月8日，中国核能行业协会理事长张华祝在京会见了世界核协会(WNA)候任总干事Agneta Rising女士。张华祝首先向即将就任总干事的Rising女士表示衷心的祝贺，并希望双方的交流与合作在其任内能有更大的进步。

张华祝谈到，双方自正式建立合作关系以来，已分别在北京和香港共同主办了两届中国国际核工业研讨会，反响较好。特别是双方联合清华大学共同主办的世界核大学清华周已在中国连续举办了六年，培训专业人员和学生约1300人，开拓了他们的国际视野，增长了其知识技能，希望双方未来能继续深化这种合作。

Rising女士说，中国核能行业协会与世界核协会都拥有众多的会员单位，双方开展合作取得了积极的效果，希望双方能继续加强沟通，在世界核电行业内搭建交流与互动的平台，促进行业的安全健康发展。

核电工程建设项目评估员培训班在泰安举办(2012-11-12)

11月5—9日，由中国核能行业协会主办的2012年核电工程建设项目评估员培训班在山东泰安举办。阳江核电项目评估队全体队员、观察员和受评方对口联络人共30余人参加了培训。评估队领队、协会副理事长赵成昆出席并在开班式上作了讲话。

中国核能行业协会副秘书长龙茂雄(评估队副领队)、江苏核电有限公司副总经理申彦锋(评估队队长)、中国核电工程有限公司副总工程师王常东(评估队副队长)和中科华核电技术研究院处长汪德伟(评估队协调员)，分别就国内外核电运行和建设同行评估现状，评估流程、方法与技巧，评估观察报告、总结报告的编写，核电工程项目管理业绩目标和准则，现场评估活动安排等内容进行了介绍和讲解，并结合案例进行练习。培训班还邀请中科华核电技术研究院中心主任黄文有、阳江核电项目代表分别介绍了设备鉴定对工程建设的影响、阳江项目工程进展情况。

本次培训班是为了配合11月24日至12月3日阳江核电工程项目施工阶段同行评估活动而组织举办的。培训期间，评估队员们不仅要熟悉评估准则、评估流程，掌握各项评估方法和技巧，而且要通过培训活动进一步熟悉工作伙伴，培养团队精神，确保现场评估活动的顺利实施。

协会领导出席新能源国际峰会及核技术国际论坛(2012-11-15)

由成都市人民政府、中国核能行业协会、中国电力企业联合会等6家机构共同举办的中国(成都)新能源国际峰会暨展览会，于11月11—13日在成都举办。中国核能行业协会理事长张华祝应邀出席开幕式并致辞。

张华祝在致辞中说，新能源峰会暨展览已举办四届，发展成我国西部具有重要影响力的一项活动，对成都市加快形成新能源产业集群，推进新能源产业发展具有重要意义。近期，随着《核安全规划》、《核电安全规划》和《核电发展规划(2011—2020 年)》的发布实施，我国核电进入更加重视安全的稳步发展阶段。未来，中国核能行业协会将积极参与，大力支持成都市新能源产业基地的建设，帮助当地核能产业的发展。

中国核能行业协会自 2010 年开始，作为新能源国际峰会暨展览的主办方之一，积极参与峰会下核能论坛和展览的策划及组织工作。今年，中国核能行业协会和中国同位素与辐射协会联手，共同策划组织了核技术应用产业国际论坛暨展览，为本届峰会增添了色彩。

为期两天的核技术应用产业国际论坛吸引了来自国内外约 250 人参会，发表报告 36 篇，内容涉及食品辐照、放射性同位素、医疗器械、工业应用等领域。中国科学院院士王乃彦在会上作了题为《国际辐射加工最新发展及趋势分析》的报告。他指出，中国的辐射加工是一个蓬勃发展的新兴产业，在今后 10—20 年当中，将得到飞速发展，特别是在食品加工、医疗卫生及材料研制等领域的发展将最为迅猛。国际辐射协会 (IIA) 亚太区负责人 Yves Henon 先生介绍了辐照加工在亚太地区的发展情况。

中国核能行业协会副理事长赵成昆、杨岐分别主持了会议。

协会领导会见世界核能行业工作者理事会主席 (2012-11-16)

11 月 15 日，中国核能行业协会副理事长兼秘书长马鸿琳会见了到访的世界核能行业工作者理事会 (WONUC) 主席欧泽尔先生 (Philippe Auziere) 一行 6 人。

马鸿琳简要介绍了中国核能行业协会的成立背景、成员构成、业务范围以及国际合作等情况，并希望双方未来能深化交流，寻找合作领域，共同促进核能行业的安全可持续发展，提高公众的接受水平。

欧泽尔说，WONUC 成立于 1997 年，目前已有 36 个国家的核从业人员、公司、工会等个人和团体加入，任务是保障核电安全，促进行业发展，应对气候变化。WONUC 为表彰对世界核能发展有突出贡献的人士，专门设立了原子能和平奖；为推广核知识的应用，成立了科学委员会；出版了各种书籍和杂志。欧泽尔说，中国作为世界核电在建规模最大的国家，在世界核电领域将发挥越来越重要的作用，希望未来能加强与贵协会的交流，共同推动世界核电的安全发展。

第四代核能系统论坛 (GIF) 系列会议在美举行 (2012-11-20)

11 月 13—16 日，第 34 届第四代核能系统论坛 (GIF) 政策组会议、第 28 次 GIF 专家组会议、两年一度的 GIF 研讨会及高级工业咨询组 (SIAP) 会议先后在美国圣地亚哥举行。会议由 GIF 秘书处和美国能源部共同主办，美国核学会具体承办。受我国 GIF 事务主管部门科技部和国防科工局的委托，核能协会协调组织了清华大学、国家核电技术有限公司、中国原子能科学研究院、中国核动力研究设计院、中科华核电技术研究院、上海核工程研究设计院等单位的 10 余名代表分别参加了上述有关会议。

11 月 13 日召开的第 28 届 GIF 专家组会议，主要讨论并通过了上一次专家组会议纪要，讨论了 GIF/INPRO 钠冷快堆安全研讨等会议的安排，听取了教育与培训项目进展报告等。13—14 日召开的 GIF 研讨会，主要讨论了 GIF 各系统的技术进展情况和加强 GIF 框架下的国际合作与技术合作等。15—16 日召开的第 35 届 GIF 政策组会议，听取了各成员国代表关于本国核电最新进展情况的介绍，讨论了 SIAP 的建议，听取了建立 GIF 教育和培训网页的计划，讨论了 GIF 战略规划等。中国国家原子能机构的代表在会上介绍了我国核电发展最新情况和明年 5 月在京承办第 35 届 GIF 政策组会议的筹备情况。

协会第二届常务理事会二次会议在京召开 (2012-11-22)

11 月 20 日，中国核能行业协会第二届常务理事会第二次会议在京召开。协会常务理事 (或委派代表) 共 39 人参加了会议。会议由张华祝理事长主持。

会议审议并通过了秘书处《关于协会 2012 年主要工作进展情况的报告》、《中国核能行业协会工作规章汇编(2012 版)》和《中国核能行业协会核电厂同行评估及经验交流管理办法》，听取了秘书处关于中国核能行业协会两次组团访问台湾和筹备 2013 年第十届中国国际核电工业展览会的情况汇报；审定有关单位入会和和组建中国核能行业协会信息化专业委员会问题。

国家核安全局副局长、协会副理事长刘华对协会的工作表示肯定，并介绍了我国核电的安全形势和核安全局今后一个时期的主要工作。与会代表就协会如何更好地发挥平台作用等问题提出了许多宝贵的意见和建议。

国家科工局副局长、协会副理事长王毅韧和国家能源局电力司副司长、协会常务理事郝卫平派代表参加了会议。

最后，张华祝理事长作会议总结。他认为，各位代表发表了很好的意见，对协会的发展非常有益，协会将认真研究这些意见和建议，进一步明确今后的工作目标。

海峡两岸核电安全运行技术培训研讨班在山东召开 (2012-11-22)

11 月 19 日，由中国核能行业协会与财团法人核能科技协进会 (台湾) 共同主办，中电投山东核电有限公司承办的 2012 海峡两岸核电厂安全运行技术培训研讨班在山东海阳举行。来自海阳核电公司、中国核能电力股份公司、大亚湾核电运营公司、中核核电运行管理公司、宁德核电公司、华能山东石岛湾核电公司、红沿河核电公司、海南核电公司、国核工程公司、广东省电力研究设计院等21家企业的70多位代表参加了培训。中国核能行业协会副理事长兼秘书长马鸿琳、财团法人核能科技协进会执行长陈胜朗、山东核电有限公司党委书记余兵出席了开幕式并致辞。

海峡两岸核电厂安全运行技术培训研讨班已在福建宁德核电厂和山东石岛湾核电厂各举办过一次，反响较好。本届研讨班是在总结前两期良好经验的基础上，结合核电行业发展的需求举办的，内容涉及后福岛时代核安全文化建设、核安全文化评估、核电厂运行安全量化指标、核电厂经验反馈、提高核电运行人员的操作技能、设备维护管理、核电厂全厂断电事故的案例分析、核电厂消防管理、核电厂放射性废物减容与辐射防护等。培训班为期5天，代表们将参观建设中的海阳核电厂。

本期培训研讨班的举办将对推动核安全文化体系的建设，增强核电行业从业人员的风险防范意识，提升核电厂安全运行业绩起到重要的促进作用。

ACPR1000+ 技术方案评审会在深举行 (2012-11-26)

11月22日，由中国核能行业协会组织的中国广东核电集团公司ACPR1000+技术方案评审会在深圳大亚湾举行。来自中国核能行业协会、环保部核与辐射安全中心、中核集团、中广核集团、中电投集团、电力规划设计总院、中国核动力研究设计院、中国核电工程公司、清华核研院、上海核工程研究设计院、中科华核电技术研究院、中广核工程公司、核电秦山联营有限公司、三门核电有限公司等的20名院士和专家参加了评审会。中国核能行业协会理事长张华祝出席会议并作总结发言。中国核能行业协会副理事长赵成昆和中国工程院院士叶奇蓁分别主持了会议。

在听取了中广核集团ACPR1000+总体技术方案及堆芯设计、工艺系统设计、核岛布置设计、主设备方案及试验、电气和仪控设计等5个专题汇报后，专家们进行了认真细致的研讨和评审。专家们肯定了ACPR1000+技术方案在充分利用成熟技术基础上开展的集成创新工作，认为该技术方案达到了三代核电技术水平，满足福岛事故后我国核电安全最新法规的要求；专家们还在加强实验验证、平衡设计、经济性评价等方面提出了具体的意见和建议。

阳江核电项目工程建设同行评估圆满结束 (2012-12-04)

11月24—12月3日，由核电厂同行评估及经验交流委员会组织的阳江核电项目工程建设同行评估活动圆满结束。协会理事长兼评估委员会主任张华祝出席了11月25日举行的评估入场会，对评估活动的开展提出了要求。协会副理事长赵成昆、副秘书长龙茂雄分别作为评估活动的领队和副领队，全程参加了评估活动。评估队由来自中核集团、中广核集团、中电投集团、国家核电、中国华能所属单位的 27 名评估员、观察员组成，队长为江苏核电有限公司副总经理申彦峰，副队长为华能山东石岛湾核电有限公司副总工程师龚兵。

评估队以阳江核电项目为依托，以追求卓越、持续改进、共享经验为目标，根据《核电工程建设业绩目标与准则》，对中广核工程公司（阳江项目部）项目管理、设计管理、采购与合同管理、设备与材料管理、施工管理、调试管理、质量保证、进度管理、风险管理、安全与环境等 11 个领域进行了同行评估。通过评估专家的扎实工作和受评方的坦诚配合，现场评估取得了积极成果，产生了多个观察报告，形成了 7 个管理强项和若干个待改进项。

正如赵成昆副理事长在离场会上总结的那样，本次评估是协会首次对工程公司为主开展的工程建设管理评估，情况复杂、评估难度高，通过评估队和受评方的共同努力和良好配合，评估取得了圆满成功。评估所产生的强项，将作为良好实践在我国核电工程建设领域得到共享；评估所产生的待改进项，将对中广核工程公司进一步提升工程建设管理水平、确保阳江核电项目安全与质量、迈向世界一流，起到积极的推动作用。

根据评估活动的计划安排，中国核能行业协会还将在适当时候组织评估回访队进行跟踪回访，评估待改进项的整改落实情况。

协会领导出席第四届中国能源企业高层论坛并作报告 (2012-12-10)

12 月 7—8 日，由国务院国资委指导、《能源》杂志社主办，中国石化集团等联合主办、中国核能行业协会等协办的 2012 第四届中国能源企业高层论坛在北京举行。中国核能行业协会副理事长赵成昆出席论坛，并在开幕式上作了题为《认真做好内陆核电环境保护 积极推进内陆核电建设》的报告。

赵成昆副理事长的报告在与会代表中引起了较大的反响，大家说，不能因为日本福岛的核事故而放弃发展核电，不能因噎废食。并表示核能是我国能源的重要组成部分，是国家不可或缺的战略产业，而且是根本解决能源问题（核聚变能）的唯一出路。有代表提议，应该举办一次以核能为主题的“中国能源企业高层论坛”。

这届论坛的主题是《中国与世界：区域能源合作与企业清洁化战略》。“中国能源企业高层论坛”是由国务院国资委指导发起的，自 2009 年始，每年举办一届，此前已经举办了三届，取得了很大成功，受到广大能源企业的欢迎，对促进包括核能在内的我国整个能源行业的科学发展起到了积极的推动作用。

本届论坛还举办了由能源企业代表参加的四场专题讨论会。

第四期核能行业质保监查员培训班在无锡举办 (2012-12-10)

12 月 3—8 日，中国核能行业协会“2012 第四期（总第二十一期）核能行业质量保证监查员培训班”在无锡举办。来自核电运行、工程、研究设计、建设安装、设备制造、核保险、船舶等 30 个单位的 72 名学员参加了培训。

培训班聘请业内 4 名专家为教员，根据《核能行业质量保证培训大纲（试行）》的要求，安排了核安全文化、质量保证安全法规和标准、质量保证基本知识、监查技术、质量事件案例分析等 7 个方面的教学内容，对学员进行了综合理论知识考试和质量保证监查技能的测试，完成了大纲规定的培训任务。

培训班上，学员反映，通过老师系统的讲解、实际工作经验的传授，加深理解了 HAF003 的规定的理解，进一步认识到质保监查在保证核电运行安全和建造质量方面所具有的不可替代的作用。有的学员说，原来认为干质保没什么难的，但通过学习，深切体会到它是一门很专业的技术，要成为一名合格优秀的监查员不容易，需要不断地学习、提高和积累经验，才能真正有效地将法规的要求落到实处，才能通过监查，发现问题，加强弱项管理，及早消除安全隐患。

培训班结束时，进行了学员意见调查，学员对培训的组织和管理给予了较高的评价。大多数学员反馈，协会举办的培训班安排紧凑、内容详实、管理严格规范，学到了很多实际工作中所需要的知识和技能，收获很大。并对今后培训的开展提出了建议和意见。全体学员对培训班的综合评价为满意。培训达到了预期的效果。

AP1000 知识强化培训班在上海举办 (2012-12-12)

12 月 3—8 日，中国核能行业协会主办、中电投高培中心承办的 AP1000 核电技术知识强化培训班在上海举办。来自中广核工程有限公司、中广核工程设计有限公司、大亚湾核电运营管理有限责任公司、东方电气集团东方锅炉股份有限公司、中科华核电技术研究院有限公司、北京广利核系统工程有限公司、机械院核设备安全与可靠性中心等 24 个单位的 101 名学员参加了培训。

本次培训的目的，主要是为全面、系统学习 AP1000 核电厂核岛、常规岛的主要系统和运行方式，了解 AP1000 核电技术与二代压水堆核电技术的主要区别。培训班邀请国家核电技术公司、上海核工程研究设计院以及中电投集团的专家为教员授课。原国家核安全局常务副局长兼总工程师林诚格给培训班讲了第一课——《第三代核电站和 AP1000 的先进性》。培训期间还安排学员参观了上海电气集团公司。

学员们反映，通过培训，对 AP1000 核电技术有了更全面和清晰的认识，为今后从事 AP1000 相关工作打下了基础。学员们对培训的策划、教学和组织给予了较高评价。培训达到了预期的目的。

协会领导会见法国电力集团公司董事长 (2012-12-13)

12 月 11 日，中国核能行业协会理事长张华祝会见了到访的法国电力集团董事长兼首席执行官普格里奥等一行 7 人。

张华祝简要介绍了日本福岛核事故后，中国在役、在建核电机组的总体情况以及未来发展趋势。张华祝说，中国是福岛核事故后恢复核电建设最快的国家，目前共有 29 台机组正在建设中，总装机容量达到 3160 万千瓦。到 2015 年，中国大陆核电装机容量将超过 4000 万千瓦，提前实现核电中长期规划提出的 2020 年发展目标。因此，总体情况令人鼓舞，但与中国核电界的期望还有一些距离。中法之间近 30 年的合作取得了良好的成果，未来必然还会有更多的合作，并带来互利双赢的结果。

中国核能行业协会副理事长赵成昆，向来宾详细介绍了福岛核事故后，中国政府开展的核电安全大检查、对运行核电厂外部事件安全裕量的评估、相关单位根据检查结果进行的整改，以及政府部门颁布的改进行动通用技术要求等具体情况。赵成昆谈到，核电发展既要考虑经济性，更要满足安全性。我们应从福岛核事故中正确地吸取经验，除了保证高水准的建造质量外，还需要有优质的运行管理水平，通过大量的运行经验反馈来逐步提高核电厂运行的安全性。

普格里奥在听取了介绍后谈到，福岛核事故后，中法两国所采取的技术措施大体一致，法国进一步加强了核电厂的持续改进。普格里奥介绍了法国新政府对核电的政策，国内业界对核电趋势的分析，以及法国参与国外核电市场的建设情况。他表示，加强和扩大与中国的合作仍将是法国的战略重点，希望双方能共同探索互利双赢的合作模式，共同开发国际核电市场。

最后，双方还就未来世界核电的发展趋势交换了看法。

2012 年核电厂调试启动培训班在成都举办 (2012-12-14)

12 月 12—14 日，由中国核能行业协会主办、中广核工程有限公司调试中心承办、中国核动力研究设计院成都大华科技开发公司协办，2012 年核电厂调试启动培训班在四川成都举办。来自核电运营公司、核电工程公司、研究设计院所、火电调试公司、电建公司等单位的 70 余名学员参加了培训。

本次培训班的课程设置主要包括核电厂联调试验、数字化仪控系统 (DCS) 调试技术和 AP1000 相关调试内容。通过培训，学员们进一步了解了冷试、热试、首次装料、临界等核电厂联调启动过程及试验项目，熟悉了 DCS 系统，学习了 AP1000 堆型的相关调试知识。

目前我国共有在建核电机组 29 台，这些机组将在最近几年内陆续进入调试阶段。为满足我国核电行业对调试人员的需求，依托核电厂调试启动工作组，协会陆续开展了相关的专题技术研讨和培训活动。希望通过这一平台，分享核电调试技术与管理经验，推动我国核电调试启动领域的整体进步。今后，核电厂调试启动工作组将进一步加强核电调试领域的规范运作，为促进我国核电行业安全持续发展作出贡献。

昌江核电建设项目同行评估预访问结束 (2012-12-25)

12 月 19—21 日，根据海南核电有限公司的申请，中国核能行业协会同行评估与经验交流委员会组成预访问队，对昌江核电工程开展了同行评估预访问。预访问队由中国核能行业协会副理事长赵成昆、副秘书长兼委员会秘书长龙茂雄，评估队队长、宁德核电有限公司副总经理黄小桁等一行七人组成。

预访问队听取了受评方关于海南昌江核电项目工程进展情况的报告，讨论了评估队的组成和评估活动的安排，并巡视了昌江核电施工现场。经协商，初步定在 2013 年 3 月 30 日至 4 月 8 日对海南昌江核电工程项目组织与管理、施工管理、调试管理、安全与环境等领域进行为期 10 天的现场评估活动。

海南昌江核电项目以秦山二期扩建工程为参考电站，由中核集团 (51%) 与华能集团 (华能国际 30%，华能集团 19%) 投资建设，在建两台 65 万千瓦核电机组，预留扩建厂址。1 号、2 号机组分别于 2010 年 4 月和 11 月开工建设，首台机组计划于 2014 年底并网发电，双机组 2015 年全面建成投产。

附 录

中国核能行业协会第二届会员大会

基本情况

5月10日，中国核能行业协会第二届会员大会在北京国谊宾馆召开。国家能源委员会专家咨询委员会主任张国宝，国家能源局副局长钱智民、国家核安全局副局长王中堂、国家国防科技工业局系统工程二司副司长刘永德等有关政府部门的领导出席会议并发表讲话。张华祝理事长代表第一届理事会作工作报告。李永江代表第一届组织管理委员会作工作报告，时传清代表第一届经费管理委员会作工作报告。大会投票选举产生了中国核能行业协会第二届理事会理事和理事长。张华祝当选为协会第二届理事会理事长。

在协会第二届理事会第一次会议上，选举产生了于福庆等49名第二届理事会常务理事、马鸿琳等21名第二届理事会副理事长，选举马鸿琳兼任第二届理事会秘书长。会议审议并通过叶奇蓁任中国核能行业协会专家委员会主任，赵成昆兼任副主任。会议审议并通过徐玉明、龙茂雄任副秘书长，以及秘书处各部门主要负责人人选。会议审议并通过组织管理委员会和经费管理委员会组成，时传清兼任组织管理委员会主任，杨岐兼任经费管理委员会主任。

会议审议并通过了第一届理事会关于2012年工作安排的建议。

经会议审议一致同意，聘请张国宝担任中国核能行业协会名誉理事长；丁中智、李永江、翟若愚担任中国核能行业协会名誉副理事长。大会隆重地向名誉理事长和名誉副理事长颁发了聘书。

大会举行了2011年度中国核能行业协会科学技术奖颁奖仪式。

与此同时，同址举办了2012年中国核能可持续发展论坛。

中国核能行业协会副理事长、中国华能集团公司副总经理张廷克主持了大会。

工作报告

第一届理事会工作报告

中国核能行业协会理事长　张华祝

一、五年来我国核能行业的主要进展

自2007年4月中国核能行业协会成立，至今已经五年。过去的五年，是我国核能行业发展进程中极不平凡的时期。五年前，以《核电中长期发展规划(2005—2020年)》的发布为标志，我国核能行业进入了加快发展的新阶段。2009年，胡锦涛主席在联合国气候变化峰会上表示，我国将“大力发展可再生能源和核能，争取到2020年非化石能源占一次能源消费比重达到百分之十五左右”。2010年，

在党的十七届五中全会通过的《中共中央关于"十二五"发展规划的建议》中提出,"在确保安全的基础上高效发展核电"。2011年,突如其来的东日本大地震和海啸引发的福岛核事故使我国核电发展面临严峻的挑战。一年来,在党中央、国务院的正确领导下,我国核能行业认真贯彻国务院的四项决定,沉着应对,扎实工作,正迎来安全高效发展的新局面。

过去五年,我国核能行业的发展取得了丰硕的成果,主要表现在:

在役核电机组安全稳定运行,创造了良好业绩。2010年以来,岭澳核电二期1、2号机组、秦山二期3、4号机组先后投入商业运行,新增核电装机容量346万千瓦,使我国大陆在役核电机组数达到15台,总装机容量达到1254万千瓦,2011年发电量达到874亿千瓦时,占全国总发电量的1.85%。五年来,我国在役核电机组始终保持安全稳定运行,没有发生国际核事件分级表界定的2级和2级以上运行事件,按世界核电运营者协会(WANO)规定的性能指标对照,在全球400余台运行机组中,我国在役核电机组总体处于中等偏上水平。

核电中长期发展规划加快推进,在建规模世界领先。2005年12月以来,我国核准10个核电项目共34台机组,核准规模3702万千瓦;其中已建成4台,在建26台,在建规模2924万千瓦,占世界在建核电机组的百分之四十以上。三代核电自主化依托项目、世界首批4台AP1000机组,与法国合作建设的2台EPR三代核电机组,已先后于2009、2010年开工,三代核电引进、消化、吸收、再创新的工作顺利实施。

以核电工程建设为依托,我国核电装备国产化取得新突破。通过消化吸收引进技术、自主创新和大规模技术改造,建成了具有国际先进水平的核电装备制造基地,掌握了核岛和常规岛关键设备设计、制造核心技术,初步建立了核安全文化和质量保证体系,产品质量稳定性逐步提高;二代改进型压水堆核电站设备国产化能力达80%以上,已经具备每年生产10~12套核电关键设备的能力。通过消化吸收AP1000三代核电关键设备制造技术、合作生产和开展科技攻关,三代核电设备制造国产化取得重要进展。

核电工程设计、建设和管理自主化能力持续提升。随着核电的快速发展,我国核电建设项目普遍采用了"精干业主加工程公司总承包、专业分包"的管理模式,提高了核电工程建设效率,成功地实现了多项目、多基地同步建设。以中国核工业建设集团公司为主的核岛工程建造队伍,全面掌握了多种堆型、多种容量的核电建造技术,同时承担的核电站核岛工程机组数量达到29台。在建核电项目质量、进度和投资等得到有效控制。

铀资源、核燃料保障能力进一步加强。铀矿地质勘查工作不断取得新的进展,天然铀产能连续五年保持两位数增长。铀纯化转化、铀浓缩、核燃料元件制造产能大幅提高,放射性废物得到妥善处理,一批新的生产线正在按计划进行建设,保证了核电加快发展的需要。

积极推进核科技创新，核专业人才培养取得显著成绩。核能领域国家重大科技专项《大型先进压水堆和高温气冷堆核电站》研发和示范工程全面推进。AP1000国产标准化设计已经完成，CAP1400概念设计已通过国家评审；高温气冷堆核电站示范工程项目具备随时开工的条件。国家能源研发（实验）中心、企业研发中心建设加快推进，核能领域科技研发能力进一步提升。在实验快堆、先进研究堆、超大型铀矿地质勘查、专用设备研制、乏燃料后处理等领域取得了一批新的重大科技成果。

核专业人才教育培训工作受到高度重视。目前，我国已有44所高校设立了核专业，在校生规模达到1万人。企业教育培训工作进一步加强，校企合作，已成为核专业人才培养的重要途径。高校核专业人才培养和企业培训工作的推进，有效地缓解了核电快速发展与核专业人才不足的矛盾。

核能国际合作进一步深化，海外开发取得重大成果。与国际原子能机构等国际组织的合作不断加强，与美国、法国、俄罗斯等国在核电、核燃料、核安全等领域的合作进一步深化。海外铀资源开发成效显著，在哈萨克斯坦、乌兹别克斯坦、尼日尔、纳米比亚等的合作项目进展顺利。与国外签署的铀资源开发和采购协议的落实，为满足我国核电发展对铀资源的需求提供了保障。

我国核能行业管理进一步加强，核电安全高效发展的基础更加牢固。为适应核能行业加快发展的需要，国务院核能行业主管部门和安全监管部门大力加强管理，在完善法律法规、编制“十二五”规划、规范行业行为、加强安全监管等方面做了大量工作。特别是日本福岛核事故后，认真贯彻国务院的四项决定，开展安全检查，制定核安全规划、核电安全规划，调整核电中长期发展规划，增设管理机构，增加人员编制，有效地促进了核能行业的健康、有序发展。

五年来，我国核能行业快速、健康发展，取得了举世瞩目的成绩，为发展清洁能源、促进经济社会发展作出了新的贡献。这些成绩的取得，是党中央、国务院坚强领导的结果，是政府有关部门科学决策、加强管理的结果，是核能战线广大干部职工坚定信心、锐意进取、攻坚克难、扎实工作的结果。

与此同时，我们也清醒地认识到，日本福岛核事故后果严重、影响深远，给我国核能行业的发展带来许多新的挑战，对我国核电安全提出了新的要求。一是国家主管部门联合安全检查提出的整改要求必须高度重视，逐项落实措施，逐一加以解决；二是认真吸取福岛核事故的经验教训，对我国核电厂应对极端外部事件、严重事故预防和缓解、核应急管理等方面进行相应的改进，通过必要的技术和管理手段，进一步提高核电安全水平；三是核能行业必须强化忧患意识、风险意识和责任意识，大力加强核安全文化建设，在设计、制造、建设、运行、退役、废物管理、安全监管和核应急等各个环节共同构筑安全防线，确保核安全；四是历史和现实的经验告诉我们，公众的接受性是核能发展的重要条件，我们必须进一步加强公众宣传和科学普及工作，为核能发展创造良好的舆论环境。

此外，在新形势下如何进一步提高自主创新能力、突破核电装备国产化的薄弱环节、提高企业的综合素质和国际竞争力，如何保障铀资源的长期稳定可靠供应、建设先进核燃料工业，如何优化人才结构、提高人才培养质量、更好地适应核能行业的发展，始终是做大做强我国核电的关键要素，需要全行业共同努力，不断取得进步。

二、五年来协会的主要工作

五年来，伴随着我国核能行业的发展，中国核能行业协会走过了创建并逐步成长的历程。在政府主管部门的帮助指导下，在会员单位的大力支持下，协会秉承“推动核能行业自主创新和技术进步，为提高核能利用的安全性、可靠性和经济性提供服务，促进核能行业的发展”的宗旨，努力探索，开拓进取，积极发挥桥梁和纽带作用，面向政府和企事业单位开展多种形式的服务，在服务中赢得信誉，在服务中体现价值，在服务中求得发展，已经成为了促进核能行业发展的一支重要力量。可以说，五年前协会成立时提出的“力争在3—5年内，将中国核能行业协会办成具有较高知名度和较大影响力的行业协会”的目标已经实现。

(一)开展核能发展重大问题研究，促进核能行业健康发展

围绕行业发展的热点、难点和重点问题开展研究，是协会为政府部门建言献策的重要途径，也是为会员单位服务的重要领域。五年来，受政府部门和会员单位的委托，协会先后承担了50多项课题研究工作，研究成果受到政府有关部门和会员单位的普遍好评，取得了良好的效果。

协会受工业和信息化部的委托，从2009年开始组织开展了《〈原子能法〉立法研究》工作，在对以往立法工作情况进行梳理的基础上，重点研究了《原子能法》立法的难点及推进立法工作的具体措施。我们多次召开了《原子能法》立法工作座谈会、吹风会，主动邀请资深记者采访，把过去相对封闭的核行业内的立法研究提升为比较开放的社会化的立法讨论，《原子能法》立法工作得到社会的广泛关注，也受到国务院领导的高度重视，对推动《原子能法》列入2011年国务院立法工作计划起到了重要作用。

受国家国防科技工业局的委托，协会承担了《我国核燃料产业发展和体制机制研究》等课题研究工作。研究成果得到委托部门的高度评价，为核工业的行业管理、“十二五”规划编制等提供了有力的支撑。

针对内陆核电发展中遇到的问题，2008年协会组织开展了《内陆核电厂需关注的问题及不同类型核电机组的适应性分析》研究，2011年组织开展了《内陆核电厂对水环境影响评估研究》，组织了

多次专家研讨会，并到国外内陆核电厂进行考察，对我国内陆核电厂建设中一些重点问题，特别是公众关注的问题作出了科学的、实事求是的解答，为推动内陆核电厂建设发挥了积极作用。

福岛核事故以后，为促进我国核电的安全高效发展，防止核电建设出现大起大落的局面，在会员单位支持下，我们联合中国能源研究会于2011年10月召开了“后福岛时代我国核电发展高端研讨会”。研讨会形成的成果——《关于尽快恢复我国核电发展进程的几点建议》，凝聚了行业的共识，反映了行业的呼声，上报后，得到了国务院领导的高度重视，为尽快恢复我国核电发展进程发挥了促进作用。

协会的各项研究工作得到政府有关部门及会员单位的积极支持及大力帮助。他们不仅出题、提供经费，而且在专家资源、信息资源等许多方面为协会提供支持。协会秘书处的重点工作是充分发挥行业客观、公正的平台功能，站在国家及全行业的角度、研究问题，寻求科学的、实事求是的解答。来自不同企业的专家参与，认真听取各种不同意见，是协会做好研究工作的根本保证。

(二) 积极推进核电厂运行评估和核电工程建设项目评估，促进安全管理和运行业绩持续提升

核电厂评估和经验交流工作是协会的重要业务之一。核电厂同行评估及经验交流委员会按照“平等自愿、合作开放、规范有序、共享经验、持续改进”的工作方针，坚持行业自律属性，突出同行评价特色，关注行业共性问题，深化经验交流，促进运行业绩提升，发挥了积极的作用。

五年来，委员会成员单位不断增加，由2008年的14家增加到目前的38家；委员会业务领域稳步拓展，核电同行评估延伸至工程建设领域；经验交流工作在专题技术研讨方面进行了积极探索，取得了明显的效果。

在核电运行同行评估方面，先后对秦山第三核电厂、田湾核电厂、秦山核电厂进行了综合运行评估；2012年3月，我们和世界核电营运者协会巴黎中心联合对大亚湾核电基地6台机组实施同行评估，收到良好效果；在核电建设同行评估方面，对石岛湾高温气冷堆示范工程和田湾核电厂5、6号机组进行了FCD前评估，对海阳核电厂进行了施工阶段的工程建设管理评估，对秦山二期扩建工程调试和生产准备阶段进行了评估。

在经验交流方面，组织召开了核电厂老化管理、核能行业防人因失误、概率安全分析(PSA)应用等23次专业研讨会，在专题技术研讨的基础上成立了核电厂大型变压器运行分析、核电行业概率安全分析技术应用等12个专题技术工作组，吸引了行业内近700名专家和一线专业技术人员参与,开展了多种形式的专题研讨活动。

在核电经验反馈方面，编制了《运行核电厂生产季报》、《中国核电厂关键业绩指标报告》和《中国运行核电厂事件经验反馈报告》等专题报告。同时，还组织开展了《WANO性能指标技术导则制定》等20多个软课题研究工作。

(三)牢固树立服务意识，开展多种形式的技术咨询服务

利用协会的平台，发挥专家群体的作用，五年来协会为政府有关部门和会员单位提供了多种形式的技术咨询服务。

为适应核能行业快速发展的需要，协会以安全、质量保证和项目管理为主题，积极推进对企事业单位负责人和专业管理人员的培训。受原国防科工委的委托，协会自2008年至2010年举办了6期核行业安全生产培训班、4期再培训班，共有462名企事业单位负责人和安全生产管理人员参加了培训，取得了国防科工委(国防科工局)颁发的《安全资格证书》。为适应核能行业质量保证工作的需要，协会自2009年至2012年4月举办了21期质量保证监查员培训班和核能行业高级管理人员质量保证培训班，共有2247人参加了培训，其中615人被授予主监查员资格、927人被授予监查员资格、134人被授予实习监查员资格，270人获得培训合格证书(不含第18期质量保证监查员培训的95名学员)。为适应核电快速发展对提高工程项目管理人员素质的需求，协会在2011年开展了核能行业项目管理经理人员培训试点工作，举办了3期核能行业项目管理经理人员培训班，共有240人参加了培训。各具特色的培训工作对提高企事业单位负责人和相关管理人员的业务素质，发挥了积极作用。

应上海电气集团等单位的要求，协会于2010年组织业内相关单位编制了《三代核电机组关键零部件和原材料进口清单》，经财政部、工信部等6部委组织召开的专家评审会审查通过，2011年7月获得财政部批准，并发布了“关于调整三代核电机组等重大技术装备进口税收政策的通知”。该项工作的成果，为财政部完善相关政策法规提供了重要的技术支持，对于促进我国核电装备制造业的健康发展，鼓励引进、消化、吸收、再创新，具有重要作用。

应中核集团、中广核集团、辽宁核电有限公司、河北省核电办等单位的邀请，协会先后组织专家对辽宁、安徽、江苏、浙江、福建、河北、河南等多个核电厂址进行了考察，对厂址建设提出了意见和建议，促进了核电厂选址的有关工作。

(四)开展科技奖励工作，促进核专业人才培养

为促进核能科技进步，提高自主创新能力，解决2008年以后民用核能领域优秀科技成果的奖励渠道问题，协会理事会第三会议作出了关于设立中国核能行业协会科学技术奖的决定。2010年，成立了由协会、中核集团、中广核集团、国家核电、中电投集团、中国华能、中国大唐组成的设奖者委员会；经协会秘书处的努力工作，抓紧完成了向科技部申请、建章立制、组织建设等各项工作。经国家奖励办公室的严格审查，当年7月20日科技部正式批准设立中国核能行业协会科学技术奖。在会员单位及协会专家委员会的大力支持下，2010年、2011年协会科技奖的评审工作已经顺利完成，共有5项成果获一等奖、26项成果获二等奖、78项成果获三等奖，获奖人数1074人，向获奖者直接拨付奖金300余万元。

2010年8月，国家能源局委托中国核能行业协会组织国家能源科技进步奖的申报和初评工作。在2011年7月能源局组织的评审会上，经协会初评推荐的24个项目中，有1个项目获国家能源科技奖一等奖,8个项目获二等奖,14个项目获三等奖。目前，协会正在组织2011年国家能源科技进步奖的申报、形式审查和初评工作。

与科技奖工作相衔接，协会加强和完善科技成果鉴定工作，设立了科技成果鉴定办公室，组织业内专家对109个项目进行了技术成果鉴定。

为适应核能发展对核专业人才的需求，协会在专家委员会设立了核专业人才培养专业组，五年来召开了三次“核学科建设及人才培养研讨会”，搭建了政府有关部门、用人单位和人才培养单位交流与研讨的平台，有力地促进了核学科建设和核专业人才培养工作。

(五)做好信息交流和公众宣传工作，推进核电安全宣传活动

协会会刊、网站和出版物是协会的窗口，对做好信息交流和公众宣传工作，推进核能行业文化建设，具有重要作用。

协会会刊《中国核能》自2008年8月创刊，至今已出版22期；《核能新闻》电子月刊自2007年9月创刊，至今已出版54期；协会网站自2008年1月正式上线运行，在加强日常维护与信息及时更新的同时，对网站功能进行了改版升级，网民关注度逐渐提升，累计点击率超过240万人次。《中国核能年鉴》，作为中国核能行业协会组织编纂的一份综合性资料年刊，如实记载了我国核能行业各个领域改革发展和企业文化建设的情况，自2009年公开出版发行，至今已出版3卷。

为加强公众宣传，协会开展了核能行业年度十大新闻评选工作。协会领导多次接受《人民日报》、《中央电视台》、《人民网》、《中国能源报》等媒体采访，就核能发展的重大问题发表看法。特别是日本福岛核事故发生后，协会领导和专家多次出面回答公众关注的问题，受到好评。

为了进一步做好公众宣传工作，2011年，国家能源局委托协会牵头组织核电安全宣传活动的筹备工作。在有关集团公司的紧密配合下，核电安全宣传活动(包括核电安全宣传片、核电安全展览、核电安全宣传手册)的筹备工作进展顺利。

(六)坚持“请进来、走出去”的方针，加强国际合作与两岸交流

协会以“积极、开放、互利、共赢”的姿态，坚持“请进来、走出去”的方针，五年来在国际合作与两岸交流方面不断取得新的进展。

2009年4月，由国际原子能机构(IAEA)主办、中国国家原子能机构承办的“面向二十一世纪核能部长级国际大会”在北京隆重举行。协会作为协办单位，承担了主要会务工作，得到国际原子能机构和中国国家原子能机构的好评。受科技部、国防科工局和国家原子能机构的委托，协会还承担了第四代核能系统国际论坛(GIF)联络办公室工作，以及国际原子能机构事务的部分技术支持工作。

在会员单位的积极参与和支持下，2009年4月和2011年4月，分别在北京和深圳成功举办第八届、第九届中国国际核电工业展览会。特别应当提及的是，第九届中国国际核电工业展览会，是在日本福岛核事故发生后不久举行的，展览和2011年协会年会的如期进行，对宣传我国核能行业发展成就、展示核电安全发展信心、营造良好舆论环境起到了积极作用。

在“请进来”方面，五年来协会先后与法国、日本、韩国、西班牙、世界核协会和台湾科技协进会等签署了合作协议，建立了交流与合作关系。接待了来访的境外有关国际组织和企业的负责人、专家78批次，举办（或协办）了中法核燃料循环国际研讨会、中日核电安全与技术研讨会、中法核法律与核责任研讨会、中法核电设备监造研讨会等23次国际性研讨、培训活动，举办了海峡两岸核废物处理技术研讨会、核电厂安全运行技术培训研讨班、核电厂应急管理与技术研讨会等4次研讨活动。世界核大学清华周由协会、清华大学与世界核大学共同举办，迄今已举办三期，培训业内外学员近千名。与世界核协会在北京、香港共同举办了两届中国国际核工业研讨会，为国内外同行搭建了高端交流平台。

在“走出去”方面，根据我国核能发展形势和会员单位的需要，协会和法国电力公司(EDF)在法国巴黎成功举办了中法内陆核电站选址和建设研讨会，为协会组织会员单位“走出去”，参与国际合作与交流积累了经验，探索了新模式。五年来，由协会组织派员参加的国际性会议48次。

（七）加强协会自身建设，不断提高秘书处工作水平

加强协会自身建设，不断提高秘书处工作水平，是履行协会宗旨，做好协会工作的基本保证。

五年来，我们每年召开一次协会年会，在会议上报告理事会工作，研讨行业发展中的重大问题，为会员单位提供了交流、学习的平台。我们十分重视协会理事会的规范运作和民主决策，充分发挥理事会的领导作用。组织管理委员会、经费管理委员会认真履行职责，对协会章程的修订、年度经费预决算、理事会和常务理事会组成人员的调整、相关单位的入会申请等重大问题，按程序进行了审议，为理事会工作提供了有力支撑。随着行业的发展和协会影响力的增强，协会规模不断扩大，截止2012年3月底，协会会员单位已由成立之初的160家增加到338家（其中联系会员单位25家），会员单位数量翻了一番。

不断加强秘书处的规范化、制度化建设，补充、完善各项工作制度和工作程序。随着业务工作的扩展，秘书处由成立之初的三个部门增加到六个部门，并适时增加了工作人员；为了提高秘书处队伍的整体素质，建立了党支部加强了政治学习和业务培训；在认真完成理事会交给的各项任务过程中，秘书处的服务意识不断加强，办事能力和工作效率不断提高。

协会成立五年来，我们适应核能行业快速发展和日本福岛核事故后的新要求，在有关政府主管部门的指导下，在广大会员单位大力支持和热情参与下，经过协会理事会和秘书处的共同努力，协会从无到有，从小到大，不断成长壮大。课题研究、核电评估、专业培训、技术咨询、科技奖励等方面的工作正在构成协会的核心业务和服务特色，网刊信息和国际合作已经成为会员、公众和国外相关机构了解协会、开展互动的重要窗口。中国核能行业协会已经成为核能界具有较高知名度和较大影响力的民间社会团体，成为政府部门和成员单位可以信赖的全国性行业组织。2010年，协会被民政部评为5A级社会组织和全国先进社会组织。这既是对协会成立以来所取得成绩的充分肯定，也是对协会工作的激励和鞭策。

五年来的工作实践，使我们深深体会到：

政府部门的指导帮助是协会发展的重要前提。协会工作一直得到民政部、国防科工局、国家能源局、国家核安全局等有关政府部门的关心和支持。五年来，我们多次到上述部门汇报工作，主动争取政府部门的指导与帮助。局领导和有关部门负责同志认真听取协会的工作汇报，有针对性地提出指导意见，多次参加协会组织的活动，委托协会承担具体工作任务，对协会开展各项工作给予了强有力的支持。正是有了政府部门的指导帮助，才使我们协会的各项工作稳步开展，并逐步取得明显成效。

会员单位的参与和支持是协会发展的坚实基础。行业是协会生存的土壤，会员是协会活动的主体。反映行业需求，聚集会员力量，发挥主体作用，是协会工作的基本特点。五年来，协会的各项工作，无论是课题研究和技术服务，还是同行评估和科技奖励等等，都得到广大会员单位的积极支持和广泛参与，协会积极发挥桥梁纽带和行业平台作用，受到广大会员单位的普遍认同与充分肯定，协会在大家共同推动下不断成长。广大会员单位自觉履行义务，按时缴纳会费，五年来，会费的收缴率连续保持在90%以上，保证了协会的正常运转。正是各会员单位的积极参与和大力支持，使协会的代表性和影响力逐步增强，协会发展有了坚实的基础。

加强自身建设，做好服务工作，是协会发展的基本保证。有了政府部门的指导帮助和广大会员的大力支持，协会就有了发展壮大的前提和基础。但是，能否利用好这些条件，最终还要靠协会自身的努力。协会成立以来，始终把促进行业发展作为协会一切工作的中心，把服务作为协会的根本任务，积极发挥桥梁和纽带作用，面向政府和企事业单位开展多种形式的服务。为此，协会十分重视自身建设，重视协会理事会和秘书处的规范运作，建立和健全协会的自我约束和自主发展机制，不断提升协会的服务能力和水平，为协会的发展壮大提供了基本保证。

五年来，我们的工作取得了一些成绩，但与政府对行业社团的期望相比，与政府有关部门和广大会员单位的要求相比，还有许多差距和不足。主要表现为：办会实力仍然很单薄，核心业务还不够强，行业影响力须进一步提高。我们要用更加努力的工作，更加有效的服务，更加出色的业绩，推动协会继续成长，开创协会工作的新局面。

三、今后五年协会的工作思路

展望未来五年，对我国核能行业来说，是十分关键发展时期。

今后五年，是我国核电和核能行业产业升级的关键时期。“十二五”末，我国运行核电总装机容量将超过4000万千瓦，并且有数千万千瓦核电项目在建，将跨入核能利用大国的行列；核能领域的国家重大科技专项将取得重大进展，其他一批关键技术研发将取得突破，自主创新能力、设备国产化能力和核燃料供给保障能力进一步增强，支撑我国核电发展的基础更加坚实；核电产业的国际竞争力将得到较大提升，为我国核电“走出去”打下更加坚实的基础。

今后五年，是我国核电和核能行业落实安全高效发展总要求的关键时期。全国能源工作会议、国防科技工业工作会议、环境保护工作会议对在确保安全的基础上高效发展核电、建设先进的核燃料循环产业、推进核心能力建设和自主创新、进一步加强核安全监管等提出了明确的要求，对核能行业健康有序发展具有重要的指导作用。按照“国四条”的要求，核电中长期发展（调整）规划、核电安全规划和核安全规划将报经国务院审批，并陆续出台。这些规划将明确我国核电安全高效发展的目标要求，规模布局、重点任务和实施步骤，是指导我国未来一个阶段核电发展的十分重要的文件。今后五年将是实施上述规划、落实安全高效发展要求的关键时期。

今后五年行业发展的新特点，必然对协会工作提出新的要求。本届会员大会将选出新一届理事会承担协会的领导工作，相信新一届理事会将不负众望，带领协会继续成长壮大，在促进核能行业发展方面更好地发挥作用。

如果说五年前我们是平地起家，逐步发展起来的；那么今天就是站在一定的高度上谋划未来五年发展的。无论是会员单位，还是政府部门，对我们的要求会更高。因此我们决不能停步不前，决不能有丝毫的懈怠，必须加倍努力，必须奋力向前，把协会的各项工作做得更好。

在这里，我对新一届理事会期间协会总的工作思路谈几点看法：

（一）必须把促进行业发展作为协会一切工作的中心，毫不动摇

促进行业发展是协会办会的宗旨，也是协会一切工作的出发点和落脚点，是协会一切工作的中心，任何时候都不能动摇。今后五年，我国核电和核能行业将进入重要的产业升级期，在安全高效发展核电方面也会遇到一些新的情况和新的要求。面对行业发展的新特点和新问题，我们要继续发挥好桥梁纽带作用，找准协会的角色定位，在提出决策建议、反映行业诉求、做好公众宣传、促进安全发展等方面继续开展工作，为核能行业的产业升级和安全高效发展作出新的贡献。

(二)必须把提高和改善服务作为协会发展的一项根本任务，常抓不懈

协会的根本任务归结为两个字就是“服务”。牢固树立服务意识，积极发挥桥梁和纽带作用，为政府部门和会员单位做好服务工作，协会发展才有强大的生命力。“在服务中赢得信誉，在服务中体现价值，在服务中求得发展”，正在成为我们协会的核心价值观。面对今后五年行业发展的新特点，协会的服务工作要适应新情况，在拓展服务领域、提高服务水平、保证服务质量方面下功夫，促进协会工作跃上新的台阶。

(三)必须把紧密依靠会员、构建牢固根基作为办会的基本理念，时刻牢记

协会是由会员单位自愿加入的民间社会团体，会员单位的广泛参与，是协会赖以生存的基础。面对今后五年行业发展的新特点，必须进一步营造有利于会员单位广泛参与的氛围，更加紧密依靠广大会员单位，更好地凝聚行业的智慧和力量，更好地反映行业的共同心声，使协会具有更广泛的行业代表性；要更加关注中小企事业会员单位的需求，要使他们乐于参加协会开展的各类活动，习惯于把协会的信息平台作为获取行业信息的重要渠道，感受到协会的活动与自身的发展息息相关。

(四)必须把有所作为、不断进取作为协会的核心精神，大力发扬

有所作为、不断进取，是协会过去五年能够取得进步的内在动力，是面对行业发展和肩负责任的基本工作态度和精神风貌。协会要以本次换届为契机，进一步发扬这种精神，主动适应行业发展需求，不断增强自身能力，努力开拓协会工作的新局面。3 月 19 日，温家宝总理在与第十三次全国民政会议代表座谈时有关“政府的事务性管理工作、适合通过市场和社会提供的公共服务，可以适当的方式交给社会组织、中介机构、社区等基层组织承担”的讲话，对我们这样的行业组织承担政府事务性管理提出了新的要求，为我们开拓新的活动空间带来了机遇。我们要认真领会，抓住机遇，有所作为。

日本福岛核事故没有改变核电在全球和中国能源发展中的战略地位和作用。2012 年 1 月 16 日，温家宝总理在世界未来能源峰会上的讲话中指出：“核电是安全可靠、技术成熟的清洁能源。安全高效地发展核电，是解决未来能源供应的战略选择”。3 月 5 日，温家宝总理在《政府工作报告》中重申“安全高效发展核电”。面对新的形势、新的任务和新的要求，我们要在“安全高效发展核电”方针引领下，在政府有关部门的指导下，在全体会员单位的参与和支持下，认真履行协会宗旨，努力做好服务工作，为开创我国核能行业发展的新局面作出新的更大的贡献。

领导讲话

中国核能行业协会名誉理事长、国家能源委员会专家咨询委员会主任张国宝：

感谢中国核能行业协会对我的信任，也感谢张华祝理事长对我的厚爱，聘请我担任协会的名誉理事长，我非常愿意来做这件事。华祝同志说，在位时有很多未了的心愿。他为核能事业工作了一辈子，我是半路出家，也工作了一段时间，总觉得也有很多心愿未了，如果能够继续为这个行业做一点工作，是我最大的荣幸。

最近，哈萨克斯坦的一位老朋友、美国能源部原助理部长、澳大利亚的力拓公司的代表先后到中国来，跟我都谈到核能问题，谈到中国下一步核能到底准备怎么发展？核电中长期规划要怎样调整等。哈萨克斯坦天然铀发展特别快，形成了9万吨的生产能力。力拓公司也是世界上最重要的天然铀生产厂家。福岛核事故后，天然铀价格下降，天然铀矿还能不能维持下去？对未来的发展看不清楚。

现在，全世界都在琢磨未来的核能该怎样发展。对未来的核能发展大家又非常看好中国。核能行业的同仁们当然希望核能再迎来一个发展的时期。但是事实上，福岛核事故的阴影到现在并没有散去。比如说日本到底会不会把所有核电站都关掉？日本自己预测今年夏天电力缺口14.9%。除了节能以外，他们现在优先发展天然气。法国作为仅次于美国的核电大国，新的总统上来以后对核电持什么态度？

在国内，核能界都希望核能行业兴旺发达，期盼政府能够尽快批准新项目的建设。项目的暂停审批确实让企业感觉到很困难，例如刚刚扶植起来的设备制造行业。大家都非常关心什么时候再批新的核电项目。

美国前一段时间释放了一个积极的信号。美国30多年没有批准新的核电站后，在2月9日批准了两台AP1000反应堆的建造，3月底又批准了两台。这是不是意味着美国核电要大发展？客观分析下来，我个人认为不是这样的。之所以批这4台机组，我认为是基于三个原因：第一个是这4台机组以前虽然没有被批准，但设备也都订货了，几十亿元已经投进去了，不干不行了。第二，美国要发展自己的核技术。美国现在搞核电都是接近60岁的老人，如果没有接续的话，他们的行业后继无人，他们也要保持这支核队伍。第三，美国现在运行的104台核电机组的寿命有的由40年要延寿到60年。即便如此，到2030年基本上也都陆续到期了。如果现在不再安排一些后续项目，那些老核电站退役以后就会出现能源紧张的局面。

目前，世界上核电大发展可能性的希望就是在中国。现在我国正在调整核电中长期规划。我认为低限可能到6000万千瓦，高的到7000万千瓦也是可以的。原来大家担心的一些问题，包括天然铀产能不足的问题，随着时间的推移是可以解决的。经过这些年的努力，核设备制造能力确实也上来了。

我认为，对核能发展仍然应该抱有信心。首先，从人类的发展历史看，化石能源的使用以瓦特发明蒸汽机为标志，经过两百多年，地球上几十亿年存在的埋在地下的资源已经用得差不多了。一个不争的事实是，再过三五十年，不说枯竭，起码也是非常不够了。过去这些年，石油价格有9美元的时候，也有过147美元的时候。总的趋势是不断地上升。大多数人预测，就长远来看，油价还要上涨。再过一段时间，化石能源的稀缺、价格的昂贵，我想会更严峻地摆在人类的面前。

第二，从能源结构来说，也应该对核能发展抱有信心。中国以煤为主的能源结构很难改变。实际上我最忧虑的恰恰在这里。到2015年，世界上一半以上的煤将是中国消耗的，碳排放量现在已达98亿吨，今后将更大。澳大利亚经过议会和企业的激烈辩论，通过了将从7月1日起征收二氧化碳碳税的决定，每吨二氧化碳23澳元。尽管中国和24个国家都向欧盟抗议，但欧盟还是要征收航空碳税，而且已经放出信息，6月份还要考虑征收航海的碳税，也就是轮船的排放。说到发展风能和太阳能，我也是积极倡导的，但是单搞太阳能和风能是不是能够全部解决人类的能源问题？现在这个问题，还可以争论。因为大家对福岛核事故的印象太深刻了。再过若干年，人们冷静思考这个问题，就会觉得核能的和平利用，是人类得以生存和发展的巨大成就。

因此，即便说国家出于种种原因考虑，暂时还没有批新的核电项目，但我们在建的还有26台机组，我们还有若干年逐渐投产的机会。同时，我也相信，我国还是要发展核电，包括这次政府工作报告中也明确讲了“要安全高效发展核电”。

核能行业协会这五年做了大量工作，取得了很好的成绩。从国家来说，社会对政府改革的呼声很高，其中有一条就是，政府应当进一步简政放权，要把相当部分的事情交给民间组织和行业协会去做。实际上，这些年已经有很多的事情政府委托协会做了，包括规划、标准的制定等等。因此，核能行业协会今后发展的空间会很大。

国家国防科工局副局长王毅韧：

中国核能行业协会第二届会员大会对协会过去5年的工作进行总结，还选举产生新一届理事会。此次会议非常重要，我谨代表国家国防科工局对会议的召开表示热烈的祝贺，对获得奖励的科技工作者表示热烈的祝贺。希望核能协会在新一届理事会的领导下抓住机遇，再接再厉，取得新的更大的成绩。

5年来协会工作成绩显著。

中国核能行业协会是在我国核能加快发展的形势下成立的。在第一届理事会的领导下，核能协会牢记宗旨，为政府服务、为会员服务、为行业服务，在反映行业发展的动态、向政府建言献策、为企业排忧解难等方面，做了大量富有成效的工作。在核工业“十一五”规划评估、“十二五”规划编制、核燃料产业体制机制研究、《原子能法》立法等方面为政府部门提供了强有力的支持；努力推进核电运行评估和工程建设项目评估，促进安全管理和运行业绩持续提升；积极开展多种形式的技术咨询服务，为行业发展提供智力支持；利用会刊、网站等多种形式，大力促进信息交流和公众宣传工作，为行业发展营造了良好的氛围。

经过5年来的努力，核能协会的影响力和知名度都有了很大的提升，已经发展成为促进行业发展的一支重要力量和平台。这个成绩值得珍惜和发扬。作为核能协会的主管部门，我们对协会取得的成绩感到高兴和满意。

认清形势，增强促进核事业发展的责任感和紧迫感。

首先，核工业是保持我国大国地位、维护国家安全的重要基石。从世界范围来看，全球核热点问题不断升温，博弈更加错综复杂。核力量在国际政治、军事、外交斗争中的作用更加突出。核工业是典型的军民结合型产业。继续保持我国核大国地位，维持和提升核威慑能力，为和平崛起赢得更长的战略机遇期，是我们核工业人的责任和使命。我们要清醒地认识到，与先进的核大国相比，我们的差距还很大，还有很多事情要做，还面临着艰巨的任务和严峻的挑战。

其次，核能大发展的总体趋势没有改变，国际竞争将日趋激烈。核工业是实现能源可持续发展的重要支撑，是经济发展和科技进步的重要推动力量。近年来，在确保安全的基础上，我国核电建设得到了大规模的发展。目前在运核电机组15台、在建26台，为我国国民经济建设做出了重要贡献。日本福岛核事故引起全球对核安全的高度关注和对发展核电的重新思索。从长远看，核能作为满足能源需求、缓解环境压力、应对气候变化最为现实的选择，将继续在能源结构中占有重要的地位。2009年胡锦涛主席在联合国气候变化峰会上表示，我国将大力发展可再生能源和核能，争取到2020年非化石能源占一次能源消费比重达到15%左右。我国有13亿人口，经济增长每年在10%左右，对能源的需求是巨大的，要实现这个目标光靠传统能源远远不够，发展核能势在必行。从目前看，美、法、俄、韩等几个核电大国核能发展的战略和规划都没有改变。同时我们应该看到，随着核能和平利用的发展，核能领域的国际竞争也将日趋激烈。这既对我国积极参与核能领域合作、开拓周边市场提供了难得的契机，也对我国核工业的生产能力、技术水平和体制机制带来巨大挑战。

最后，建设先进的核工业给我们提出了更高的要求，任重道远。“十二五”是我国深化改革开放、加强转变经济发展方式的攻坚时期，也是建设先进的核工业的战略机遇期。2011年，国家国防科工局按照《国民经济和社会发展第十二个五年规划》和《国防科技工业发展“十二五”规划》的要求，结合核工业的实际情况，编制印发了《核工业发展“十二五”规划》，以科学发展为主题，以转变发展方式为主线，提出了核工业“十二五”发展指导思想、发展目标和重点任务，这是指导核工业未来五年发展的重要文件。

对照“十二五”的目标和任务要求，我们要看到差距。虽然“十一五”期间在全行业的共同努力下，核工业取得了长足进步，但是在自主创新、技术水平、产业规模等方面仍不能完全适应核工业可持续发展的要求。这就要求我们一定要进一步解放思想、开拓创新，按照突出重点、强化基础、提高效能、军民互动、开创发展的新思路，扎扎实实向前推进，只有这样才能不断推进核工业又好又快安全发展。

齐心协力，努力开创协会工作的新局面。

5年来，协会工作取得了可喜的成绩，为自身发展奠定了良好的基础。面临新的形势和任务，如何更好地发挥协会的作用，还有很多工作需要开展。

一是继续发挥好参谋和助手的作用。希望协会充分发挥专家资源的优势，立足国家和行业的长远发展，深入分析核能发展中出现的新问题、新任务，积极参与国家有关法律法规、方针政策、发展规划和标准规范的研究、制定，为政府科学决策提供参考依据和技术支持。

二是继续发挥好桥梁和纽带的作用。协会目前拥有300多家会员单位，是政府与行业、国内与国外交流沟通的良好平台。针对核能行业快速发展和规模发展的态势，要进一步加强政府与行业、国内与国外的交流与沟通，广泛地联系企业院所和专家学者，集中行业的智慧向政府反映行业企业的意见、建议和需求，同时及时向行业企业传达国家的规划、方针政策、管理措施和要求，搞好公共宣传，促进政府、企业、社会之间的良性互动。

三是继续发挥好行业支撑作用。希望协会着眼长远，以促进行业发展、适应改革和发展需求为目标，不断加强自身建设，完善内部管理制度，积极探索协会工作方法和机制，建设一支精干、高效、富有活力的队伍，认真履行制定协调服务职能，扎扎实实做好工作，努力提高服务水平，积极维护行业发展大局。

做好协会工作意义重大。协会是全体会员单位的协会，办好协会的主要目的就是为全体会员单位提供优质服务，促进行业的健康发展，希望各会员单位要关心、爱护、支持、配合协会的工作，主动参与重大问题的研究决策，积极参加协会举行的各项活动，为开创协会工作的新局面共同努力。国防科工局将一如既往地大力支持协会的发展，和各有关部门密切合作，为协会更好地履行职能创造条件。我相信，有政府部门的支持、企业的支持，有全体会员的共同参与，中国核能行业协会一定能够在今后的工作中取得新的进展，创造新的更大的成绩。

国家能源局副局长钱智民：

今天，我谨代表国家能源局，首先对中国核能行业协会第二届会员大会的召开表示热烈祝贺。随着我国核能行业的发展，核能协会也在不断壮大，会员已从成立初期的160家发展到现在的338家，短短5年协会就被民政部评为5A级社会组织，这是非常不容易的。这次大会上还将选举产生新一届理事会，我在这里也表示热烈祝贺，祝大会取得圆满成功。

第二是感谢。核能协会在核能行业发展的重大问题研究、运行电厂和工程建设的评估、技术咨询、人才培训和科技奖励，以及信息交流和宣传、国际合作等方面做了大量的工作。利用这个机会感谢核能协会对国家能源局工作的支持。

第三是期望。随着社会主义市场经济体系的发展和完善，行业协会的作用越来越大，这是整个社会经济发展规律和趋势的需求。期望随着我国核能产业和核能行业的发展，核能协会能够发挥更大的作用。

作为国家能源局副局长，我主要负责电力、科技装备和国际合作方面的工作，也利用这个机会，就核能的发展，从国家能源局工作的角度谈三点个人的体会。

第一，我国核能发展规划是根据我国经济社会发展的需要，以及国家的能源资源来制定的，结论是加快核电的发展。温家宝总理在世界未来能源峰会开幕式上强调："核电是安全可靠、技术成熟的清洁能源。安全高效地发展核电，是解决未来能源供应的战略选择。"

从能源的总量来看，我国能源生产连续几年在全球是第一位，去年成为了能源消费第一大国。我国与美国能源消费各占全球的20%左右，但我国的人口大概是美国的4倍左右，假如按照美国的人均能源消费水平，全世界的能源全部给中国用还差不多。这给我们两个最重要的启示。一个是能源的消费方式。我们要用更低的能源强度来支撑更大的经济社会的发展。但是实际上我们现在的能源强度比世界平均水平还差一些。另一个是能源的增长量。最近5年，我国是全世界能源增长最快的国家，未来增加的量还是相当大的，而美国已经连续5年能源基本上是持平的。也就是说，要满足我国社会经济的发展，能源可能会成为非常大的制约。

从能源结构来看，我国煤炭占能源的比重是70%多，世界范围内煤炭占能源比重的平均值是30%，美国比平均水平要低。我国核电占能源的比重是0.7%，全世界的平均水平是5.5%，美国是8.7%。我国的水平还不到美国的1/10。

从我国的能源资源看，我国石油储量是每人11.1桶，全世界平均是199.2桶，我国仅占世界平均水平的5%；我国天然气人均占有量只有0.2万方，全世界平均是2.8万方；我国煤炭总量在全世界排在第三位，但人均只有86.2吨，全球人均是132吨，而美国的人均是783吨。可以说，美国的人均资源均是我国的10倍，但我国利用核能不到它的1/10。从这个意义上来看，提高我国社会的发展水平和经济水平，在有限的时间里解决我国能源需求，核能是最主要的方式。当然我国还要发展其他的可再生能源，如风电、太阳能、生物质能、沼气能等等。

从现在所处的现实来看，由于日本福岛核事故，我国正在发展的核电产业又重新回落。世界上有的国家表示将慢慢关闭核电站，但大多数国家还是要继续发展核电。我国已经作了安全高效发展核电的决策，能源行业包括核能行业和社会都期待下一步怎么发展核电？什么时候重启核电项目？我国政府对下一步怎么发展核电已经给出了回答，但是眼前该怎么做？长远的安全高效发展跟现实之间如何做好工作，这就是我们眼前一个很重要的课题。

也就是说，我们要观察了解世界发展的潮流，但是不能从某一个国家或者从某几个国家的情况来决定我国的能源政策和核能政策。我国现在正处在全面建设小康社会的关键时期，这也是我国重要的发展机遇期。能源是我国发展中的重大问题，核能应该成为我国能源发展满足社会需求的一个重要支撑。

第二，要解决好当前核能发展中最突出的两个问题，一个是安全，一个是公众的认同。在核能发展中要解决很多问题，包括资源问题、人才问题、装备问题、核安全水平问题、乏燃料后处理问题等等。国家能源局也列了七方面大的课题，现在都在进行当中。但是眼前最重要的还是安全和公众认同这两大问题。

日本福岛核事故之前我国在加强安全方面已经做了大量的工作，事故之后也采取了许多重要措施。可以看到，我们的技术研发能力在加强。国家能源局已启动了针对超基准外部事件对核电影响的专项研究课题，国防科工局和国家核安全局也在共同努力，以提高我国的核电技术标准和安全标准。也可以看到，我国政府主管部门和监管部门能力建设不断加强。国家能源局成立了核电司，国防科工局成立核应急司，国家核安全局相关的司局由原来的一个司变成现在的三个司。这都是确保下一步提高核电安全的重要措施。各个核电企业和各个单位也都在核安全方面做了许多的工作。另外，做强做大核能产业也是确保核电安全的一个重要因素。我们的核能产业不大的话，我们投入的研发力量、技术改造力量、装备力量、人才、经验等等都支撑不下去。只有把核能产业做强做大，才能保证核能发挥更大的作用。做强做大不是某一个单位做强做大，而是需要整个行业有一个合理的产业分工和产业规划。对这些问题应该进行很好的思考和研究。

随着社会透明度和开放程度越来越高，政府把公众和社会的关注放到了更高的位置上。未来核电的发展也要把公众的认同和社会的认同放在更高的位置。要研究通过什么方式实现公众的了解、知识的普及、公众的参与交流。作为核能行业的企业，也要加强公众认同这方面的工作。核能行业协会在这个方面能够发挥非常大的作用。公众社会对核能的认同度也是影响我们核能发展非常重要的一个因素。

我想强调，应该从大局做好沟通和宣传工作。公众对核能行业技术的了解程度跟我们专业的人士肯定不一样，把一些学术和技术上或者是我们应该在内部研究的问题，拿到社会上去说，社会公众会用另外一种方式来思考。所以从这个方面来讲，我们会员单位和行业协会应该做更好的研究，怎么样让公众认识核电，怎么样让社会看待核电，统一我们的认识方法，给公众介绍核电知识，最终让社会对我们这个行业少产生一些误解或者至少是不正确的理解。这对我们核能下一步的发展非常重要。

第三，我国核电的安全是有保障的。福岛核事故后，国务院指示国家能源局、国家核安全局和中国地震局对所有在运在建核电站进行了综合安全大检查。虽然最终结论还没有对外正式公布，但核安全局和能源局也在不同的场合表示，我国在运和在建的核电站安全是有保障的。

我国核电发展的起点是高的。我国的核电站都是上世纪80年代后期开始建设的。我国现在采用的核电标准，尽管还有要完善的地方，但跟全世界的标准比起来，我国的标准是高的。从现在运行的业绩看，我国核电机组的运行水平在全世界平均中等水平以上，不少机组达到了高水平，而且是连续高水平运行。这跟我们的基础起点高、标准严是紧密相连的。目前全世界正在建设三代压水堆，全世界在建8台机组，有6台在中国，我们的后发优势非常明显。再加上我们在统一的协调和指导下做好后续的技术研发、生产安全运行、工程建设和核应急等各方面的保障工作，我国核电的安全一定是有保障的，我国未来核能发展也有很好的发展空间。

我相信，只要我们大家团结一致，共同努力，我国核能行业一定能够得到更大的发展。

（本文根据录音整理，未经本人审阅）

国家核安全局副局长王中堂：

今天我们共聚一堂，庆祝中国核能行业协会第二届会员大会的胜利召开。在此，我谨代表国家核安全局向大会的召开表示热烈的祝贺！

中国核能行业协会自2007年4月成立以来，秉承“推动核能行业自主创新和技术进步，为提高核能利用的安全性、可靠性和经济性提供服务，促进核能行业发展”的宗旨，团结进取，成为我国核能行业的一支重要力量，成为具有较高知名度和较大影响力的行业协会。

过去的5年，核能协会在第一届理事会的领导下，积极开展核能发展重大问题研究，积极推进核电厂运行评估和建设项目评估，开展了多种形式的技术咨询服务，全面推动核安全宣传工作，加强国内外交流，为我国核能行业的安全高效发展作出了贡献。特别是去年福岛核事故发生后，核能协会加强行业沟通、凝聚行业共识、发挥行业力量，为我国应对福岛核事故和增强公众信心发挥了重要作用。我们相信，中国核能行业协会在第二届理事会的带领下，也必将百尺竿头更进一步，继续取得丰硕的成果。

过去的5年，在以中国核能行业协会为代表的全行业的支持下，我国的核安全事业取得了长足的进步。特别是2011年，核安全监管部门和整个核能行业经受住了福岛核事故的严峻考验。福岛核事故发生后，国务院就应对福岛核事故、提高核安全水平、确保核电厂安全，进行了周密部署，提出了一系列的具体要求；核安全监管部门、核能发展部门和整个核能行业紧急行动，认真落实党中央、国务院的决定，开展了大量卓有成效的工作，取得了显著的成果。

一是做好应急响应工作。福岛核事故

发生后，我国立即启动应急响应机制，密切跟踪、研判福岛核事故演变；全面启动全国和各省的环境辐射监测网络，随时掌握全国辐射环境剂量水平；每天公布全国辐射监测数据，大力开展公众宣传；认真研究福岛核事故经验教训，并且将这些经验反馈到安全政策层面。

二是实施综合安全检查，全面评估我国核设施的安全状况。由环境保护部（国家核安全局）、国家能源局和中国地震局联合组织，调集了全国专家学者300多人，历时8个多月，对全国的运行和在建核电厂安全性进行了独立、全面、深入、系统的检查和评价。检查的深度、广度和使用的方法，与国际实践一致。检查和评估的结论认为，我国的核电厂的安全是有保障的，但考虑到福岛核事故的成因，也提出了一些重要的改进措施。

三是编制核安全规划。规划在全面分析我国核能发展的状况、充分考虑福岛核事故的经验教训的基础上，围绕如何确保核安全的主题，提出了我国“十二五”及今后一个时期核安全的目标、任务和措施。

四是认真研究、吸取福岛核事故的经验教训，加强核安全改进。福岛核事故后，我国对福岛核事故的成因和影响进行深入的研究，提出了核安全改进计划。各核设施单位进行了深入的自查，从技术防范、管理防范等多方面、多角度进行改进，核安全的保障水平进一步提高。

五是进一步加强核安全监管。国务院对核安全监管机构进行了改组，增加了监管力量。核安全监管部门制定了核安全法规标准的改进计划，将大幅提高核安全要求；督促和规范核电厂落实各项改进措施，进一步提高核电厂的安全水平；加强核安全的技术审评和监督执法，确保核电厂安全。

总之，福岛核事故后，我国采取了一系列的有效措施，核电厂的安全水平进一步提高，核电厂的安全更有保障。

展望未来，今后一个时期对于核能行业发展来说十分关键：经历了福岛核事故后，公众对核电安全的信心尚待恢复；经过一年多暂停后，核电项目重新启动值得期待；前几年在建的核电项目，今年开始陆续将投入调试和运行；核设施综合安全检查中提出的改进要求必须按期落实，核安全规划中提出的任务需要完成。要做好这些工作，需要全行业坚持“安全第一”的理念，共同努力奋斗。

一是必须按照“安全第一、质量第一”的方针，加强运行核电厂的安全管理，加强在建核电厂的质量管理，确保核电厂的安全和质量。核电安全和质量是整个核能事业发展的基础，只有保证运行核电厂处于安全状态，只有保证建造核电厂不出现质量事故，我们才能赢得公众的信任，才能保证核能事业的顺利发展。

二是要认真落实福岛核事故后安全改进措施，进一步提高核电厂的安全水平。经过对所有核电厂的全面检查，我们认为中国核电厂的安全是有保障的。但针对福岛核事故中出现的超设计基准外部事件，需要在外部事件设防方面进一步改进。这些改进都是为了进一步提高安全性。对于每项改进行动，我们已向各个核电厂提出了具体要求，规定了完成时限，各核电厂和各企业单位要认真按照要求和时限落实改进措施，这既是业主的责任，也是核与辐射安全监管部门的责任，同时也是全行业的责任。

三是要大力开展技术研究，提高我国核安全的基础技术能力。目前核电建设的速度减缓，正好留下了一个时间和空间的窗口，使我们能够进一步做好基础技术研究，提高设计分析和解决关键技术的能力，夯实中国核能发展的基础，推动技术进步。

四是要大力开展科普教育和公众宣传，恢复公众对核能发展的信心。核电是不是安全？中国是不是需要核电？胡锦涛总书记在首尔核安全峰会上提出，要科学理性地认识核安全，告诉了我们应该怎样看待核安全问题；温家宝总理在政府工作报告中提出安全高效发展核电，也回答了中国怎样发展核电的问题。现在这两个问题在行业内已有充分理解和共识。但经历福岛核事故后，公众对核电安全、核电发展的信心受到严重冲击，恢复公众对核安全的信心是中国核电发展的关键，也是世界核电发展的关键。全行业，特别是核能行业协会更可以发挥优势，大力开展科普教育和公众宣传。

中国是世界上最大的发展中国家，能源需求持续增长，环境保护任重道远，核能作为稳定供应的清洁能源，是我国经济社会发展未来一个时期的必然选择，要坚定发展核电的信心。同时我们也要清醒地认识到安全是核电发展的基础，没有安全就不可能发展，始终坚持“安全第一、质量第一”的根本方针，确保核电厂的建造质量和运行安全。国家核安全局将按照“严之又严、慎之又慎、细之又细、实之又实”的思想、态度和作风，和全行业一起为保证核电安全高效的发展而共同努力。

我们都是核能行业这所大厦的建设者和享有者，风雨同舟，荣辱与共。我们的事业崇高而神圣，我们的前景光明而美好，我们的责任重大而光荣。风劲潮涌，自当扬帆破浪；任重道远，更需策马扬鞭。让我们紧密团结起来，共同坚持在确保安全的基础上高效发展，再接再厉，再创佳绩，为核能行业又好又快又安全地发展作出更大的贡献！

2012 年中国核能可持续发展论坛

基本情况

5 月 10 日，2012 年中国核能可持续发展论坛与中国核能行业协会第二届会员大会同期举办。

这是继 2008 年、2010 年中国核能可持续发展论坛后举办的第三届论坛，论坛的主题是“安全高效”。

党的十七届五中全会通过的《中共中央关于“十二五”发展规划的建议》中提出，“在确保安全的基础上高效发展核电”，为我国核电发展指明了方向。日本福岛核事故后，我国在不同场合多次重申“安全高效发展核电”的方针，我国核能界认真贯彻国务院的四项决定，沉着应对，扎实工作，正迎来安全高效发展的新局面。

此次论坛上来自中核集团、中国核建、中广核集团、国家核电技术公司、中电投集团、东方电气、中国核能行业协会和阿海珐集团等的代表就核电安全高效发展、中国内陆核电发展等发表了主旨演讲。

论文选登

持续创新 推进核电安全高效发展

中国核工业集团公司副总经理 吕华祥

2012 年以来，社会各界对于重启我国核电建设的呼声越来越高，这不仅源于我国领导人在“两会”期间和首尔核安全峰会上对核能发展信心的重申，也是基于我国核工业企业为核电安全高效发展所作出的努力。但同时也应当看到，福岛核事故的影响极为深远，如何推进我国核电安全高效发展，在当前和今后一个时期，仍然是我们业内的一个重大战略课题。

深刻认识核安全的极端重要性

福岛核事故引起世界范围内对核安全的高度关注和重视。一年多来，各国纷纷采取举措，应对福岛核事故的影响。部分国家停止或推迟了核电发展的进程，多数国家则在提高安全性的前提下继续坚定对核能的信心。核工业界围绕“是否发展核电”、“如何安全地发展核电”这两大课题，展开了持续而深入的探讨。这些行动无不说明，核电安全涉及到国家政治、经济和社会的复杂问题，安全性对于发展核电的重要性更加突出，超过了经济竞争性等方面的影响。未来核电发展，始终要满足安全标准为首要前提。

福岛核事故使我们再一次认识到，超设计基准的严重事故确实是有可能发生的，核电安全没有神话。福岛核事故改变了传统的核安全理念，引发了核电运营、核安全设计理念、多堆厂址安全管理、公众对核电的接受等方面的一系列新课题，对核安全设计理念和标准、核安全技术研发等产生重大影响。目前，各国政府和国际机构正在充分汲取福岛核事故经验教训，将提高核安全标准作为重要课题，着手开展研究工作。我国核安全规划也正在编制之中。

根据国务院常务会精神，我国政府已明确提出要采用最先进的标准，这对核电技术方向影响重大。按照我国在核安全综合检查中采用的核安全法规(HAF102)及相关导则以及国际原子能机构最新标准的要求，采用具有非能动安全特点以及采取严重事故预防与缓解措施的第三代核电技术，能够为未来核电机组安全运行提供更好的保障，将成为未来核电的主流。与此同时，我们应提高核工业全产业链的配套能力和水平，使之能够与先进核电技术协调发展。

持续科技创新 奠定核电安全高效发展的基础

科技创新的能力和水平，是一个国家核工业整体实力的标志，更是保障核安全、实现高效发展的根本途径。福岛核事故后，全球核能科技革新的步伐必将加快。推动传统核电技术的优化升级，加快开发符合更严格标准、技术更先进、固有安全性更高的新机型，将是今后全球核能发展和竞争的焦点。这也是加快我国核能开发进程、实现赶超的契机。

我国运行和在建核电站目前以二代改进型技术为主，与三代要求差距不大。沿着“二代改”的技术方向，开发具有自主知识产权的、达到三代水平的机型，既能满足国内核电安全发展的需要，又具备出口能力、能够参与国际市场竞争，同时也具备与二代改机型设备材料的兼容能力，是我国核能技术开发的一条可行的道路。

我们应持续推进核能技术创新，在积极引进国际先进的核电理念和技术的基础上自主研发，形成系列化、标准化、国产化的三代机型品牌，发展配套的核燃料循环技术和设备制造能力。同时，鼓励核能技术的差异化、多元化，积极推进小型模块式反应堆技术研发。瞄准核能前沿技术，做到“预研一代、开发一代、推广一代”，加快快堆、高温气冷堆等技术研发。大力发展核安全技术研发工作，积极开展核安全基础理论的研究和关键技术的攻关。

以需求选择技术方向 充分发挥市场机制配置资源的作用

市场需求对核能技术方向发挥着重要的牵引作用。纵观世界核电发展，上世纪90年代，为解决三里岛和切尔诺贝利核事故带来的核能安全和公众接受的问题，世界核工业界进行了安全法规标准制定工作，编制了指导核电站设计和建造的电力公司要求文件(URD和EUR)。美国、法国、俄罗斯等国着手研发满足其要求的第三代压水堆，形成了AP1000、EPR、VVER、APR1400、ABWR等多种机型，在国际市场竞争中都占据了一定的份额，保证了能源的安全稳定供应。这表明，核电市场中堆型的选择不能过于单一化，应该鼓励多元化。只要是符合核安全法规标准的、具有一定经济竞争性的、成熟或经过验证的机型，都应该能够平等地参与核电市场竞争。

福岛核事故发生后，随着核电市场对技术先进性要求的提高，我国三代机型的研发设计进程相应加快。在充分吸取福岛核事故教训、借鉴 AP1000 三代核电技术的基础上，中核集团、中广核集团、国家核电技术公司都在致力于先进的三代机型的开发。预计在 2013 年，我国核电市场上将会出现多种三代机型竞争的局面。

我国存在统一堆型下的多机型，是历史和现实技术进步的必然，也符合国际核电技术演变的规律。在国产三代技术还不成熟之时，鼓励竞争有利于分散风险。应该有效地发挥市场机制配置资源的作用，充分利用“看不见的手”的力量，公平地支持各种机型。通过完善核安全法规体系，制定安全标准，建立市场准入门槛等，由市场选择核能开发的技术方案。

中国核工业集团公司作为国家核科技工业的主体和核电发展的主力军，始终在为确保核工业安全高效发展不懈努力。

始终坚持“安全第一、质量第一”的原则，将安全放在首位。现有 9 台在运核电机组，已取得超过 54 个堆年的安全运行记录，发电量、能力因子、负荷因子等指标连创新高。9 台在建核电机组工程安全、质量均良好受控。福岛核事故发生后，针对检查中提出的安全要求，确定了运行、在建核电整改项目。目前，短期改进项目已完成，中长期改进项目将于 2013 年完成全部整改。通过积极与 EXELON 等世界一流企业和 WANO 指标先进电站对标，不断提升核电建设运营的专业化、标准化水平。引入核安全文化的先进理念，坚持核电安全文化建设，把核安全文化理念渗透到每一位员工的思想和行动中。

不断加快核能科技创新，为核电安全高效发展提供不竭动力。积极参与 AP1000 核电技术的引进消化吸收和大型先进压水堆 CAP1400 的研发工作。加快研发具有自主知识产权的 ACP1000、ACP100 核电品牌，为适应我国不同规模电网的要求提供多样化选择。目前，ACP1000 已经完成顶层设计，转入总体设计和研发阶段。ACP100 的设计和工程应用进程正在加快推进。在实验快堆并网成功的基础上，推进示范快堆的建设。开展聚变研究，加入国际热核反应堆 (ITER) 计划。2011 年集团公司研发投入占主营业务收入的 4%，“十二五”期间将以平均每年不低于 20% 的速度增长。

不断夯实核工业体系基础，支撑核电安全高效发展。通过国内铀资源勘探开发、海外铀资源开发合作以及国际铀贸易三条线并举，保障天然铀生产供应。“十二五”期间，将以建设铀矿大基地为重点，为“十三五”天然铀产能跨越式发展打下坚实基础。以实现核燃料闭式循环为目标，加快推进核环保工程和核燃料循环后端产业发展。福岛核事故后，我们着力加强核安全技术研究，积极参与、支持国家能源局组织的核电安全技术研发计划。统筹开展核燃料生产和贮运、乏燃料后处理、MOX 燃料组件设计制造、放射性废物处理处置等各环节的技术研究，争取在一些关键领域取得新突破。

随着核能开发利用的持续深化，亚洲特别是我国将成为核电发展的重要市场。中核集团将始终秉持“开放、包容、合作、共赢”的发展理念，愿与核工业界同行一道，加强在核安全、核科技、创新发展等方面的合作，共同守护核电安全，推进核电高效发展。

提升能力 安全高效建造核电站

中国核工业建设集团公司副总经理　祖 斌

核电站建设的核心是核岛工程建造，其建造能力是保证核电产业安全、快速发展的重要环节之一，直接关系到核电站建设的安全、质量和进度。中国核工业建设集团公司作为国内唯一一家具有核电站核岛工程丰富建造经验的企业集团，承担了我国大陆全部核电站核岛工程以及我国出口巴基斯坦的核电站建造任务，已成为全球领先的核电建造企业。

一、核电建造能力显著提高

中国核建连续30多年从未间断核电建造，在众多管理模式下高质量地完成了不同堆型的核电建造任务，在“自主设计、自主制造、自主建设、自主运营”方面率先实现了核电工程自主建设，核电建造的整体能力显著提高。

1. 建立了独有的核电建造多项目管理模式

中国核建成功实现了从单项目管理模式向同时承担多个核电机组、不同核电堆型的多项目管理模式的转变，建立并完善了以“集约化、标准化、专业化、信息化”为特征的管理模式，增强了核电建造集成管理能力。

2. 掌握了具有自主知识产权的核电建造关键技术

中国核建全面掌握了30万、60万、70万、100万千瓦各个系列装机容量，涉及压水堆、重水堆、高温气冷堆、实验快堆等各种堆型的关键建造技术，形成了核电站建造的专有技术体系和知识产权。

在AP1000和EPR三代核电建造过程中，中国核建成功应用了自主研发的大型模块组、安装、焊接技术，钢制安全壳(CV)组、安装技术，特大特重设备运输和吊装技术，大体积、大面积混凝土整体浇注技术，自密实混凝土施工技术，主管道安装即将应用窄间隙焊接、激光跟踪测量及3D建模拟合和数控坡口加工技术等。

3. 拥有完备的基础设施和先进装备

中国核建形成了与核电建造相匹配的预制加工能力。根据核电工程的分布情况，已在上海、浙江、广东、江苏等地建成了6个核电预制厂，正在建设南京模块化生产厂与核辅助设备制造厂，可满足近30台核电机组预制需求。“十二五”期间还计划扩建和新建3个预制厂，可满足40台核电机组预制需求。同时，中国核建装备了满足核电项目各种堆型建造的先进装备千余台套，如3200吨履带式起重机、预应力张拉设备、主管道窄间隙自动焊机、激光跟踪测量仪等，实施了特大件、特重件的吊装，从装备上保障了核电建造能力的持续提升。

4. 培养造就了一支核电建造人才队伍

30年连续不间断的核电建造培养使中国核建造就了一支可靠的建造队伍，拥有大批懂管理、善经营的高级管理人才及科研、设计、建造、检修等专业技术人才，形成了有针对性的、多层次、多形式、全方位的人力资源培养与培训体系，为我国核电持续发展培育了大批人才。2011 年 10 月 22 日，全球唯一一家核电建设国际培训机构——国际原子能机构核电建设国际培训中心(ICTC)在中国核建挂牌成立，将为国际原子能机构及其成员国培养一流的核电建设高级管理人才。

5. 核安全文化深入人心

核安全文化是核工业在特殊安全性要求下，经过多年培养出来的企业做事习惯，体现在组织行为和员工行为之中。中国核建在长期的核电建造过程中，通过制度、程序的严格执行，已将这些习惯转变为一种行动自觉，这是中国核建有别于其他企业的“基因密码”。福岛核事故警示我们核安全文化靠的不是口号、报道和宣传，更不是事故发生后的如何处理，而是如何以“质疑的工作态度、交流的工作习惯、合作的工作精神、审慎的工作作风”将一切差错拒之门外，认真实践“蓝色透明文化”，并使之延伸传承。

二、安全高效建造核电站

面对挑战，中国核建将紧紧围绕“做强做优、培育具有国际竞争力的世界一流企业”的奋斗目标，进一步解放思想，转变观念，安全高效建造核电站，推动核能可持续发展。

一是坚持“安全第一、质量第一”，确保高质量地完成核电建造任务。要继续贯彻“安全第一、质量第一”的方针，始终将安全作为一切工作的底线，始终将质量放在一切工作的首位，创新安全质量管理机制和手段，完善安全生产管理制度体系和质量保证体系，加强安全质量组织机构和队伍建设，促进安全质量体系的有效运行和安全质量活动的持续改进，大力推动安全质量管理的标准化建设工作。

二是进一步完善核电建造管理体系，保障在建核电工程进度进展顺利、重大里程碑节点按期实现。要进一步完善多项目管理体系，明确项目管理责、权、利和接口关系，不断提高集约化管理和集团化运作的水平，发挥整体优势，按集中、优化、动态的原则配置项目所需的各项资源，提高资源共享度和工作效率，努力克服设计、设备供货滞后，建造成本上升，社会劳动力资源短缺等困难和挑战，确保在建核电项目实现进度计划控制目标。要重点加强核电建造施工总承包能力建设，完善核电工程的施工总承包管理模式，不断增强施工总承包能力。对于需要赶工的核电项目，要在保证安全质量的前提下，制定科学合理的赶工计划并积极落实，争取实现核电项目的总体进度目标。

三是加强核电建造劳务队伍管理，探索建立核电产业工人队伍。我国核电产业持续发展需要一支高素质的核电产业工人队伍做保障。中国核建高度重视核电产业工人队伍的建设，将通过整合劳动力资源，建立多公司共享的劳务队伍输送基地，培育专业化核电劳务公司，完善劳务队伍管理制度和体系，利用价格杠杆调动劳务合作伙伴积极性，加强劳务合作伙伴的安全管理、质量管理与核安全文化建设等措施，建立一支规模适度、素质高、稳定性强的核电产业工人队伍。

四是加强科技创新，提高核电建造核心能力。通过加大科研投入、加强平台建设，实施重大科技专项、完善科技成果转化机制等措施，加快形成先进的科技创新能力，不断推动提升核电建造能力。要坚持以需求为导向，以核电建造技术研究为重点，加强科技资源的优化配置和有效整合，不断完善以企业为主体、市场为导向、产学研相结合的技术创新体系，着力突破制约提升核电建造能力的核心技术和关键技术。要加强科技开发和成果转化，积极申报专利，创造自主知识产权，形成企业的核心技术，增强企业的市场竞争能力。

五是加强信息化能力建设，提升管理效率。中国核建将围绕“一个平台、四大系统”(网络平台、经营管理信息系统、综合项目管理信息系统、工程设计集成系统和核电项目管理信息系统)，建立和完善网络平台和应用体系，实现对企业生产经营指标实时查询、经济指标年度同比和环比分析、生产设备和材料集中需求统计等；做到核电项目的进度、质量、资源的宏观监控管理，充分发挥集团公司在统一协调、统一资源调配和技术支持等方面的作用；集成对成员单位、重点项目安全和质量监督执行情况的管理，并通过系统提供的数据信息为相关决策提供统计分析数据；对整个集团的人力资源业务进行总体管控，包括统一组织管理、集中信息管理、关键业务管理、数据决策。

此外，要始终坚持客户为导向的经营理念，真诚服务客户，提高客户满意度。要切实履行社会责任，共同推进我国核能事业发展。

再谈安全高效发展核电

中国广核集团有限公司副总经理　张炜清

讨论和研究“十二五”期间核电的发展，离不开“安全”和“高效”。“如何理解安全高效发展核电”以及“如何找到实现安全高效发展核电的路径”，谈几点个人的理解和体会。

“安全高效发展核电”导向明确、内涵丰富、寓意深远。其中包含很多要素，可概括为九个，包括安全、认识、一定规模、合理节奏、综合效益、有序推进技术升级、稳步提升产业能力、加强基础体系建设和“走出去”。根据九个要素，我们要做准八个定位，即：安全是前提，认识是关键，规模与节奏是牵引，效益是基础，技术是保障，产业是支撑，基础体系建设是可持续发展的保证，“走出去”是更高体现。

一、安全是前提

核安全是一切核电工作的首要前提。“核安全”可以形象地比喻为承载核电发展的“路基”。对于核安全的认识体现在三个方面，在思想认识层面，要时刻牢记核安全是核电的生命线，核安全重于泰山。我们要本着对公众和环境高度负责的精神，始终敬畏核安全，守护核安全。在责任落实层面，要切实落实安全管理责任，推动安全管理不断进步，对照国际先进标准，不断加强核电选址、设计、制造、建设、运营等全过程管理。在文化建设层面，要深入推进核安全文化建设，促使组织和个人密切关注核安全，提升安全责任意识，使决策层、管理层、执行层都能将核安全作为自觉行动。我国核电业主长期坚持“安全第一、质量第一、追求卓越”的价值观和理念，取得了良好的电站运行业绩，充分证明我国核电是安全的。

福岛核事故以来，我国核电行业汲取福岛核事故的经验教训，积极推进有针对性的、最稳妥的技术改进措施，进一步提高我国核电安全水平和应对极端自然灾害叠加的能力。同时，我们认为核电安全措施应当是充分的、均衡的，并且是适度的。根据工作开展的紧迫性，中广核集团采取了实体改进、补充分析、专项研究三类改进措施，对在运核电站、在建 CPR1000 核电站、在建 EPR 核电站分别制定了多项改进计划，目前各项工作均顺利推进。通过持续推行技术创新和管理改进，我国核电会更加安全。

二、认识是关键

认识包括政府、行业、媒体、公众各个层面对核能知识、核电安全、核电发展等的认知与理解。对核电的认识好比是十字路口的“红绿灯”，是当前影响我国核电发展的关键因素。日本福岛核事故后，社会上存在着部分非理性的认识及行为，造成了诸如抢盐风波等闹剧，这主要是由于信息的不对称和误解造成的。首先，尽管全球目前在运 400 余台核电机组为世界提供了 16% 左右的电力，但是由于放射性对人群与环境的潜在伤害具有特殊性，导致核安全与公众的日常生活产生距离，从而难以从公众中获得理解和认同。其次，长期以来核电行业对社会心理层面的核安全所做的工作还不到位，导致部分公众对专家意见片面理解。再次，部分媒体在报道时不恰当地渲染，客观上放大了片面性并将片面性进一步扩散。除此之外，个别专家在技术上的偏好与执著，往往会造成科学性缺失，产生不良影响。对核电的任何质疑都有其合理性，但是质疑越多，影响越广，维护科学理性的声音就要越大。对核电的各种认识和议论，考验着人们科学理性的程度。在坚持科学求实的思想认识上，我们要有足够的定力。

对核电的各种认识和议论，考验着人们科学理性的程度。安全不仅仅是技术问题，同时也是一种社会心理与情感体验，需要认知与信任。现阶段“政府有信心，百姓能放心”比以往任何时候都显得更加重要。一方面要坚持科学理性的核安全理念，另一方面要不断增强公众对核能发展的信心。通过创新思路、开展形式多样的宣传活动，多方位、多渠道加强核电科普宣传，让更多的人了解核电并支持核电，让核电成为一种高效、安全并被公众所信任的新能源。

三、规模与节奏是牵引

核电只有达到相当规模才具有战略价值。核电发展规模的设定，既要满足国家电力供给、节能减排和能源结构调整总目标，也要与能力和支撑能力的增长速度相匹配。目前中国核电发电量仅占总发电量的2%，远远低于国际平均水平，还有很大的发展空间。

安全高效发展核电还需要保持合理节奏。日本福岛事故造成核电发展在短期内放缓，客观上为我国快速追赶国际核电先进水平、突破核电“走出去”的知识产权障碍，创造了难得的历史机遇，应在国家核电战略指引下，通过核电项目的有序安排，保持核电建设的合理节奏，兼顾核电技术的连续性，进一步推进国产化、自主化能力提升。具体布局方面，要加快沿海省份核电发展，稳步推进中部内陆省份核电建设，做好优质核电厂址资源的保护工作。

四、效益是基础

效益是核电发展的生命力。从上网电价看，核电电价可以做到一般不高于所在区域的煤电脱硫标杆上网电价，目前大亚湾核电站、岭澳核电站一期、岭澳核电站二期电站每千瓦时分别为人民币0.420元、0.429元、0.430元，均低于广东省火电厂脱硫标杆电价0.521元/千瓦时。同时，核电具有良好的环保效益。按每千瓦时发电煤耗300克标煤计算，1亿千瓦核电每年可以代替3.15亿吨煤炭，还可减排7.41亿吨二氧化碳。

此外，核电还具有重要的战略意义及产业效益。核电工业技术是世界工业发展的标志之一，发展核电对提升我国科技创新能力具有重要作用。核电的规模化发展，可以有效带动科研设计、设备制造、工程建设、核燃料循环产业的可持续发展，有利于调整产业结构，提升我国产业的国际竞争力。

五、技术是保障

通过持续改进和科技创新，提升核电技术水平，是安全高效发展核电的重要保障。在满足市场和用户经济、安全、可靠的需求前提下，处理好先进性与成熟性、安全性的辩证关系，结合国内核电发展和国际市场开发，积极稳妥推进技术升级是核电发展的必然趋势。

近期，结合福岛核事故经验反馈，我国通过持续改进，提升核电厂主要安全技术指标，推出达到三代核电安全指标要求、与目前已有的国产化核电装备制造能力相匹配的核电技术，以满足当前我国核电发展的现实需要。2014年至2015年，大力推进三代技术的吸收消化、技术改进和再创新，完成EPR和AP1000首堆项目的第一个燃料循环运行。“十二五”末开工建设国产三代示范项目工程，“十三五”投入商业运行，为自主三代堆型在“十三五”期间的批量发展和走向国际市场创造条件。同时抓紧推进高温气冷堆、先进小型堆等技术研发和产业化，做好四代堆以及更先进核能技术研发安排。

六、产业是支撑

完整、成熟、配套的产业体系是安全高效发展核电的关键支撑。产业的发展需要坚持以项目为依托，不断提升产业能力，特别是装备制造业的能力，同时避免产能过剩或低水平的重复建设。

具体来说，一是要通过合理批量的新建项目，巩固和提升现有能力；二是攻坚克难，突破部分高价值产品的国产化难关，加快三代技术的设备国产化步伐；三是加快核电技术研发、设计、装备制造、工程建设能力提升，逐渐形成具有统筹设计、制造、成套和集成能力的核岛主设备供应商和专业化国际型核电工程总承包公司，打造世界范围内核电技术竞争力。

七、基础体系建设是可持续发展的保证

基础体系建设要着力以下三个方面，铀资源方面，要深入开发“两种资源，两个市场”，优先获取海外铀资源，大力推进海外基地建设；摸清国内铀资源底数，合理推进开发；深入开展非常规铀资源以及钍资源开发利用的研究。有序布局和提升燃料加工产能，实现燃料供应适度多元化，分散风险、提高竞争性和经济性，统筹部署燃料后端产业布局。

人才培养方面，在核电项目批量化建设的前提下，坚持校企合作、基地培育、以老带新等集约化滚动培训方式，培养核电运维人才；通过专业化的组织分工和规范化、标准化的岗位建设，培育专业管理人才和技术人才；通过科技项目，组织产学研攻关团队，培养高级研发人才。

技术研发方面，按照热堆—快堆—聚变堆技术路线，系统规划核电、核燃料、核科研、核安全等相关领域的中长期发展工作，制定明确而统一的中长期发展目标，通过建立协调机制加强重大问题协同，建立实质性紧密型的产学研一体化体系，促进高端装备、基础科研、基础工业等多方面的技术创新发展。

八、“走出去”是更高体现

从世界核电发展的历史看，美国、法国、俄罗斯、韩国等都依托本国核电的发展规模，形成了对外“输出”的核心技术和产业能力，实现了本国核电“走出去”战略。“走出去”是中国核电发展的必然，也是安全高效发展核电的更高体现，这一战略的执行必将大大提升我国综合竞争力，促进我国由核电大国向核电强国的转变。

“安全高效发展核电”，言简意赅，但是对中国核电发展来说却是任重而道远。要将“安全高效发展核电”落到实处，需要树立全社会对核电安全的信心，需要坚定核电发展的决心，需要政府的信任与支持，更需要全行业同心同德、精诚团结。中广核集团将与业界同行一道，为共同推动我国核电安全高效发展而不懈努力。

建设三代核电 高起点实现自主化

国家核电技术有限公司副总经理 魏锁

为了实现我国核电技术的跨越式发展，党中央和国务院经过广泛调研论证，决定引进国际先进核电技术，统一技术路线，高起点实现我国核电自主化发展。

一、我国三代核电自主化依托项目建设实践

1. 选择三代核电技术

为高起点实现我国核电技术自主可持续发展，从 2004 年开始，开展了三代核电自主化依托项目招标工作，决定引进国际先进的 AP1000 非能动核电技术，建设

浙江三门和山东海阳自主化依托项目4台机组。

AP1000是由美国西屋公司在AP600基础上开发的两环路先进非能动压水堆核电机组。采用非能动安全理念，安全系统设计使用自然驱动力排出反应堆和安全壳内的余热，事故发生后72小时内无需操纵员干预。符合美国《先进轻水堆用户要求文件》(US – URD)和《欧洲用户要求文件》(EUR)的要求，也符合我国核安全法规要求。设计寿命60年。

福岛核事故后，西屋公司和上海核工院进行了AP1000针对性独立评估，结果表明：AP1000核电厂的构筑物、设备和系统可以承受类似福岛地震及地震引起的海啸冲击，安全壳可以保持其完整性，能够保护公众和环境的安全。

去年12月，美国核管会(NRC)批准了西屋公司AP1000 DCD19版设计文件。这个版本新提出的技术要求，绝大部分已经在我国三门、海阳AP1000机组设计中采用。今年一季度，NRC颁发了Vogtle项目、VC Summer项目各两台机组建造运行联合许可证。这是继我国自主化依托项目4台机组之后，AP1000的另外4台机组。

目前，AP1000采用的非能动安全理念得到了全球核电业界的广泛认可，英国、捷克、波兰、巴西等国已经出现了潜在用户。

2. 安全地建设自主化依托项目

我国引进AP1000先进非能动核电技术的同时，还引进了先进的核电站建造技术和核岛工程管理技术，并结合AP1000自主化依托项目建设进行消化吸收。我们不仅要建设安全的核电站，还要“安全地建设核电站”。

依托项目开工令(ATP)于2007年12月31日生效，2009年3月31日完成三门1号机组核岛筏基第一罐混凝土浇注，进入全面建设阶段。国家核电技术公司、美国西屋联合体、项目业主、建设单位和装备制造企业团结协作，共同推进世界首批AP1000核电机组建设，取得了一系列的成功。

我们积极探索以“标准化设计、工厂化预制、模块化建造、专业化管理、自主化建设”为主要特征的第三代核电自主化发展新路子。组织攻关并率先掌握了三代核电设备制造和工程建造的一系列核心技术，为我国三代核电自主化发展积累了经验、打下了基础。随着依托项目工程建设的进展，我们还将继续突破并掌握更多先进技术，创新能力将得到持续提升。

依托项目的工程建设始终遵循“安全第一、质量第一”的方针。在确保质量和安全的基础上，组织推进工程建设。三门1号AP1000首台机组探索和积累的经验，被及时反馈和应用到依托项目另外3台机组，管理水平不断得到改进和提高。工程建设进展顺利，三门和海阳1号机组已进入核岛主设备安装阶段，安全、质量、进度、投资处于可控状态。

二、大型先进压水堆核电站重大专项技术研发实践

为了实现我国三代核电技术引进、消

化、吸收和再创新的发展战略，国家决策实施大型先进压水堆核电站重大专项，将核电技术自主创新发展纳入我国建设创新型国家的战略范畴。

1. 布局关键领域攻关，自主研发更加安全的核电技术

围绕压水堆重大专项总体目标要求和CAP1400示范工程总体技术方案，我们抓住制约我国核电技术发展的核心技术领域进行战略布局，组织力量开展重点攻关，确保自主研发的CAP1400安全性、经济性等方面的指标均好于AP1000。

一是CAP1400总体设计技术攻关。先进核电总体设计技术是核电技术的核心。我们抓住CAP1400总体设计这一核心技术，组织国内力量进行重点攻关。在AP1000引进技术消化吸收的基础上，采取了降低线功率密度、提高非能动安全系统裕量、抗大型商用飞机恶意撞击等措施，改进CAP1400的安全性；增大反应堆堆芯、提高功率、降低单位造价和发电成本，设计考虑核燃料循环利用的MOX燃料装载能力，提高CAP1400的经济性；采取措施落实放射性废物最小化原则和内陆核电近零排放目标；针对日本福岛核事故，采取超设计基准地震和外部水淹的设防强化、72小时后持续补水和电源保障等增强核安全裕度的措施，从设计上基本上消除需要场外早期响应的大量放射性物质向环境释放的可能性。CAP1400设计目标满足福岛核电站事故后国际国内对沿海和内陆核电厂址的最新要求。

二是先进核电试验验证技术攻关。先进核电试验验证技术是确保技术研发和软件验证的关键。我们从核电自主化发展战略出发，组织国内有关单位联合开展与安全审评和设计验证相关的CAP1400试验攻关研究。构建我国先进核电试验验证技术体系，支持CAP1400技术研发、工程设计、安全审评和核电关键软件验证。同时培养出一支高素质的核电试验人才队伍，满足核电长期可持续发展的需求。

三是核岛关键设备制造技术攻关。核岛关键设备研发和制造能力是核电产业的关键环节，我们抓住这一关键环节，着力布局解决我国核电关键设备受制于人的突出问题。以重大专项科研攻关课题为支撑，组织对屏蔽电机主泵、核电大型锻件、锻造主管道、钢制安全容器、蒸汽发生器690合金U型管等进行攻关，掌握高端制造技术。推进核电关键设备自主化，提升我国装备制造业整体技术水平。

四是先进数字化仪控系统技术攻关。核电站仪控系统是控制核电站运行的指挥系统和确保其安全运行的保护系统，是整个核电站的神经中枢。我们与国外企业合作开发基于FPGA技术的新一代核电站数字化保护系统平台，争取占领技术和产业先机。

五是核电关键软件攻关。核电关键软件是总体设计和安全分析的基础，国家核电技术公司针对核电关键软件这一薄弱环节，组建了一支专业化的核电软件开发队伍，牵头组织核电关键软件研制攻关，支撑我国核电技术创新和可持续发展。

2. 组织科研成果转化，持续推动核电产业高效发展

我们在组织推进核电关键设备研制攻关的同时，注重及时将科研成果转化为生产力，提升装备制造业技术水平，推动核电产业高效发展。

攻克了大型锻件制造技术，打破了国外企业技术垄断。三代核电60年寿命对锻件技术要求相应提高。我们组织中国一重等重点企业进行协同技术攻关，成功突破了三代核电关键设备大型锻件制造技术，打破了国外企业在高端大型锻件市场的垄断，使我国核电大型锻件的技术水平进入世界先进行列。及时组织进行成果转化，研制的AP1000压力容器、蒸汽发生器锻件已向用户供货。

攻克了锻造主管道技术，实现了三代核电自主供货。AP1000反应堆主管道采用整体锻造工艺，技术要求高，并且完全依靠国内自主研制。我们组织渤船重工、二重等重点企业进行竞争性技术攻关，分别掌握了三代核电锻造主管道全部生产制造技术。研制的锻造主管道综合技术指标完全符合美国西屋公司的设计技术标准。已经签订了AP1000依托项目4台机组主管道供货合同，国内采购大幅降低了主管道的采购成本。

攻克了核岛钢制安全壳制造技术，形成了批量供应能力。钢制安全壳是AP1000核电站非能动安全系统中的重要设备之一。我们组织国内企业自主研制，攻克了一系列技术难题和工艺难关，成为世界上率先掌握钢制安全壳全部制造技术的国家。及时组织进行成果转化，自主研制的钢制安全壳已向AP1000依托项目4台机组批量供货。

屏蔽电机泵、一体化堆顶组件、大型半速汽轮机、大型冷却塔等关键设备研制也取得了一系列技术突破。这些科研攻关成果，也将很快组织转化为相关单位的生产力，为依托项目和重大专项示范工程供货。

随着核电关键设备研制不断取得成功，我国即将形成三代核电产业配套能力，为核电的安全高效发展提供支撑。

3. 构建创新发展体系，形成核电技术可持续发展能力

在核电重大专项领导小组和国家能源局的领导下，国家核电技术公司组织核能领域、装备制造业领域、科研院所、高等院校等各有关单位参与压水堆专项研发工作，产学研用协同攻关。从我国核电自主化发展的战略出发，积极探索和构建我国先进核电组织管理和技术创新体系。

我们实施了多样化的组织管理模式，逐步形成并完善了压水堆重大专项的组织管理体系。充分利用已有资源，以设计院为龙头，专业研究机构、基础科研院所、高等院校共同参与，构建我国先进核电技术研发体系。以重大专项研发课题为依托，以依托项目和CAP1400示范工程供货为导向，构建起核电关键设备制造技术体系。启动了“中国先进核电标准体系研究”和“先进核电设备及材料鉴定”能力建设。

经过压水堆重大专项参与单位几年来共同努力，一个产学研用紧密结合的核电技术创新体系已经初步形成，将为我国核电可持续发展提供保障。

三、我国核电安全高效可持续发展的几点思考

我国《国民经济和社会发展第十二个五年规划》提出“在确保安全的基础上高效发展核电”，指明了我国核电创新发展的方向。

1. 实现安全高效发展应坚持的原则

我国核电要实现安全高效发展，应坚持以下原则：

一是安全第一的原则。核安全是核电发展的生命线。世界核电始终向着更安全和更经济的方向发展。我国政府始终十分重视核安全，要求把核安全放在一切工作的首位。

二是技术先进的原则。福岛核事故后，国务院关于核电发展的“四条规定”和《核安全规划》要求，采用最先进的技术和更加严格的安全标准，确定了中国核电未来安全高效发展的指导原则。

三是质量可靠的原则。实现核电安全目标的基础是可靠的质量。为了保证质量可靠，要采用先进技术并不断进行改进和创新；要实施先进的管理，健全核电行业管理和核安全监督管理体系；要落实核安全文化，把核安全文化的理念灌输到核电行业的每一家单位、每一位员工。

四是可持续发展的原则。核电产业技术含量高、产业链长、涉及领域广。核电建设是一项系统工程，必须统一配置资源，统筹兼顾产业链上各相关环节，构建合理的产业组织形式，形成协调发展的机制，才能保证产业链各环节的利益，共同实现可持续发展。

2. 坚持“自主化、标准化、系列化”发展

落实自主化发展。认真贯彻落实我国三代核电自主化发展战略，整合研发设计资源，集中力量进行攻关。在引进技术消化吸收的基础上，尽早形成具有我国自主知识产权的 CAP1400 品牌，建成示范工程并形成批量能力，为我国核电安全高效可持续发展打下基础。

坚持标准化设计。核电机组标准化设计对设备制造、工程建设、运行维护、安全监管等方面具有十分重要的意义。在 AP1000 依托项目建设、AP1000 后续项目建设、重大专项 CAP1400 技术研发和示范工程建设中，坚持贯彻并实现标准化设计理念，降低设备制造、工程建设、运行维护、安全监管方面的成本，为我国核电安全高效可持续发展提供技术支撑。

形成系列化型号。世界核电技术在实践中增加单机容量的同时，要发展系列型号以满足市场的不同需求。我国三代核电自主化发展也应遵循已被证明成功的模式。通过消化吸收和再创新，完成 CAP1000/CAP1400/CAP1700 标准设计，同时开发适用于特殊用途的中小功率 CAP 核电技术，形成满足不同市场需求的先进非能动核电技术 CAP 系列化型号。

3. 构建完整的核电技术体系，形成国际市场竞争能力

我国三代核电技术创新发展，应构建完整的核电技术体系，不仅支撑我国核电

安全高效发展，并为参与国际核电市场竞争打下基础。为此，在现有工作的基础上，应着力加强以下领域的工作。

着手建设三代核电设备和材料鉴定体系。三代核电设计寿命60年，对设备的可靠性和技术标准提出了更高的要求。开展三代核电设备和材料鉴定机构建设，不仅是国家核安全监管的要求，也是我国核电自主化发展的需要。应着手建立满足我国三代核电发展要求的设备和材料鉴定体系，为核电安全高效发展、提升装备制造业技术水平和参与国际竞争提供支撑。

逐步建立三代核电技术标准体系。在核电技术全球化发展的今天，只有掌握标准的主导权，才能掌握行业发展的主动权。我国在三代核电技术引进消化吸收和再创新的同时，还应注重同步熟悉、应用ASME等国际标准体系，并逐步提升话语权、争取在某一个领域具备主导权。我们应利用在AP1000依托项目和压水堆重大专项技术研发积累的经验，积极主动地参与国内外有关组织的标准研究制定，逐步建立我国三代核电技术标准体系。

组织相关企业取得美国ASME认证，形成核电高端设备出口能力。在推进先进核电技术标准体系建设的同时，相关企业应积极申请并取得美国ASME认证，为核电高端设备的出口创造先决条件。不仅要为我国核电安全高效发展提供技术和产业保障，同时要为我国具有自主知识产权的核电技术参与国际核电市场竞争做好准备。

4. 积极开展前沿技术研究

积极参与第四代核能系统研发。为了实现我国先进核电技术跨越式发展，应在第四代核能系统基础研究和技术开发领域持续投入。在已有基础上，加快在超高温气冷堆、钠冷快堆、超临界水堆等领域的研究进展，争取在我国有基础和比较优势的领域引领技术发展潮流。

掌握核燃料循环技术，实现可持续发展。可持续性是核电发展的根本。我国应在实验快堆的基础上，研发快中子增殖堆核电技术，提高核燃料利用率。应积极推进核电站乏燃料分离处理研究和产业化，在核电重大专项框架内，自主研发核燃料后处理技术。

融核于电　实现核电“三步走”

中国电力投资集团公司高级顾问　丁中智

中国电力投资集团公司是国家许可开展核电建设运营的以常规发电为主的企业。目前，控股在建核电装机474万千瓦，包括控股的AP1000依托项目——山东海阳核电项目，等比例控股的辽宁红沿河核电项目。参股运行核电机组权益容量164万千瓦，参股在建核电机组权益容量160万千瓦。安全高效发展核电对我们而言，具有更为重要的意义。

一、坚定发展核电的决心和信心

核电在保障能源安全、应对气候变化等方面具有不可替代的作用，对促进电力结构优化升级、提升工业技术水平具有重要意义。无论外部环境怎么变化，中电投集团始终把核电放在加快结构调整、实现低碳清洁发展的重要位置优先发展，毫不动摇。2003年成立之初，我们就确立了“水火核并举”的战略，制定了“融核于电、以电促核”的方针，利用自身能源集团已有的各项优势，全面开展核电项目准备和建设工作，有效配合国家第三代核电招标工作，率先在内陆开发、保护核电厂址。2008年，我们依据国家的核电发展规划和自身建设管理能力，进一步制定了核电“三步走”发展战略，提出到2020年，集团运行核电机组达到1400万千瓦，达到发电总装机容量的10%。

经过这些年来的不懈努力，中电投的核电事业取得了较大进展。控股的山东海阳核电项目，作为国家引进第三代核电技术AP1000的自主化依托项目，工程建设进展顺利，1号机组已进入主设备安装阶段，将于2014年投产。等比例控股的辽宁红沿河一期工程4台机组同时在建，今年年底第一台机组将投产。同时，江西彭泽核电项目“两评”报告已获国家批准，广西等地核电项目前期工作都在有序推进。中电投集团核电项目在建、待批、储备三个梯度的战略格局已经形成，在国内核电业界的地位不断稳固和提升。

二、坚持把核安全文化建设放在首位

安全始终是核电发展的前提和最高准则。在日本福岛核事故原因分析中，核安全文化再次得到重点关注，进一步推动和加强核安全文化建设成为国际核电业界的共识。中电投集团作为以常规电为主的企业，特别注意核电的这一特殊性，高度重视核安全文化建设和培育，将其作为开展核电工作、谋求核电发展的一项基础性、根本性任务来抓。

一是着力培养核安全意识。在组织上，选拔合格的核电领军人才，同时在各个层面按法规要求设立安全质保部门；在核安全文化基础建设上，大力推进全员核安全文化理念宣贯，举办各类核安全文化培训，增强核安全意识；在核安全质保体系上，严格执行国家核安全法规，建立规范的核安全管理体系和质保体系。

二是牢固树立“安全第一、质量第一”理念，将其作为一切工作的出发点和落脚点，全面贯穿于组织体系、制度体系、培训体系以及各项具体工作之中，大力培育核安全文化，不断增强核安全理念。

三是持续改进安全绩效。积极开展同行评估和经验反馈，加强与国内外同行间的交流和学习，在各层级建立了经验反馈和业绩评估机制，开展了对安全相关事件的分析总结和持续改进工作。

三、创新完善管理体制机制

中电投集团作为新进入核电领域的发电企业，在核电管理内容方面具有与其他核电企业明显不同的特点，一是从参股资产管理为主逐步发展为控股建设、运营管理核电站为主，二是在核电产业链上有所为、有所不为。为保证核电安全高效发展，需要创新建立符合自身实际的管理体制机制。

在组织管理体系上，中电投集团着力推进核电管控一体化。按照“统一资产管理、统一业务管理，做实做强中电投核电公司”的主要思路，调整核电产权结构，理顺核电资产管理关系，将集团所持有的控股核电资产全部注入全资子公司——中电投核电公司，并以中电核作为集团公司的核电管理平台、信息平台、投资平台和技术支持平台，对控股核电项目进行统一管理。

在工程建设管理模式上，中电投集团通过辽宁红沿河、山东海阳等核电项目的实践，逐步形成了“业主负责、专业管理、工程总包”的专业化模式。通过专业化模式，促进相关的核电专业化机构在工程管理、设备成套、核电环保、运行维护、技术支持等领域全面参与核电项目的建设，积累经验，实现了核电专业化能力的自主培养，为承担后续项目的建设奠定了基础。

四、高度重视人才自主培养

当前，人才是制约核电安全高效发展的主要瓶颈。必须高度重视核电人才开发，不断开辟新途径，大力培养核电人才。

中电投集团始终坚持“人才先行”战略，充分发挥集团公司的比较优势，积极引进、立足培养，走出了一条独具特色的核电人力资源开发之路。我们不断加大人才引进力度，吸引和聚集国内有经验的核电人才作为骨干力量；发挥集团内部丰富的常规电人力资源优势，依托高校联合培养；大力招聘优秀的核电及相关专业毕业生，自主培养。同时，我们制定并实施中电投核电人才自主培养计划，形成了基于AP1000技术的核电人才培养能力。利用下属的上海高级培训中心，联合国内知名高校，建设AP1000核电理论培训基地；依托海阳核电项目，建设AP1000核电运行和维修技能培训基地，年内模拟机即可就位，初步具备操纵员培训能力；依托上海大漕泾百万千瓦火电厂，建设核电站常规岛技能培训基地。截至2011年底，中电投集团拥有核电从业人员2500余名，其中海阳核电项目已有92人获得操纵员资格，现有人员基本满足当前核电发展的需要。

我国内陆核电厂环境是安全的

中国核能行业协会副理事长　赵成昆

中国作为一个内陆幅员广大的经济发展大国，国家欲使核电在国民经济建设、改善能源结构、改善环境方面发挥重要作用的话，内陆核电是不可或缺的。我们应在科学和理性的核安全理念指导下，积极、谨慎地推动我国内陆地区核电建设。

为了推动我国内陆核电发展，中国核能行业协会已经组织业内资深专家完成了《内陆核电厂址需要关注的问题以及不同类型机组的适用性分析》、《内陆核电厂水环境影响的评估》两次与内陆核电环境安全有关的软课题研究，目前正在进一步组织开展《内陆核电厂环境影响的评估》的软课题研究。研究主要基于我国内陆核电厂环境辐射防护的审管要求，以及国外内陆核电厂长期运行的经验反馈，我国内陆核电厂的安全保障措施。

通过广泛深入的研究，我们得出的结论是：只要认真贯彻纵深防御理念、严格遵循核安全法规要求做好核电厂选址、设计、建造、运行和应急准备各项工作，我国内陆核电厂的环境安全是有保障的。

一、我国对于内陆核电厂环境辐射防护的审管要求

1. 核电厂放射性流出物排放的多层次审管要求

核电厂放射性流出物排放的多层次审合要求包括 4 个层次。

第一层次是公众个人的剂量限值（基本标准）是 1mSv/ 年，与国际水平相同。值得注意的是，世界平均本底辐射水平为 2.4mSv/ 年，我国平均本底辐射水平为 3.1mSv/ 年。

第二层次是核电厂的剂量约束上限值。《核动力厂环境辐射防护规定》(GB6249–2011)，明确将 0.25mSv/ 年的个人有效剂量作为核电厂的剂量约束上限值。

第三层次是排放量控制值，这个层次反映了辐射防护最优化以及 ARALA(可合理达到的尽量低水平) 的原则。

对于沿海核电厂和内陆核电厂，上述这些层次的要求是相同的。

第四层次是浓度控制。

对于内陆厂址，槽式排放出口处的放射性流出物中除氚和碳 –14 外，其他放射性核素浓度不应超过 100Bq/L。

对于内陆厂址，营运单位应对液态流出物排放实施有效控制，以保证排放口下游 1km 处受纳水体中总 β 放射性不超过 1Bq/L，氚浓度不超过 100Bq/L。

如果浓度超过上述规定，营运单位在排放前必须得到审管部门的批准。

2. 总 β 浓度以及 β / γ 放射性核素的浓度指标

世界卫生组织 (WHO) 采用 0.1mSv/ 年的参考剂量水平推导饮用水中各核素的浓度指标，并将 1Bq/L 的总 β 浓度作为筛选值指标。

我国《生活饮用水卫生标准》(GB5749–2006)，在放射性指标方面等效采用了 WHO 的 1Bq/L 的总 β 浓度筛选值。

GB6249–2011 要求内陆核电厂排放口下游 1km 处受纳水体中总 β 放射性不超过 1Bq/L，可以理解为排放口下游 1km 处受纳水体的放射性指标已经满足 WHO 和我国的饮用水要求。

3. 氚浓度的控制

氚是一种低能纯 β 粒子，是放射性毒性很低的核素。

美国环境保护署 (EPA) 要求按照参考剂量推算各 β / γ 放射性核素的浓度指标，但氚除外。EPA 给出饮用水中氚的浓度指标为 740Bq/L。

欧盟议会在制定饮用水指标时，也要求按照参考剂量推算各 β / γ 放射性核素的浓度指标（氚除外）。对于氚，给出 100Bq/L 的浓度指标作为筛选值。

法国内陆核电厂在实际运行中，要求在核电厂排放口下游充分混合区测量的日平均氚浓度（等于核电厂上游的本底氚浓度 + 核电厂排放增加的氚浓度）小于 140Bq/L。

综上所述，与我国平均本底辐射水平 (3.1mSv/ 年) 相比，采用 0.25mSv/ 年的核

电厂剂量约束上限值以及推导饮用水放射性浓度水平的参考剂量 (0.1mSv/年)，是十分严格的要求。

采用1Bq/L的总β浓度筛选值和100Bq/L的氚浓度筛选值来控制内陆核电厂排放口下游1km处受纳水体的浓度，可以确保内陆核电厂排放口下游1km以远的受纳水体满足饮用水卫生标准。

二、内陆核电厂正常运行期间的环境辐射影响

1. 国外内陆核电厂长期运行的经验反馈

◆国外内陆核电厂与周围环境和谐相处

美国65个核电厂(共104台机组)中有39个核电厂位于内陆地区，共64台机组，占美国所有核电机组的61.5%，这些机组至今已经有约2000堆年的运行经验。美国2009年的38份内陆核电厂的环境监测报告，其中20个核电厂下游有公共饮用水源的取水点，约占总数的1/2。美国核管理委员会(NRC)对27个延寿内陆核电厂给出的环境意见书，其中2/3的内陆核电厂受纳水体有灌溉、捕鱼以及游泳、划船等各种娱乐活动的功能。

法国19个核电厂(共58台机组)中，有14个核电厂位于内陆地区，共40台核电机组，占法国核电机组的69.0%，这些机组至今已经有约1000堆年的运行经验。在法国8条主要河流的沿岸均建有核电厂。其中流入地中海的罗纳河(Rhone)，沿岸建有4座核电厂，共14台机组。

在跨国河流上建有核电厂包括：莱茵河上游在瑞士境内，沿岸建有4座核电厂(共5台机组)；在法国境内沿岸建有Fessenheim核电厂。莱茵河下游进入德国境内，在其沿岸还有至今尚在运行的Biblis核电厂。

◆国外内陆核电厂放射性流出物排放监测与评价

从美国38个核电厂2009年度的环境监测报告以及2005—2009年度的放射性流出物排放报告中，可以看到：所有内陆核电厂下游公共饮用水源中均未检出与核电厂运行有关的γ核素，而且所有样品的总β浓度远小于1Bq/L；所有内陆核电厂下游公共饮用水源的所有样品中氚浓度均小于74Bq/L；5年中，所有内陆核电厂放射性液态流出物排放可能造成的周围公众最大个人全身剂量(3.11μSv/堆/年)，远低于美国NRC规定的设计目标值，处在美国平均本底辐射水平(3.6mSv/年)的涨落范围内，不存在可以察觉的影响。

美国38个内陆运行核电厂2009年度的辐射环境运行报告中显示：有不足20%的核电厂在排放口附近的沉积物样品中检测出微量的与电厂运行有关的放射性核素，主要是一些活化腐蚀产物。

美国38个内陆运行核电厂2009年度的辐射环境运行报告中显示：有70%的核电厂在周围水体沉积物样品中检测出微量的来自上世纪70年代大气核武器试验与切尔诺贝利核事故沉降物的核素铯-137。还有不少核电厂报告了沉积物样品中有较高的天然核素钾-40水平。

美国内陆核电厂周围水体沉积物样品监测表明放射性液态流出物排放的长期累

积影响是不可察觉的或属于极为轻微的小影响。

统计的法国核电厂在2002—2009年期间的放射性流出物排放量，结果表明：法国各核电厂放射性液态流出物的排放控制保持良好的记录，尤其是放射性液态流出物中的裂变产物和腐蚀产物的排放量。法国所有900MW机组的裂变产物和腐蚀产物每堆年的排放平均值为0.35GBq，远低于每堆年15GBq的排放控制值。

2. 我国内陆核电厂运行对水环境影响的基本估计

◆我国内陆核电厂的水文条件和用水情况

统计了26个内陆核电厂址的水文条件，与美国内陆滨河和法国内陆滨河核电厂所在河流的平均流量相比，我国这些滨河核电厂址的稀释扩散能力是相当的或相对较好的。

统计了4个滨水库厂址，水库库容均在10亿立方米以上，属于大Ⅰ型水库，水库的入库径流量均在10亿立方米以上。因此，电厂排放的放射性液态流出物都可以得到较好的稀释。

分析了30个内陆核电厂的用水情况，其中，5个厂址排放口下游80km范围内没有公共饮用水源取水口，只有5个电厂排放口下游最近的公共饮用水源取水点至排放口的距离在7 ~ 10km的范围，其余的厂址排放口下游最近的公共饮用水源取水点至排放口的距离介于10 ~ 80km。

◆放射性废液处理系统的优化设计

大亚湾核电厂和岭澳一期的放射性废液处理采用“离子交换＋蒸发＋过滤”的处理工艺。在2002—2008年期间，4台机组放射性液态流出物中除氚外核素的平均排放量为0.41GBq /（堆·年），与法国900MWe核电机组处在同一排放水平。

我国拟建AP1000机组的内陆核电厂，采用“絮凝＋过滤＋离子交换＋反渗透”的处理工艺，可以满足排放罐出口处除氚和碳–14外核素浓度不超过100Bq/L的要求。

我国在第二代改进型基础上进一步研发的先进机型，将采取“絮凝＋过滤＋离子交换＋蒸发器”的处理工艺。

目前，采用最佳可用技术进行放射性废液处理，技术上可以实现近“0”排放，确保正常运行下环境水体安全。

◆放射性液态流出物排放的优化控制

对于液态氚的排放浓度控制：当河流丰枯期水文差异较大的情况下，可考虑加大放射性液态流出物排放的监测贮存罐容量，在枯水期适当减少排放。

◆放射性液态流出物排放对水环境影响的基本评估

收集到了27个内陆核电厂项目（均为已由初步可行性研究确定为优先候选厂址或已开展可行性研究）周围公众通过液态途径受到的最大个人剂量的初步估算数值。

最大的保守估算值18.2μSv/年，与我国本底辐射水平3.1mSv/年(3100μSv/年）相比，处在后者的涨落范围内。因此，可以得出，这些拟建内陆核电厂放射性液态流出物排放所致环境辐射影响的重要度是小的。

三、确保水资源安全的纵深防御措施

1. 我国内陆核电厂厂址选择的保障条件

我国核电厂址选择遵循当今世界最严格的标准。在实际选址过程中，按照厂址所在地区的极端事件(可能最大地震、可能最大降水、可能最大龙卷风、可能最大风暴潮等)确定厂址设计基准。因此，像日本福岛核事故那样的极端事件在我国内陆核电厂是极不可能发生的。

我国的内陆地区远离易发生强震和大震的现代板块“俯冲带”。总体来说，我国内陆核电选址地区的地震活动水平相对较低。收集了30个内陆厂址资料，这些厂址均位于区域地壳稳定地区或区域地壳相对稳定地区。

在洪水设防方面，这30个厂址均按照“可能最大”事件确定了设计基准洪水位，已经拟定的厂坪标高均使这些厂址成为“干厂址”，可以免受洪水危害。

2. 全面、平衡地贯彻纵深防御原则，确保水资源安全

我国在上世纪80年代就确定采用压水堆技术路线。我国内陆核电厂采用先进的三代技术，有相对完善的严重事故预防和缓解措施。特别是坚实的大型干式安全壳和消氢可以避免像福岛第一核电厂那样的因一次安全壳和反应堆厂房破损而导致大量放射性不可控释放的事故。

我国内陆核电厂建设将全面、平衡地贯彻纵深防御原则，进一步提升安全水平，尤其是：充分考虑超设计基准外部自然事件引发洪水或火灾的防御，做好安全重要构筑物、系统和部件的水密封防御；采取切实的措施使得具有足够时间应对全厂断电的能力，保障反应堆和乏燃料池的冷却；建立和完善严重事故管理导则，采取必要的措施确保严重事故工况下反应堆和乏燃料池的冷却；在事故工况下，各种实体隔离放射性污染水源的应急预案和放射性污水与水体隔离的应急预案，如各内陆核电厂可以结合厂址特点增设放射性污水贮存罐，或设置排放“过渡段”，或采用“库中库”、“排放工作井”，一旦在发生事故的情况下，可立即采取措施，确保放射性污水与水体的实体隔离。总之，完全可以通过技术措施，做到放射性污水可贮存、可处理、可隔离，确保事故工况下环境水体安全。

核电设备制造业的健康发展是中国核电产业健康发展的前提条件

中国东方电气集团有限公司副总裁 高峰

本次核能行业协会会员大会与高峰论坛是在福岛核事故发生一周年后的背景下召开的，具体特殊的意义。福岛核事故发生后，核电是否发展、如何发展为业内外人士所重点关注。虽然德国、瑞士、意大利等国家因为政治、经济等诸多原因提出了弃核的主张，但另一方面，法国、英国、俄罗斯、印度、韩国继续坚持核电，特别是美国核电的重启，继续发展核电已成为全球共识。伴随着福岛核危机的阴霾逐渐散去，世界核能、尤其是核电发展之路越来越清晰，对核能的认识更加理性。

核能在调整能源结构、保障国家能源安全，保护环境、应对全球气候变化，促进产业升级、特别是装备制造业能力提升等方面具有不可替代的作用，这已成为大家的共识。前不久，国家主席胡锦涛在首尔核安全峰会上提出了中国发展核能的四点主张，明确表示我国将坚持科学理性的核安全理念，增强核能发展信心，以推动核能的安全和可持续发展。此前，两会《政府工作报告》也明确提出我国要“安全高效发展核电”。我们有理由相信，世界核能发展已逐渐“回暖”，中国核电发展将逐渐回归到更稳健、更理性的轨道上。

福岛核事故的发生，再次引发了人们对核电装备制造业发展的深度思考。从成本角度分析，核电装备的投入占核电项目总投资的50%左右；从质量角度分析，核设备的供货质量直接影响到核电厂能否安全运行；从装备水平来看，能否通过核电国产化尽快实现中国装备制造业的产业升级取决于核设备设计能力和制造水平；从核电发展的历程看，世界上的核电强国都是抓住了核电技术的研发、标准体系建设，核电设备的研制、鉴定，关键材料配套体系建设等关键环节，以核电站设备成套供应为标志，形成完整的核电工业体系。因此，核电装备是核电安全的基础和载体，核电设备制造业的健康发展是我国核电产业健康发展的前提条件。我们欣喜地看到，国家有关部门已明确了“十二五”期间核电技术装备发展将重点围绕核电技术、装备制造和关键材料三个方面展开。

作为国内核电装备的主要供应商之一，东方电气多年来始终将核电作为集团发展的重要战略方向。前不久，我们参加了在北京举行的第十二届国际核工展，展示了近年来、尤其是“3.11”核事故之后东方电气在核电设备制造能力、技术研发与国产化、核安全文化建设等方面取得的长足进步。在这里，我愿意就此与大家分享：

1. 目前东方电气已形成较完整的核电装备制造产业布局，具备蒸汽发生器、反应堆压力容器、稳压器、控制棒驱动机构、堆内构件、主泵等核岛主设备和核电汽轮发电机组的批量化生产制造能力，已经或正在为岭澳二期、福清、方家山、红沿河、宁德、台山、三门、海阳、石岛湾等项目提供核岛、常规岛的关键设备和配套辅机的供货，涉及我国所有在建机型。

2. 多年来，东方电气始终致力于核岛设备设计能力的建设，致力于核电常规岛设备的技术研发和制造工艺的改进。2009年底，成立了核设备设计所；2011年取得核2、3级设备设计许可证并于今年一季度实现设计订单零的突破；以核设备设计所为集团核设备科技创新的平台，早日获取核1级设备设计资质是我们的既定目标。常规岛方面，核电焊接转子、72英寸长叶片和CAP1400等机型研发已取得重要成果，并在目标市场上取得了预期效果。

3. 有效推进核安全文化建设一直放在东方电气核电产业发展的首位。具体实践上，东方电气将核安全文化建设与质量诚信体系建设和全员培训体系结合起来，寻求有效载体，实现核安全文化建设落地生根。2010年更是提出“将核电质量管理理念和要求引入常规产品”的要求。“3.11”福岛核事故之后，东方电气积极响应落实党中央、国务院的决策部署，第一时间启动了对集团内各涉核企业的核安全质量专项检查，并及时将检查结果报告国家有关部委和顾客。在后续管理改进过程中诚邀业主代表全程参与，东方电气快速、透明、高效、负责的态度得到了相关方的肯定。强化质量监督、构建集团一体化的质量保证模式也是东方电气核电发展的重要战略选择。

中国核电产业的健康发展离不开国家的支持和大家的呵护，为此，我提出以下几点建议：

1.希望国家尽早出台新的《核电中长期发展规划》和《核安全规划》，尽快明确“3.11”之后我国核电产业发展的总体方向和具体目标。规划应充分考虑核电项目建设需求速度与核电装备制造能力的匹配问题，力求实现核电产业的平稳、可持续发展，避免大起大落。

2.在国家核电总体发展战略的指导下，尽早研究重启核电项目建设的具体实施方案，以尽可能消除或减少因项目暂停带来的各种影响，稳定核电建设队伍，避免核电人才流失。

3.进一步加强对核电技术装备产业的支持和引导，明确各阶段的主要任务和目标要求，加大对技术创新、人才培养的政策支持力度，引导装备制造企业形成合理的产业布局和关键材料配套能力建设，积极推动设计平台和制造技术融合，抓住时机提升核电装备制造业整体水平，支持核电装备向配套供货和成套供货方向发展。

实现核电厂的安全运行，高效推进核电产业发展，实现中国对环境保护的庄严承诺，是我们共同的目标。为实现这一目标，东方电气愿意在国家核电产业发展规划的指引下，与包括核能行业协会成员单位在内的各位同仁一道强化核电建设的各项举措，以核电设备制造业的稳步、健康发展促进中国核电产业的健康发展！

2012年度中国核能行业协会科学技术奖获奖项目

一等奖项目(3项)

序号	项目名称	主要完成单位	主要完成人
1	医院中子照射器–Ⅰ型机设计与建造	1. 北京凯佰特科技有限公司 2. 中国中原对外工程有限公司 3. 中国原子能科学研究院	周永茂 李义国 刘彤 付金树 高集金 武宗贵 王理玉 高永春 夏普 郭成湛 蔡崇武 江新标 邓力 陈军 彭旦 邹淑云 艾长军 朱大中 周向川 刘汉良
2	百万千瓦级核电蒸汽发生器制造技术研究	上海电气核电设备有限公司	李华纲 唐伟宝 张茂龙 江才林 许遵言 刘丹山 王志强 李双燕 盛旭婷 周玉山 江燕云 顾佳磊 苏玉
3	核电站主管道安装窄间隙自动焊工程技术研发	1. 中国核电工程有限公司 2. 中广核工程有限公司 3. 中国核工业二三建设有限公司 4. 中国核动力研究设计院 5. 中核武汉核电运行技术股份有限公司	束国刚 刘巍 李靖 黄思伟 董玉川 张富源 郭利峰 韩乃山 黄敏 马立民 曾浩 黄炳炎 李予卫 张伟栋 张意翼 王明利 张秋海 朱德才 许远欢 冯英超

二等奖项目(12 项)

序号	项目名称	主要完成单位	主要完成人
1	650MW 等级核电汽轮机自主化设计与研制	哈尔滨汽轮机厂有限责任公司	张秋鸿 石玉文 杨晓辉 祝海义 李军 谭宗立 计天飞 李庆 刘志德 朱程滨 李功文 王梅英 魏军 刘丰海 战鹏
2	岭澳二期基于数字化的反应堆及反应堆冷却剂系统测量与控制系统设计	中国核动力研究设计院	王华金 王远兵 张瑞 黄可东 张英 韩勇 李小芬 苟拓 李文平 沈峰 杨戴博 李红霞 李国勇 王殳 刘飞洋
3	秦山 310MWe 核电机组功率提升	1. 中核核电运行管理有限公司 2. 上海核工程研究设计院 3. 秦山核电有限公司	何小剑 马明泽 黄志军 王煊 吴国良 姜赫 王浩钧 吕瑞飞 齐涟 郑利民 王懿 陈超 黄思兰 王喆 王旭
4	严重事故预防和缓解措施技术研究及在恰希玛核电厂 2 号机组的实施	上海核工程研究设计院	郑明光 严锦泉 史国宝 陈松 刘鑫 夏栓 陶金 王晓雯 蒋李君 朱鑫官 周全福 方立凯 曹克美 梅其良 吕荣樑
5	百万千瓦级核电反应堆压力容器制造技术研究	上海电气核电设备有限公司	李华纲 唐伟宝 魏明 张茂龙 唐建文 许遵言 苏平 王志强 苏明星 周玉山 陆连萍 苏玉
6	压水堆核电厂承压热冲击确定性分析评定技术研究	1. 上海核工程研究设计院 2. 华东理工大学 3. 浙江工业大学	贺寅彪 曹明 张万平 惠虎 李辉 卢炎麟 张明 黄庆 蒋兴 张可丰 李培宁 沈秋平 窦一康 陈煜 顾国兴
7	百万千瓦级压水堆核电厂严重事故缓解若干关键技术研究	1. 中科华核电技术研究院有限公司 2. 中广核工程有限公司	张世顺 林继铭 孙吉良 张会勇 陈鹏 刘鹏亮 廖业宏 陈星 展德奎 李瑜 肖岷 向文元 冉小兵 彭翠玲 张娟花

续表

序号	项目名称	主要完成单位	主要完成人
8	岭澳核电二期工程堆芯核设计创新与实践	中国核动力研究设计院	周金满 吴 磊 王 丹 李 庆 卢宗健 张文其 张廷祥 李冬生 咸春宇 刘晓黎 陈 亮 李向阳 刘启伟 强胜龙 于颖锐
9	中国实验快堆堆容器及堆内构件设计与研制	中国原子能科学研究院	鲍杨民 孙 刚 尤吉堃 邢凤春 萧勋泽 马丙增 王明政 徐宝玉 刘兆阳 应庆芳 金跃庆 杨孔雳 于团结 靳峰雷 李 海
10	VVER-1000UO_2-Gd_2O_3芯块研制	中核燃料元件有限公司南方分公司	熊德明 戴建雄 任宇宏 彭海青 李济民
11	国产首台 AP1000 非能动余热排出热交换器研制	东方电气（广州）重型机器有限公司	唐 伟 刘远彬 邓智勇 程怒涛 岳 娟 杨明乾 蔡泽波 李年丰 吴新丽 周 丹 罗 炜 周康武 代勤龙 王苗苗 李东铭
12	重水堆首套冷却水检修备用系统设计及应用	1. 秦山第三核电有限公司 2. 上海核工程研究设计院 3. 中核核电运行管理有限公司	林传清 宋春景 杨敬伦 邢晓峰 袁忠东 吴 双 张振华 黄灿华 郑永祥 马旭升 乔 刚 袁义华 吴明亮 朱立群 刘 徽

三等奖项目(44项)

序号	项目名称	主要完成单位	主要完成人
1	压水堆核电站稳压器波动管及三通老化管理及寿命评估研究	上海核工程研究设计院	梁兵兵 蔡 坤 李 岗 施 伟 花羽超 窦一康 祁 涛 殷海峰 王高阳 史介民
2	核电站建造与管理技术及信息化研究	1. 中国核工业中原建设有限公司 2. 北京中核华辉科技发展有限公司	赵晓明 刘 斌 张齐兵 牛志岗 马安国 沈李熊 刘思祁 汤自辉 孙广伟 戴长山
3	田湾核电站1号汽轮发电机前轴承载荷及轴承结构调整	1. 江苏核电有限公司 2. 西安热工研究院有限公司	黄 潜 石 岭 张福海 张 勇 姜剑峰 何国安 刘军龙 胡冬清
4	300MW核电厂蒸汽发生器自主化制造	哈电集团(秦皇岛)重型装备有限公司	王守革 孙国辉 韩 君 王福春 杨 松 刘 颖 周海波 周建波 林海燕 张 军
5	低品位高酸耗型铀矿堆浸提铀技术	核工业北京化工冶金研究院	李建华 程 威 邓锦勋 曾毅君 郑 英 孟运生 唐宝彬 李 红 吴会玲
6	新疆维吾尔自治区伊犁盆地砂岩型铀矿资源潜力评价典型示范	1. 核工业北京地质研究院 2. 核工业航测遥感中心	刘武生 郭庆银 贾立城 汪远志 谢迎春 李兵海 朱鹏飞 张文明 孙秋菊 于金水
7	VVER-1000定位格架制造与检验技术	中核燃料元件有限公司南方分公司	李 峰 叶远东 于小焱 张永乐 徐 庆

续表

序号	项目名称	主要完成单位	主要完成人
8	秦山二期扩建和岭澳二期核电工程燃料贮存格架研制	中国核电工程有限公司	谢 亮 王 燕 刘慧芳 姚 琳 李建奇 王 庆 唐兴贵 吴 明 李占全 杨林民
9	核电厂运行管理系统	1. 核动力运行研究所 2. 江苏核电有限公司 3. 核电秦山联营有限公司	田 军 杨 剑 郭绍琴 杨文成 白 喆 邹源浩 姜礼瑞 洪 健 陈红胜 方 磊
10	田湾核电站控制棒综合试验占用大修主线时间的优化	江苏核电有限公司	徐霞军 涂彩清 李 伟 袁屹昆 李文双 祁 勋 宋 雨 罗 慧 苑伟宇 李友谊
11	岭澳二期反应堆及反应堆冷却剂系统核安全设计改进技术研究	中国核动力研究设计院	卢毅力 冷贵君 黄代顺 刘昌文 高颖贤 刘松涛 任春明 徐良剑 关仲华 丁书华
12	核电站主蒸汽和主给水管道防甩限制件	中国核电工程有限公司	于 勇 王宏杰 王付军 张双旺 刘 伟 苏 罡 路晓晖 刘树斌 盛 锋 刘 虎
13	压水堆核电机组二回路系统乙醇胺(ETA)碱化剂的研究和应用	1. 中核核电运行管理有限公司 2. 中国核动力研究设计院 3. 西安热工研究院有限公司 4. 秦山核电有限公司	马明泽 孔德萍 陶 钧 李长香 曹松彦 赵志德 王今芳 王会斌 沈 君 唐 敏
14	核电站数字化仪控系统的运行维护技术研究(国家“863”子项目)	大亚湾核电运营管理有限责任公司	杨新民 李明刚 何春常 刘瑞峡 蒋 栋 张志飞 唐 琪 张允炜 卢 宁 刘益群

续表

序号	项目名称	主要完成单位	主要完成人
15	百万千瓦级压水堆核电站状态导向法事故处理规程的开发与首次应用	1. 中广核工程有限公司 2. 大亚湾核电运营管理有限责任公司	钟成仓 舒 亮 李 燕 史 觊 魏艳辉 李红林 苏德颂 刘 洋 文剑波 吴广君
16	卧式蒸汽发生器传热管涡流检查设备改进和研制	1. 核动力运行研究所 2. 中核武汉核电运行技术股份有限公司	吴海林 王家建 崔洪岩 郭文峰 刘维平 陈 姝 秦华容 陈 霞 陈 川 王 波
17	波动管异种金属焊缝超声波检测技术研究及应用	国核电站运行服务技术有限公司	汪明辉 石 欢 陈冰川 郑子昂 车天泽 钱嘉锟 汪 军 王国圈 肖爱武
18	大型汽轮发电机定子线棒空心铜导线腐蚀堵塞的研究与实践	大亚湾核电运营管理有限责任公司	于庆斌 蒋兴华 宋 波 张小重 刘志强 方 军 夏玉秋 文 杰 沈 星 田新华
19	核电站仪控开关老化检测与预防性维修优化技术	苏州热工研究院有限公司	石 颉 施海宁 姚建林 刘玉杰 王公展
20	核电厂电缆老化评估与寿命管理技术研究	苏州热工研究院有限公司	刘 韬 韩 飞 施海宁 金心明 涂丰盛 麻芳义 王 俊 马回明 宋 雨
21	可用于反应堆临界安全监督和外推的新型反应性仪	1. 中国核动力研究设计院 2. 核电秦山联营有限公司	熊 彦 吕渝川 青先国 沈 峰 曾少立 朱宏亮 李松岭 朱 飞 潘泽飞
22	1150MW级半转速核能汽轮发电机研制	东方电气集团东方电机有限公司	陈文学 余 平 令红兵 漆临生 唐建平 杨云金 黄学刚 张国本 官永胜 陈夔宁

续表

序号	项目名称	主要完成单位	主要完成人
23	大型核电百万倒立式高压加热器的研制	哈尔滨锅炉厂有限责任公司	刘庆江 唐 卉 张明宝 张福君 刘 学 张志鹏 国金莲 刘瑞梅 刘铁映 肖劲军
24	首台AP1000核电站汽水分离再热器制造技术	哈电集团（秦皇岛）重型装备有限公司	王晓辉 马东华 于均刚 杨 松 孙国辉 韩 君 谢彦武 高 峰 赛 鹏 魏占超
25	核电站松脱部件监测与诊断系统	中国核动力研究设计院	刘才学 邓 圣 杜继有 李 翔 胡建荣 简 捷 魏 东 顾 江 盘世标 赵海江
26	核电厂主给水流量测量装置	1. 上海核工程研究设计院 2. 江阴市宏达仪表有限公司	任永忠 陆祖祥 马百乐 马志才 奚玮君 蒋李君 王翠芳 黄碧英 何建平 曹玉娟
27	核电站关键部件自动化在役检查控制系统自主研发与设计	中广核检测技术有限公司	林 戈 金国栋 王贤彬 江小勇 王可庆 王 彬 肖学柱 黄三傲 曾晨明 曹志军
28	核电站涡流检测探头研制与应用	中广核检测技术有限公司	徐清国 赵汝翾 林 戈 顾 波 许 啸 陈文辉 马 强 宋 涛 丁伯愿 王小刚
29	AP1000稳压器制造技术研究	上海电气核电设备有限公司	李华纲 唐伟宝 魏 明 张茂龙 许遵言 江才林 吴炳钟 张 敏 罗 庆 余君庆
30	AP1000堆芯补水箱制造技术研究	1. 上海电气核电设备有限公司 2. 哈电集团（秦皇岛）重型装备有限公司	李华纲 王晓辉 江才林 马东华 张茂龙 杨 松 许遵言 孙国辉 唐伟宝 吴涵滔

续表

序号	项目名称	主要完成单位	主要完成人
31	VVER-1000燃料棒压力电阻焊机研制	中核燃料元件有限公司南方分公司	郭旭林　杨通高　陈方泉　任宇宏　朱国胜　孙毓宝　尤　勇　刘盛刚　钟　毅　王德智
32	岭澳核电站主变设计、制造问题的分析、改进与治理	大亚湾核电运营管理有限责任公司	于庆斌　田新华　张小重　高　超　李晓蔚　于福洲　刘定勇　方　涛　邵家海　刘志强
33	集成式蒸汽发生器二次侧役前水压试验装置研制	中国核动力研究设计院	唐　辉　黄　伟　隋海明　李洪伟　崔怀明　张文其　钟发杰　邓　丰　汤臣杭　游　洲
34	RCW 热交换器传热管的失效分析与纠正措施	1. 中核核电运行管理有限公司 2. 复旦大学 3. 秦山第三核电有限公司	郑永祥　杨振国　袁建中　祝　凯　陈明军　杨　敏　陈继芳　龚　嶷　胡新华　商俊敏
35	AP1000 核岛底板混凝土整体浇筑建造技术与管理研究	国核工程有限公司	孙克彬　沈文荣　李海涛　冀　斌　宋丰伟　赵忠民　肖洪涛　江庆祝　左学兵　王书峰
36	负温环境下核电站混凝土施工技术	中国核工业华兴建设有限公司	魏建国　杨忠勇　陈宝智　李　芳　肖卫华　冀林斌　秦亚林　钱伏华　苏延军　陈　湘
37	EPR 核电站牺牲混凝土技术开发与应用	中国核工业华兴建设有限公司	黄　权　周　博　陈宝智　李　军　王德桂　龚振斌　王　龙　陶玉平　文孟胜　陈志勇
38	事故工况下应急设施内剂量计算模型研究	中广核工程有限公司	张凌燕　杨　杰　李文辉　王建华　陈明亮　李　勇　石艳明　郭景任　芮　旻　龚礼贤

续表

序号	项目名称	主要完成单位	主要完成人
39	恰希玛核电厂工程2号机组人因工程研究与控制室设计应用	上海核工程研究设计院	张淑慧 任永忠 王 伟 宁忠和 方 舟 宋 霏 张 洪 马 骏 苏 夏 胡军涛
40	核电站筏基大体积混凝土延迟钙矾石反应研究及应用	中国核工业华兴建设有限公司	周 博 黄 权 陈宝智 王德桂 徐晓明 李 军 陶玉平 陈志勇 钱伏华 魏建国
41	田湾核电站抛填石场地预应力管桩应用技术	江苏核电有限公司	韦松余 申彦锋 崔方水 宋明烨 顾 磊
42	核电厂一级管道疲劳分析评定研究	上海核工程研究设计院	梁兵兵 殷海峰 秦 洁 祁 涛 朱睿嵘 李 岗 蔡 坤 史介民 周 莹 周劭翀
43	百万千瓦级压水堆核电站三维详细设计技术	核工业工程研究设计有限公司	胡广杰 郑 威 贺金甲 崔存杰 曹冬巍 陈 异 刘文举 高国新 尹培平 向朝晖
44	中国改进型百万千瓦级(1000MW)压水堆核岛主设备专用工具自主化设计	中广核工程有限公司	冉小兵 周 鹏 梁小龙 张兴辉 余 冰 姜建军 谢洪虎 刘青松 刘 倩 丁 丽

中国核能行业协会

中国核能行业协会组织结构

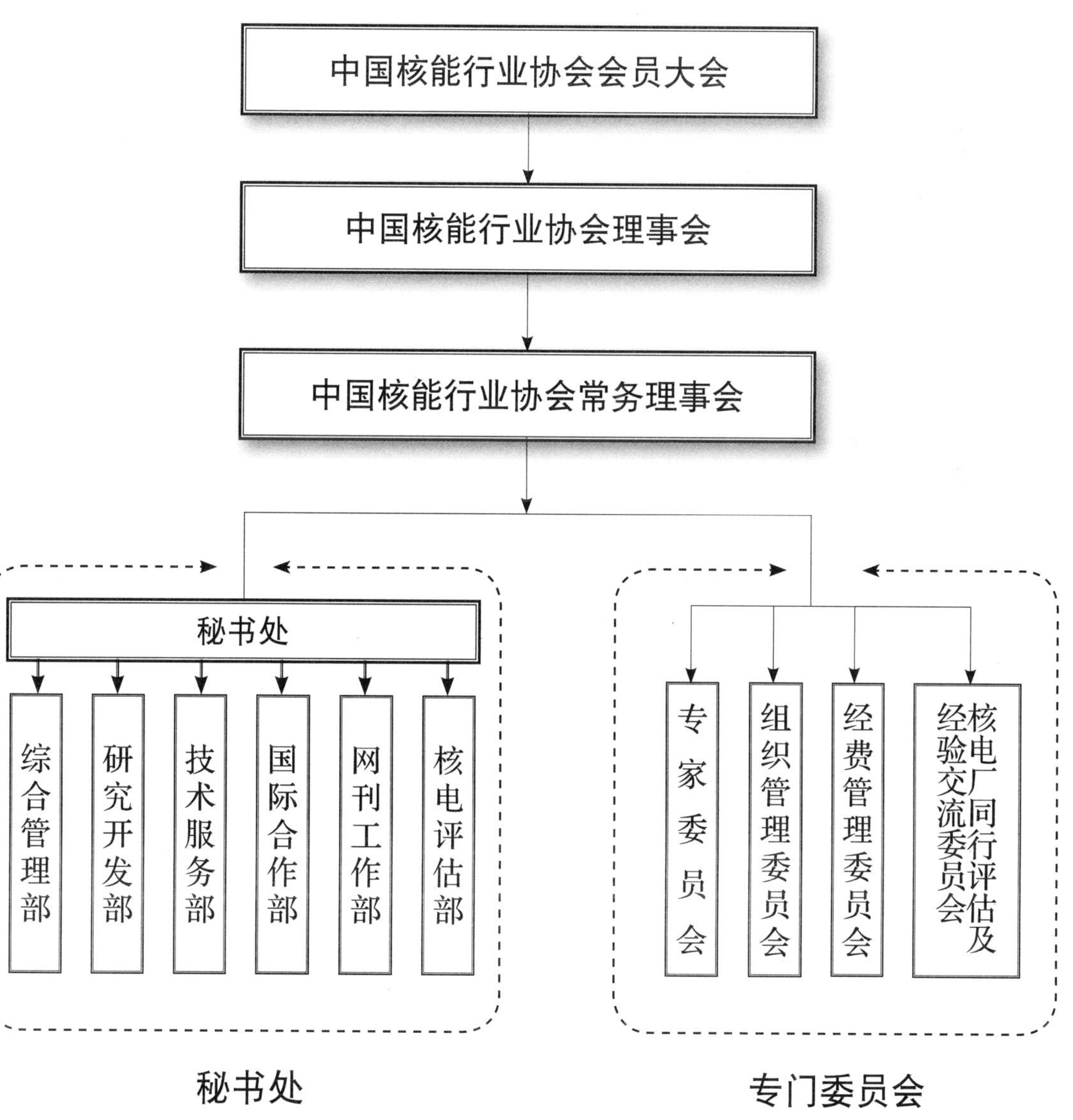

中国核能行业协会第二届理事会名单（统计截至2012年底）

名誉理事长：张国宝

名誉副理事长：丁中智 李永江 翟若愚

理事长：张华祝

副理事长（共21人，按姓氏笔画为序）：

马鸿琳	云公民	王　森	王毅韧	吕亚臣	吕华祥	刘　华
米树华	杨　岐	杨兰和	李冠兴	时传清	张廷克	张炜清
陆启洲	赵成昆	高立刚	斯泽夫	程建平	韩建伟	魏　锁

常务理事（共49人，按姓氏笔画为序）：

于福庆	马鸿琳	云公民	王永福	王　森	王毅韧	左岚林
吕亚臣	吕华祥	刘志刚	刘　华	刘　巍	米树华	杨　岐
杨兰和	李大宽	李明亮	李冠兴	李德连	严嘉鹏	束国刚
杜运斌	时传清	吴秀江	张一心	张华祝	张廷克	张炜清
陆启洲	陆素娟	陈宝智	陈家昌	林　坚	金有忠	周振兴
赵成昆	郝卫平	徐玉明	郭学红	郭剑波	高立刚	曹水林
崔绍章	韩建伟	斯泽夫	程建平	谢秋野	雷鸣泽	魏　锁

理事（共107人，按姓氏笔画为序）：

丁建波	于福庆	万　钢	万东海	马鸿琳	云公民	王　安
王　宏	王　森	王凤学	王永福	王宝忠	王俊峰	王福平
王毅韧	王黎明	毛晓明	左亚军	左岚林	叶向东	吕亚臣
吕华祥	吕宏伟	刘　嘉	刘　华	刘　巍	刘伟瑞	刘庆成
刘志刚	刘志颖	刘春胜	刘皓洁	许大庆	孙忠飞	庄建新
米树华	杨　岐	杨兰和	杨晓峰	李一农	李大宽	李宗明
李明亮	李俊杰	李冠兴	李德连	严嘉鹏	束国刚	杜运斌
时传清	吴　岗	吴　杰	吴立昆	吴秀江	吴忠俭	吴美景
邹树梁	张　平	张一心	张仕兵	张华祝	张廷克	张作义
张炜清	陆启洲	陆素娟	陈国祥	陈宝智	陈建华	陈家昌
陈鉴平	林　坚	郑明光	郑晓军	金有忠	周振兴	赵　虎
赵成昆	郝卫平	钟开华	徐玉明	徐凯祥	徐洪海	徐浏华
郭学红	郭忠德	郭剑波	高立刚	曹水林	崔绍章	梁光扶
黄学清	龚　俊	韩建伟	韩恩厚	韩新华	蒋达进	蒋国元
斯泽夫	程建平	谢秋野	路建美	雷鸣泽	廖伟明	缪亚民
霍锁善	魏　锁					

中国核能行业协会会员名录（统计截至2012年底）

序号	会员单位名称
1	中国核工业集团公司
2	中国核工业建设集团公司
3	中国广核集团有限公司
4	中国电力投资集团公司
5	国家核电技术有限公司
6	中国华能集团公司
7	中国大唐集团公司
8	中国华电集团公司
9	中国国电集团公司
10	哈尔滨电气集团公司
11	上海电气（集团）总公司
12	中国东方电气集团公司
13	中国核动力研究设计院
14	中核北方核燃料元件公司
15	大亚湾核电运营管理有限责任公司
16	清华大学
17	中国核能电力股份有限公司
18	核电秦山联营有限公司
19	广东核电合营有限公司
20	中电投核电有限公司
21	华能山东石岛湾核电有限公司
22	华能核电开发有限公司
23	江苏核电有限公司
24	秦山核电有限公司
25	秦山第三核电有限公司
26	中国核工业地质局
27	四川省核工业地质局
28	中核金原铀业有限责任公司
29	中广核燃料有限公司
30	电力规划设计总院
31	中国核电工程有限公司

续表

序号	会员单位名称
32	中科华核电技术研究院有限公司
33	广东省粤电集团有限公司
34	中广核工程有限公司
35	中国核工业华兴建设有限公司
36	中国核工业二三建设有限公司
37	大全集团有限公司
38	哈尔滨工程大学
39	中联重科股份有限公司
40	中国电力科学研究院
41	上海市核电办公室
42	浙江省海盐县中国核电城建设办公室
43	山东核电有限公司
44	中核集团三门核电有限公司
45	辽宁红沿河核电有限公司
46	阳江核电有限公司
47	福建宁德核电有限公司
48	福建福清核电有限公司
49	中核四〇四有限公司
50	中核陕西铀浓缩有限公司
51	中核燃料元件有限公司南方分公司
52	江西省核工业地质局
53	中国电力工程顾问集团华东电力设计院
54	中国原子能科学研究院
55	中核新能核工业工程有限责任公司
56	上海核工程研究设计院
57	国防科工局核技术支持中心
58	国家环境保护部核与辐射安全中心
59	核工业北京化工冶金研究院
60	核工业标准化研究所
61	核工业理化工程研究院
62	中核第四研究设计工程有限公司
63	核动力运行研究所
64	深圳中广核工程设计有限公司

续表

序号	会员单位名称
65	中国中原对外工程公司
66	中国核工业二二建设有限公司
67	中国核工业二四建设有限公司
68	中国核工业第五建设有限公司
69	核工业南京建设集团有限公司
70	中国第一重型机械集团公司
71	中国第二重型机械集团公司
72	上海电气核电设备有限公司
73	上海自动化仪表股份有限公司
74	上海第一机床厂有限公司
75	中核苏阀科技实业股份有限公司
76	东方电气（广州）重型机器有限公司
77	东方电气集团东方锅炉股份有限公司
78	西安核设备有限公司
79	南方风机股份有限公司
80	沈阳东管电力科技集团股份有限公司
81	贵州航天新力铸锻有限责任公司
82	浙江宏伟实业有限公司
83	东华理工大学
84	苏州大学
85	南华大学
86	清华大学核能与新能源技术研究院
87	中国原子能工业有限公司
88	华电国际电力股份有限公司
89	四川省重大技术装备办
90	上海工业自动化仪表研究院
91	江苏申港锅炉有限公司
92	海南核电有限公司
93	中国科学院金属研究所
94	江苏银环精密钢管股份有限公司
95	台山核电合营有限公司
96	上海三一科技有限公司
97	成都神钢工程机械（集团）有限公司

续表

序号	会员单位名称
98	苏州热工研究院有限公司
99	福建省核电办公室
100	大唐国际发电股份有限公司
101	辽宁核电有限公司
102	岭东核电有限公司
103	岭澳核电有限公司
104	香港核电投资有限公司
105	国核宝钛锆业股份公司
106	广东省核工业地质局
107	宁夏核工业地质勘查院
108	辽宁省核工业地质局
109	吉林省核工业地质局
110	陕西省核工业地质局
111	青海省核工业地质局
112	浙江省核工业二六九大队（核工业金华建设工程公司）
113	浙江省核工业二六二大队
114	湖南省核工业地质局
115	中国国核海外铀资源开发公司
116	中核北方铀业有限公司
117	中核抚州金安铀业有限公司
118	中核浙江衢州铀业有限责任公司
119	中核二七二铀业有限公司
120	中核赣州金瑞铀业有限公司
121	西安中核蓝天铀业有限公司
122	湖北三〇三库
123	新疆中核天山铀业有限公司
124	中国工程物理研究院
125	中国核科技信息与经济研究院
126	中国辐射防护研究院
127	上海发电设备成套设计研究院
128	广东省电力设计研究院
129	中核能源科技有限公司
130	国核电力规划设计研究院

续表

序号	会员单位名称
131	国核电站运行服务技术公司
132	核工业工程技术研究设计有限公司
133	核工业计算机应用研究所
134	核工业北京地质研究院
135	核工业西南勘察设计研究院有限公司
136	湖南省电力勘测设计院
137	中国能源建设集团广东火电工程总公司
138	中国核工业中原建设有限公司
139	中核投资有限公司
140	天津电力建设公司
141	安徽电力建设第二工程公司
142	江苏省电力建设第三工程公司
143	河北省电力建设第一工程公司
144	郑州中核岩土工程有限公司
145	核工业西南建设集团公司
146	浙江省火电建设公司
147	上海一核阀门制造有限公司
148	上海电气电站设备有限公司上海发电机厂
149	上海电气电站设备有限公司上海电站辅机厂
150	上海电气电站设备有限公司上海汽轮机厂
151	上海阿波罗机械制造有限公司
152	上海重型机器厂有限公司
153	上海起重运输机械厂有限公司
154	上海阀门五厂有限公司
155	大连大高阀门有限公司
156	大连苏尔寿泵及压缩机有限公司
157	大连宝原核设备有限公司
158	大连深蓝泵业有限公司
159	广东亚仿科技股份有限公司
160	广州秀珀化工股份有限公司
161	南通中兴能源装备股份有限公司
162	中国电能成套设备有限公司
163	中核（北京）核仪器厂

续表

序号	会员单位名称
164	中核动力设备有限公司（四七一厂）
165	江苏一汽铸造股份有限公司
166	东方电机股份有限公司
167	东方汽轮机有限公司
168	北京广利核系统工程有限公司
169	北京中核东方控制系统工程有限公司
170	北京和利时系统工程有限公司 业务发展部
171	四川三洲川化机核能设备制造有限公司
172	宁波奥崎自动化仪表设备有限公司
173	石家庄工大化工设备有限公司
174	安徽电缆股份有限公司
175	江苏大明金属制品有限公司
176	江苏华光电缆电器有限公司
177	西安核仪器厂
178	沈阳盛世高中压阀门有限公司
179	沈阳鑫通电站设备制造有限公司
180	国核自仪系统工程有限公司
181	环球阀门集团有限公司
182	陕西煤炭建设公司管件设备厂
183	哈尔滨电机厂有限责任公司
184	哈尔滨汽轮机厂有限责任公司
185	哈尔滨锅炉厂有限责任公司
186	浙江三方控制阀股份有限公司
187	浙江中达特钢股份有限公司
188	浙江中控技术有限公司
189	浙江宝纳钢管有限公司
190	浙江金盾风机风冷设备有限公司
191	烟台台海玛努尔核电设备有限公司
192	常州八益电缆有限公司
193	湖南湘投金天新材料有限公司
194	群星集团公司
195	嘉兴多角电线电缆有限公司
196	上海交通大学

续表

序号	会员单位名称
197	中国电力投资集团公司高级培训中心
198	华北电力大学核科学与工程学院
199	西安交通大学
200	西南科技大学
201	核工业管理干部学院（核工业培训中心）
202	北京柯瑞生物医药技术有限公司
203	苏州大学附属第一医院
204	中国太平洋财产保险股份有限公司
205	中国平安财产保险股份有限公司
206	上海中核浦原总公司
207	北京宇航恒基文化传播有限公司
208	北京斯帕顿矿产资源投资咨询有限公司
209	兴原认证中心有限公司
210	河北省核电工作领导小组办公室
211	中国建筑第二工程局有限公司
212	中建电力建设有限公司
213	中国华电工程（集团）有限公司
214	中电投江西核电有限公司
215	山东电力工程咨询院有限公司
216	中电投电力工程有限公司
217	国核工程有限公司
218	辽河石油勘探局通辽铀矿
219	中国核保险共同体
220	中国科学技术大学核科学技术学院
221	厦门大学能源研究院
222	沈阳航天新星机电有限责任公司
223	中能电力科技开发有限公司
224	远东电缆有限公司
225	通裕重工股份有限公司
226	天源华威电气集团有限公司
227	江苏神通阀门股份有限公司
228	申科滑动轴承股份有限公司
229	上海阀门厂有限公司

续表

序号	会员单位名称
230	中信建投证券有限责任公司
231	浙江国泰密封材料股份有限公司
232	河南力威管道设备有限公司
233	常州电站辅机总厂有限公司
234	哈尔滨天达控制工程有限公司
235	南通昆仑空调有限公司
236	广州华晟建筑材料有限公司
237	四川省简阳龙头磨料磨具有限公司
238	北京首宏钢科技开发有限公司
239	江苏宝丰特钢有限公司
240	湖南圣川控股集团有限公司
241	江苏省核应急办公室
242	无锡市新峰管业股份有限公司
243	浙江博凡动力装备有限公司
244	北京华圣金程科技有限公司
245	秦皇岛融大工程技术有限公司
246	中国原子能出版传媒有限公司(中国原子能出版社)
247	上海元达律师事务所
248	陕西柴油机重工有限公司
249	中国电力工程顾问集团华北电力设计院工程有限公司
250	南京新核复合材料有限公司
251	浙江电力建设监理有限公司
252	北京金瑞致科技发展有限公司
253	浙江泰索科技有限公司
254	苏州维瑞科技咨询有限公司
255	北京市万商天勤律师事务所
256	中电华元核电工程技术有限公司
257	台山市清洁能源核电装备产业园有限公司
258	江西省水电工程局
259	吴江市东吴机械有限责任公司
260	江苏华冠电器集团有限公司
261	苏州宝骅机械技术有限公司
262	江苏新求精不锈钢有限公司

续表

序号	会员单位名称
263	天津华油天元石化设备有限公司
264	常熟市辐射技术开发应用研究所
265	北京京能恒基新材料有限公司
266	南阳市核电项目前期工作领导小组办公室
267	江西省火电建设公司
268	上海森林特种钢门有限公司
269	西北工业大学
270	攀钢集团江油长城特殊钢有限公司
271	巨力索具股份有限公司
272	宝银特种钢管有限公司
273	海龙核材科技（江苏）有限公司
274	江苏新恒基重工有限公司
275	上海申江锻造有限公司
276	成都新能源产业技术研究院
277	北京市大成律师事务所
278	上海福克斯波罗有限公司
279	中橡集团沈阳橡胶研究设计院
280	东方电气（武汉）核设备有限公司
281	上海丰瑞投资集团有限公司
282	上海爵格工业工程有限公司
283	华润新能源控股有限公司
284	上海临港经济发展（集团）有限公司
285	紫光同能（北京）信息技术有限公司
286	中核华兴达丰机械工程有限公司
287	大连华阳光大密封有限公司
288	渤海重工管道有限公司
289	广西金雨伞防水装饰有限公司
290	北京市君合律师事务所
291	湖南核电有限公司
292	国家核电技术有限公司北京软件技术中心
293	通标标准技术服务有限公司
294	天津天地伟业数码科技有限公司
295	浙江百基特材科技有限公司

续表

序号	会员单位名称
296	海盐科路人力资源有限公司
297	阿尔斯通（武汉）工程技术有限公司
298	中广核（北京）核技术应用有限公司
299	中核河南核电有限公司
300	中核核电运行管理有限公司
301	苏州纽威阀门股份有限公司
302	四川科新机电股份有限公司
303	邯郸市邯钢附属企业公司
304	北京益利精细化学品有限公司
305	金泽核创（北京）国际能源技术服务有限公司
306	吉林昊宇电气股份有限公司
307	浙江苍南仪表厂
308	上海森松压力容器有限公司
309	中机生产力促进中心 核设备安全与可靠性中心
310	四平市巨元瀚洋板式换热器有限公司
311	深圳航天科技创新研究院
312	中国长江三峡集团公司
313	中国钢研科技集团有限公司
314	国核示范电站有限责任公司
315	哈电集团（秦皇岛）重型装备有限公司
316	有能集团有限公司
317	西安永华集团有限公司
318	中铁二局集团电务工程有限公司
319	成都中广核久源测控科技有限公司
320	泰安市山口锻压有限公司
321	烟台通用机构设备制造有限公司
322	浙江国之光电器科技有限公司
323	广州南宝建筑材料有限公司
324	浙江阳光时代律师事务所
325	哈尔滨红光锅炉总厂有限责任公司
326	上海核昌实业有限公司
327	山东衡达有限责任公司
328	哈尔滨工业大学

续表

序号	会员单位名称
329	福建上润精密仪器有限公司
330	法国电力公司 (EDF) 北京办事处
331	斯堪伯奥科技 (北京) 有限公司
332	贝迪投资管理 (上海) 有限公司
333	堡盟电子 (上海) 有限公司
334	日立 (中国) 有限公司
335	大连日立机械设备有限公司
336	魏德米勒电联接国际贸易 (上海) 有限公司
337	莱茵检测认证服务 (中国) 有限公司
338	广州司态结构监测技术咨询有限公司
339	西门子 (中国) 有限公司
340	希西艾流体控制设备 (上海) 有限公司
341	阿海珐 (北京) 咨询公司
342	瓦卢瑞克核电管材 (广州) 有限公司
343	伯合乐焊接产品贸易 (上海) 有限公司
344	美国赛瑞丹有限公司北京代表处
345	山特维克国际贸易 (上海) 公司
346	华尔卡密封件制品 (上海) 有限公司
347	固力保安全系统 (中国) 有限公司
348	罗尔斯 罗伊斯商业 (北京) 有限公司
349	西屋电气公司北京代表处
350	德士达建材 (广东) 有限公司
351	颇尔过滤器 (北京) 有限公司
352	哈蒙冷却系统 (天津) 有限公司
353	艾默生电气 (中国) 投资有限公司
354	ABB(中国) 有限公司
355	必维质量技术服务 (上海) 有限公司
356	阿法拉伐 (江阴) 设备制造有限公司

中国核能行业协会网站与出版物

中国核能行业协会主办的“一网三刊”——核能协会网站和《中国核能》会刊、《核能新闻》电子月刊、《中国核能年鉴》三份刊物，是协会对外的“窗口”。

2012年，中国核能行业协会网站的访问量达100万人次，即每天访问量达3000多人次。至2012年底，网站访问量（点击率）突破303万人次。作为一个专业网站，已经形成了一个相对固定的读者群。2012年，协会网站建设完成了会员权限的分配并投入使用；协会内部办公系统的调试并投入使用；核电评估专项网页的后台应用；网站英文版面的改版制作及测试；网站搜索栏目增加了分类查找功能；网站首页微调后，增加了《会员动态》栏目，活跃了版面内容。2012年1月5日，协会网站发布了《中国核能行业2011年度十大新闻》。

2012年，共完成了6期《中国核能》会刊、12期《新闻核能》电子月刊和《中国核能年鉴》的编辑、出版和发行任务。

《中国核能》会刊紧紧围绕国家核能发展的方针政策，积极宣传核能行业的发展成果，尽力为核能发展营造良好的氛围。会刊还围绕协会工作重点，凸显对行业发展的助力作用；面向公众开展核电安全和核科普知识宣传；为广大会员单位服务，展示和宣传会员单位风采与发展成就。2012年完成了会刊的出版审核和登记工作；根据会员单位和人员变动情况，重新调整了杂志编委会和编辑部组成成员；重新调整了网刊通讯员队伍。

《核能新闻》电子月刊及时向会员单位和访问协会网站的广大读者提供了国内外的重要核新闻，受到了读者的肯定和好评。

《中国核能年鉴》(2011年卷)于2012年1月由中国原子能出版社正式出版发行，如实记载了我国核能行业取得的成绩。

图书在版编目（CIP）数据

中国核能年鉴．2013年卷／中国核能行业协会编．
—北京：中国原子能出版社，2013.12
ISBN 978-7-5022-6108-5

Ⅰ．①中… Ⅱ．①中… Ⅲ．①核能－中国－2013－年鉴
Ⅳ．① F426.23-54

中国版本图书馆 CIP 数据核字 (2013) 第 281029 号

中国核能年鉴・2013年卷

出版发行　中国原子能出版社（北京市海淀区阜成路 43 号 100048）
责任编辑　谭　俊
责任校对　冯莲凤
责任印制　潘玉玲
印　　刷　北京盛通印刷股份有限公司
经　　销　全国新华书店
开　　本　787 mm × 1092 mm 1/16
印　　张　28.25　　字　　数　705 千字
版　　次　2013 年 12 月第 1 版　2013 年 12 月第 1 次印刷
书　　号　ISBN 978-7-5022-6108-5　定　　价　178.00 元

网址：http://www.aep.com.cn